사·회·사·연·구·총·서 2
한국 근대 국가 형성과 농민

문학과지성사
1997

사·회·사·연·구·총·서 2
한국 근대 국가 형성과 농민

펴낸날/ 1997년 10월 15일

지은이/ 박명규
펴낸이/ 김병익
펴낸곳/ (주)문학과지성사
등록번호/ 제10-918호(1993. 12. 16)

서울 마포구 서교동 363-12호 무원빌딩(121-210)
편집: 338)7224~5 · 7266~7 FAX 323)4180
영업: 338)7222~3 · 7245 FAX 338)7221

ⓒ 박명규, 1997
ISBN 89-320-0951-1

값 15,000원

사·회·사·연·구·총·서 **2**
한국 근대 국가 형성과 농민

생명과 사랑을 주시고 소천하신
부모님의 영전에 삼가 이 책을 바칩니다.

머리말

학문의 길에 접어든 지 십여 년이 지난 후 비로소 한 권의 책을 펴
내는 지금, 뿌듯한 마음이 들만도 한데 부끄러움이 앞선다. 글의 내
용에 만족스럽지 못한 것이 많고 지금 같으면 다르게 쓰고 싶은 부분
들이 없지 않으나 역사적 사실 해명과 사회학적 설명을 연결시켜보
려 했던 문제 의식의 궤적을 보여주는 의의는 부여할 수도 있으려니
자위해본다.

내게 있어서 책은 위대한 인물이 그의 삶과 정신을 담아 내놓는 신
성한 그 무엇이었다. 책을 밟거나 넘어다니면 야단을 맞았던 경험도
책에 대한 신성한 감정을 강화시켰을 것이다. 대학 시절에도 솔직히
책을 읽는 즐거움보다는 책을 소지하고 있다는 것, 그 책을 물끄러미
바라보는 것에 나는 더 만족감을 느낄 때가 많았다. 대학 교수가 된
후에 책을 내라는 권유를 받을 때마다 내 지식이나 생각이 충분히 여
물지 못한 채 책을 내는 것은 부도덕한 행위라는 생각을 했었다. 지
금도 그 생각은 크게 변하지 않았지만 적극적으로 학계의 비판 앞에
부족한 자신을 내놓는 것도 내성적인 자기 성찰만큼이나 소중한 덕
목일 수 있겠다는 생각을 요즈음 하고 있다.

이 책의 핵심 주제는 제목에 있는 대로 한국, 근대 국가, 그리고 농
민의 세 단어로 요약될 수 있다. 여기서 한국이라는 단어는 내 삶의
근거가 되는 우리 집단의 역사에 대한 관심을 나타내기 위해 일부러
넣은 것이다. 내가 탐구하는 어떠한 학문적 주제도 한국 사회의 역사

적 변화와 의미 있는 연관을 맺을 때 비로소 살아 있는 지식이 된다는 생각은 대학에 들어온 이후 지금까지 변함없이 내 머릿속에 자리 잡고 있다. 역사의 사실성에 튼튼히 묶여 있지 않는 이론화의 노력은 자칫 무책임하거나 무의미한 결론으로 이르기 쉬움을 요즈음 더더욱 절감하는 터라 내 스스로 이 다짐을 새삼 음미하곤 한다.

근대 국가라는 개념은 한국의 역사에 좀더 구체적으로 다가가기 위해 선택했던 내 나름의 연구 과제와 직결되어 있다. 나는 현대 한국이 형성된 역사적 배경을 공부하고 싶었고 그러자면 결국 식민지의 현실을 밝히는 일이 급선무라고 생각했다. 식민지란 결국 근대 국가를 형성하고자 하면서도 그에 미치지 못한 정치 공동체의 불완전한 상태를 말하는 것이라고 할 때 이 주제는 한국의 근현대사를 설명하기 위해 반드시 거쳐야 할 과제라고 여겨졌다. 욕심을 부려 말한다면 장차 다가올 통일의 큰 역사를 준비하는 데도 필요할 뿐 아니라 제3세계를 포함한 세계사의 진정한 이해를 위해서도 핵심적인 주제가 아닐까 생각하고 있다.

농민에 관심을 갖게 된 연유에 대해서는 약간의 설명이 필요하다. 대학원 시절 나는 공부만 하는 생활에 대해 일종의 부채 의식을 갖고 있었다. 어머님이 가끔 내게 '너는 무엇 때문에 공부하느냐' 할 때면 늘 대답이 궁하여 괴로웠다. 주위에서 노동 현장으로, 시위 현장으로 뛰어나가는 친구들을 보면서 나는 공부하는 것의 도덕적 근거가 무엇일지 고민했다. 그 맥락에서 민중의 삶에 초점을 맞춘 학문, 민중에 대한 애정을 지닌 학문이 가능하리라는 생각을 했었다. 변명 같기도 하고 이런 태도가 과연 바람직한 것인지도 확언할 수 없지만 어쨌든 80년대 내가 지녔던 솔직한 생각이었다.

책을 펴내기 위해 이전의 글들을 다시금 읽어보니 처음에 구상했던 것 어느 하나 제대로 해낸 것이 없다는 사실에 자괴감이 앞선다. 실증적인 사실의 분석에도, 이론적인 설명의 방식에도 불만스럽고 진정한 역사적 이해에 어느 만큼이나 다가섰을지 확신이 서지 않는다. 식민지 시대에 대한 사회과학적 이해가 절실히 요청되는 지금 정작 식민지 시대에 대한 나의 연구 수준과 문제 의식이 너무 제한되어 있다는 것을 절감한다. 민중에의 사랑이란 생각도 당위론적 주장에 비해 글과 삶 속에 드러난 것은 변변치 않다. 다만 자신의 부족함을 정면으로 응시하면서 성실하게 학자로서의 노력을 게을리하지 않는 것만이 유일한 해결책이라고 생각하며 이 책이 그 여정의 한 고비가 되었으면 하는 바람이다.

이 책에 실린 글들은 대부분 1983년부터 1993년까지 꼭 십 년 동안 전북대학교에서 근무하던 기간에 씌어진 것이다. 영남의 산간 지방에서 어린 시절을 보내고 서울에서 학창시절을 보낸 나로서는 광활한 호남평야 지대, 유서 깊은 전주 지방이야말로 한국 역사, 식민지의 문제, 그리고 농민에의 관심을 함께 묶을 수 있는 가장 좋은 곳이었다. 그런 점에서 전주에서의 생활은 내게 큰 행복이었고 나는 이곳의 지방사를 통해 이 주제를 천착하려 애썼다. 이 책을 펴내면서 지나치게 지방적 특수성에 무게를 두었던 부분들은 다소 수정하였지만 전체적인 논지와 생각은 그때의 산물인 셈이다.

책의 첫머리로 어울리지는 않겠으나 나로서는 첫 작품을 상재하는 마당에 내게 도움을 주신 여러분들께 감사의 말씀을 드리지 않을 수 없다. 먼저 조용하면서도 교육자로서의 품위를 잃지 않으셨던 아버님, 이지적이면서도 믿음과 사랑의 강한 힘을 보여주셨던 어머님께 존경과 감사를 드린다. 또한 나는 서울대학교 사회학과에서 훌륭한 선생님, 학자를 만나는 큰 복을 누렸다. 우선 학부 시절부터 분에 넘치는 가르침으로 지도해주시고 역사에 대한 관심을 일깨워주신 신용하 교수님께 가장 큰 감사를 드려야겠다. 이 책이 조금이나마 학계에 공헌하는 바가 있다면 그 대부분은 스승으로부터의 깨우침에 힘입은 것이다. 대학에 들어온 이래 줄곧 가르침을 입은 여러 선생님들, 김일철·김경동·김진균·권태환 교수님께 특별한 감사를 드린다. 또 내게 사회학을 소개해주신 한완상 선생님과 지금은 은퇴하신 이만갑·고영복·최홍기·김채윤 교수님의 가르치심 역시 잊을 수 없다. 선배로서 또는 동료 교수로서 늘 자극과 격려를 아끼지 않으신 한상진·임현진·홍두승·정진성·송호근·장경섭·이재열 교수님께도 감사를 표한다.

특히 전주에서의 생활 동안 따뜻한 배려를 아끼지 않으셨던 윤근섭·김영기·김영정·정학섭·남춘호 교수님께 감사한다. 또 더불어 토론하고 종종 인생의 문제를 논하기도 하면서 80년대를 함께 넘었던 전주의 여러 동료들, 특히 이종민·신양균·박맹수 교수의 도움과 격려·애정에 감사한다. 호남사회연구회에서 애를 많이 썼던 후학들, 이성호·원도연·이주재·이진영 박사에게도 각별한 고마움을 전한다. 장기간에 걸친 동학농민전쟁 기획을 함께했던 전북일보사의 김은정·문경민 기자에게도 마땅한 감사를 표해야겠다. 이 책은 그분들의 입김과 격려에 상당 부분 빚지고 있다.

무엇보다도 문학과지성사의 김병익 사장님과 편집부의 여러분께 특별한 감사를 드리고 싶다. 힘든 출판 상황에서도 한국사회사학의 발전을 위해 헌신적인 지원을 해주신 고마움은 말로 다하기 어렵다. 이 책 역시 그 총서의 일환인데 수익성과는 거리가 멀어 벌써부터 송구한 마음이다. 출판사의 넉넉한 마음씀이 다른 데서 보상받게 되기를 마음으로 기원한다. 끝으로 늘 맑은 웃음과 착한 마음씨로 나의 하루하루를 밝게 해주는 선영·윤영·종인이와 일인 삼역의 힘든 역할을 잘 감당해주는 아내 노경혜에게 고마운 마음을 전한다.

1997년 9월
관악산에서
박　명　규

차 례

근대 한국의 지배 권력과 농민

우리들은 비록 초야에 버려진 백성이지만 임금
의 토지에서 나는 곡식을 먹고, 임금의 옷을 입고
살고 있으니, 앉아서 위태로워 망하는 것을 볼 수
가 없어 온 나라가 마음을 같이하고 억조창생이 의
논을 모아 이제 의기를 들어 나라를 보존하고 백성
을 편안히하는 것으로 죽고 사는 맹세를 하는
바······　　　　　　　——동학농민군,「무장창의문」(1894)[1]

1. 전체 사회사로서의 근대 연구

근대화 *modernization* 의 논의가 한창이던 60년대 후반에 비해 오늘
날은 근대성 *modernity* 의 문제가 학계의 관심사가 되고 있다. 문자적
의미에서만 본다면 근대화의 결과로 얻어지는 역사적 성격이 근대성
이고 근대성이 형성되는 사회적 과정이 곧 근대화일 터이지만 상이
한 개념을 내세우는 뒷면에는 근대의 문제를 탐구하는 문제 의식의

---

1) 오지영,『동학사』, 영창서관, 1939, p. 109.

변화가 내재되어 있다. 근대화를 발전이라는 개념으로 치환하는 수준을 넘어서 근대성의 성격 자체를 분석하려는 최근의 노력은 아마도 전세계적으로 냉전 이후 새로이 전개되는 미래 사회의 방향을 모색하려는 지적 대응의 의미를 갖는다고 생각된다.

한국 사회에서도 근대의 문제는 오랫동안 논의의 대상이었다. 한국사 연구자들, 특히 근대사를 연구 영역으로 삼은 연구자들은 한국의 근대가 어떻게 어떤 경로로 이루어졌는지를 오랫동안 탐구해왔다. 한국의 역사 속에서 내재적인 발전의 동인을 찾고, 근대적 정신의 출현을 추적하는 일이 그 중요한 과제였다. 그러한 문제 의식을 공유한 연구자들은 조선 후기 이후의 시기에 초점을 맞추어 근대로의 이행을 나타내는 현상들을 추적하거나 일제에 의한 자발적 근대 형성의 좌절과 민족적인 저항 운동을 주로 연구해왔다.[2] 한편 사회학 분야에서 주로 논의되던 근대화는 해방 이후, 특히 60년대 이후 경제 성장의 과정과 더불어 눈앞의 현실적인 변화를 설명하는 개념으로, 때로는 그 변화를 이끌어가는 가치 개념으로 논의되어왔다.[3] 근대화와 발전의 개념적 차이를 지적하는 논의가 없지 않았지만 전반적으로 근대화는 정치적인 구호로까지 활용될 정도로 바람직한 가치 개념으로 추구되었던 것이다.

이처럼 같은 근대에 대한 논의임에도 불구하고 역사학계의 논의와 사회과학계의 논의 사이에는 관심을 갖는 대상 시기에서 적지 않은

---

2) 대표적으로 신용하·김용섭·이광린·강재언 등의 연구를 꼽을 수 있겠다. 신용하,『한국 근대사와 사회변동』, 문학과지성사, 1980; 신용하,『한국 근대 사회사 연구』, 일지사, 1987; 김용섭,『한국 근대 농업사 연구』, 일조각, 1975; 김용섭,『증보판 한국 근대 농업사 연구』, 일조각, 1984; 이광린,『한국 개화사 연구』, 일조각, 1974; 이광린,『개화파와 개화 사상 연구』, 일조각, 1989; 강재언,『한국 근대사 연구』, 한밭, 1982; 강재언,『한국의 근대 사상』, 한길사, 1985 등.

3) 정치적 근대화·사회적 근대화·경제적 근대화 등이 60년대 이후 한국 사회과학 일반의 보편적 문제들로 작용했던 것이다. 대표적인 논의는 김경동 외,『근대화』, 서울대학교 출판부, 1979.

차이가 있었다. 다루는 시기가 다르다는 것이 곧 문제 의식의 차이를 말하는 것은 아니겠지만 어쨌든 양학문의 근대에의 관심사가 더불어 토론되고 논의되는 경우는 많지 않았다. 역사학이 과거를 다루고 사회과학은 현재를 다룬다는 식의 구분은 도식적일 뿐 아니라 실제 그 학문의 성격과도 거리가 멀다.[4] 역사학이 과거사에 대한 골동품적인 자료 수집이 아닌, 부단한 현재적 해석의 과정이라는 점을 생각하면, 또 사회학이 역사적인 구체성 없이는 제대로 성립하기 어려운 현실 과학이라는 점을 생각하면 역사학과 사회학이 보다 깊은 수준에서 서로 대화하고 문제 의식을 공유하는 작업이 절실하다.[5]

이런 사정을 생각하면 한국에서 근대성의 문제가 새롭게 제기되는 것은 이 점에 보다 많은 관심을 기울이라는 요구라고 이해해도 좋을 것이다. 역사적 과정으로서의 근대화, 또는 근대로의 이행을 현재의 시점에서 재해석하고 그 사회 문화적 의미를 분석적으로 해명하며, 나아가 그것이 오늘의 한국 사회에 어떠한 모습으로 또 어떤 기능을 하고 있는지를 탐구하는 일이 절실하다는 것이다. 아마도 이 과정에서 지적인 시야는 조선 후기부터 식민지 시대 이후 현대까지로 확대되어야 할 필요가 있을 것이며 탐구의 쟁점 역시 새로운 문제 의식에 의해 부단히 새로워지고 깊어져야 할 것이다. 한국사의 연구 성과와 사회학적 연구 성과들이 보다 개방적으로 지적인 교류를 해야 할 것이며 해외의 연구와도 더불어 토론할 부분들을 진지하게 모색해야 할 것이다.

---

4) 역사학과 사회과학, 특히 사회학과의 학문적 성격과 상호 연관에 관하여는 신용하 편, 『사회사와 사회학』, 창작과비평사, 1982에 실린 여러 논문들에서 살펴볼 수 있다.

5) 사실 두 학문 분야 모두 내부적으로는 이론 및 방법론의 반성을 통해 이 점을 모색하고 있다. 사회학계에서는 역사사회학, 또는 사회사의 연구를 통해, 그리고 역사학계에서는 역사상의 재검토라는 역사 이론에의 논의를 통해 보다 통합적인 이론화를 지향하고 있다. 그러나 여전히 많은 논의가 더 필요한 실정이라고 생각된다.

2. 전근대 사회에서의 권력과 농민

  지금까지 많은 연구들은 전근대 사회로부터 근대 사회로의 이행을 설명하는 틀로 전통과 근대, 봉건제와 자본주의의 대비를 활용해왔다. 전통적인 것과 근대적인 것의 대비를 주로 하는 사회학적인 논의는 그 개념의 포괄성과 보편성 때문에 애용되어왔지만 역사적 구체성을 채우는 데 성공적이지는 못하였다. 더구나 많은 전근대 사회의 문화적·제도적 특징들이 전통적이라는 보편 개념 속에 용해되어버림으로써 전근대 사회의 역사적 특수성이 제대로 설명되기는 어려웠다. 다른 한편으로 봉건제로부터 자본주의에로의 이행이라는 틀 역시 경제적인 영역을 넘어서서 전체 사회의 성격을 나타내는 개념으로 활용되어왔지만 서구 역사의 특수성과 역사적 보편성의 문제를 제대로 해결하지는 못하였다. 특히 봉건제의 개념이 사회 정치적 상부 구조에 대한 내용을 제대로 다루지 못함으로써 비서구 사회의 전근대적 특성이 설명의 변수로 설정되지 못하는 경우가 많았다. 이 점은 한국의 전근대 사회, 예컨대 조선 사회를 어떤 사회로 개념화할 것인가의 문제와도 맞물려 있는데 봉건적·중세적·전근대적이란 형용사가 함께 활용되고 있으면서도 뚜렷한 개념적 해결에는 이르지 못하고 있는 실정이다.

  이러한 문제는 특히 권력의 사회사, 지배 양식의 변동을 다루는 데 있어서 두드러지게 나타난다. 권력의 행사 방식이나 지배의 유형 등은 일찍부터 사회과학적 역사 연구의 주된 주제였음에도 불구하고 전근대 사회의 권력은 그 구체적 특성에 비추어 충실하게 검토되지 않았다. 지배의 문제와 권력의 문제는 경제적인 생산 관계나 문화적인 전통성을 강조하는 가운데 부차적으로만 다루어지는 경향이 있었고 특히 역사 연구의 주요한 주제로 부각되지 않았다. 사회과학이 권력과 지배의 문제를 현실적이고 현재적인 문제로 다루는 데 반해 역사학은 왕조 중심의 지나간 체제의 문제로 파악한 경향이 있지 않았나 생각된다. 그러나 권력 현상은 근대나 전근대나 할 것 없이 인간의 사회적 활동이 영위되는 곳이면 어디나 나타나는 것이며 때로는 가장 강력한 규정력을 갖기도 한다. 권력의 행사 방식이 제도화한 지배 구조는 그 자체가 권력에 대한 사회 구성원들의 인정, 저항의 과정을 거치면서 이루어진 역사적 과정이었다. 지배와 복종, 통제와 저항의 변증법적 상호 작용은 과거 역사에서부터 오늘에까지 구체적인 모습을 달리하며 나타난, 역사이자 현실로서의 사회 현상인 것이다.

전근대 사회에서의 권력은 사회의 여러 영역들이 분화되어 존재하는 현대 사회의 권력과는 다른 모습으로 작용하는 것이 보통이었다. 다시 말하면 정치의 영역이 별도로 분화되지 못한 사회였던 까닭에 지배의 구조도 권력의 차원에서만이 아니라 신분적·경제적 요인들과 밀접하게 관련되어 형성되는 것이었다. 신분제의 원리가 권력적 지배와 뗄 수 없이 결합되어 있고 경제적인 특권이 이들 비경제적 원리들과 뒤섞여 있는 것이 보통이었다. 실제로 전근대 사회에서 권력의 작용 범위나 강도는 종종 제한적이었거나 비효율적이었으며 권력의 문제는 지배층의 문제로 국한되고 사회 구성원들의 일상적 삶은 나름대로의 자율성과 독자성이 인정되는 경우가 많았으면서도 지배층의 권력 행사가 가능했던 것은 생활 세계에서의 신분적·문화적 통제가 보완적인 기능을 수행하였기 때문이었다.

그렇지만 전근대 사회의 지배를 전혀 체계가 갖추어지지 않은 자의적이고 폭력적인 것이었다고 보는 것은 적절치 못한 이해일 것이다. 전근대 사회에서도 권력은 일정한 형태로 제도화되어 있었다. 대체로 왕권이나 지배 계급의 특권으로 구체화되어 나타났던 이 전근대적 권력도 시대적인 제반 조건에 적응한 절차와 규칙을 갖추고 있었다. 타인 또는 타집단에 대한 일방적인 지배를 가능케 하는 사회적 자원으로서의 권력이 어떻게 배분되고 행사되는가에 대한 나름대로의 원리가 작용하였고 피지배층 역시 그러한 질서를 전제로 권력의 행사를 용인하거나 받아들였던 것이다. 베버가 말한 바대로 지배의 정당성은 민주적인 형식으로만 주어지는 것이 아니라 전통적인 권위를 빌어서도 제도화될 수 있었고 때때로 특수한 카리스마를 근거로 제도화되기도 했다.[6] 신분제적 원리에 입각한 생활 세계에서의 미시적 통제를 감안해보면 민주주의적 원리가 시민 사회의 기본 원리로 수용되는 현대에 비해 어떤 면에서는 지배의 강도가 더욱 강했다고 볼 수도 있을 정도이다.

전근대 사회의 권력 구조가 제도화되고 체계를 갖추고 있다는 점을 좀더 뚜렷하게 드러내기 위하여 전통 국가라는 개념을 활용해볼 수 있다고 생각한다. 기든스가 말한 전통 국가는 근대 국가와의 대립 개념으로 설정된 것이고 또 서구의 역사적 경험에 기초한 개념화라는 점에서 그대로 수용할 필요는 없지만 전근대 사회의 지배 구조를 국가라는 개념 체계와 연관시켜 파악하는 데 유용성을 갖는다.[7] 즉 전통 국가라는 개념은 정치 공동체의 지배 체제가 역사적으로 어떻게 변모하여 근대 국가의 형태로 귀착되었는가를 파악하는 데 도움을 줄 수 있다. 그에 의하면 서구에서의 전통 국가는 정치 군사적 단위로서의 지배 영역을 명확하게 갖고 있지 못하며 중앙의 지배 기구의 행정적 통제력도 미약하였다. 관직의 공적 성격이 사적인 성격과 뚜렷이 구별되지 않았고 정치적 활동과 경제적 활동 역시 유기적인 연관을 갖지 못한 채 분리되어 있었다는 것이다.

전통 국가의 역사적 형태로는 물론 여러 가지가 있다. 크게 볼 때 전근대 사회의 권력 구조는 분권적인 형태와 집권적인 형태로 구분

---

6) 막스 베버, 금종우 외 역, 『지배의 사회학』, 한길사, 1981.
7) A. Giddens, "Introduction," *The Nation-State and Violence*, University of California Press.

하여볼 필요가 있다고 생각한다. 봉건제는 분권적인 구조의 전형적인 형태로서 권력이 행사되는 장이 공간적으로 나누어져 있었다. 반면 가산제와 같이 권력의 최고 책임자가 유일한 권력의 원천으로 자리잡고 있는 집권 체제도 있다. 가끔 지배력이 약하다는 점을 분권적인 특성과 동일시하는 경우가 있지만 분권과 집권의 문제는 지배의 강도와는 별개로 검토되어야 할 영역이다. 이 점에서 한국의 전통 국가는 중앙 집중성이 매우 강한 집권적 구조로서 지배의 강도는 시대에 따라 가변적이었던 것으로 이해할 수 있다.

전근대 사회의 피지배층은 전형적으로 농민이었다. 농민, 특히 소농 경영을 기본으로 하는 소규모 자영농은 역사상 어느 시대에도 존재하는 유형이기는 하지만 범주적으로 보면 산업 사회로 접어들기 이전의 소생산 사회에서 전형적으로 나타나는 층이다.[8] 역사상 농민은 그 어디에서도 한 사회의 지배 권력을 장악해본 적이 없다. 농민은 자신들의 권리와 생활을 외부로부터 지켜주는 정치 공동체의 권력을 가부장적인 보호막처럼 수용하기도 했다. 국왕이나 영주, 때로는 지주들이 농민을 지배 수탈하면서도 가부장적인 보호자로서 상징화되고 수용되었던 경우가 적지 않았다. 농민이 지배층에 예속되는 정도는 역사적으로 매우 다양하였는데 농노와 같이 예속성이 강한 경우도 있었는가 하면 매우 자율적이고 독립적인 자영농도 존재하였다. 그러나 기본적으로는 외부로부터의 권력적 지배를 수용하면서 내부적으로는 자율과 자족함을 사랑하고 초보적 의미에서나마 평등한 삶을 지향했으며 무엇보다도 공동체적인 조화와 평화를 중시하는 성격을 지닌 자들이 바로 농민이었다.

전근대 사회에서 농민은 권력으로부터 철저히 소외되어 있었지만 이들을 바탕으로 하지 않는 권력은 존재할 수가 없었다. 농민은 전근

---

8) 역사상 농민의 전형적인 특성에 대하여는 에릭 울프, 박현수 역, 『농민』, 청년사, 1978 참조.

대 사회에서 권력이 행사될 수 있는 절대적인 필요 조건이었다. 이들의 물질적 생산이 지배층의 경제적 기반이 되었고 이들을 어떻게 통제하는가가 지배층의 가장 중요한 관심사의 하나였다. 구조적으로 본다면 농민층의 존재 방식 그 자체가 지배의 형식과 내용을 결정짓는 데 결정적인 변수로 작용하였던 것이다. 뿐만 아니라 농민의 지배 권력에 대한 반응과 대응은 권력의 변동을 야기하는 촉매이기도 했다. 농민은 권력의 일방적 행사를 반대하고 자신의 영역을 고수하기 위해, 때로는 농민 사회의 내적인 원리들을 파괴하는 외부적 힘에 대항하여 거대한 항쟁의 주체가 되었다.[9] 특히 근대로의 이행 과정이 기본적으로 농업 및 농민의 존재 형태에 가장 근본적인 변화를 초래한 것이었기 때문에 이 과정에서 농민의 정치적 저항은 중대한 의미를 갖는다. 혁명가와 지식인이 없는 사회 혁명도 불가능했지만 농민의 지지가 없는 사회 혁명도 역사상 성공할 수 없었던 것이다.

3. 근대로의 이행과 농민

권력 구조의 변화라는 측면에서 근대로의 이행은 권력의 최종적인 담지자로서 근대 국가가 형성되는 과정으로 파악될 수 있다.[10] 근대라는 시대는 권력의 원천, 권력의 작용 범위, 권력의 작동 형태, 권력의 제한 등 권력에 관한 모든 최종적 결정권을 국가에게 귀속시킴으로써 근대적인 지배 구조의 전형을 창출하였기 때문이다.[11] 이 과정

---

9) T. Shanin, "Peasantry as a Political Factor," *Sociological Review*, Vol. 14, 1966.

10) C. Tilly, *The Formation of National States in Europe*, Princeton University Press, 1975, pp. 17~31.

11) B. Badie, P. Birnbaum, *The Sociology of the State*, Chicago University Press, 1983, pp. 20~22.

은 전근대 사회에서 분산적 · 중첩적인 방식으로 작용하던 권력의 작용을 집중적이고 체계적인 형태로 제도화하는 과정이기도 했다.

근대 국가가 주요한 조직적 단위로 형성되는 과정은 내부적인 요인 못지않게 외부적인 요인이 중요하였다. 전통 국가들간의 전쟁과 갈등이 지속되면서 점차 대외적으로 구별되는 정치 공동체가 명료해졌고 성원들의 정치적 의식이 발전하면서 근대 국가로서의 성격을 갖추게 되었던 것이다. 외부로부터의 침입과 수탈을 막고 외부와의 보다 유리한 경쟁을 수행해가는 주체로서 근대 국가의 기능은 매우 큰 것이었다.[12] 내부적으로는 구성원 일반에 대해 절대적인 권력을 보유한 정치적 · 관료적 조직체가 국가라는 이름으로 부각되었고 사회 내에서 이루어지는 상호 작용의 최종적인 규율자로서의 힘을 갖게 되었다. 근대적인 법률 체계와 관료제적인 행정 기구, 그리고 군대나 경찰 · 감옥 등과 같은 억압적 기구의 발달을 통해 사회 구성원에 대한 철저한 통제가 가능해졌던 것이다.[13] 동시에 근대 국가는 대외적으로 한 사회의 질서와 체계를 보호하고 그 발전을 뒷받침하는 조직적 실체이기도 했다. 근대 국가는 대내적으로는 효율적이고 일방적인 권력의 행사를 통해, 대외적으로는 자국민의 이익을 보호하고 국가간 체제 속에서 자기 사회의 독자적인 지위를 확보하기 위한 노력들을 통해 국가 구성원들을 통합시켜나갔다. 이런 의미에서 근대 국가는 그 국가의 구성원들에게 정치적 통제와 함께 강력한 보호자적 기능을 동시에 감당했던 것이다.

그렇지만 세계사적으로 볼 때 전근대 사회의 정치 단위가 모두 근대 국가 체제를 형성하는 데 성공한 것은 아니었다. 근대 세계 체제

---

12) T. Skocpol, "Bringing the State Back In," P. Evance, D. Rueschemeyer, T. Skocpol *Bringing the State Back In*, Cambridge University Press, 1985, pp. 9~20; T. Skocpol, 김현택 외 역, 『혁명의 비교 연구』, 까치, 1982, p. 36.

13) A. Giddens, *ibid.*, pp. 95~103.

의 정당한 한 구성 단위로 전환하려던 많은 전근대 사회의 정치체들이 그러한 내적 전환을 달성하기 이전에 또는 그 과정에서 강력한 제국주의적 외압을 받아 식민지로 전락했기 때문이었다. 한 사회가 식민지로 전락한 이유는 내부적 · 외부적 요인 모두에서 찾을 수 있겠으나 19세기 세계사를 통해 볼 때 외부적인 요인들, 다시 말해 세계 체제적인 조건이 더욱 중요한 요인이었음은 부인하기 어렵다.[14] 식민지 권력 역시 근대적인 방식으로 구성원들을 통제하고 지배하였지만 그 권력 자체가 수탈적인 성격을 강하게 지닌 것이었다는 점에서 근대 국가가 가지던 보호자적 기능은 거의 보장되지 않았다.[15] 권력의 추상적 속성에 있어서 근대 국가와 식민지 권력 기구가 유사한 측면이 있음도 사실이지만 정치 공동체의 역사적 발전 과정에서 차지하는 역사적 의의는 전혀 상반된 것이었다. 근대 세계 체제가 근대 국가를 주요 구성원으로 하여 이루어졌음을 생각할 때 세계사의 흐름 속에 독자적인 주체로서 참여할 자격을 갖추는 제일 조건이 곧 근대 국가의 형성이었고 이에 대한 철저한 부정이 곧 식민지 체제였던 것이다.

근대 국가의 형성 과정에서 농민이 보인 반응은 이중적이었다. 근대 국가의 형성이 중세적인 신분 차별을 철폐하고 모든 구성원의 법적 · 정치적 지위가 평준화됨으로써 근대적 정치 공동체가 발전하는 과정이었던 만큼 전통적인 피지배층으로서 농민은 이 과정에 매우 적극적으로 참여한 측면이 있다. 농민이 집단적으로나 개인적으로 정치적 행동을 할 수 있고 명분적으로나마 한 사회의 주권을 지닌 국

---

14) 국가 형성의 역사적 다양성에 관해서는 S. N. Eisenstadt, S. Rokkan ed., *Building States and Nations*, Sage Publications, 1973 참조.

15) 스코트는 동남아시아에서의 식민지 권력 기구를 식민지 국가 *colonial state*로 설명하면서 이것이 전통적인 보호자적 기능을 파괴하고 농민을 철저히 수탈하는 존재가 되었음을 지적한 바 있다. J. C. Scott, *The Moral Economy of the Peasant*, Yale University Press, 1976, 제4장 참조.

민으로 파악될 수 있는 것도 바로 이 변화로 인한 것이었다.[16] 그러나 다른 한편으로는 중앙 권력이 강화되고 지배의 효율성이 증대하면서 지금까지 자율적인 영역을 고수해왔던 농민의 생활 세계의 독자성이 크게 위협받게 되었다는 점에서 부정적인 반응도 적지 않았다. 근대로의 이행 과정에서 농민은 자신들의 삶을 근본적으로 변화시킨 민주주의적 자본주의의 동맹자가 된 적이 없다.[17] 근대 국가의 성격이 민중적인 것을 표방하는 경우조차도 실질적인 직접 경작자로서의 농민이 행사할 수 있는 권력이란 대단한 것이 아니었고 대부분 새로운 권력을 장악한 지배층에 예속되었으며 그 예속의 힘 또한 전례 없이 강화되었기 때문이다.

따라서 근대로의 이행 과정에서 농민이 어떤 정치적 역할을 담당하게 되었는가는 농민층의 주관적 의지나 그들의 주체적인 정치 행위만을 통해 파악될 수 없다. 오히려 근대로의 이행이라는 총체적인 변화의 과정에 농민의 존재라는 객관적 조건이 어떤 변인이 될 수 있었는지를 구조적으로 살펴보는 것이 필요하다. 전통적인 권력 구조의 특성, 시장 상황의 확대 정도, 사회적 생산의 내적 구성, 다른 국가로부터의 정치 경제적 압력의 시기와 정도 등이 모두 중요한 객관적 조건이 되는 것이다. 힐튼이 중세 농민층을 단순히 농민으로서가 아니라 중세 봉건 사회의 제도 및 문화의 맥락 속에서 이해해야 한다고 주장한 것도 이런 의미일 것이다.[18] 여기에 농민 사회 내부의 조건들, 예컨대 농업 생산의 생태학적·기술적 환경, 촌락 단위의 결속력의 정도, 촌락간의 결합과 상호 작용의 성격, 농촌 외부 세력의 개입

---

16) 이런 의미에서 힐튼은 "근대 세계에 물려준 중세 농민의 가장 중요한 유산 중의 하나는, 영주에게 어떤 의무도 어떤 복종도 행할 필요가 없는 자유민, 바로 그 자유민이라는 개념이다"라고 했다. 하비 케이, 양효식 역, 『영국의 마르크스주의 역사가들』, 역사비평사, 1988, p. 116.

17) 베링턴 무어, 진덕규 역, 『독재와 민주주의의 사회적 기원』, 까치, 1985, p. 481.

18) 하비 케이, 앞의 책, p. 114에서 재인용.

방식 등이 중요하게 작용하는 것이다.[19]

농민의 역사적 역할을 평가하는 데 소극적이었던 것으로 알려진 마르크스도 구체적인 역사적 분석에서는 농민의 존재 방식이 권력의 제도화 과정에 매우 중요한 변수로 작용하였음을 보여주었다. 그의 분석에 따르면, 영국의 경우 농민층 내부가 분해되면서 상업적 농업을 지향하는 층이 자본주의적 의회민주주의의 출현에 적절한 사회적 기반을 제공하였던 데 반하여 프랑스의 경우 농민층은 이질적인 범주들로 분해되지 않고 동질적인 소농층으로 온존하여 나폴레옹과 함께 보나파르티즘을 강화시킨 사회적 기반이 되었다는 것이다. 이후 러시아에서의 사회주의 혁명과 관련해서 러시아 농촌 공동체의 정치적 역할에 대하여 마르크스가 부정적이지 않았던 이유도 현실적으로 농민층이 점하는 정치적 역할을 무시할 수 없었기 때문이었다.[20] 배링턴 무어는 상업 발달에 대한 농민층의 반응 양식에 따라 근대로의 이행 과정에서 형성되는 한 사회의 정치적 지배 양식이 크게 달라진다는 것을 지적하였다. 그에 의하면 농민층의 집단적인 정치 행동, 즉 농민 문제의 격화로 인한 농민 혁명을 피할 수 있었는가의 여부가 한 사회의 권력 구조에 결정적인 변수였는데 영국, 프랑스, 미국과 같이 상업적인 변화에 적극적으로 대응하는 농업 상층의 활동이 주도적이게 될 경우는 자본주의적 민주주의의 발달을 보게 되는 반면, 중국과 같이 농민적인 사회 구조가 잔존한 상태에서 농민층의 긴장과 곤경이 심화될 때는 농민 혁명의 길을 거쳐 전체주의적이고 반자본주의적인 지배 체제가 출현하게 되었다는 것이다. 그는 농업 부문의 상층 지주 계급의 정치적 지배력이 어떻게 약화되는가가 민주적인 결과를 가져오는 데 결정적으로 중요하다고 지적하였다.[21] 스카치

19) J. M. Paige, *Agrarian Revolution*, The Free Press, 1975; A. Stinchcombe, "Agricultural Enterprise and Rural Class Relations," *ASR*, Vol. 67, 1961.

20) Michael Duggett, "Marx on Peasant," *Journal of Peasant Studies*, II-2, 1975.

폴 역시 근대로의 이행 방식을 결정적으로 규정하였던 사회 혁명을 비교 분석한 저서를 통해 사회 혁명은 농민층의 정치적 역할 없이는 불가능한 것이었음을 지적하고 특히 촌락 단위의 농민 조직의 중요성을 강조하였다.[22] 이러한 연구들은 구체적인 설명과 연구 대상에서 차이점들이 있지만 농민층의 존재 양식과 대응 방식이 그 사회의 권력 구조와 지배 체제의 형성에 결정적인 변수로 작용한다는 것을 이론화하고 있는 것이다.

이들의 이론화는 주로 자발적인 근대 국가 형성에 성공한 사례들을 중심으로 한 것이었다. 즉 정치 체제상의 차이에도 불구하고 전근대적인 정치 공동체로부터 근대적인 국가 형태를 갖추는 데 성공한 나라들이 주된 분석의 대상이었다. 농민 문제를 해결한 나라나 그렇지 못하여 혁명적인 변화를 경험할 수밖에 없던 나라나 이 점에서는 같은 조건이었다. 그러나 많은 경우 제3세계 국가에서 농민의 전통적인 생활 방식을 결정적으로 파괴시킨 힘은 식민지 권력이었다. 식민지 권력은 전통적인 정치 공동체의 독자적 존재 자체를 부정하는 것이다. 순수한 시장 논리에 근거하지 않고 무력적이고 폭력적인 수탈 구조에 근거하여 경제적인 이익을 극대화하려는 것이 제국주의였고 그로 인한 식민지였기 때문에 권력적인 지배의 차원과 함께 상품 시장을 통한 농민 사회의 지배라는 차원을 동시적으로 수반하였다. 따라서 제3세계의 경우 근대로의 이행과 농민층의 역할을 검토할 때 식민주의의 문제는 그 무엇보다도 중요하다.

식민지 권력의 성격을 연구한 여러 학자들은 식민지 권력이 근대 국가가 지녀야 할 기본적인 성격, 즉 정치 공동체의 대외적 독립성과 구성원들에 대한 보호자적 기능이 전무한 반면 다른 일면, 즉 강압적이고 일방적인 통제 기구라는 측면은 발전하였던 것을 지적하고 있

21) 베링턴 무어, 앞의 책, 제7장 참조.
22) 테다 스카치폴, 김현택 외 역, 『혁명의 비교 연구』, 까치, 1981.

다. 동남아시아 사례를 검토한 스콧에 의하면 식민지 권력 기구가 이전에 비해 훨씬 비탄력적인 조세 정책과 강압적인 수탈 정책으로 농민을 억압하였고 전근대 사회에서 사회적으로 보장되어 있던 여러 형태의 보호 장치들을 해체시켰다.[23] 근대적인 행정 기구와 관리의 기법들이 농민에 대한 억압과 통제에 효율적으로 동원됨으로써 식민지 권력은 훨씬 강압적인 통제 체제를 만들어냈던 것이다. 뿐만 아니라 식민지 체제는 제국주의적인 상품 시장의 원리를 매우 급속하게, 때로는 강제적으로 농민 사회에 강요함으로써 농민의 사회적 불안정과 경제적 몰락을 가속화시켰다.[24] 농민의 입장에서 지방 수준의 교환 체계를 넘어서는 전국적 상품 시장은 자신의 지위나 생존을 유지하기 위해 최종적으로 선택하는 대안이었다. 농민층에게 상품 시장은 이익을 극대화시켜주는 기회의 영역이라기보다는 그들의 자급적이고 자율적인 삶을 파괴시킬 수 있는 불안정과 위협의 장이었고 시장 메커니즘에 포섭된다는 것은 곧 농민 사회의 생존을 시장의 법에 맡긴다는 것을 의미하는 것이었다. 그러나 농민층은 시장 상황으로부터 자신의 독자적 생활 영역을 고수할 수 없었다. 시장의 투기적인 이익 추구 경향이 '위험 회피 전략'을 가장 기본적인 원리로 지니고 있던 농민을 몰락시켰던 것이다.[25] 더구나 그 시장 상황이 식민지적인 조건 속에서 확대되는 것일 때는 더욱 파괴력이 컸다.

따라서 식민지 체제하에서 농민은 권력에 저항하는 성격을 강하게 띠게 된다. 그것은 지배 권력의 억압성에 대한 항거라는 점에서 전통 사회에서의 농민 저항과도 맥을 같이하는 것이면서 동시에 이민족 지배라는 식민지성에 대한 부정이라는 점에서 민족주의적 성격을 뚜

---

23) J. S. Migdal, *ibid.*, ch. 4.
24) R. Stavenhagen, *Social Classes in Agrarian Societies*, Anchor Books, 1975, pp. 53~61.
25) 에릭 울프, 앞의 책, pp. 29~38.

렷이 지니는 것이다. 이 경우 농민의 민족주의적 지향은 식민지 체제에 대한 저항과 억압적이고 비민주적인 지배 양식에 대한 부정이라는 두 성격을 함께 지니는 것이었다.[26] 농민의 저항은 뚜렷한 이데올로기나 정치 조직을 수반하여 전개된 것은 아니었지만 식민지 지배에 대한 가장 강력한 비판성을 담은 것이었다. 20세기에 들어와 전개된 반제국주의 민족 해방 운동의 주요한 세력 기반도 농민이었다. 에릭 울프가 검토한 20세기의 농민 전쟁들이 대부분 식민지화에 따른 사회 경제적 변화에 대한 저항이었다.[27] 그는 특히 중농층에게서 전형적으로 발견되는 보수적이고 전통 지향적인 성격, 다시 말해 독립적이고 자율적인 성격이 시장 상황에서 위협받게 될 때 혁명적 운동의 주요한 자원으로 활용되었다고 지적하였다. 농민의 정치적 역할은 특히 식민지 체제의 억압성에 대한 민족주의적 저항 속에서 보다 새롭고 뚜렷한 모습으로 드러난다.

4. 한국의 근대와 농민

근현대 한국의 역사적 변동을 권력 구조의 측면에서 살펴본다면 조선 왕조 체제로부터 대한제국기와 일제의 식민지 체제를 거쳐 분단된 근대 국가 체제로 이행해온 과정이었다고 할 것이다. 개항을 계기로 근대적인 사회 체제를 만들려는 여러 노력들은 결실을 맺지 못한 채 일제의 침략으로 무산되고 말았다. 전통 국가의 비민주적인 성격을 스스로의 힘으로 극복하고 새로운 민족 국가를 건설하는 데 실패하였기 때문에, 또 식민지에서 매우 억압적인 권력을 경험하였기

---

26) Florencia E. Mallon, "Political History from Below," *Peasant and Nation*, University of California Press, 1995, pp. 1~20.
27) 에릭 울프, 곽은수 역, 『20세기 농민 전쟁』, 형성사, 1984, pp. 284~86.

때문에 오랫동안 한국 사회의 권력은 시민 사회의 권익을 옹호하는 공적 권력으로서의 성격보다는 오히려 지배층의 억압을 정당화하는 권위적인 속성을 지녀왔다. 농민에 대한 식민지 권력 기구의 강압적인 통치의 결과 권력에 항거하고 주권자로서의 권익을 추구하는 시민 세력의 성장도 매우 더딜 수밖에 없었다. 식민지가 요구하는 인간형은 언제나 주어진 구조에 순응하고 복종하는 형이었는데 이러한 식민지 교육과 통치가 남긴 해악이 사회 각 영역에서 매우 컸다는 사실은 스스로의 힘으로 근대 국가를 건설하는 일이 얼마나 중요한 것이었는지를 반증해주는 것이라 할 것이다.

근대 국가의 형성을 향한 시도들이 실패로 돌아가게 된 데에는 일제의 정치 경제적 외압이 가장 핵심적인 요인으로 작용하였음은 두말할 필요가 없다. 근대로의 전환을 지향하였던 사회 세력들이 성장하고 그들의 정치적인 주도권 아래서 체제 변혁이 수행될 수 있었던 몇 차례의 기회는 일제의 식민지 침탈로 인해 무산되거나 실패로 돌아갔다. 일제는 메이지 유신 이후 대륙으로의 팽창 정책을 추진하고자 했고 청일전쟁 이후에는 본격적으로 한국을 식민지로 만들려는 시도를 하고 있었고 따라서 근대로의 이행을 추진하려는 세력들을 이용하여 친일적인 정책들을 추진하게 함으로써 이들 정치 세력의 대내적인 정당성을 크게 훼손시키고 한국 사회의 내부적인 대립과 분열을 결과적으로 조장하기도 했다.

개항기의 전환기적 상황에서 전통 국가가 겪어야 했던 외압의 강도가 매우 강했던 것은 사실이지만 그것만으로 근대 국가로의 이행이 좌절된 충분한 이유가 될 수는 없다. 권력 구조의 변화라는 측면에서 볼 때 전통 국가의 어떤 특성과 피지배층의 어떠한 존재 조건이 외압에 대항할 만한 내적 역량을 결집하는 데 실패하게 했는지도 고찰해보아야 한다. 근대 국가를 지향한 사회 세력의 성격과 성장 과정을 밝혀내고 그들의 노력이 안팎의 조건들과 어떻게 상호 작용하였

는지, 그리고 결과적으로 어떤 과정을 거쳐 실패하게 되었는지를 구
조적으로 검토해야 할 것으로 생각된다.[28]

　이러한 종합적인 검토를 위하여는 최소한 다음 네 가지 측면을 고
려해야 할 것이다. 전통 국가의 권력 구조, 시장 상황, 제국주의적 외
압, 그리고 농민의 존재 형태가 그것이다. 전통적인 권력 구조는 조
선 왕조 체제의 특성을 말하는 것으로 근대로의 이행에 있어서 출발
조건으로서의 특성을 의미한다고 할 수 있다. 조선 왕조 체제는 앞서
말한 전통 국가의 틀 속에서 설명될 수 있을 것인데 이것은 조선 왕
조를 봉건 체제로 보거나 양반 지주의 계급 지배의 도구로 보는 시각
을 탈피하여 독자적인 권력 체계로서 이해하고 근대로의 이행 과정
에서 그 조건이 어떻게 작용하였는지를 파악하려는 것이다. 시장 상
황은 개항 이후 크게 달라진 경제적 조건에 대한 고찰로서 국내외의
상품 유통의 정도와 성격이 사회 변동에 미친 영향을 검토하는 것이
다.[29] 이것 역시 개항장의 교역 구조나 불평등 조약의 성격을 밝혀내
는 수준에서 나아가 시장의 확대가 농민 사회 전반에 미친 총체적인
영향 속에서, 근대적인 사회 변화에 작용한 구조적인 영향을 중심으
로 고찰할 필요를 뜻하는 것이다. 그리고 제국주의적 외압은 자국의
정치 경제적 이익을 극대화하기 위해 주변 국가를 강권적으로 병탄
하려는 일본의 팽창주의적 경향과 그 구체적 과정에 대한 고찰이다.
제국주의적 외압은 특히 두번째 측면과 매우 밀접히 관련되어 있지
만 시장 일반의 특성과는 또 다른 권력적 차원에서의 식민지성을 고
려해야 한다. 마지막으로 당대의 변화 속에서 직접 살았고 그 위기와
기회를 함께 경험하면서 번민과 열정을 함께 나누었던 구체적인 주

---

28) 이와 관련하여 해외의 한국학 연구들에 대한 적절한 독해가 필요하다. 브루스 커
　밍스, 김자동 역, 『한국 전쟁의 기원』, 일월서각, 1986; Gi-Wook Shin, *Peasant
　Protest and Social Change in Colonial Korea*, University of Washington Press, 1996.
29) 개항이 미친 영향에 관하여는 김경태, 『한국 근대 경제사 연구』, 창작과비평사,
　1994 참조.

체, 즉 농민에 대한 관심이 소중하다. 19세기 후반 한국에서 농민은 전사회 구성원의 대다수를 점하는 범주이자 가장 보편적인 계급적 형태였기 때문에 농민에 대한 이해는 곧 이 시기 사회 구성원 전체의 특성을 파악하는 일과 직결되어 있다. 농민층 내부가 어느 정도로 이질적 범주들로 분화되어 있었는지, 그들간의 조직적 결합이나 경제적 이해 관계는 어떠하였는지, 어떤 농민층이 근대적인 지향성을 가장 강하게 드러냈는지, 그로 인해 다른 사회 세력들과 어떤 상호 작용을 하게 되었는지 등이 주된 관심의 대상이 되는 것이다.

개항 이후의 변화로 인해 전통적 사회 원리들은 근본적인 변화를 겪지 않을 수 없었다. 이 중에서도 특히 지배 구조는 안팎으로부터의 새로운 과제와 도전에 직면하였다. 대외적인 압력을 물리치고 가중되는 위기를 극복하기 위해 전통 국가는 사회 전반에 대한 통제력을 강화시킬 필요가 있었지만 이를 위해서는 기존의 지배 방식을 근본적으로 변혁해야 하는 딜레마에 부딪혔다.[30] 외부로부터 가해지는 여러 변화들을 조절하고 궁극적으로 정치 공동체의 총체적 발전을 모색하기 위하여는 새로운 국제적인 국가 질서 속에 근대적인 주체로 자기 정립을 해야 하는 상황이었다. 확대되는 시장 상황과 지주제가 궁극적으로 어떤 사회 정치적 결과를 가져올 것인지는 이들에 대한 국가 권력의 보호나 규제의 방향에 의해서도 크게 좌우될 것이었다. 뿐만 아니라 사회의 내부에서 새로이 등장하는 각종 요구를 정치적으로 조절하고 총체적인 자원으로 전환시킬 능력을 갖출 필요가 있었다.

농민은 이 과정에서 매우 중요한 역할을 담당하였다. 전통 국가의 대외적 허약성과 대내적인 비효율성으로 인해 필요한 정치적 보호를 받지 못하고 오히려 수탈과 억압의 대상이 되었지만 대외적인 위기

---

30) 신용하는 이를 체제 위기라고 개념화하였다. 신용하, 『한국 근대사와 사회변동』, 문학과지성사, 1980, p. 11.

의식이 심화되면서 이들은 정치 공동체의 독자성에 대한 의식을 심화시켰다. 식민지화의 과정을 철저히 비판하고 정치 공동체의 독자성과 독립성을 중시한 농민의 의식은 한편으로 전통 국가적 상징과 역사를 중시하고 지키려는 움직임의 형태로, 다른 한편에서는 전통 국가의 비효율성과 억압성을 개혁할 것으로 요구하는 운동으로 발전하였다. 개항 이후 한국 사회에서 전개되었던 다양한 사회 운동과 이념적 갈등은 농민의 새로운 각성과 움직임에 그 바탕을 둔 것들이었다. 농민들의 불만과 요구, 새로운 민중적 의식을 대변하는 사상과 움직임들이 전국적으로 모색되었고 이것은 전통적인 국가 권력의 근본적인 재편을 통한 근대 국가로의 이행을 추구한 것이었다.[31] 동학 사상이 농민들 사이에 전파되면서 새로운 사회적 윤리를 추구한 것이나 농민들의 지방적인 저항이 전국적 농민 전쟁으로 발전하였던 것은 개항기 정치적 변동 과정에 농민이 중요한 주체로 등장하고 있음을 보여주는 것이었다.[32] 외세의 침탈에 대한 의병 운동에 나타난 농민적인 성격도 그러한 모습을 잘 드러낸다.[33]

개항 후 한국 사회의 정치적 변동이 근대 국가의 형성이라는 과제와 연관되어 있었다고 할 때 1905년 을사조약의 강제 체결은 그러한 집단적 과제 해결에 실패하게 되는 상황이 본격화되었음을 뜻하였다. 일제의 식민지 권력은 전통적인 왕조 체제의 권력 구조와는 그 속성이나 기능이 매우 달랐다. 식민지 권력 기구는 전통 국가에 비해 근대적인 행정과 무력, 효율적인 각종 통제 기구들을 갖추었고 그런 점에서 근대적인 성격을 수반한 것이었다. 그러나 식민지 권력 기구

---

31) 정창열, 「한말 변혁 운동의 정치 사회적 성격」, 『한국 민족주의론』 1, 창작과비평사, 1982.
32) 신용하, 『한국 근대 민족주의의 형성과 전개』, 서울대학교 출판부, 1987, pp. 83~149.
33) 신용하, 『한국 근대 민족주의의 형성과 전개』, pp. 185~87.

의 지배는 한 정치 공동체의 독자적 존립을 철저히 부정하는 체제였고 따라서 지배 구조의 근대적 전환이라는 내용과는 전혀 다른 것이었다. 식민지 권력 기구의 지배는 근대적인 국가 권력이 가지는 공공적 성격을 전혀 소유하지 못한 일방적인 통제에 다름아니었다. 또한 조선 총독부의 권력은 조선 사회의 역사적 조건이나 대내적인 세력 위에 근거한 것이 아니라 철저하게 식민 모국 일본의 힘 위에서 작용하는 것이었다. 일제의 총독부 권력은 식민지 일반에서 그러하듯 식민 모국의 정치적·경제적 이익을 위하여 식민지의 인적·물적 자원에 대한 효율적이고도 체계적인 수탈을 제도화시켜나갔다.[34] 농업 생산의 방식, 기술 조건, 시장 상황 등 농업과 관련한 여러 측면에 식민지 권력의 개입이 확대되었고 농민에 대한 통제가 강화되었다. 그리고 그것은 궁극적으로 독자적 정치 공동체로서의 한국을 더 이상 존립할 수 없도록 하는, 식민지로서의 타율성과 비주체성을 공고히하려는 과정이기도 했다. 전통 국가의 소멸로 이해될 수 있는 식민지 상황은 그러나 그 억압 기제의 효율성으로 인해 농민에게는 더욱 수탈적이고 강압적인 힘으로 작용하였다.

일제의 식민지 지배는 농민의 사회 경제적 상황을 매우 열악하게 만들었지만 이 변화 속에서 농민은 보다 뚜렷한 사회 의식·민족 의식을 갖게 되었다. 일제하의 농민은 민족적이고 계급적인 양면에서 가장 심각한 위기 의식과 실질적인 손실을 입었고 그런 구조에 저항하는 지향성을 강하게 가지게 되었다.[35] 일제에 의한 경제적 수탈과 민족적 모멸을 경험하면서 농민은 점차 식민지 체제에 대한 철저한 저항 의식을 강화시킬 수 있었고 그것은 궁극적으로 정치적인 독립을 지향하는 것이었다. 한국의 농민은 전통 국가에 속해 있던 오랜

---

34) 이태일, 「식민지 통치 기구의 정비와 운용」, 차기벽 편, 『일제의 한국 식민 통치』, 정음사, 1985.
35) 이준식, 『농촌 사회 변동과 농민 운동』, 민영사, 1993.

역사적 경험과 여러 차례 주변 국가들과의 전쟁 경험 등을 통해 뚜렷한 집합적 정체성을 지닌 자들이었다. 이제 농민은 왕조나 나라라는 전통 국가의 상징을 넘어서서 식민지 지배를 부정하고 독자적인 권력의 지배 체제를 근대 국가 속에 담아내려는 의지를 매우 구체적으로 갖게 되었다.

식민지 지배하의 한국 사회는 일제의 식민지 정책이 매우 타율적이고 폭력적인 방식으로 수용되던 사회였다. 따라서 식민지 전기간을 통해 농민의 사회 경제적 몰락 현상이 나타났음에도 불구하고 전체 사회에서 농민의 비중은 크게 약화되지 않았다. 식민지 말기에도 농민은 전인구의 거의 대다수를 점했고 토지 문제는 가장 근본적이고도 이해의 대립이 첨예한 문제였다. 일제의 식민지 지배는 한국의 농업과 농민을 식민지적인 구조 속에 묶어둠으로써 한국 사회의 내재적인 성장과 정치적인 변화가 제대로 일어나지 못하도록 하였다. 그럼에도 불구하고 농민이 식민지 지배 체제를 옹호하거나 용인한 것은 결코 아니었다. 자율적인 농업 경영의 주체로서, 오랫동안 동일한 정치 공동체에 속해온 민족 집단의 성원으로서, 그리고 식민지의 폭정 속에서 새로이 자각한 근대적인 인간형으로서 농민의 사회 정치적 의식은 성장하였다. 해방 후의 사회 변동 속에서 농민의 정치적 참여가 매우 활발했던 것도 이들이 자율적인 주체로서 또 민족적 정체성을 지닌 자로 자신을 자리매김하던 존재였기 때문이었다. 바로 이 농민의 존재, 이들의 행동 속에서 일제의 식민지 억압을 넘어서서 새로운 근대 국가를 형성하려는 힘이 지속적으로 나타났고 그 국가의 권력이 보다 자율적인 개인의 삶을 보장하고 보호해주는 것이 되기를 요구하는 민주적인 지향도 성장해온 것이었다.

제1부 개항기 사회적 갈등과 전통 국가의 위기

제1장

지주적 권리, 농민적 권리, 전통 국가의 권력
—— 궁방전에서의 토지 문제

1. 전통 국가,[1] 지주, 그리고 농민:
궁방전 토지 문제의 성격

　19세기 후반, 특히 개항 이후의 시기는 조선 왕조 체제의 근본적인 변화가 진행되던 시대적 전환기에 해당한다. 안으로는 오랜 사회적 모순과 갈등의 누적된 결과로서 구조적인 위기 상황이 심화되었고 밖으로는 자본주의 열강의 정치 · 군사 · 경제적 영향이 체제를 위협하는 수준에까지 이르렀다.

　어느 사회에서나 급격한 사회 변동이 나타날 때면 지배층의 지배 방식이 변화하는 것은 물론이고 피지배층의 생활 방식에서도 중요한 변화가 나타나게 마련이다. 조선 왕조의 사회 질서는 왕권을 핵심으

---

1) 여기서 전통 국가라고 하는 것은 조선 왕조 체제를 의미한다. 굳이 전통 국가라는 개념을 사용하는 이유는 권력의 제도화된 체제로서의 국가적 성격을 드러내면서 동시에 그 전근대성을 포함하는 개념으로 전통 국가의 개념이 적절하다고 생각하였기 때문이다. 종종 조선 왕조 체제를 표현하는 개념으로 사용되는 봉건 사회, 중세 사회 등의 개념은 모두 그 구체적인 성격을 개념화하는 데 적절하지 않으며 단지 왕조 체제라고 하는 것 역시 조직화되어 있던 국가 권력으로서의 성격을 제대로 포함하지 못한다고 생각한다. A. Giddens, *Nation State and the Violence*, University of California Press, 1987, ch. 2 참조.

로 한 중앙 집권 체제, 신분제 원리에 근거한 양반 신분제, 그리고 지주제를 바탕으로 하는 농업 생산이라는 세 축 위에 형성되어 있던 것이었는데 개항 이후의 급격한 사회 변동은 이들 구조의 근본적인 재구성을 재촉하는 것이었다. 전통적인 사회 질서는 매우 빠르게 해체되었고 여러 사회 집단들간의 갈등과 대립이 심화되었다. 이 갈등은 주로 전통 국가의 권력, 지주, 그리고 농민 사이에서 매우 복합적인 방식으로 나타났다. 한말 궁방전에서의 갈등은 바로 이러한 모습을 전형적으로 보여주는 사례이다. 궁방전은 왕실이 소유하거나 관할하던 토지였고 따라서 왕권으로 상징되는 전통 국가의 힘이 일차적으로 작용하던 곳이면서 실제 경작 과정에는 지주제의 원리가 작용하고 있던 곳이다. 이런 점에서 궁방전은 단순한 토지의 종류이기보다 이 시기의 사회 조직 원리들의 상호 관련성과 모순을 드러내주는 매우 좋은 사례의 하나로 이해해도 좋을 것으로 생각된다.[2]

조선 시대 왕실은 왕권을 배경으로 하여 가장 특권적인 지위를 누리면서 많은 토지를 소유하거나 수조권을 행사하였다. 그렇지만 궁방전은 왕실에 속한 사적 개인들의 관할 토지로서 국가 재정과는 엄밀히 구분되는 것이었다. 왕실은 자신의 재원 확대를 위해 국가의 권력을 이용하여 민간의 사적 권리들을 침탈하는 경우도 있었지만 결

---

2) 궁방전의 성격을 분석함으로써 조선 왕조 사회의 기본적인 원리를 확인하려 한 대표적인 경우로 안병태와 이영훈의 연구를 들 수 있다. 안병태는 궁방전을 통해 토지에 대한 '중층적 권리'의 모습을 드러내려 했고 이영훈 역시 사적 지주권에 대한 국가의 토지 지배권의 강고함을 증명하는 사례로서 궁방전을 분석하였다. 필자는 궁방전의 비중이 불과 10% 수준에 그치는 상황에서 궁방전만의 분석을 통해 토지 소유 관계의 일반적 성격을 드러내려는 시도는 적절치 못하다고 생각하고 있다. 그렇지만 궁방전은 국가 권력의 규정력과 사적 지주권, 그리고 농민층의 권리 등이 상호 작용하고 갈등하는 모습을 드러내는 사례로서 검토될 필요는 충분하다. 안병태, 『한국 근대 경제와 일본 제국주의』, 백산서당, 1984; 이영훈, 『조선 전기 농업 경제사』, 한길사, 1986; 이호철, 「조선 시대 사회 경제사 연구의 새로운 지평을 위하여」, 『역사비평』, 1988년 봄호 참조.

국은 그 시대 전반을 규정하는 사적 토지 소유의 원칙을 벗어날 수는 없었다. 궁방전의 귀속 주체가 국왕을 포함하는 왕가 전체가 아니라 개별적인 대군이나 옹주의 가문이었던 만큼 엄밀한 의미에서 궁방전은 사적인 토지에 불과한 것이었다고 볼 수 있다.

그러나 왕실이 궁방전을 지배하는 방식은 단일한 것이 아니었다. 궁방전 그 자체의 성격이 다양했기 때문이다. 왕실이 관리하고 있던 토지 가운데는 실제 소유지인 유토(有土)와 함께 수조권(收租權)만 지니는 토지, 즉 무토(無土)도 적지 않게 포함되어 있었다. 또 유토 가운데에도 민전(民田)의 사적 지주와 하등 다를 바 없이, 경작 농민을 소작농으로서 지배할 수 있는 유토가 있었는가 하면 다른 한편으로 경작 농민의 권리가 강하게 존재하여 제한된 형태로밖에는 그 토지와 경작인을 지배할 수 없는 것도 존재하였다. 한말의 한 조사에서는 이들을 각각 제1종 유토와 제2종 유토로 구분하기도 했다.[3] 이처럼 궁방전의 성격이 다양함에도 불구하고, 때로는 바로 그러한 점 때문에 왕실의 토지 지배는 완전한 것이 아니었다. 특히 제2종 유토와 무토간에는 정부 스스로도 구분하지 못할 만큼 그 차이가 불명확한 경우가 많았고 관습적으로도 오랫동안 동일시되어왔다.[4] 그것은 전국의 토지를 철저하게 파악할 수 없었던 당시 정치 제도의 허술함 때문이기도 했지만 왕실 스스로가 토지의 소유 자체에 대한 관심보다는 토지에서 얻어지는 수취액에 더 큰 관심을 지니고 있었기 때문이기도 했다.

그러나 한말, 특히 대한제국기에 있어서 왕실은 자기 소유 토지와 그 경작자를 직접 장악함으로써 왕실 자신을 실질적인 지주로 변모

---

3) 度支部, 『結戶貨法稅則』(奎 512710). 이 구분의 의미를 처음으로 밝힌 것은 신용하 교수였고 이 가운데서도 제2종 유토의 역사적 성격을 보다 크게 해석한 것은 이영훈 교수였다.

4) 度支部, 앞의 책, pp. 17~18.

시켜나갔다. 특히 갑오개혁에 의해 일시적으로 권한이 축소되었던 왕실이 아관파천 이후 새롭게 정치적 힘을 지니게 됨에 따라 왕실의 궁방전에 대한 지배력은 더욱 강화되었고 경작 농민층의 제반 부담은 증대하였다. 그 결과 한말의 궁방전은 지주적 권리, 농민적 권리, 그리고 전통 국가의 권력이 각자의 이해를 확보하기 위해 갈등하고 대립하는 현장이 되었다. 우리는 이 궁방전에서의 변화를 통해 개항후 한국 사회에서 전통 국가의 권력과 지주적 권리, 그리고 농민적 권리가 서로 어떻게 상호 작용하면서 근대적 변화에 대응해나갔는지를 검토해볼 수 있을 것이다.[5]

2. 사회적 관행, 권리, 그리고 권력

이 글에서는 궁방전에서의 내적 갈등을 좀더 분석적으로 이해하기 위하여 사회적 관행, 국가 권력, 그리고 지주와 농민의 권리를 각각 구분하여 살펴보려 한다. 사회적 관행은 어느 사회에서나 존재하는 것으로 사회 구성원들간에 합의되고 정당하게 교환되는 상호 작용의 방식이다. 법치주의의 원리가 강한 근대 사회에서도 사회적 관행은

---

5) 이런 관점에서 한말 농업 부문의 경제적 변동을 추적한 논저로는 다음과 같은 것이 있다. 신용하, 「이조 말기의 賭地權 과 일제하의 永小作의 관계」, 『경제논집』 IV 의 1, 1967; 宮嶋博史, 「조선 갑오개혁 이후의 상업적 농업」, 『史林』 제57권 6호, 1974; 宮嶋博史「「토지 조사 사업」의 역사적 전제 조건의 형성」, 『조선사연구회 논문집』 제12집, 1975(이상은 梶村秀樹 外, 『한국 근대 경제사 연구』, 사계절, 1983 에 번역 · 수록되어 있다); 李鎬徹, 「일제 침략하의 농업 경제를 형성한 역사적 배경에 관한 연구」, 安秉直 外, 『한국 근대 민족 운동사』, 돌베게, 1980, pp. 13~140; 裵英淳, 「한말 역둔토 조사에 있어서의 소유권 분쟁」, 『한국사 연구』 25, 1979; 朴賛勝, 「1895~1907년 역토 · 둔토에서의 지주 경영의 강화와 항조」, 서울 대학교 석사논문, 1982; 金容燮, 「한말에 있어서의 中畓主와 역둔토 지주제」, 『동방학지』 20, 1978.

종종 법의 영역과 구별되는 오랜 관습과 전통의 요인들이 한데 결합되어 있음을 보게 된다. 하물며 법치주의의 원리가 자리잡지 않고 오히려 전통과 관습의 힘이 강하였던 전근대 사회에서 사회적 관행은 매우 강한 힘을 발휘한다. '유래지규(由來之規)'라는 관행의 강조는 지배 집단의 이데올로기적 기능을 담당하기도 하고 구조적 모순을 정당화하는 억압적 논리가 되기도 하지만 동시에 한 사회의 질서를 가능케 하는 문화적 기반으로서의 성격도 있음을 부인할 수 없다.

이 사회적 관행 속에는 시대적 상황에 따라 적절하게 배분되어 있는 각 집단별 '권리'가 사회적으로 보장되어 있다. 지주가 지주로서 행사할 수 있는 권리가 법에 의해서가 아니라 사회적 관행에 의해 용인되고 행사되며 소작농이 경작자로서 행사할 수 있는 권리 또한 그러한 관행과 관습의 틀에 기초하여 존재하고 있었다. 특히 피지배층의 위치에 있는 소작농의 권리는 이런 점에서 '관습상의 권리'로서만 용인되고 성장할 수 있었다.[6] 전통 사회에서 사회적 관행은 근대 국가에서 법이 감당하는 기능을 수행하고 있었다고도 볼 수 있는데 곧 각 집단이나 개인들이 정당하게, 또 당연하게 자신의 권리로서 요구하고 행사할 수 있는 힘과 영향력의 한계를 틀 지어주는 것이었기 때문이다.

이 사회적 관행의 배후에는 전통 국가의 권력으로 뒷받침되는 정치적 지배 구조가 자리하고 있었다. 봉건적인 분권 구조에서는 국가권력이라는 것이 불완전하였지만 조선 왕조와 같이 매우 잘 통합되어 있고 중앙 집권적인 체제하에서 국왕으로 표상되는 권력은 유일하고도 절대적인 힘이었다. 하나의 정치 공동체를 대상으로, 최종적이고 절대적인 힘의 원천이 뚜렷하게 존재하고 그것이 국가의 이름으로 모든 구성원들을 규제할 수 있었다는 점에서 국가적인 특성이

---

6) 신용하, 『한국 근대 사회사 연구』, 일지사, 1987, 제3장 참조.

또한 명료하였다. 물론 이때의 국가는 근대적 의미에서의 국민 국가
는 아니었고 따라서 행사되는 권력의 성격 또한 근대 국가의 권력과
는 매우 다른 것이었다. 또한 일상 생활과 관련하여 국가 권력이 행
사되는 방식은 여전히 사회적 관행을 매개로 하는 경우가 많았다. 전
근대적인 사회에서는 국가 권력조차 사회적 관행을 무시할 수는 없
는 일이었고 때때로 관행을 통해서만 국가적인 기능이 수행될 수 있
었기 때문이다.

예컨대 궁방전을 둘러싼 사회적 관행은 다른 일반 민전에서의 관
행과는 구별되는 그 나름의 특징이 있었다. 전통 국가의 권력을 등에
업고 있는 왕실의 힘과 그 토지를 직접 경작하고 있는 농민층, 그리
고 그 사이에 개입할 수 있는 토지의 권리 소유자층 사이에 여러 가
지 권한과 의무의 방식이 틀 지어져 있었다. 예컨대 궁방전에서는 일
반 민전에 비해 직접 경작자의 지대 부담률이 낮았다는 사실, 왕실의
토지 및 생산물에 대한 요구가 주로 궁감이나 궁차의 파견을 통해 이
루어지고 있었다는 사실, 또는 중답주라 불리는 중간 권리자층이 존
재하고 있었다는 사실 등은 모두 궁방전에서의 사회적 관행이었던
셈이다. 그리고 이 관행을 바탕으로 중답주나 지주나 소작농의 제반
권리들도 인정되고 있었던 것이다.

물론 사회적 관행은 정태적이거나 불변하는 것은 아니다. 언제나
동적인 균형을 이루고 있는 것이었고 사회적인 세력 관계의 변화에
따라 관행 역시 변하는 것이 당연한 것인 만큼 사회적 관행 그 자체
도 유동적인 것이었다. 특히 사회적 세력 관계의 변화가 급격하게 진
행되는 격변기, 전환기에는 사회적 관행 자체도 변화의 물결로부터
자유로울 수 없다. 조선 후기 이래로 심화되어왔던 이 갈등과 대립은
개항과 함께 매우 심화되었고 오랫동안 사회적 관행으로 존재해오던
권리 배분의 체계, 세력 집단들간의 오래된 상호 작용의 방식들이 급
격히 와해되었다. 지주층은 점차 지주로서의 배타적 권리를 요구하

였고 농민층은 농민층대로 자신의 권리를 확대시키려 하였다. 전통 국가의 낡은 방식으로서는 더 이상 대내외적으로 자신의 존립이 어려워진 왕조 정부도 오랜 관행의 틀을 벗어던지고 대내외적 권력을 강화할 수 있는 방향으로 변화하였다. 이 과정에서 어떤 층은 보다 많은 권리를 장악하고 자신에게 유리한 방식으로 사회적 관행과 법적 체계를 만들어나갔고 어떤 층은 과거 사회적 관행에 의해 보장되던 권리조차 더 이상 보호받지 못한 채 더욱 열악한 사회적 환경으로 던져지기도 했다. 권력을 이용하여 조세 부과나 징수 과정에서 치부하려는 지방 관리들과 토지 소유자 사이에도 적지 않은 갈등이 나타났고 조세 수취의 권한을 둘러싸고 중앙 정부와 지방관 사이에 대립이 심화되기도 했다. 농민층 내부에서도 그 경작 규모와 토지 소유 규모에 따라 상품화에 대응하는 방식이 각각 달랐고 그에 따라 계급적 대립의 양상도 다양하였다.[7] 성공과 실패가 엇갈리고 오랜 관행이 폐기되어야 할 낡은 제도로 비판되는 속에서 실제 거대한 권력 배분을 둘러싼 싸움이 진행되고 있었던 셈이다.

3. 농민전쟁, 갑오개혁과 사회적 관행의 변화

개항 후 궁방전을 중심으로 한 사회적 갈등이 특히 전형적으로 드러난 지역으로 전북 지역을 꼽을 수 있다. 이 지역은 전통적으로 역둔토의 비중이 커서 왕실의 경제적 이해 관계가 큰 곳이었을 뿐 아니라 곡창 지대였던 만큼 토지 소유와 농업 경영을 둘러싼 지주와 농민

---

7) 당시 지주층 이외에 농산물의 판매에 적극적으로 대응하려 한 계층으로 김용섭은 '경영형 부농'을 宮嶋博史는 '자소작 상층'을 각각 범주화하고 있다. 이들의 범주는 아직 그 구체적 실체를 확인하는 데 성공하지 못하였으나 상업화로 인한 농민 계층 내부의 갈등을 검토하는 데 중요한 이론적 개념임에는 틀림이 없다.

층 사이의 갈등이 매우 심한 곳이었기 때문이다. 또한 개항 이후 곡물의 해외 유출로 인한 사회적 변화가 가장 광범위하게 나타난 곳도 이곳이었다. 일제하 이 지역에서 식민지 지주제가 전형적으로 발전할 수 있었던 것도 이러한 배경이 적지 않게 작용한 것이었다.[8]

I. 균전답에서의 변화

한말 전북 지방에서 오랜 사회적 관행이 붕괴되고 권리 체계의 재분배를 둘러싼 치열한 싸움이 나타났던 전형적인 사례로 들 수 있는 것이 균전에서의 갈등이었다. 균전이란 1876, 1877년의 흉년으로 전북 지방의 경지가 상당 부분 황폐화하자, 조정이 그 개간을 독려함으로써 만들어진 것이었다.[9] 조정에서는 부사과(副司果) 김창석을 균전관으로 내려보내 개간을 장려하고 원경지를 회복할 것을 계획하였다. 그 개간에 필요한 자금은 왕실로부터 나왔고 김창석은 "無論某畓ㅎ고 明禮宮에 付屬하면 結價가 大減"할 것임을 선전하여 많은 농민들이 그들의 전답을 명례궁에 부속하거나 묵은 땅을 개간하게 되었는데 바로 이것이 균전답이었다.[10]

균전답의 대부분은 진황지를 개간하여 다시 경작하게 된 땅이었다. 그러나 그것이 원래부터 주인 없는 땅은 아니었다. 비록 재해에 의해 경작되지 못하고 있는 토지였지만 대부분 양안상의 주인이 있는 땅이었다. 조선 왕조의 법률에 의하면 아무리 진황지를 개간했다

---

8) 이 지역이 갖는 지역적 특수성을 보다 일반적인 이론적 쟁점과 관련시켜 본격적으로 검토한 논저는 아직 없으나 전북 지역을 특별한 관심 대상으로 언급하고 있는 글로는 淺田喬二, 「1920~1936년 사이의 한국 항일 농민 운동의 지역적 특징」, 안병직 외, 앞의 책, pp. 583~613; 宮嶋博史, 「식민지하 조선인 대지주의 존재 형태에 관한 시론」, 飯沼二郎・姜在彦 編, 『식민지 시대 한국의 사회와 저항』, 백산서당, 1983, pp. 137~70이 있다. 특히 宮嶋博史는 '전북형 지주'를 '경기형 지주'와 대비시켜 식민지하 조선인 지주의 성격을 이해하려 하였다.

9) 균전의 형성 배경에 관하여는 김용섭, 앞의 글 참조.

10) 황성신문, 1899년 3월 27일.

하더라도 그것이 주인이 있는 토지인 이상 그 소유권에는 변함이 있을 수 없었다. 이것은 오랫동안의 관행으로서 나름대로의 정당성을 갖고 있는 방식이었다. 그러나 고종 20년에는 진전의 개간을 위해 새로운 임시 조처를 반포하였는데 그 주된 내용은 비록 주인이 있는 땅이라 하더라도 '종어폐진(終於廢陳)'된 토지는 개간하여 경작하는 자를 '영위지주(永爲地主)'한다는 것이었다.[11] 따라서 균전 개간을 주도한 왕실은 균전답을 자신의 소유지로 간주하게 될 근거를 지니게 되었지만 이것은 오랜 관행을 깨뜨리는 것이었고 더구나 오랫동안 토지에의 소유권을 지녀왔거나 매득했던 농민이 이 조처에 쉽게 승복할 수 없었던 것은 당연하였다. 더구나 감세를 위해 현재 경작중인 토지를 부속시킨 농민의 경우는 더더욱 균전의 왕실 소유 주장을 인정할 수 없었던 것이다.

균전을 둘러싼 소유권 분쟁은 균전 설치 직후부터 나타났으나 동학농민전쟁으로 일시 소멸하였다. 전봉준은 농민전쟁의 원인의 하나로서 "陳荒地許其百姓耕食 自宮家給文卷不爲徵稅云 及其秋收時勒收事"를 들고 그러한 폐단의 혁파를 주장하였다.[12] 농민층의 이러한 주장은 법률적으로도 정당성을 인정받을 수 있는 것이었다. 농민전쟁의 충격을 흡수할 수밖에 없었던 갑오개혁 정부는 왕실과 정부를 직제에 있어서나 재정에 있어서나 엄격히 분리함과 동시에 정부 우위의 원칙을 제도화하고자 하였다. 그 결과 왕실은 점차 정치적으로뿐 아니라 경제적으로도 그 세력의 축소를 강요받았던 것인데 이러한 상황에서 분쟁은 농민층에게 유리하게 전개될 수 있었던 것이다.

그러나 이 문제가 제도적 또는 법률적인 차원에서 해결된 것은 아니었다. '자귀물론(自歸勿論)'이란 표현에서 보듯이 문제 자체가 일시적으로 잠재화했던 것에 불과하였고 법적 권리로서의 소유권 문제는

---

11) 한성순보 제7호, 고종 20년 12월 1일; 김용섭, 앞의 글, p. 448에서 재인용.
12) 국사편찬위원회, 「전봉준 공초」, 『동학란 기록』 하.

여전히 해결되지 않았다. 그러면서도 국가에 내는 결세만 부담하고 지주에게 내는 도조의 부담이 중지됨으로써 농민들은 균전의 문제가 해결된 것으로 여기고 있었다.

특히 갑오개혁 조치에 의해 모든 면세지가 없어지고 재정은 국가에게 일원화됨에 따라 그 동안 수조권적인 지배력을 바탕으로 하였던 궁방의 힘은 매우 위축될 수밖에 없었다. 궁방으로서는 더 이상 수조권의 이양이라는 특권에 기초한 토지 지배가 불가능해졌다. 스스로 사적 소유권자가 되지 않는 한 토지에 대한 지배권은 있을 수 없었다. 조세의 징수권은 국가에게 전적으로 귀속되었기 때문이다. 이러한 상황에서 왕실의 대응은 크게 두 가지로 나타났다. 그 하나는 갑오개혁 조치를 무산시키면서 전래의 수조권적 지배권을 지속시키는 것이었고 다른 하나는 토지에 대한 지배권이 중첩적으로 존재하는 경우 아예 궁방 스스로가 사적 지주로서의 권한을 장악하려는 것이었다. 궁극적으로는 후자로 귀결될 수밖에 없는 것이었지만 아관파천 이후의 정치적 변화 속에서 첫번째의 방식도 매우 적극적으로 활용되었다.

1896년 아관파천 이래 갑오개혁 조치가 하나둘 부정되면서 균전에 대한 왕실의 권한은 다시 살아났다. 왕실은 이 해부터 균전위원을 파견하고 두락당 2두씩의 균도(均賭)를 수납하였다. 궁내부에서는 균전에 대한 갑오개혁 정부의 조처를 잘못이라 비판하고 균전은 "自朝家特派均田使 遍行各郡 蠲稅勸墾"한 것으로서 "亦據地方官公牒"한 것이었을 뿐 아니라 "蓋田民之困於白徵 自願納卷者也"인 것으로 주장하여 그에 대한 권리를 주장하고 나섰다.[13] 궁내부에서는 갑오개혁

---

13) 1899년 3월 궁내부 대신이 고종에게 상주한 내용 중 일부만 옮겨보면 다음과 같다. "湖南全州金堤等七郡有內藏司庄土 荐經歉荒 陳廢相望 而自朝家特派均田使遍行各郡 蠲稅勸墾 又自明禮宮募民助耕 亦據地方官公牒 逐一踏驗 另成量案蓋田民之困於白徵 自願納券者也 繼自廟堂啓停五年之稅 而耕民尤有賴焉矣 甲午更張錯認事實 論勘均田使 遂至限前而陞擢 朝令之未孚甚矣." 『日省錄』468, 광무 3년 3월 5

48

정부가 이러한 사실을 모두 무시함으로써 조령(朝令)을 덧없게 하고 민정을 어지럽게 하였다고 비판하였다. 결국 1902년에 이르러서는 '이사답례(以私畓例)'로 두락당 7~8두가 수취되기에 이르러 왕실이 실질적 소유권을 장악하려 했다.

다음의 자료는 농민전쟁 이후의 변화상을 잘 보여준다.

至於甲午東擾ᄒᆞ야 均之爲名이 自歸勿論矣러니 〔……〕 至於壬寅秋ᄒᆞ야 統計均田三千餘石落而 每年一萬石式 上納이라 ᄒᆞ옵고 以私畓例로 每斗落에 七八斗式 執賭이온즉……[14]

왕실의 세력이 점점 확대되어갔지만 그렇다고 농민들의 주장이 약화되었던 것은 아니었다. 농민들로서는 오랜 사회적 관행과 전통적으로 존재하던 규정을 묵살한 채 강압적으로 토지 소유권을 주장하는 왕실의 요구를 인정할 수가 없었다. 그들은 정부나 궁내부에 탄원서를 제출하기도 하고 균도를 거부하는 운동을 펼치기도 하였다. 때로는 균전위원이나 균전감리를 구타하기도 했고 왕실의 토지 조사를 방해하기도 했다. 그리고 이런 여러 항거 방식이 때로 민란의 형태로 지속되기도 하였다. 결국 정부도 농민의 주장대로 균전 문제가 해결되기를 원하게 되었다. 1904년 7월 15일 의정부참정 심상훈은 내장원 경서리 윤웅렬에게 조회를 보내 "均田執賭가 爲民切骨之瘼이라 特軫事狀ᄒᆞ와 一依民畓例 應稅케 ᄒᆞ오미 理合妥當"하다는 뜻을 밝혔다.[15]

그러나 왕실은 끝까지 균전에 대한 소유권을 철회하지 않았다. 이

일: 김용섭, 앞의 글, p. 462, 주 65)에서 재인용.

14) 『各部府來牒』, 광무 8년 7월, 徐相珏 등의 聯狀: 김용섭, 앞의 글, 주) 98에서 재인용.

15) 『各部府來牒』, 광무 8년 7월: 김용섭, 앞의 글, p. 488에서 재인용.

문제는 결국 1907년 일제가 식민지 재정 정책의 일환으로 제실의 재산과 국유 재산을 구분하는 과정에서야 해결을 보게 된다. 임시제실유급국유재산조사국(臨時帝室有及國有財産調査局)에서는 "궁내부 소관 토지 중 분명히 민유(民有)로 인정할 수 있는 것"은 환급 처분하였는데 균전도 이때 민유지로 환급되었던 것이다.[16] 균전을 둘러싼 토지 소유권 분쟁은 왕실이 정치적 권한을 배경으로 자신의 경제적 이익을 확대시키려 한 데서 나타난 것이었다.

II. 무토둔답에서의 사례

왕실은 1895년 이후 종래 정부 각 기관이 관할하고 있던 여러 가지 경제적 권한들(주로 특정 부문에의 징세권)을 자신에게 귀속시켜나갔다. 그리하여 1895년에는 목장토, 1899년에는 둔토, 1900년에는 역토가 모두 왕실의 관할 아래 들어감으로써 왕실 관할 토지 규모는 크게 늘어났다. 이들 토지는 1894년의 소위 갑오승총(甲午陞摠), 즉 지금까지의 면세지에 대해 모두 세금을 내도록 한 조치에 의해 정부 소유로 귀속되었던 것들이다. 물론 여기도 유토와 무토가 있어서 무토는 갑오승총 조치와 더불어 민전화하였고 유토는 여러 정부 기관에 부속하여 관할되었다.

그러나 여기서도 유토와 무토의 구분이 명확한 것이 아니어서 상당한 혼란이 야기될 수밖에 없었다. 다음 두 사례를 살펴보자.

1) 本郡所在 司僕屯結은 由前戶曹로 劃付司僕이 厥惟久矣라 依戶曹納 正供例ᄒ야 輪納于司僕則 各雖屯土나 實固民結而本無土稅ᄒ고 只有結稅이온 바〔……〕 自己亥至昨年ᄒ야 只依民結收納이고 初無賭稅名目矣러니 忽於今年에 不計無上屯之異於有土屯ᄒ고 結外執賭

---

16) 임시재산정리국, 『임시재산정리국 사무 요강』, 1911, p. 13.

이온즉 結賭疊徵이 豈不冤抑乎잇가.[17]

　2) 笠岩鎭結 〔……〕 設鎭之初其鎭近地井邑田畓邑納結　劃付于鎭
以爲鎭宮料旣是乎所　結則是前日邑納之結　移爲今日鎭納之結也　土則
是前日之私土亦今日之私土也……[18]

　이상 두 사례는 개항 이후 전북 지방에서 소유권 문제와 관련하여
오랫동안 농민과 왕실(내장원)간의 씨름이 계속되었던 부안 사복 둔
답과 정읍 입암산성 둔답에 관한 기사이다. 이 두 사례는 모두 민유
답(무토)이 공유답으로 처리된 데 대한 지방민의 항의로 나타난 것이
다. 농민들의 주장에 따르면 부안 사복 둔답은 호조로부터 사복시(司
僕寺)에 그 수조권이 부여되었던 것으로서 이름은 비록 둔토나 실은
사유답(민결)이므로 소작료 없이 단지 국가에 결세만을 납부해온 것
이었다. 정읍 산성 둔답의 경우도 입암진(笠岩鎭)을 설치하면서 정읍
내의 토지에 대한 수조권을 부여하였던 것으로, 결세의 납부처는 비
록 입암진으로 옮겨졌으나 그 토지는 여전히 사유지인 전형적인 무
토 둔결이었다. 그럼에도 불구하고 이 두 토지는 모두 공유답으로 처
리되어 결세 이외에 도조를 강요받게 되었다. 이와 같은 사례는 구
례·익산 등지에서도 보고되고 있었다.
　부안 사복 둔답 문제는 1901년 부안군수 황관수의 보고에서부터
나타난다. 이후 이 문제는 지방 농민, 지방관, 봉세관, 내장원간에 오
랜 줄다리기를 하게 된다. 1904년 부안의 농민 김공현 등이 이 토지
가 무토임을 호소한 데 대해 내장원은 "此係公土ᄒ야 旣以統例定賭
이거늘 有此所訴가 殊注無據라" 하여 그 호소를 일축하고 있다.[19] 그

────────────

17)『全羅南北道各郡報告』(奎 19152)(이하『보고』로 약칭함), 광무 9년 2월, 부안 농
　　민 崔在弘 등의 소장.
18)『全羅南北道各郡訴狀』(奎 19151)(이하『소장』으로 약칭함), 광무 6년 5월, 정읍
　　유학 柳智鉉 등 소장.
19)『소장』, 광무 8년 9월.

러나 그 이듬해 2월부터 5월에 걸쳐 연 3회 계속적으로 둔민들의 소장이 올라오자 내장원은 "莫重公土에 但思前日免稅之利ᄒ고 有此稱寃이 理所不當이나 爲念民情에 不無參量"하다는 타협적 태도를 보이다가(1905년 3월)[20] 다시 "該屯之有無土與否를 本員이 躬往該屯ᄒ야 昭考量案後에 與本郡守로 注明繕報ᄒ야 以爲憑准케 홀事"(동년 4월)라고 후퇴하고 있다.[21] 그러다가 이 해 6월 봉세관 백완규의 보고를 접하고서 경리원은 "扶安司僕屯賭稅依民結 每結八十兩式收捧可"라 하여 농민들의 요구가 실현되도록 하였다.[22]

물론 이 토지가 명확히 농민의 사유지로 인정을 받게 된 것은 아니었다. 다만 앞서 균전의 경우에서도 본 바와 같이 사유 여부를 도조액의 다소로 파악하는 것이 관습화되어 있었던 상황에서 민결의 예에 따라 결당 80량씩 거둔다는 것은 곧 이 토지가 민결, 즉 무토임을 인정한다는 뜻이 되는 것이다. 다른 말로 한다면 전통적인 사회적 관행으로 돌아간 것이었고 그 관행 위에 성립해 있던 농민층의 권리가 인정되게 되었다. 그러나 부안의 이 사복 둔답은 1906년, 1907년에도 계속하여 소원의 대상이 되고 있었다.

정읍 산성 둔답의 경우도 오랫동안에 걸쳐 지방 농민과 지방관의 청원·호소·보고가 있었으나 그 해결에는 이르지 못하였다. 1900, 1901년의 정읍군수 보고를 위시하여 1901년 정읍의 유학 유지현 등의 소장, 1905년 오하근 등의 소장 등이 계속되었고 오학근·박중현 등이 중심이 된 도조 거납 운동도 활발하였다.[23] 오하근 등은 이 일로 구속되기까지 하였다. 그럼에도 불구하고 경리원은 "此係公土之的確ᄒ야 旣經查執定賭인즉 〔……〕 該賭稅를 依實數准納"할 것을 요구

---

20) 『소장』, 광무 9년 3월 3일의 지령.
21) 『소장』, 광무 9년 4월 17일의 지령.
22) 『소장』, 광무 9년 5월 23일의 지령.
23) 『소장』, 광무 5년 1월, 6년 5월, 9년 8월 등의 지령.

하고 있다.[24] 즉 부안 사복 둔답의 경우에서 본 바와 같은 타협조차도 여기서는 보이지 않고 있다. 이것은 부안의 경우와는 달리 농민측에서 제시할 상세한 증빙 자료가 없었기 때문이었던 것 같다. 이처럼 무토 둔토를 공유지화함으로써 야기된 소유권 분쟁은 이외에도 정읍·구례 등지의 기노소둔(耆老所屯), 옥구의 총융청둔(摠戎廳屯) 등이 있었다.

Ⅲ. 제언답에서의 사례

균전·역토·둔토 이외에 이 지방에서 분쟁이 일어나던 토지로서 제언답이 있었다. 원래 제언은 관개·수리를 위하여 만들어진 저수지를 말하는 것으로 그 제언 내의 토지는 공유지로서 일반인의 경작을 금하고 있었다. 그러나 오랜 세월에 걸쳐 제언이 제 노릇을 하지 못하고 훼파된 경우가 많았고 이때에는 일반 농민들이나 궁방 등에 의해 전답으로 만들어졌다. 갑오개혁 이후 제언 그 자체는 농상공부가 관할하고 있었으나 제언답에 대한 관리권은 1899년 이래 내장원으로 이속되었다. 원칙상으로 저수지여야 할 제언답이 공공연히 중앙 기구의 관리 대상으로 되고 있었던 것으로 볼 때 이미 제언답은 실질상의 전답으로 인정받고 있었던 것이다. 실제로 다른 민답과 같이 제언답에서도 도조를 납부하고 있었다.

1899년 내장원은 전국의 제언답의 관리를 강화하고 도조를 징수하기 위한 기초 조사를 수행하였는데 이전과는 다른 척도를 사용함으로써 전답의 실제 면적이 다소 차이를 보이게 되었다. 그러나 내장원은 일단 조사를 통해 제언에 속한 토지로 인정될 수 있는 것은 모두 공유답으로 만들고자 하였다. 원래 제언 내의 토지는 몽리를 위한 저수지여야 하는 것이므로 농상공부에서는 각 지방의 제언답을 없애고

---

24) 『소장』, 광무 9년 11월 17일의 지령.

수리를 피할 것을 여러 번 강조하였다. 그러나 왕실은 그러한 훈령을 무시하고 제언답으로부터의 도조 징수에 깊은 관심을 쏟고 있었다.[25] 제언답은 왕실의 토지 확장·소득 확대에 좋은 대상이었다. 다음의 사례를 보자.

本郡戊辰改量時에 無論某畓ᄒ고 經陞量案ᄒ읫 自其後로 轉相買賣가 不放幾渡오 例認私土而售價뿐더러 今旣陞結納稅ᄒ니 不可渾執冒耕홀 由를 昨年九月日査檢委員 鄭臣默 踏驗尺量時 說明이올더니 今秋委員 林炳瓚 更査也에 有結無結을 不爲區別ᄒ고 堤近尺內ᄂ 混同冒耕이라 ᄒ야 執賭責納ᄒ오니…… [26]

위의 금구군수의 보고에 의하면 이 지역은 무진년의 양전 이후 모든 토지가 양안에 기재되어 '전상매매(轉相買賣)'될 뿐 아니라 '예인사토(例認私土)'하여왔던 것인데 갑자기 광무 5년(1901)의 조사에서 유토와 무토를 구분하지 않고 "堤近尺內ᄂ 混同冒耕"이라 하였다는 것이다. 여기서 볼 수 있는 것은 이미 오래 전부터 제언답도 양안에 등재되어 납세하였을 뿐 아니라 사유지로 인정되어 서로 매매되어왔다는 사실이다. 바로 이 사회적 관행이야말로 왕실의 요구에 대항할 수 있는 가장 강력한 무기였다. 농민들로서는 이미 결세를 납부해온 토지라는 점이 곧 그 토지의 소유권을 인정받은 것으로 이해되어졌던 것이다. 따라서 농민들과 지방관은 이러한 제언답의 공유지화를 잘못된 것이라 호소하였으나 내장원은 "此係公土巳經査卽不可變通

---

25) 예컨대 광무 10년 7월에 전북수조관이 제언을 撤破하라는 농상공부의 지령 때문에 제언답세의 징수가 곤란함을 보고하자 經理院은 "當移照農 商工部ᄒ야 俾勿毁破케 홀지니 本員도 亦爲另飭禁毁ᄒ야 收完公土홀 事"라고 하여 제언답을 '公土,' 즉 왕실 관할 토지로 취급하려는 강한 의지를 나타내고 있다. 『보고』, 광무 10년 7월.

26) 『보고』, 광무 5년 1월, 금구군수 李洪根의 보고.

一依尺量調查實數捧納"이라는 고압적인 자세를 고수하고 있었다. 또 다른 한 사례를 보자.

즉 제언답인지 아닌지의 여부는 지금까지 그 토지에 대해 결세가 징수되고 있었는지의 여부(徵不徵)나 실제 경작되고 있었는지의 여부(不) 또는 사유지임을 증명해주는 문권의 소유 여부(畓券有無)에 상관없이 새로운 척도에 의해 제언 안에 들어오는지의 여부로 결정되었던 것이다.[27] 따라서 오랫동안 결세를 납부하고 문권을 소유한 토지, 즉 "徵結有券年久之畓"조차도 제언답으로 처리되었다. 그 결과 "堤外有稅良畓을 無故尺量ᄒ여 抑勒捧稅ᄒ려다가 堤外所作許多農民이 不勝痛寃ᄒ와 屢呈府郡"하는 사례들이 속출하였다.[28] 그러나 내장원은 "此係公土業經查執定賭也"라는 말로 농민들의 주장을 일축하였다.

부안군 상서면 분장리의 경우는 여러 농민들이 사축작제(私築作堤)한 다음 제언답에 대한 도조는 저수지 아래의 토지들에 분배하여 왔는데 1900년 이후 갑자기 이들 토지에 대해 도조를 강징하려 함으로써 분쟁이 나타나게 되었다. 농민들의 입장에서 볼 때 비록 사적인 저수지 축조로 12석 2두락이 물에 잠겼지만 그에 대한 결세의 총액은 다른 전답에 분배하였기 때문에 조금도 훼손됨이 없었던 것이다. 다음의 글은 이러한 내용을 잘 보여준다.

扶安 上西面分章里 防堤를 去庚戌年의 衆民이 私築作堤而貯水內所棄畓이 合爲十二石二斗落也요 堤下蒙利其水畓이 近五十餘石落而堤內所 又 畓結卜段은 分排於堤下畓ᄒ야 上納結摠은 無一卜束之減則衆民之樂從所爲也라 [……] 去庚子秋의 屯監 陸在鴻이 下來ᄒ야更查堤下私畓ᄒ야 勒執賭租 三十石ᄒ나 民何쭏納乎잇가.[29]

27) 『보고』, 광무 5년 1월, 전북봉세관 보고.
28) 『소장』, 광무 7년 9월, 부안 농민 李甲撤 등의 소장.
29) 『소장』, 광무 8년 6월, 부안 상서면 민인 소장.

여기서 우리는 왕실의 소유권을 수조권과 관련시켜 인식하고 있는 당시 농민들의 전형적인 사고를 접하게 되는데 이것 역시 사회적 관행을 통해 자신의 권리와 의무를 이해하고 있던 시대 상황의 반영이었다. 농민들로서는 제언답에 대한 도조만 부담하면 토지 그 자체의 변형은 큰 문제일 수 없었다. 더구나 그 토지가 원래 경작할 수 없는 제언답일 경우는 말할 필요도 없었다.

그러나 이미 토지의 위치와 면적에 대한 정확한 파악 위에 도조의 확충을 꾀하고 있던 왕실과 내장원에서 이러한 농민들의 생각을 인정할 리 만무하였다. 내장원은 제언답에 대한 도조를 인상하면서 그것을 저수지 아래의 토지들에 부과하였다. 그리고 이것이 제언답과 관련된 여러 소유권 분쟁으로 연결되었다. 부안·만경·임피·고부·김제·전주·금구·태인 등 거의 모든 지역에서 제언의 모경(冒耕)이란 이유로 토지 소유권 문제가 야기되고 있었다.

이상 균전·둔전·제언답 등에서의 갈등 사례들을 통해 다음과 같은 점들을 확인할 수 있다. 첫째는 농민전쟁과 갑오개혁 조치를 거치면서 토지에 대한 소유권이 보다 배타적인 권리로 바뀌어졌다. 모든 토지는 사유가 아니면 국·공유로 구분되고 소유권자의 권리는 다른 어떤 권리보다 우선하는 배타적인 힘을 지니게 되었다. 동시에 조세의 징수권은 전적으로 국가에 귀속되었는데 이는 국가 재정이 근대적인 형태로 자리잡게 되는 과정에서 나타나는 당연한 결과였다. 그 결과 국가 권력을 사적으로 활용하였던 왕실이나 특권층의 토지 지배력은 크게 약화될 수밖에 없었다. 이것은 갑오개혁 조치가 갖는 중요한 역사적 의미를 잘 드러내주는 것이기도 하다.

둘째로, 그러나 갑오개혁 조치가 철저하게 추진되지 못하고 급기야 아관파천 이후 상당한 후퇴를 보임에 따라 과거의 방식들이 다시 등장하였는데 이 '관행으로의 복귀' 과정에서는 특히 왕실의 지배력이 강화되었다. 그렇지만 왕실도 더 이상 전통적인 방식인 수조권의 장악이라는 틀에 만족할 수 없었고 결국은 토지에 대한 사적인 지배, 지주로서의 권한을 확립하려 노력하였다. 이 과정에서 여러 갈등들이 야기되었는데 궁극적으로는 사적 소유권이 명료한 토지에 부수되어 있던 부차적 권리들을 해소하는 과정이었다고 볼 수 있다. 이 속에서 왕실의 권한 강화는 농민의 사적 소유권에 대한 침탈과 함께 국가의 조세 징수권을 침해하는 성격을 드러내었다.

셋째로 왕실의 새로운 요구는 대부분 사회적 관행과는 어긋나는 것이었을 뿐 아니라 관행 그 자체를 해체시키려는 경향을 띤 것이었다. 농민들로서는 바로 이 관행 속에서 자신들의 오랜 권리를 보장받으려 했다. 기존 질서나 관행의 파괴는 그 파괴를 통해 성장할 수 있는 계급이나 집단에게는 긍정적으로 이해되지만 그로써 더욱 비참해지는 계급이나 집단에게는 매우 부정적이고 가혹한 변화로 다가오는 것이다. 공동체적 관행이나 전통 사회의 오랜 관습들이 근대적인 방식으로 변모할 때 보이는 공통적인 특성을 여기서도 발견할 수 있다.

4. 궁방전에서의 사회적 갈등

토지를 둘러싼 상이한 세력들간의 권리와 의무의 체계는 결국 생산물의 최종적 분배 방식을 통해 나타나게 된다. 국가 권력은 토지의 소유자에게서 전세를 비롯한 세금을 거두고 토지 소유자인 지주는 직접 경작자인 소작농으로부터 지대로서 소작료를 받으며, 직접 경작자로서 소작농은 그 남은 잉여물을 자신의 소유물로 차지할 수 있다. 같은 토지에서 생산된 생산물이 조세·지대 및 농민 소유분으로 3분되는 셈인데 바로 이 분배의 비율과 방식이 이들 권한을 지닌 세력들간의 역학 관계를 상당 부분 반영하는 것이다. 아래에서 조세(결세)와 소작료(도조)의 두 부분으로 나누어 이것을 살펴보기로 하겠다.

I. 조세권과 조세 갈등

결세는 본질적으로 국가가 모든 토지에 대하여 부과하는 국가 권력의 행사이다. 그런데 궁방전의 경우 수조권이 왕실에게 부여되어 있어서 결세 자체가 곧 궁방의 사적인 재원이었다. 직접 경작자의 경우 결세는 일정한 법정액이 정해져 있지만 매년의 풍흉에 따라 면세 조치를 내리는 제도 때문에 꼭 일률적인 부담을 지는 것은 아니었다. 따라서 궁방전에서의 결세 징수는 왕실과 농민, 그리고 국가 권력간의 이해 관계가 뚜렷하게 작용하는 과정이었다.

갑오개혁 조치는 국가가 모든 토지에 대한 조세권을 전적으로 소유한다는 것을 중요한 정책의 하나로 표방하였다. 그 결과 지금까지 궁방을 비롯하여 여러 기관에게 위임되어 있던 수조권은 모두 국가에게로 이관되었다. 이 갑오승총 조치 이후 조세에 대한 국가의 배타적인 지배권은 뚜렷해졌다. 그러나 이 조치는 갑오개혁 조치 전반이 정치적으로 수정, 또는 폐기되는 과정에서 철저하게 시행될 수 없었다. 특히 왕실은 수조권에 대한 전통적인 권리를 재강화하였을 뿐만 아니라 그 영역을 더욱 확대시키기까지 했다. 게다가 왕실은 자신들의 재정 수입을 극대화하기 위하여 왕실 관할의 토지에서는 풍흉에 관계없이 조세 징수를 강화하였다. 왕실의 재정을 담당하던 관청인 내장원은 늘 흉년을 이유로 감면을 요구하는 농민이나 지방관에게 "定賭本意가 初無豊儉之別인즉 有數公約을 不可叫虧損"이라고 응답하였다. 1902년 남원군수 이수용은 "民間私土는 土主時作이 互相公議ᄒ고 平均減稅ᄒ와 使其作人으로 無室寃徵이온딕 室若公土ᄒ야는 乃是 國庫之上納也라 郡守不敢鐵稅減이옵기 一依近年例定賭矣러니 作民之呼訴는 逐日還至ᄒ고 時作之自退는 實難禁戢戢"함을 보고하고 있다.[31] 즉 사유답에서는 풍흉에 따라 지주와 소작인이

'호상공의(互相公議)'하여 '평균감세(平均減稅)'하는데 공유답에서는 그것이 불가능하여 소작인의 호소와 자퇴가 계속된다는 것이었다. 심지어 제언답에 저수를 함에 따라 제언답으로부터의 조세 징수가 불가능해지자 "公穀은 不得不充數乃巳이오니 堤下蒙利各作人處使之收稅以充"해야 한다고 주장할 만큼[32] 조세의 철저한 징수를 꾀하였다. 조세 징수가 잘 이루어지지 않는 경우엔 군수나 서기를 '압상징치(押上懲治)'하거나 '특파순검(特派巡檢)'하여 강제로 징수하게 하였다.

왕실은 자신의 징세권을 강화하는 방법의 하나로 징수 기구를 정비하였다. 1900년에 왕실은 지금까지 지방 관속의 행정적 힘을 빌어 수납해오던 도조 징수를 직접 장악하기 위해 봉세관 제도를 실시하였다. 봉세관은 왕실 재정의 중간 관리자로서 각 지역의 왕실 토지로부터 도조 수납 업무를 담당하도록 왕실이 임명하였다. 봉세관은 지방 행정 기관과 아무런 관련이 없는 자로서 때때로 왕실의 권력 때문에 군수나 지방 관속들을 통제할 수도 있었긴 하지만 제도적으로는 왕실의 한 직원에 불과하였다. 때때로 왕실은 봉세관과는 별도로 미납분의 징수 독촉을 위해 독쇄관을 파견하거나 임명하였다. 전북 지역에는 전주진위대향관으로 있던 군인 신분의 백남신이 독쇄관으로 임명되었다. 이것은 왕실이 효율적인 도조 징수를 위해 지방 군대의 힘을 이용하려 했기 때문이었다. 봉세관은 1905년에 수조관으로 바뀌었으나 그 성격은 큰 변화가 없었고 1907년 역둔토가 탁지부 관할로 넘어가고 국유화 조치가 있게 되면서 제도적으로 소멸하였다.

지방 관속과는 별도의 도조 수납 책임자를 파견하려 한 왕실의 의도는 도조의 중간 유실을 막고 가급적 많은 도조액을 효율적으로 징수하려는 관심에서 비롯된 것이었다. 이들은 종래 왕실이 자신의 소

---

31) 『보고』, 광무 6년 12월 25일, 남원군수 李秀龍 보고.
32) 『보고』, 광무 6년 12월 29일, 전북봉세관 白元圭 보고.

유지에 소작료 수납을 위해 내려보내던 궁차(宮差)나 감관(監官)과는 달랐다. 궁차는 대체로 왕실의 관리로서 추수시에만 지방에 내려와 마름들이 거두어놓은 소작료를 확인·수납하는 자들이었다.[33] 그러나 봉세관이나 수조관은 일정한 지역 및 경작 농민과 지속적 관계를 맺고 있어서 농민에 대한 지배력이 훨씬 강한 자들이었다.

이들은 또 이전의 왕실 토지의 소작료 납부를 감당했던 도장(導掌)과도 달랐다. 도장은 그 스스로가 일정한 경제적 권한을 의미하는 독자적인 권리 주체였다. 반면 봉세관이나 수조관은 철저히 왕실의 중간 관리자, 피고용인의 성격이 강했다. 이들은 왕실의 의사에 따라 쉽게 파면 또는 교체될 수 있는 존재로서 조세나 도조의 징수만을 위해 활동하고 있었다. 따라서 지역의 구체적 사정이나 농민들의 어려움을 고려할 수 있는 독자적인 권한이 없었다. 봉세관이나 수조관이 내장원에 올린 감면 건의는 대부분 받아들여지지 않았던 것이다.

문제는 왕실이 농민으로부터 두 가지 서로 다른 내용, 즉 수조권에 따른 조세 수취 부분과 왕실 토지 소유권에 근거한 소작료 부분을 구분 없이 함께 징수하는 경우가 많았다는 점이다. 왕실로서는 양자를 구분하지 않고 동일한 방식으로 관리하고자 했다.

이러한 변화는 전통적으로 징세상의 권한을 지녀왔던 지방 관속의 완강한 저항을 불러일으켰다. 이들은 봉세관이나 수조관에게 비협조적이었을 뿐 아니라 이들이 수탈과 사욕으로 민원의 원천이 되고 있다고 비난하였다. 부안군수 권익상은 "(왕실의) 派員舍音輩黃綠作奸"을 비난하면서 그 잘못의 책임을 수조관에게 돌리고 있다.[34] 또 이와 같은 명분 위에서 여산군수 박항래는 "從前派員舍音名色을 幷爲革罷ᄒ고 收賭與上納之節을 專責於本郡"할 것을 요청하고 있

---

33) 감관·궁차 등의 성격에 관하여는 김용섭, 「司宮庄土의 관리」, 『조선 후기 농업사 연구』, 일조각, 1970, pp. 295~345 참조.
34) 『보고』, 광무 10년 1월, 부안군수 權益相 보고.

다.[35] 반면 봉세관이나 수조관은 공유답으로부터의 도조 징수가 제대로 되지 않는 이유로 군수의 무성의와 비협조를 들고 있었다. 수조관 김홍헌은 "各官吏가 亦不念帑需之關重且緊ᄒ고 視若髥髮ᄒ야 默視恬過"함을 통탄하면서 계속 수서기의 체포·징벌을 요청하였고,[36] 왕실은 대체로 봉세관의 보고를 더욱 신뢰·지원하였다.

한편 왕실의 도조남징(賭租濫徵)을 항의하는 농민들의 진정은 주로 군수나 관찰사에게로 이루어졌고 이들 지방관들은 "職任字牧에 不可恬然"하다는 이유로 왕실이 파견한 자들을 잡아 가두거나 농민들의 주장을 옹호함으로써 봉세관과의 대립이 더욱 격화되었다. 당시 내장원에 올라온 농민들의 소장을 보면 대부분 그 이전에 지방 관아에 수차례 진정을 하였고 또 군수로부터는 자신들의 주장이 옳다는 답변까지 받았음에도 불구하고 여전히 파원이나 봉세관이 인정하지 않고 있음을 호소하는 내용이다. 많은 군수들은 목민지임을 강조하면서 왕실과 그 징세관들의 행태를 늑징(勒徵)·횡침(橫侵) 등으로 묘사하고 농민의 주장을 옹호하였다. 그러나 정작 봉세관·파원들은 "府郡之題音은 雖有百番이라도 吾無所關"이라는 태도를 보였고 따라서 이들 지방관들의 주장을 일체 고려하지 않고 있었다.[37] 지방관들은 때때로 "不遵府院之飭"하는 파원들을 가두거나 벌주었지만 그때마다 내장원은 "巡察使ᄂ 使勿干涉於驛屯而 放送派員"할 것을 지령하였다. 이처럼 역둔토에 대한 왕실의 징세 기구는 정부의 징세 기구와 별도로 작용하고 있었다.

이러한 지방관과 왕실 파견의 봉세관·수조관과의 대립 갈등은 특히 균전에서 심하게 나타났다. 균전은 그 설치 과정에서부터 많은 문제를 안고 있었고 오랫동안 농민들의 투쟁 대상이 되어 있었기 때문

---

35) 『보고』, 광무 8년 12월, 여산군수 朴恒來 보고.
36) 『보고』, 광무 10년 10월, 수조관 김홍헌의 보고.
37) 『소장』, 광무 7년 9월, 부안 농민 李甲撤 소장.

에 그렇지 않아도 역둔토의 징세권을 상실한 지방관으로서는 결코 달갑지 않은 것이었다. 따라서 지방관들은 균전에 관한 한 왕실의 처사를 못마땅하게 여기고 있었다. 일례로 도조 납부 거부를 주장하면서 민요를 일으킨 전주의 조기수 등을 잡아올리라는 내장원의 훈령에 대해 전주군수 김명수는 "今若强督賭稅ᄒ고 押上曹漢이오면 散者復合은 其勢必然이오니〔……〕伏念先使民心으로 慰撫安接"할 것을 요구하면서 그 훈령을 거부하였다.[38] 김제군수 경옥은 도조 납부 부실의 책임을 물어 수서기와 균전위원을 압상하라는 내장원의 훈령이 부당함을 역설하였다.[39] 1905년에는 부안의 균전 도조를 수납하려던 왕실 파견원이 지방 관아에 구금되기도 했다. 이에 대해 경리원은 관찰사에게 그 경위의 해명과 아울러 부안군의 형리를 징치할 것을 요구하였으나 관찰사 이승우는 "此輩之濫徵困督이 豈有一分顧惜於民哉아〔……〕公穀收捧이 從有所重이오나 經國之政에 宜先恤民이니 辛垂參量이시오며 該郡擧行刑吏는 奉行其官之政에 實無可論之罪故로 今不得押上"한다는 보고를 올리고 있다.[40] 즉 균전위원들의 가혹한 징수가 농민의 사정을 전혀 돌아보지 않은 것으로서 공곡수봉(公穀收捧)이 휼민(恤民)보다 앞설 수 없다는 이유로 부안군의 행위를 옹호하고 있는 것이다. 그럼에도 불구하고 이 시기에는 왕실의 권한이 우위에 있었고 따라서 지방 관속이나 농민들의 반발이 결국 억압되는 경우가 많았다. 그 결과 왕실을 위시한 지주층의 권한이 더욱 강화되고 농민층의 경제적 부담은 더욱 증대될 수밖에 없었다. 국가 권력이 지방관의 행정적 힘으로 연결되기보다 왕실의 사적 이익 보장에 더욱 이용될 수 있었던 것 자체가 전통 국가의 근본적인 한계를 드러낸 것이었고 바로 이 측면의 변혁이 절실하였음을 반증

---

38) 『보고』, 광무 7년 6월, 전북관찰사서리 전주군수 金命洙 보고.

39) 『보고』, 광무 7년 8월 30일.

40) 『보고』, 광무 9년 5월.

하는 것이라 할 것이다.

　이러한 징수상의 통제 강화와 함께 실제 결세액도 증가하였다. 갑오개혁은 지금까지의 대부분의 면세지를 출세지로 바꾸면서 그 출세자로서 직접 경작인을 규정하였다. 이것은 지금까지의 "결세 수준의 농민 부담액"이 결세였는가 아니면 도세였는가, 다시 말해 그 토지가 유토였는가 무토였는가를 가르는 문제와 직접 결부되어 그 결과에 따라 농민층의 부담에는 큰 차이가 나타나는 것이었다. 그리하여 명확히 무토임이 드러난 경우 이외에는 지금까지의 부담 이외에 다시 결세가 부가됨으로써 농민의 입장에서는 '일토양세(一土兩稅)'의 처지에 이르게 되었다. 이것은 특히 역토·둔토가 내장원의 관할로 귀속된 후 내장원이 가능한 한 많은 토지를 공유화하려 했을 때 두드러지게 나타났다. 김제·부안·임피 등 여러 곳에서 이중 조세를 호소하는 농민들의 진정이나 지방관의 보고서가 상당수 나타나고 있다.[41] 그렇지만 내장원은 이를 어디까지나 세금과 소작료로 나누어 설명하면서 결코 이중 조세가 아님을 강조하였다. 왕실이 '결외집도(結外執賭)' 함을 호소하는 농민들의 주장들도 실은 이 문제를 지적하고 있는 것이다. 이것 역시 사회적 관행과 이를 파괴하려는 힘간의 대립 양상으로 이해할 수 있다.

II. 소작료의 인상과 항조

　궁방전 가운데는 왕실이나 관아가 돈을 주고 구입하였거나 양안상의 무주지를 절수받은 유토가 있었다. 이 유토로부터 왕실은 결세가 아닌 도조, 즉 소작료를 거두어들였다. 유토 궁방전에서의 왕실은 전형적인 사적 지주였던 것인데 지주로서의 권한을 강화시켰다.

　1899년에 둔토를, 1900년에 역토를 모두 관할하게 된 내장원은

---

41) 예컨대, 『소장』, 광무 4년(김제 忠屯); 『소장』, 광무 8년 9월(부안 사복둔) 등.

1899년과 1900년에 걸쳐 이른바 '광무사검(光武査檢)'을 실시하여 도조의 인상을 기도하였다.[42] 그 결과 1900년 이래로 궁방전에 있어서 도조의 절대액이 증대하였다. 많은 역토·둔토에서의 도조는 기세상당(其稅相當)한 것이었는데 점차 이사답례(以私畓例)로까지 증대하였다.[43] 이 조사에 내장원은 앞서의 조사에서 이미 무토로 판정되었던 토지에 대해서조차 동일한 도조를 부과하려 하였다. 1905년 부안의 농민들이 올린 소장에 의하면 "自己亥至昨年ᄒ야 只依民結收納이고 初無賭稅名目矣러니 忽於今年에 不許無土屯之異於有土屯ᄒ고 結外執賭"하고 있다는 것이었다.[44] 또한 이러한 도조 인상은 이미 부과된 도조에 새로운 부담을 덧붙이는 형식으로도 이루어졌는데 농민들로서는 이것이야말로 마름이나 파원들의 농간인 것으로 이해하였다.[45]

이러한 도조 인상 조치는 균전에 있어서도 똑같이 나타났다. 균전 농민 서상각 등이 올린 소장에 의하면 동학농민전쟁 직후 일시 사라졌던 균도가 1896년부터 두락당 2두씩 징수되기 시작하다가 1902년부터는 "以私畓例로 每斗落에 七十斗式 執賭"하는 형편이었다.[46] 이후 다소 감소하기는 하지만 이전에 비해 균도 자체가 증가한 것은 말할 나위도 없다.

물론 왕실의 원칙과 의도가 그렇다고 하여 실제 징수도 그처럼 이루어졌던 것은 아니다. 많은 농민들이 도조 인상을 이전의 관행에 근거하여 부당한 것이라 주장하였고 일부의 지방관들 역시 농민의 이러한 주장을 지지 또는 방관하였다. 따라서 도조의 체납·미납이 상

---

42) 이에 대하여는 배영순, 앞의 글.

43) 1904년 운봉군수 鄭煥琮이 내장원에 올린 보고에는 "大抵 驛土地當初賭錢酌定時則其稅相當ᄒ고"라 하였다. 『보고』, 광무 8년 2월.

44) 『소장』, 광무 9년 2월.

45) 『보고』, 광무 7년

46) 주 30) 참조.

당한 정도로 누적되고 있었다. 내장원은 끊임없이 무체준납(無滯准納)할 것을 지령하였지만 그대로 시행되기에는 농민들의 저항이 너무 완강하였던 것이다. 이러한 농민층의 저항이 폭력적으로 억압되면서 더욱 철저한 도조 증수가 가능하게 된 것은 1907년 일제에 의해 역둔토가 모두 국유화되고 '역둔토 관리 규정'이 반포된 이후였다. 일제 통감부는 역둔토에 대한 소작료 증수를 통감부 예산 확보의 중요한 부분으로 삼고 있었다.

　　그러나 일제에 의해 역토·둔토와 함께 국유지로 처리되었던 유토 궁방전의 경우에는 비교적 도조 인상이 철저하게 이루어졌던 것으로 보인다. 당시 부안이나 홍덕의 명례궁 장토의 추수책을 살펴보면 이러한 경향을 확인할 수 있다. 다음의 표들은 이 점을 잘 보여준다.

〈표-1〉　　　　　　　　　부안 명례궁 전답 도조액 변화

	1890	1891	1896	1899
토지 면적	9石 4斗落	9石 4斗落	9石 3斗落	9石 3斗落
도　　조	17石 19斗	17石 10斗	21石 16斗	56石 8斗
1 두락당	1.95斗		2.36斗	6.55斗
작인 수	19名	19名	25名	27名

　　자료:『전라도 부안현 소재 명례궁답 秋監成冊』(庚寅)(奎 22002);『명례궁 도조책』(己亥十一月 부안 黃沙坪)(奎 26121);『명례궁 秋監記』(丙申九月)(奎 21979);『전라도 고부현 소재 명례궁답 추감성책』(辛卯)(奎 21982).

〈표-2〉　　　　　　　　부안 명례궁 작인의 도조액 변화

작인 이름	경작 면적	1890	1891	1896	1899
催正淑	4斗落 5升	5斗	6斗	10斗	1石 15斗
金成(聖)九(求)	7斗落	10斗	1石 8斗	1石 5斗	2石 3斗

　　자료:〈표-1〉과 동일.

<표-3>　　　　　　　　흥덕현 명례궁 전답 도조액 변화

전 답	도 조 (두락당)	
	을 미 (1895)	기 해 (1899)
현내면　34石 18斗 5升落	5.8 斗	5.9 斗
북 면　49石 11斗落	5.7 斗	8.1 斗
이남면　11石　2斗落	5.3 斗	7.8 斗
일서면　7石 14斗落	5.0 斗	7.1 斗
일동면　19石 16斗落	4.7 斗	7.5 斗
이동면　12石 19斗落	5.5 斗	7.1 斗
일남면　21石 18斗 5升落	5.3 斗	8.5 斗
이서면　30石 7斗 5升落	4.9 斗	8.1 斗

자료: 『흥덕현 소재 명례궁전답 추감성책』(乙未年 11月).
　　　『전라도 흥덕 소재 명례궁 전답 추감성책』(己亥 12月).

　이 표를 보면 왕실이 1899년경에 그들 소유지로부터의 도조액을 크게 증대시키고 있음을 알 수 있다. 두락당 7~8두는 당시의 민전에서의 소작료와 큰 차이가 없는 것이다. 왕실은 이미 역토·둔토를 관할하기 이전에 유토 궁방전에서 사적 지주와 다름없는 존재가 되고 있었다. 역토·둔토에는 다양한 농민층의 권리가 부수되어 있어서 쉽게 궁방전에서와 같은 통제는 불가능했지만 전체적으로 볼 때 왕실은 모든 토지에 대해 실질적인 지주로서의 권한을 행사하려 했던 것이다.

　한편 궁방전이나 둔토 등에서 그 도조의 저렴함을 이용하여 소작권을 제3자에게 전대(轉貸)하는 자들이 있었는데 이를 중답주(中畓主)라고 했다. 중답주는 반드시 경작 농민이었던 것은 아니다. 1905년 전북수조관의 "毋論某驛某屯土ㅎ고 無非有中畓主爲名者ㅎ니 擧皆吏屬이요 或富饒者或勢者"라 한 보고에서 보듯이[47] 중답주는 주로 봉건 권력의 말단 집행자들로 권력적 존재였던 것이다. 그러나 이들이 중답주로서 지니는 권리는 왕실과 경작 농민의 사이에서 경제적 이익을 획득할 수 있는 경제적 권리였다. 이들은 왕실에 납부할 분량보다 더 많은 것을 경작 농민으로부터 징수하여 그 차액을 수취하는 자들이었다. 따라서 지주권을 강화하고 더 많은 소작료를 확보하려는 지주의 입장에서 볼 때 중답주는 대단히 방해가 되는 존재였다. 이들이 존재하는 한 지주의 수취분 중 일부는 항상 중간 수탈을 면할 수 없었다. 그들은 또한 "操縱作人ᄒ고 及其秋穫之場에 恣意打收"함으로써 경작 농민에 대한 지주의 철저한 지배를 불가능하게 만드는 장본인이었다.[48]

이제 왕실은 중답주를 혁파함으로써 자신의 지주권을 강화시키려 하였다. 그 방식은 지금까지의 저렴한 소작료 징수로 인한 혜택이 "惠實未及於作人ᄒ고 盡入於中間窺利之中"하기 때문임을 내세워 중답주가 있는 토지로부터의 소작료를 증대시켜나가는 것이었다.[49] 이러한 방식은 대체로 갑오개혁 이후에서 1904년에 이르는 시기에 시도되었는데 초기에는 중답주들의 강력한 반발에 부딪혀 큰 성과를 보지 못하고 있었다. 그러나 1904년 일제의 침략이 더욱 노골화되고 이듬해 통감부가 설치되면서부터는 중답주는 전면적·제도적으로 제거되기 시작했다. 그리하여 1904년 8월 내장원 훈령 23호로 "所謂 中畓主與作人債名色과 其他諸般痼弊를 一切革罷"하라는 지시를 전국에 내렸다.[50] 그 이후에도 수차에 걸쳐 관찰사와 군수들에게 중답주 혁파에 관한 훈령이 내려지고 있었다. 하지만 오랫동안 존속되어온

---

47) 『보고』, 광무 9년 11월 9일, 전북수조관 金弘憲 보고.

48) 『보고』, 광무 8년 9월 30일, 무주군수 金善圭 보고.

49) 주 48) 참조.

50) 『熙會訓令存案』, 광무 8년 8월 20일; 김용섭, 「한말에 있어서의 中畓主와 역둔토 지주제」, 『동방학지』 20, pp. 75~76에서 재인용.

이들이 쉽사리 제거되기는 어려웠고 또 이들의 저항도 강하게 나타
나게 되었다. 부안의 사복 둔답에서는 "所謂中畓主가 恐動屯土時作
ᄒᆞ야〔……〕呼訴於巡察使"하면서 왕실 조치에 저항하였고[51] 정읍의
입암진 둔답에서도 유사한 저항이 나타났다[52]

중답주가 철저히 혁파된 것은 1907년 역둔토가 탁지부 관할로 옮
겨지고 그 이듬해 '역둔토 관리 규정'이 마련된 이후였다. 이 규정
제5조는 "驛屯土의 小作人은 其小作을 他人에게 讓渡賣買典當 又는
轉貸ᄒᆞᆷ을 不得ᄒᆞᆷ"이라 하여 중답주의 존재 기반을 소멸시켰다.[53]
1909년부터의 역둔토 실지 조사에서도 중답주 제거 작업이 시행됨으
로써 중답주와 그가 지녔던 권리는 철저히 소멸되었다.

이런 과정에서 직접 경작자층을 비롯하여 관습상의 권리를 옹호하
려던 세력들의 저항이 드세어질 것은 두말할 필요가 없겠다. 그렇지
만 농민층의 저항은 여러 형태로 지속되었는데 가장 꾸준한 저항이
나타난 것이 균전과 궁방전을 둘러싼 싸움이었다. 1899년 전주군에
서 균전의 일로 인해 농민들이 취군거개(取群擧開)하였다가 전주진
위대에 의해 진압당하고 그 과정에서 많은 부상자가 나왔다.[54] 이들
은 갑오개혁으로 이미 혁파된 것으로 알았던 궁방의 균도 수세가 갑
자기 다시 시작되자 내부·군부·궁내부 등에 호소했다가 별 효과가
없자 "數千名式 數三處에 屯聚"하였다가 전주진위대에 의해 강제로
해산당하였던 것이다. 한편 흥덕·고부 등지에서는 영학당(英學黨)
이라 칭하는 일단의 농민들이 난을 일으켰는데[55] 김윤식은 이들이 난
을 일으키게 된 동기에 대하여『속음청사(續陰晴史)』에서 "以民畓見

---

51)『보고』, 광무 8년 12월 5일, 전북봉세관 보고.
52)『보고』, 광무 10년 4월 12일, 전북수조관 보고.
53) 水田直昌,『統監府時代の財政』, 友邦協會, 1974, pp. 184~85.
54) 황성신문, 1899년 3월 3일.
55) 황성신문, 1899년 3월 27일, 6월 5일.

奪於宮庄"때문이라고 서술하였고 다른 곳에서는 "近日守令及御史視察貪虐日甚"하다는 점도 지적하였다.[56] 다시 말하면 왕실의 민답 수탈, 균전의 문제, 수령들의 탐학 등이 이 난의 원인이었는바 이는 앞서의 동학농민전쟁의 구체적 원인들과 다를 바가 없었다. 일본 영사관측의 기록에 의하면 영학당의 봉기 원인이 지방 관속의 상업적 이익 추구로 인한 농민 수탈이었다고 한다. 군산분관원의 보고에는 "각 군수 등이 이익을 얻기 위해 농민으로부터 행정력을 동원하여 곡물류를 염가에 매상하고 그것을 외국인에게 고가로 팔고" 있었는데 바로 이러한 사태에 격분한 농민들이 이 난을 일으켰다는 것이었다.[57]

비록 저항할 수 있는 농민층의 세력은 동학농민전쟁 이후 다소 약화되었다 할지라도 제도적·구조적 모순들이 그대로 온존·강화되어 가는 한 크고 작은 농민 저항이 계속될 수밖에 없었다. 1902년 2월에는 옥구의 공토사검(公土査檢) 때 김종삼·고정삼 등이 중민을 선동하여 조사를 방해하였다.[58] 1903년에는 전주 등 7개 군의 균전 농민들이 균전 도조의 거부를 주장하고 민란에 가까운 저항을 하였다. 관찰사서리였던 전주군수 김명수의 보고에 의하면 "七郡均民等이 數百成群ᄒ야 屯聚於全州沃溝之間而朝東暮西"하고 있다는 것이었다.[59] 이 운동은 전주에 거하는 조기수·박문재 등이 주동한 것으로 이들은 본래 "以均畓一斗落無關之賴"이지만 선동중민(煽動衆民)하여 난을 일으켰다는 것이다.[60] 이 두 사람에 대한 농민들의 지지는 대단히 컸던 모양으로 균전위원들의 체포 주장에도 불구하고 관찰사서리는 "押上曺漢이면 散者復合은 其勢必然"이라는 이유로 그 체

---

56) 金允植, 『續陰晴史』, 국사편찬위원회, 1970, 고종 39년 6월 13일, 24일.
57) 吉野誠, 「李朝期にすける米穀輸出の展開と防穀令」, 『朝鮮史研究會論文集』 第20輯, p. 111.
58) 『보고』, 광무 6년 2월 10일, 전북봉세관 보고.
59) 『보고』, 광무 7년 6월 12일, 전주군수 金命洙 보고.
60) 『보고』, 광무 7년 6월 21일, 부안균전위원 朴演錫 보고.

포를 지체시키고 있었다.[61]

　이들 저항은 구체적인 쟁점들, 특히 도조감징에 대한 것이었고 또 그 형태 역시 "數百成群ᄒ야 出沒於邑"하는 산발적인 것에 그치는 수가 많았다. 이들을 한데 묶어 새로운 농민 운동을 이끌어갈 지도력이나 조직력은 농민전쟁 주도 세력의 소멸 이후 약화되었다. 그리고 이들 가운데 일부는 농업 생산 과정으로부터 떠나 유랑하면서 소위 화적이 되기도 하였고 활빈당으로 활동하기도 하였다. 1900년 8월에 이미 "全州府下 三十里以外各處에 所謂 活貧黨이 猖獗"하고 있다는 보고가 있었고,[62] 9월에는 정읍에서 활빈당의 우두머리인 안치조 등이 처형되었는데 이들이 거느린 활빈당 수가 40여 명이었다.[63] 이들은 일반 농민들이 구체적인 도조 문제나 토지 소유권 문제를 제기하는 데 비하여 상대적으로 공상적이고 유토피아적인 인간 평등 사상을 지니고 있었다.[64]

　이후에도 산발적으로 동비 · 화적 · 활빈당 등의 이름으로 소규모 농민 저항은 끊이지 않았다. 그러나 러일전쟁 이후 일제의 식민지적 침략이 더욱 구체적으로 나타난 1905년 이후에는 농민 저항의 대상이 단순한 지주층이나 왕실만일 수 없었다. 이들 지주층이나 왕실의 권한 강화는 그 배후에 일제의 정책적 · 권력적 뒷받침을 받고 있었다. 이제 농민층이 저항해야 할 대상은 일제의 제국주의적 침략 세력과 지주 세력의 이중적인 것이었다. 그리고 이들에 대한 저항은 당시의 농민층에게 있어서 지극히 어렵고 힘든 것이었다. 그러나 1905년 최익현이 전북 태인에서 봉기했을 때 그는 반일 · 반제의 기치를 내세웠었고 그 추종 세력의 상당 부분은 여전히 농민층이었다. 이 지역

---

61) 주 60) 참조.
62) 황성신문, 1900년 8월 21일.
63) 황성신문, 1900년 9월 10일.
64) 강재언, 「반일 의병 운동의 역사적 전개」, 『한국 근대사 연구』, 한울, 1982, pp. 272~75.

70

의 반일 항쟁은 대단히 끈질기고 집요한 것이어서 일제의 식민지 정책 수행에 큰 장애가 되었다.[65] 결국 1909년 이후 일본의 강압적인 무력에 의해 표면상 소멸하기에 이르렀던 것이다.

III. 일제의 개입과 식민지 지주제의 진전

궁방전에서의 토지 문제는 결국 경제적인 문제임과 함께 권력적인 문제를 내포한 것이었다. 1904년 일제는 '제1차 한일 협약'을 강제로 체결하고 재정 및 외교에 관한 모든 사무를 일본이 추천하는 고문이 장악하는 소위 고문 정치를 시작하였다. 재정 고문으로 온 목하전태랑(目賀田太郎)은 먼저 국고 · 회계 제도의 정비를 통해 세출을 엄격히 통제하려 하였다. 1904년 12월의 '금고출납역설치건(金庫出納役設置件)'에서 시작하여 1905년 6월 '세입세출처리순서(歲入歲出處理順序)'의 제정에 이르러 한국의 재정은 적어도 그 지출에 관한 한 철저히 일본 고문의 통제 아래 있게 되었다. 목하전태랑은 전국에 걸쳐 그 통제력을 강화하기 위해 1905년 7월 전주와 평양 · 대구에 재정 고문 부속 재무관을 파견하여 관찰사 · 군수 등을 감독하게 하였다.[66] 이 조치는 조세 제도의 근대화라는 명목으로 전통 국가의 조세권과 왕실의 징세권을 모두 일제의 관할 아래 통제하려는 의도에 다름아니었다.

일제는 재정의 통제를 위해 지방에서의 징세 사무에 적극적으로 간여하였다.[67] 1905년 11월에는 육군 대위 촌정문태랑(村井文太郎)이 이끄는 일제 병정 78명이 전주부에 도착, 전북 일대에 배치되었는데[68]

---

65) 강재언, 『한국 근대사 연구』, p. 324에 실린 〈표-4〉 1908~1909년의 지방별 의병 투쟁 상황을 보면 전북 지역이 전남과 더불어 가장 강력한 투쟁을 전개하였음을 알 수 있다.
66) 水田直昌, 앞의 책, pp. 143~55; 李潤相, 앞의 글.
67) 대한매일신보, 1905년 11월 3일.
68) 대한매일신보, 1905년 11월 8일.

이들 역시 앞서 설치된 일제 경찰과 함께 통감부의 정책에 따라 지방에서의 징세 사무에 공공연히 개입하여 농민들의 원성을 사고 있었다. 고부군수 이창익은 결전의 징수 과정에서 경성에서 내려온 차인과 전주진위대참령인 백남신간에 대립이 있었는데 그 속에 일본인과 일본 순사가 개입하여 농민층에 대한 징세를 경쟁적으로 강화하고 있었음을 보고하였다.[69] 이처럼 일제의 정치 · 군사적 지배력이 식민지 재정의 확립을 위해 전북 지역에 점점 더 확대되고 있었던 것이다. 1906년 '관세관 관제'는 탁지부대신의 관할 아래 세무감 · 세무관 · 세무주사를 두어 징세 업무를 담당케 하려는 것으로 종래의 담당층이었던 군수와 이서층의 강한 반발을 불러일으켰다. 그러나 일제의 기본 의도, 즉 지방 행정 기구와는 별도의 징세 기구를 만들려는 의도는 지속되어 1907년 12월 '재무감독국 관제'와 '재무서 관제'의 제정으로 일단 완료되었다. 재무 업무에 관한 중앙 집중적 통제 기구의 완성은 한국 사회의 식민지화에 있어 대단히 중요한 일이었다.

궁방전의 토지 문제와 관련하여 매우 중요한 변화는 일제가 왕실 관할의 토지를 왕실 사유지로 인정하지 않고 국유지로 편입시켜 결국에는 통감부의 소작지로 만들어버렸다는 사실이다. 1907년 6월 왕실 재산을 정리한다는 명분으로 '임시정리부'를 두었다가 7월에 '임시제실유급국유재산조사국'을 설치하여 국유 재산과 제실 재산을 임의로 분할하였다. 그 후 1908년 6월 이들 왕실 재산의 대부분을 국유화하고 왕실이 가지고 있던 제반 징세권도 모두 국가에 귀속시키고 말았다. 일제는 왕실 관할 토지 일체를 역둔토로 총칭하고 이를 국가 소작지로 만들어 식민지 재정의 기초로 삼았다.[70] 전반적으로 볼 때 일제는 통감부 설치 이후 지속적으로 징세 기구의 강화와 징세

---

69) 『보고』광무 9년, 고부군수 李昌翼의 보고.
70) 신용하, 앞의 책, pp. 147~74.

사무의 철저한 시행으로 식민지 재정의 기초를 마련하고자 했는데 이 과정에서 농민층의 희생이 적지 않았다. 당연히 경찰력과 헌병력 등의 군사적 폭력도 중요하게 작용하였음은 물론이다.

일제는 이렇게 강압적으로 창출한 국유지를 일본인 또는 식민지 농업 기관에 헐값으로 불하하였다. 일제 식민지 농업 기관으로 대표되었던 동척의 전북 농장은 주로 역둔토의 토지를 불하받음으로써 가능했다. 일본인들의 불법적 토지 매입은 주로 전북의 북부 해안 지방을 중심으로 점차 퍼져나갔다. 당시 일본인들의 한 기록은 "최초 농장을 일으킨 곳은 군산 부근에서 전주 사이를 중심으로 점차 그 좌우로 넓혀나가 현재는 11개 군에 퍼져 있지만 매수 경지가 많은 곳은 익산·임피·금구·김제의 4군이다"라고 하였다.[71] 이 조사에 따르면 위의 4군을 필두로 만경·고부·부안·태인·전주 등의 순서로 일본인의 토지 소유가 확대되고 있었다. 이들 지역이 주로 궁방전과 균전이 밀집해 있었고 그로 인한 갈등이 첨예했던 지역임은 주목해 볼 만한 현상이다.

요약해보면 한말까지 전북 지역에 존재해오던 지주권 이외의 중층적 제권리·화리권·중답주권·도장권 등은 이 시기 전반적인 왕실의 지주권 강화 현상과 일제의 권력적인 지주 옹호책의 결과 철저히 소멸되었다. 이것이 법제적으로 완료되는 시기는 일제의 토지 조사 사업에 의한 근대 법적 등기 제도의 실시 이후로 보아야 하지만 이미 한말에 그 골격은 완료되어 있었다고 볼 수 있다. 지주권의 강화에 기초하여 식민지 지주제가 더욱 강화될 수 있는 기틀이 마련된 것이었다.

71) 신용하, 앞의 책, pp. 121~22.

5. 맺음말

전통 사회에서 사회적 관행은 근대 국가에서 민법이 감당하는 기능을 일부 수행하고 있었다고도 볼 수 있는데 곧 각 집단이나 개인들이 정당하게, 또 당연하게 자신의 권리로서 요구하고 행사할 수 있는 힘과 영향력의 한계를 틀 지어주는 것이었기 때문이다. 이러한 점은 개항을 전후한 시기의 조선 사회에서도 마찬가지였다. 그러나 안팎으로 변화를 강요받은 국가 권력이나 외부로부터 작용해오는 자본제 상품 및 선진 열강의 힘은 그러한 사회적 관행의 존속을 매우 어렵게 하였다. 이 사회적 관행의 해체와 새로운 사회 질서의 형성 과정 속에 근대 국가의 수립을 향한 움직임도 내재되어 있었고, 농민층을 중심으로 한 민중의 정치 경제적 성장을 지향하는 움직임도 포함되어 있었다. 물론 지배 집단으로의 상승을 노리는 새로운 사회 세력이 변화하는 시대에 재빠르게 적응하면서 성장해나가는 과정이기도 했다.

궁방전에는 전통 국가의 권력을 등에 업고 있는 왕실의 힘과 그 토지를 직접 경작하고 있는 농민층, 그리고 그 사이에 개입할 수 있는 토지의 권리 소유자층 사이에 여러 가지 권한과 의무의 체계가 형성되어 있었다. 그리고 이러한 권한과 의무의 체계는 일종의 사회적 관행의 형태로 질서지어져 있었다. 그러나 개항 이후 궁방전에서는 이러한 사회적 관행이 무너지고 새로운 권리의 체계가 만들어지는 과정에서 상당한 갈등들이 노정되고 있었다. 농업 생산과 분배, 징세권과 유통 방식 등에서의 여러 갈등은 전통 국가의 권력을 그 한 배경으로 하면서 지주의 권리와 소작농의 권리간의 갈등을 축으로 하는 것이었다. 조세 수취의 권한을 둘러싸고 중앙 정부와 지방관 사이에 대립이 심화되기도 했고 농민층 내부에서 계급적인 대립과 갈등이 심화되기도 했다.

궁방전에서의 사회적 갈등은 크게 세 가지 현상으로 나타났다. 첫째는 조세 징수권을 둘러싸고 나타난 갈등이다. 갑오개혁은 조세 징수권의 예외 없는 국가 귀속을 추진하였지만 철저하지 못하였고 특히 아관파천 이후에는 오히려 왕실이 역둔토에 대한 관리권과 징세권을 장악함으로써 지방관과 갈등을 겪기에 이르렀다. 이러한 현상은 외세의 개입으로 인해 전통 국가의 특성을 근본적으로 재조정하는 데 실패함으로써 야기된 문제였다. 두번째로는 왕실이 지주 경영을 강화함으로써 나타난 갈등으로서 소유권 분쟁이나 도조액과 관련한 분쟁 등이 있다. 이것은 여러 가지 관습상의 권리 체계들을 부정하고 해체하는 과정과 함께 진행된 것이었고 그만큼 농민들 사이에 커다란 문제들을 야기시킨 것이었다. 사례로 살펴보았던 균전답, 부안과 정읍의 둔답, 제언답에서 보듯 농민층의 지위는 점차 약화되고 부담은 늘어났으며 그에 반해 토지 소유권자의 힘은 보다 강화되었다. 게다가 징세 기구의 강화와 지주층의 조세 부담의 전가 조치로 농민 부담의 절대액이 증대하기도 했다. 이 시기 농민들은 '일토양세(一土兩稅)'의 폐를 호소하기도 하고 민란의 형태로 저항하기도 했으나 사회적으로 자신의 주장을 실현시키기는 어려웠다.

셋째로 한말 지방 사회에서는 일본 세력을 중심으로 한 외세의 영향력이 매우 구체적이고도 현실적으로 나타나고 있었다. 특히 상인층이 주도하는 곡물의 이출과 자본제 상품의 유입, 상품 유통의 주도권 장악 등은 외세가 지주 및 농민층에게 매우 구체적으로 작용해들어오는 계기였다. 그러나 동시에 외세는 앞서 살펴본 사회적 갈등 구조에 편승하면서, 때로는 그것을 이용하면서 정치적인 힘으로 작용하기도 했다. 오히려 이 시기에는 이러한 정치적이고 권력적인 개입이 보다 본질적인 것이었다고 볼 수 있다. 일제는 직접 경작자들의 권익을 정치적으로 옹호하기보다 지주층의 권익을 옹호하였지만 그렇다고 그들이 민족적인 사회 세력으로 성장할 수 있을 정도의 사회 정치적 지원을 할 의도는 전혀 없었다. 오히려 일제는 지주제의 강화를 통한 식민지 재정의 확보에 주목하면서 이들이 민족적인 세력, 근대 국가의 중추적 기반으로 성장할 수 없도록 정치적으로 탄압하는 데 주력하였다. 강렬한 반외세의 지향을 표출했던 농민층의 저항 운동에 대한 일제의 가혹한 탄압은 식민지 지배를 위한 정치적 조건 형성을 위한 것이었지만 결과적으로는 지주제의 식민지적 성격을 강화시키는 것이기도 했다.

결국 궁방전에서의 갈등 구조를 통해 확인할 수 있는 것은 이 시기 전통 국가의 근본적 한계와 그 변혁의 시급함이다. 국가 권력은 대외적으로 독자적인 정치 경제적 범주로서의 자율성을 확보하는 과제와 함께 대내적으로 새로운 권리와 의무의 질서, 사회적 규범의 틀을 만들어내는 데 매우 중요한 역할을 수행할 것을 요구받았다. 이는 조선 왕조가 구조적으로 잘 통합된 중앙 집권적 특성을 갖추고 있었고 전통적인 형태로나마 국가의 기능이 매우 오랫동안 작용하고 있던 사회였기 때문에 더욱 절실한 것이었다. 조세의 징수권을 둘러싼 갈등에서 보듯 근대 국가 체제로의 이행에 필요한 여러 가지 조치들이 필요했을 뿐 아니라 사회 구성원들의 집단적 갈등 구조를 보다 생산적인 것으로 전환시키는 주도적 역할을 수행해야 했다. 이 시기의 사회적 위기를 극복하려는 노력이 궁극적으로 국가 권력의 문제로 귀결될 수밖에 없었던 것임을 여기서도 확인할 수 있다. 이 노력을 좌절시키는 데 일제의 강압적이고도 집요한 식민지 침탈 기도가 작용하였음은 두말할 필요가 없다.

제2장
사회적 갈등의 양상과 전통 국가의 위기

1. 머리말

한 사회의 구조적 위기는 구성원들이 일상 생활에서 경험하는 곤경과 밀접하게 관련되게 마련이다. 사회 구조상의 모순과 문제점들도 구체적으로는 개인의 일상적 삶 속에서 드러나는 것이고 또 그런 구체성과 일상성 속에서 이를 극복하려는 다양한 노력들도 나타나게 된다. 한 사회의 총체적인 구조를 구성원들의 개인적 일상 생활의 경험 속으로 모두 환원할 수 있다고 보는 것은 일면적인 것이지만 그렇다고 일상적 경험과 생활 조건들을 무시한 구조적 논의들 역시 한 시대상을 정확하게 파악하는 적절한 시각이라 보기 어렵다.

일반적으로 많은 연구자들이 조선 후기, 특히 개항을 전후한 시기의 한국 사회가 구조적으로 위기에 처해 있었다고 말하고 있다. 실제로 개항을 전후한 19세기 후반은 대내적·대외적 조건의 변화로 인해 사회 전반에 걸쳐 급격한 변동이 있었던 시기였고 그러한 변화는 여러 형태의 갈등과 대립을 또한 수반하였다. 대내적으로는 주로 전통 국가의 한계, 즉 왕조 체제 운영상의 구조적 문제점이 가장 두드러지게 나타났고 대외적으로는 일본의 정치 경제적 침략이 구조적 위기를 심화시켰다. 여기서는 그 대내적 측면, 다시 말해 전통 국가의 체제 운영 방식에서 나타나던 위기의 양상을 당시 구성원이었던 일반 농민들의 생활상의 갈등을 통해 확인해보려 한다. 이 시기 농민들은 어떤 생활상의 곤경과 고통을 겪고 있었는가, 그들은 무엇을 국가에게 기대하였고 또 당시의 상황을 어떻게 인식하고 있었는가 하는 관점에서 이 시기의 특징을 밝혀보려는 것이다. 방법론적으로 말한다면 미시적인 생활 세계 분석을 통한 거시적 구조의 파악이라고 말할 수 있겠다.

　지금까지의 연구들도 이러한 측면을 다루지 않은 것은 아니었다. 일찍이 지적되어온 '삼정의 문란'이라는 현상이나 최근 논의되는 '수령(守令)—이향(吏鄕) 수탈 구조'와 같은 논의들은 단순히 구조적 모순만을 의미하는 개념이 아니라 일반 농민의 생활상의 고통을 동시에 담고 있는 개념이라고 볼 수 있다.[1] 실제로 19세기의 농민들이 겪었던 생활상의 곤경과 사회적 대립은 대부분 국가의 수탈적 부세 행정과 밀접하게 결부되어 있었기 때문에 이를 통해 구조적인 측면과 일상 생활의 영역이 함께 논의될 수 있는 것은 분명하다. 그럼에도 불구하고 기존의 연구들에서는 관심이 주로 구조적인 변화, 제도적 위기의 성격을 밝혀내려는 데 놓여 있고 당시의 구성원들이 일상적으로 자신의 생활 속에서 경험하고 있던 위기의 내용을 드러내는 데는 소홀하였다는 생각을 갖게 된다. 그리고 바로 그 점 때문에 도리어 구조적 위기의 성격을 드러내는 데도 한계를 나타낼 수밖에 없었다고 여겨진다.

---

1) 국가의 부세 운영과 관련한 구조적 모순으로 일찍부터 '삼정의 문란'이 거론되었다. 이에 대한 기존 연구들의 정리로 정연식, 「조선 후기 부세 제도 연구 현황」, 『한국 중세 사회 해체기의 제문제』(하), 한울, 1987; 고동환, 「19세기 부세 운영의 변화와 그 성격」, 『1984년 농민전쟁 연구』 1, 역사비평사, 1991을 참고할 수 있다. 한편 고석규는 「19세기 전반 향촌 사회 세력간 대립의 추이 — 경상도 영양현을 중심으로」, 『국사관논총』 제8집, 1989에서 사족 지배 체제의 해체 이후 나타난 향촌 사회의 새로운 변화를 '수령 — 이향 수탈 구조'로 개념화하고 있다. 이는 삼정의 문란이라는 제도적 차원의 모순이 실제 향촌 사회 내부에서 어떠한 형태로 나타나고 있는지를 보다 구체적으로 파악하게 한다는 점에서 의의가 있다고 생각된다.

기존 연구에서 보이는 가장 큰 문제점은 구조적 위기와 생활상의 갈등을 단일한 논리로 연결시키고 있다는 것이다. 전통 국가의 수탈성을 중시하는 연구에서든, 아니면 민중의 사회 경제적 성장과 저항을 중시하는 연구든 모두 전통 국가의 수탈적 성격을 강조하고 있다. 물론 전통 국가를 봉건적 세력 집단의 정치적 구심체로서 이해할 때는 그렇게 파악될 수도 있겠다. 그러나 그에 못지않게 일반 농민의 생활상 변화하는 요구와 문제들을 전통 국가가 제대로 수용해주지 못하는 기능상의 위기를 통해서도 접근되어야 한다. 전자가 왕조 체제에 대한 정치적 저항의 의미를 뚜렷이 하는 데 비하여 후자는 문화적·심리적 정당성의 철회라는 형태로 나타나게 되는데 별다른 사건이나 극적인 혁명 없이도 한 체제가 몰락하게 되는 데는 이 후자의 현상이 매우 중요하다. 후자의 입장에서 이 문제를 접근하려 한다면 당시의 민중들이 생각하고 있던 나라의 개념, 권력의 정당성에 대한 의식 등을 고려하지 않을 수 없다.[2]

일반 민중들의 구체적 생활 속에서 어떠한 갈등이 나타나고 있었는지를 구체적으로 확인하는 작업은 구조적·제도적 모순의 확인만으로 대체될 수 없다. 민중의 생활사 속에서 나타나는 갈등은 당시의 구조적 모순이나 위기 상황과 밀접히 맞물려 있을 것이지만 두 현상 간의 관계는 일면적이라기보다 복합적인 양상을 띠고 있었던 것으로 보이기 때문이다. 전통 국가가 일반 농민을 개별적이고도 직접적으로 지배·통제하는 차원 못지않게 농민들 내부에서 새롭게 나타나는 '사적 영역'의 확장이 새로운 갈등과 대립의 요인이 될 수도 있다. 조선 후기 이래의 생산력의 발달을 내적 성장의 주된 동인으로 설정

---

2) 지금까지 후자보다 전자의 입장에 선 연구들이 많이 나오게 된 것은 주로 이 시기에 대한 연구가 운동사적 관점에서 이루어졌기 때문이라 생각된다. 앞으로 역사사회학적인 시각과 접근들이 강화되면 후자의 관점에서 파악하는 연구들도 많이 나올 것으로 기대된다.

하고 있는 논의도 보다 구체적이 되기 위하여는 이러한 생산력의 발달이 어떠한 사회 세력에 의해 어떠한 형태로 전개되었는지를 밝혀주어야 하고 그래야만 이 과정에서 생겨나는 사회적 갈등들의 성격이 명확하게 해명될 수 있을 것이다. 그러나 정작 농민들 내부의 '사적 영역'을 구체적으로 확인하는 작업은 대단히 어려운 일에 속한다. 민중들 스스로가 자신의 삶을 정리한 기록물이 거의 없고, 그들의 삶에 관심을 갖고 기술한 자료도 적은 형편에서 미시적인 영역을 검토하기는 어렵다. 이러한 사료적 제약을 고려할 때 민장류의 분석은 비록 제한적이기는 하지만 이러한 관심에 어느 정도 값할 만하다고 생각된다. 왜냐하면 현재 남아 있는 민장류의 자료들이 아쉬운 형태이기는 하지만 이 시기 민중들의 생활사를 일정 부분 보여주고 있다고 생각되기 때문이다.

2. 자료에 대하여

I. 민장과 민소

민장은 민중들의 민소 행위에 수반되어 관에 제출된 문서를 말한다. 민중들이 억울한 일이나 해결되어야 할 문제에 부딪혔을 때 관에 호소하는 행위를 민소라 하였는데 민소는 당시 제도화되어 있던 지방 정치의 한 형태였다. 민소의 경우 민중들은 자신의 요구 사항들을 상세히 기록한 소지(訴志)를 제출하게 되는데 이것이 민장이다. 따라서 민장의 성격은 민소 행위의 성격과 밀접히 관련되어 있다.

조선 왕조의 지방관들은 민인들의 소장을 처리하는 일을 중요한 과제로 파악하고 있었다. 각종 목민서에서는 '민소' 또는 '청송(聽訟)'의 항목이 설정되어 있었고 수령이 담당해야 하는 7가지 주요한 업무인 소위 수령칠사에도 민소의 처리가 포함되어 있었다. 한마디로 말하면 조선 왕조에서 민소 행위는 사회적으로나 정치적으로 정당성을 얻은 정치적 행위의 한 형태였던 것이다. 그리하여 지방관들은 민소를 통해 향촌 사회 내부의 문제나 해결되어야 할 쟁점들을 파악하고자 했다. "盖民訴之偏多一事 足可推其時民間物議也"[3]라는 말처럼 민소의 내용과 정도를 통해 민간의 문제점을 깨달을 수 있다고 보았다. 다시 말해, '신역래소자(身役來訴者)'가 많으면 '군정지부선(軍政之不善)'함을 확인할 수 있고 '전역래소자(田役來訴者)'가 많으면 '전정지부선(田政之不善)'함을 알 수 있다는 것이었다.[4] 19세기에 들어와 민장에 대한 관의 처리와 대응이 강조되고 그 처리 결과를 기록으로 남겨둘 것을 강조하게 된 것도 민소가 갖는 나름대로의 정치적 의미를 불가피하게나마 인식하였기 때문이었을 것이다.[5] 민소가 당시의 지역 사회에서 일반 민인들이 겪고 있던 제반 문제점들을 보여주는 좋은 자료가 될 수 있는 이유를 여기서 확인할 수가 있다.

그러나 정작 지방관들이 민소에 대하여 가지는 관심은 적지 않은 한계를 지니고 있는 것이었다. 우선 지방관들은 민소 행위란 정치가 제대로 이루어지지 못하여 나타나는 부정적인 현상이라는 판단을 갖고 있었던 것으로 보인다. "民訴之煩皆從吾政理之不善而生也"[6]이므로 민소를 바르게 처리하는 것도 중요하지만 보다 중요한 것은 정치를 바르게 행하는 것이라고 생각하였던 것이다. 뿐만 아니라 당시의 지방관들은 대부분 일반 민인들을 신뢰하지 않았다. "所謂民狀皆是閑爭競也"[7]이며 "民狀固多孟浪者"[8]이기 때문에 민장에 나타난 민인

---

3) 『居官大要』, 『朝鮮民政資料』(牧民 編), p. 259.
4) 『治郡要訣』, 『朝鮮民政資料』(牧民 編), p. 9.
5) 김인걸, 「'민장'을 통해 본 19세기 전반 향촌 사회 문제」, 『한국사론』 23, 1990, pp. 238~39 참조.
6) 『治郡要訣』, 앞의 책, p. 9.
7) 『治郡要訣』, 앞의 책, p. 6.
8) 『治郡要訣』, 앞의 책, p. 8.

의 주장은 결코 그대로 믿어서는 안 된다는 목민서의 충고가 바로 이 점을 말해준다. 이것은 기본적으로 치자와 피치자를 신분적으로 구분하였던 신분 지배 체제와 결합되어 있는 것이었다. 그리고 이러한 지방관들의 민소에 대한 제한적인 인식은 실제 민장의 내용이 가질 수밖에 없는 한계와도 직결된다.

II. 민장의 자료적 성격

민장이 일반 민중의 생활상을 일정 부분 반영하고 있음은 틀림없지만 이 자료가 갖는 한계 역시 적지 않다. 우선 민장은 민소 당시 제출된 원래의 형태로 충분히 정리·보관되어 있지 않다. 민장은 곳곳에서 고문서의 형태로 산견되지만 지역적으로나 시기적으로 충분한 분석이 가능할 정도로 보존되어 있지 못하다. 현재 이용할 수 있는 것으로 가장 좋은 자료는 원래 민인들이 제출한 민장의 내용과 그에 대한 관의 처리 상황을 간략히 정리해둔 『민장치부책』이다. 이것은 시기별·지역별로 민장의 제출 상황과 개략적인 내용, 그리고 관의 조치 상황 등을 알 수 있는 좋은 자료이지만 민인들의 구체적인 갈등 상황을 상세히 파악하기에는 한계가 있을 수밖에 없다.

그러나 이보다 더욱 큰 문제는 민소라는 행위의 성격과 관련된 것에서 파생되는 본질적인 한계이다. 그것은 민장이 해당 관리에게 청원하는 형식으로 제출된 것이기 때문에 그 범위를 넘어서는 문제는 다루어지지 못한다는 점이다. 즉 군현 단위로 지방관에게 제출된 민장은 군현 내부에서의 문제만 다루어지고 있을 뿐, 군현을 넘어서서 전국적으로 나타나는 문제는 민소의 형태로 나타나지 않을 가능성이 크다. 뿐만 아니라 민소가 민중의 법률상 권한에 기초하여 나타난 것이라기보다 지방관에 대한 청원의 성격을 지닌 것이었던 만큼 이들 내용에서는 지방관 또는 지방 행정을 담당하고 있는 행정 책임자들에 대한 문제 제기는 거의 나타날 수가 없다. 실제로 이 시기 민중들에게 가장 큰 수탈의 주체였던 지방관이나 이서층에 대한 공격은 민장의 내용에 별로 나타나지 않는다.[9] 이것은 민장이 갖는 자료상의 한계를 잘 나타내는 것이라 할 것이다.

또한 신분상의 차별이 엄존하고 있던 상황에서 양반층이나 권세가의 탐학에 대한 민소가 자유롭게 이루어질 수 없었을 것이고 그런 만큼 민소의 내용은 이들 권세가로 인한 갈등 사례들이 적을 수밖에 없다. 민소의 내용이 곧 이 시기 향촌 사회의 갈등 상황을 그대로 나타내는 것으로 보기 어려운 이유 가운데 중요한 것 하나가 바로 이 점이다.

이처럼 민장의 내용에 한계가 있는 것은 사실이지만 민중의 일상적 생활 가운데서 일어나는 갈등이나 대립 상황은 상대적으로 잘 반영되어 있다고 생각된다. 그것은 당시의 민중의 대부분의 생활 공간이 군현 단위를 넘어서지 않았다고 생각되기 때문이다. 또한 민중들 사이에서 야기되는 갈등의 내용에 대하여는 굳이 숨기거나 민소의 내용에 포함시키기 어려웠으리라 생각되지 않기 때문이다.

III. 분석 대상 자료: 영광군의 『민장치부책』

민장의 개요와 처리 과정을 적어놓은 『민장치부책』류는 전국적으로 남아 있고 현재 이들 자료들이 영인되어 있어서 이용하기에 편리하다. 앞으로 민장의 지역별·시기별 내용 분석이 진행되면 당시 민중들의 생활상과 구체적인 갈등 양상들이 보다 분명하게 드러날 것으로 생각된다.

이 글에서는 전남 영광군의 민소 처리 상황을 알려주는 『민장치부책』을 검토하고자 한다. 영광 지방을 분석 대상으로 삼은 이유는 전라도 지방 가운데 1894년을 전후한 두 시기의 자료가 남아 있는 곳으

---

9) 따라서 민장 내용의 분석을 통해서는 '수령-이향 수탈 구조'는 전혀 파악될 수가 없다.

로 19세기 후반 향촌 사회의 변화와 그에 따른 갈등 양상들을 비교적 잘 보여줄 수 있는 자료로 판단되었기 때문이다. 현재 전라도 지역의 민장은 강진·부안·순창·순천·영광·영암·옥구·장성·전주 등지의 것들이 보존되어 있으며 시기적으로는 19세기 전반의 것으로부터 20세기 초반의 것에 이르기까지 있다.[10] 그 가운데서도 영광의 자료는 1871, 1872년의 것과 1897년의 것이 남아 있어서 19세기 후반의 상황을 파악할 수 있을 뿐 아니라 1894년을 전후한 향촌 사회의 변동을 일정 정도 볼 수 있으리라는 기대를 갖게 한다. 1872년과 1897년이란 시기는 여러 가지 측면에서 비교될 가치가 있다. 우선 개항 이전과 개항 이후의 시기라는 차이가 있다. 또한 1894년은 동학농민전쟁과 갑오개혁이 있었던 해였고 한국 사회 전영역에 걸쳐 커다란 변화가 나타난 시점이었다. 특히 전라도 지역은 조선 후기 이래 민중의 수탈과 갈등이 극심했던 지역이었고 그 결과 동학농민전쟁의 주된 무대가 된 지역이었다. 따라서 이 지역 사례 가운데 1894년을 사이에 둔 두 시기를 비교하는 것은 의의가 있으리라 생각된다.

현재 1872년의 것은 1, 2, 4, 5, 8, 9, 10, 11월분이 남아 있고 1897년의 것은 2, 3, 4, 5월의 것이 남아 있다. 그런데 농촌 사회의 생활은 계절에 따라 적지 않은 차이가 있게 마련이다. 특히 농한기와 농번기, 추수기 등에 따라 나타나는 갈등의 양상이 다르다. 부세 부과나 징수도 이러한 계절적 상황과 깊이 관련되어 있는 것이다. 따라서 이 글에서는 같은 절기의 내용을 선택하여 비교하고자 하였는데 1872년은 2월과 5월의 사례를, 1897년은 2월, 3월, 5월의 사례를 각각 선택하였다. 1897년은 사례 수가 1872년에 비하여 적어 2월과 계절적으로 큰 차이가 없다고 여겨지는 3월을 추가시켰다.

---

10) 이들 자료는 여강출판사에서 지방사 자료 총서로 영인되었다. 이 영인본 속에 金仙卿의 해제가 있어 자료를 이해하는 데 큰 도움이 된다.

3. 분석의 틀

『민장치부책』을 통해 확인할 수 있는 내용은 민장을 제출한 주체, 민장을 제출하게 된 문제의 구체적 내용, 그 문제에 대한 관의 처리 방식 등이다. 이 가운데서 민소에 대한 관의 처리 방식은 이 자료만을 통해 정확히 확인하기가 어렵다. 왜냐하면 『민장치부책』에는 극히 간단한 관의 제사만이 기록되어 있고 그나마 대부분 틀에 박힌 관행적인 조치가 많기 때문이다. 따라서 이 글에서는 민장을 제출한 주체와 그 내용에 대한 분석에 초점을 맞추고자 한다.

먼저, 민장을 제출한 주체의 성격에 대하여 집단적 등소와 개별 정소를 구분하여 살펴보았다. 등소는 다수의 사람들이 같은 문제로 정소하는 것인데 그만큼 당시의 구조적 문제와 결부된 쟁점일 소지가 많았을 것으로 생각된다. 또한 집단적 정소는 사회적 갈등의 해결을 위하여 민인들이 결합하여 집단적 행위를 하게 되는 현상인 만큼 민중의 조직적 역량의 성숙을 나타낼 수 있는 것이기도 하다. 당시의 민소가 집단적으로 이루어졌는가, 또는 주로 개별적으로 이루어졌는가는 이 시기 정소 운동의 형태를 이해하는 데 있어서 적지 않은 의미를 지닌다.

다음으로는, 영광 지방에서 나타난 갈등의 구체적 내용들을 확인하기 위해, 민소가 나타나게 된 갈등의 내용을 일정한 범주로 유형화하고 시기별 변화를 추적하고자 하였다. 유사한 자료를 분석한 바 있는 김인걸은 민장의 구체적 내용을 6개 범주로 나누어 검토하였는데 전정·군정·환정·잡세 상투·기타 등으로 주로 부세 행정의 측면에 초점을 맞춘 것이었다.[11] 조선 후기의 제반 사회적 갈등이 부세 행

---

11) 김인걸, 앞의 글.

정과 관련되어 있었다는 점에서 이러한 분류 자체는 타당성이 있다. 그러나 앞서 언급한 바와 같이 민장의 내용을 통해 부세 행정의 문제를 파악하기에는 자료가 가지는 한계가 적지 않다. 민소를 통해 나타나지 않는 부세 행정의 문제가 보다 본질적이고 그 갈등의 강도도 더욱 컸을 것으로 생각되기 때문이다. 이 글에서는 오히려 김인걸이 '상투'라는 범주로 취급하였던 민간에서의 대립과 갈등을 보다 중요하게 검토하고자 한다. 그것은 이 영역이 민인들 사이의 사적 갈등과 변화상을 보여줄 수 있을 뿐 아니라 실제 민장이라는 자료 자체도 이 부분을 더욱 잘 보여주고 있다고 생각하기 때문이다.

현재 민장의 내용을 검토해보면 크게 세 가지 범주를 구분할 수 있다. 그 하나는 부세 행정과 관련한 부분으로 관과의 직접적 갈등, 또는 관의 조처에 대한 문제 제기이다. 이것은 단순한 행정적 문제 제기에 그치지 않고 전통 국가의 권력 행위 자체에 대한 민인들의 저항으로까지 발전할 수 있는 것이었다.[12] 여기서는 이러한 형태를 제1유형으로 정리하였다. 두번째 유형은 민인들 사이에서 일어나는 여러 가지 갈등과 쟁투들에 대해 관의 재결을 구한 민소이다. 일종의 전통적 재판 제도와 같은 것으로 지방관들이 민소를 생각할 때 주로 염두에 두었던 것이 바로 이것이었다.[13] 유교적 이념에 철저했던 당시의 목민관들에게는 민간의 다양한 갈등 양상이 부차적인 것으로 취급되었을 터이지만 실제로 왕조 체제의 정치적 영역과는 별도로 확장되고 있던 사회적 영역(사적 경제의 영역을 포함하여)에서의 갈등은 바로 이 유형에서 나타나고 있었다. 이를 제2유형이라 했다. 세번째의 유형은 엄밀한 의미에서 민소라고 부르기 어려운 것으로 단순한 보

---

12) 그래서 일부 연구자들은 정소 운동을 민란으로 발전되기 이전의 민중 운동의 한 형태로 고찰하기도 한다. 망원한국사연구실 19세기 농민항쟁분과, 『1862년 농민항쟁』, 동녘, 1988 참조.

13) 김선경, 「민장을 통해 본 조선 후기 재판 제도」, 『역사학 연구』 창간호, 1992에서 이러한 측면이 잘 검토되고 있다.

고나 관의 확인과 같은 행정적 조처를 요구하는 것이었다. 조선 왕조의 목민서들에서 발견되는 민소의 내용도 이러한 측면들을 모두 포함하고 있었다. 『목민대방(牧民大方)』 『치군요결(治郡要訣)』 『목민심서(牧民心書)』 등에서 발견되는 민소의 내용을 위의 형태에 따라 정리해보면 다음의 〈표-1〉과 같다.

〈표-1〉　　　　조선 목민서류에 나타난 민소의 구체적 내용들

	제1유형	제2유형	제3유형
居官大要	結卜, 還上, 軍政 等訴	奴婢, 田宅, 財産 等訟	전답 등 文卷立旨成給
治郡要訣	以身役來訴 以田役來訴 以謠役來訴 以奸吏之侵虐	兩班常漢之相鬪 奴婢, 財産, 土地起訟 徵債, 臨農奪耕, 水爭, 土豪侵虐	推奴 立旨成給
牧民心書 聽訟調	軍簽	人倫, 骨肉爭訟(分財) 田地, 牛馬, 財帛, 墓地, 奴婢, 債貸	

＊『朝鮮民政資料』(牧民 編) 및 『牧民心書』 참조.

이제 『민장치부책』에 나타난 민소 사례들을 위의 표에 따라 분류하여 1, 2, 3 유형의 비중과 변화상을 구체적으로 확인해보겠다. 또 정소를 제기한 주체에 대하여도 집단적인 등소와 개별적인 정소를 나누어보고 개별 정소 안에서도 일반 민인의 그것과 면리임 등이 주체가 된 경우를 구별해보려 한다. 실제로 정소의 주체에 따라 그 내용에도 일정한 차이가 나타난다. 내용과 관련해서는 특히 관에 대한 이의 제기(제1유형)에 못지않게 민간인들 사이에서 벌어지는 갈등의 양상들(제2유형)의 성격을 분명하게 이해하는 데 초점을 맞추고자 한다.

4. 민장 제출자에 대한 검토

I. 전반적 상황

1872년 2월과 5월의 영광 지방에는 총 437건의 민장이 접수된 것으로 되어 있다. 이들 주체를 유형별로 구별해보면 다음 〈표-2〉에서 보는 바와 같이 집단적으로 등장을 제출한 사례가 69건으로 약 16% 정도가 되고 관임·면리임 등이 주체가 된 경우가 72건이며, 일반 민인이 개별적으로 정소를 제기한 사례가 296건으로 67.8%를 점한다. 한편 1897년 2, 3, 5월에 제출된 민장 사례는 모두 370건에 달하는데 이 가운데 등소가 48건, 면리임 등의 각종 보고가 38건, 일반 민인의 정소가 284건으로 나타난다. 역시 1872년의 경우와 비슷하게 일반 민인의 개별적인 정소가 큰 비중을 차지하고 있고 집단적인 등소와 면리임 등의 보고가 일정한 비중을 점하고 있다. 이를 표로 만들면 다음과 같다.

〈표-2〉　　　　　　　민장 제출자의 유형　　　　　　(사례 수, %)

연　도	1872년	1897년
총 정소 사례 수	437(100)	370(100)
집단적 등소	69(15.7)	48(13.0)
면리임의 정소	72(16.5)	38(10.3)
일반 민인의 개별 정소	296(67.8)	284(76.7)

이 표에서도 볼 수 있듯이 집단적인 등소나 면리임의 정소는 1872년에 비해 1897년에 상대적으로 그 비중이 줄어들었고 대신 일반 민인의 개별 정소가 크게 늘어나고 있다. 그러나 1872년에도 집단적인 등소의 비율은 15.7%로 그다지 높지 않다. 많은 경우 민소 행위는 개별 민인에 의해 이루어지고 있었다고 볼 수 있다. 아래에서 좀더 자

세하게 이들 주체의 성격을 살펴보기로 하겠다.

II. 등소의 집단적 주체

위의 표에서 보듯 1872년 등소의 사례는 총 437건 가운데 69건으로 전체의 15.7%에 해당한다. 이를 내용적으로 좀더 자세히 분류해보면 등소의 주체는 3종류로 구별할 수 있는데 촌을 단위로 하는 촌리민이 가장 많은 등소 주체가 되었고 그외 문중 및 지주가 등소의 주체로 나타나고 있다. 모두 69건의 등소 가운데 촌리의 민인들이 주체가 된 것이 57건, 문중이 주체가 된 것이 9건, 그리고 소작인과의 갈등으로 등장을 제출한 지주가 3건이었다.[14] 이 시기의 등소는 주로 촌리라는 생활상의 지역 공동체가 중심이 되어 있다는 것으로 해석할 수 있는데 과연 이것이 어느 정도의 공동체적인 결속력을 기반으로 한 것인지는 명확하지 않다. 또 문중이 집단적 등소의 주체가 되고 있다는 것은 흥미로운데 문중의 일 자체가 언제나 집단적인 내용을 내포한 것이었기 때문에 그 사실이 반영된 것이라 할 것이다. 지주들이 소작인들을 대상으로 문제를 제기하는 것도 비록 비율을 적으나 관심을 끈다. 등소의 경우도 부세와 관련한 문제 제기보다는 오히려 촌락 내부에서의 사회적 갈등으로 인한 것이 더욱 많았다.

1897년에는 총 370건 가운데 48건이 등소인데 총 정소 사례의 13.0%에 달하여 그 비중은 1872년에 비해 약간 줄어들었다. 그러나 등소의 주체는 보다 다양하게 나타난다. 면리 공동체가 중심이 된 등소가 총 48건의 등소 사례 가운데 29건에 달하고 있음은 앞의 시기와

---

14) 그런데 내용적으로 보면 문중과 지주의 구분은 적절치 못한 것일 수도 있다. 즉 도조 추급을 위해 등소를 한 지주들은 전부 같은 문중이었던 것으로 생각되며 문중이 등소를 하게 된 이유 역시 족인의 암매, 전당, 환퇴 불응 등 경제적인 이해 관계와 결부된 것이 대부분이었기 때문이다. 이런 점에서 보면 이 시기, 영광의 사례에서 볼 때 집단적 등소의 주체는 면리 공동체와 문중 집단의 두 유형이 있었다고 할 수도 있다.

비슷한 것인데 개별적인 이해 관계로 집단적 등소를 하는 사례들이 새롭게 나타나고 있음은 특기할 만하다. 그 가운데 두드러지는 것은 주로 같은 지주의 토지를 소작하고 있는 소작인들이었다. 모두 9건의 등소 사례가 소작인들에 의한 것이다. 소작인들이 한때 등소의 주체로 결집하게 되었다는 것은 1872년의 사례와 비교하여 중요한 변화를 나타내는 것이다. 1872년의 경우는 토지 관계 사례조차 문중답을 매개로 하여 문중 집단에 의해 등소가 이루어지고 있었던 데 비하여 각종 형태의 작인들이 등소 주체로 결집하였다는 사실은 중요한 변화를 보여주는 것이다. 물론 이 작인들은 사적 지주의 토지를 경작하는 자들이 아니었다. 모두가 규장각답, 수성답, 법성형청답, 언답, 내수사답 등과 같이 한말에 '역둔토'로 분류되어 소유권과 경작권상의 대립과 갈등을 많이 빚었던 토지의 작인들이었다. 실제로 이들이 이들 역둔토를 직접 경작하던 자들이었는지, 아니면 '중답주'로서 토지에 대한 중간적 권리를 소유한 자들이었는지는 명확하지 않다. 다만 1894년 갑오개혁 조치 이후 역둔토의 관할권이 복잡하게 변동하게 되면서 이들 토지에 일정한 권한을 지니고 있던 농민층의 요구가 강해지고 그로 인한 갈등이 보다 심화되고 있었을 것으로 생각된다.

한편 상대적으로 문중의 역할은 줄어들어 족인과의 갈등, 묘각 설립이나 족보 간행을 위한 비용 마련 등에 국한되고 있다. 그외 교집사(校執事)·연장 등도 등장을 낸 사례가 있으며 특기할 만한 사례로는 법성포 선인들이 그들의 법성포 주인으로서의 활동에 전통적으로 부여되던 부비 지급을 계속해줄 것을 요청하는 등소를 올리고 있다. 연장은 "各里一人式 掌該洞諸般事務"하던 자로서[15] 촌 단위의 납세, 부세 부과에 대한 이의 제기, 공동 노역, 공동체적 기강 유지 등 전반적 사무를 처리하고 있었다.

---

15) 『高敞縣事例集』, 1895.

III. 관임 · 면리임의 정소

다음으로 관임이나 면리임이 정소의 주체가 되는 경우를 보겠다. 이들은 실제 일반 민인들과 사회 경제적 지위상 크게 다르지 않다. 또 직책의 이름이 매우 다양하게 나타나고 있으나 그 차이가 근대적인 관료 직책처럼 명료한 것은 아니었다. 그러나 관임 · 면리임의 이름으로 민소를 제기하게 된 까닭은 이들이 지방 행정의 실무와 관련된 문제를 제기하고 있기 때문이었다. 따라서 비록 형식상으로는 품목(稟目) · 고목(告目) · 문보(文報) · 소장(訴狀) 등으로 표현된 것처럼 민소의 형태와 보고의 형태가 뒤섞여 있는 경우가 많으나[16] 실제 그 내용에 있어서는 집단적이고 구조적인 문제가 내포되어 있는 경우가 많다.

1872년의 경우 총 72건이 이들에 의해 제기되었는데 구체적인 직임을 보면 사수(社首)(19), 면임(面任)(18), 향교제임(鄕校齊任)(1), 유사(有司)(4), 읍저(邑底)(7), 공원(公員)(8), 향약(鄕約)(1), 감고(監考)(1), 둔장(屯長)(1), 검독(檢督)(2), 사령(使令)(1), 존위(尊位)(1), 두민(頭民)(1), 하리(下吏) · 색리(色吏)(3), 퇴리(退吏) · 퇴교(退校)(3), 유도감(留都監)(1) 등이다. 특히 사수와 면임의 등소 사례가 각각 19건과 18건으로 두드러지게 나타나고 있다. 사수는 1867년의 사환조례(社還條例)에서 "각 면리에 있어서 그 면 내에 덕망이 현저한 자 5명을 선거하여 그 최고점자를 택하여 사수로 임명한다"고 되어 있는 데서 알 수 있듯이 고종조에 새로이 부활된 사창제의 면리 책임자였다.[17] 그러나 영광의 민장 사례에 나타나는 사수는 환곡을

---

16) 면리임 등이 개별적으로 제기한 보고나 소장의 내용을 보면 형식상 이들의 개인적인 정소 행위로 보이지만 실상은 촌리 공동체 전체의 문제를 대변하고 있는 경우가 적지 않다. 이런 경우는 내용적으로 볼 때 등소와 같은 범주에 들어갈 수도 있다. 결국 형식상의 개별 정소와 등소의 구별과 내용상의 개별적 사안과 공동체적 사안은 반드시 결합되어 있는 것은 아니었다.

17) 水田直昌, 『李朝時代の財政』, pp. 370~71.

담당하는 사창제의 책임자로서가 아니라 보다 포괄적인 면의 대표자로서 활동하였던 것으로 보인다. 즉 각종 부세의 부과와 징수에 관여하고 면리 내에서 일어나는 제반 갈등에도 개입하고 있고 지방관으로부터도 '일면지장(一面之長)'으로 평가받고 있었다.[18] 면임은 실제 관으로부터 면리의 제반 행정 사무를 전달하고 집행하는 말단 직위로 임명되고 있던 관임의 일종이었다. 따라서 사수와 마찬가지로 면리 전반의 활동에 참여하고 있었다. 각 등소의 내용에 대하여 지방관이 그 처리를 책임지도록 위임한 자들을 검토해보면 사수에게 34건, 면임에게 33건으로 비슷하였고 그 내용 역시 대동소이한 것이었다. 이것은 지방관이 면리 내의 갈등의 처리를 담당하는 자로서 사수와 면임의 역할을 비슷하게 파악하고 있음을 보여준다.[19]

사수·면임 등이 주로 문제로 삼았던 것은 역시 부세의 부과와 징수를 중심으로 한 것이었다. 특히 면임은 부세의 징수를 책임지고 있었던 만큼 그에 따르는 어려움과 부세 거납자들에 대한 처리를 하소연하는 경우가 많았다. 이 점은 촌리 단위의 징세를 담당했던 것으로 보이는 公員의 경우도 마찬가지였다. 사수는 면민의 곤경을 일정하게 대변하여 각종 부가세나 잡세, 군역의 이정(移定), 감면을 요구하고 때때로 기강의 문제나 산송의 문제에 대하여도 소장을 제출하고 있다. 읍저의 경우는 공적인 활동이라기보다는 주로 사적·개인적인 일로 여겨지는 채전 추급 관계나 투총 관계에 개입하고 있다.

---

18) 예컨대 2월 9일 西部 社首가 품목을 올려 최 모라는 자를 붙잡아오는 일이 그의 頑拒에 의해 어렵다는 점을 말하자 관이 題辭를 내리기를 "社乃一面之長也 如此等事不得擧行豈不可駭必促上向事"라 말하고 있다. 『韓國地方史資料叢書』(民狀編) 15, 麗江出版社 영인본(이하 『총서』로 줄임), pp. 105~06.

19) 그러나 사수에 비해 면임이 훨씬 더 관의 입장을 강하게 반영하고 있었던 것으로 보인다. 사수는 면리인들의 불만, 특히 부세 부과의 불공정함과 침탈 현상을 대변하는 사례가 여럿 있으나 면임의 경우는 거의 대부분이 賦稅 미납자나 拒納者를 보고하고 지방관이 요구한 민인의 포촉, 전령 전달 등의 행정적 역할에 그치고 있었다.

전체적으로 볼 때 이들의 소장은 우리가 앞에서 구분한 제1유형에 속하는 내용을 주로 다루고 있다. 형태상으로 볼 때 이들이 올린 각종 보고는 글자 그대로 민장이라기보다는 행정적 보고의 형태였기 때문에 관에 대한 문제 제기나 저항적 성격이 강했다고 볼 수는 없다. 그러나 내용적으로는 부세 제도의 불합리성과 탐학성에 저항하는 일반 민인들의 모습을 표출시키는 것이라 할 것이다. 조선 왕조 후기에 부세 징수를 담당하는 최말단 기구는 호수 및 면리임층이었다. 이들은 지방관과 이서의 통제를 받으면서 징세 사무에 종사하였다. 그러나 관과 민의 중간에서, 더구나 제도적인 모순에서 야기되는 각종 문제에 부딪혀 스스로가 심각한 고통을 받고 있었다.[20] 이들이 징세 과정에서 다소의 수탈을 하는 경우도 있었지만 대부분의 경우 지방관과 이서층의 가혹한 통제로 오히려 총액제로 배정된 부세 납부의 최종적 책임을 져야 하는 곤혹스런 입장에 놓여 있었던 것으로 보인다.[21] 따라서 때때로 면리의 작황과 경제 상황을 들어 부세의 탈하를 요구하기도 했고 민인의 곤궁함을 관에 알리는 중간 역할을 담당하였다.[22] 때로는 부세 납부를 거부하거나 능력이 없는 자의 명단을 관에 알려 적합한 조치를 요구하기도 했고 면리임의 직임을 그만두게 해줄 것을 요청하기도 했다.

한편 1897년의 경우를 보면 지방 행정에 관련된 직책으로 읍저(邑底)·향약(鄕約)·연장(連長)을 비롯한 13가지의 직임이 나타나고 있다. 가장 많은 정소 주체가 된 직임은 향약이 17건, 연장과 읍저가 각각 11건이었다. 1871년에 가장 두드러진 직임이었던 사수와 면임은

---

20) 조선 후기 지방 수준에서의 부세 운영에 대하여는 김선경, 「조선 후기의 조세 수취와 면리 운영」, 연세대학교 사학과 석사학위 논문; 고동환, 앞의 글, pp. 71~125 참조.
21) 2월 8일자 사수의 보고는 面書員이 각촌에 加出米 19석을 分給한 것에 대하여 감당 불가함을 호소하고 있다.
22) 예컨대 2월 7일자 사수의 보고는 "本面下民所訴 束伍二十名 移定他面"을 요구한 것으로 사수가 하민들의 요구를 대신하고 있는 것이다.

이 시기에는 거의 나타나지 않는다. 읍저(邑底)(11), 공원(公員)(2), 향약(鄕約)(17), 연장(連長)(11), 유사(有司)(1), 사령(使令)(1), 퇴리(退吏)(2), 교집사(校執事)(1), 존위(尊位)(3), 하리(下吏)(4), 사수(社首)(1), 향중다사(鄕中多士)(2), 구면임(舊面任)(2) 등의 직책들이 나타나고 있다. 1872년과 비교할 때 그 명칭에 큰 변화가 있다는 것을 알 수 있는데 그러나 이들이 행하는 일의 내용은 크게 다르지 않은 것으로 보인다. 먼저 향약의 정소 내용을 보면 대부분 면 단위의 부세 문제나 공동 부역의 문제에 관한 것이다. 진결의 면배이충세납사(面排而充稅納事)를 요구하는 내용이 4건으로 가장 많고, 면내의 연호잡역(煙戶雜役)의 불균ㆍ편중을 지적한 내용,[23] 타지이거자세전이록(他地移去者稅錢移錄)을 요구하는 내용,[24] 연장 등이 횡령한 세전의 처리 문제[25] 등 부세 운영에 관한 면 단위의 여러 문제들을 다루고 있다. 또 면계(面界)의 교량 수축을 위하여 타면과 협력하는 문제,[26] 진선(津船) 설치를 위해 타면과 합력하는 문제[27] 등 면 단위의 공동 부역 문제도 향약이 관심을 기울이는 내용의 하나였다. 이로 미루어볼 때 향약이 수행하던 일은 1871년 사수가 수행하던 일을 이어받은 것으로 생각된다. 다음으로 읍저는 채전의 추급이 4건, 도조 추급과 투총에 관한 것이 각각 2건, 그외 경작권 싸움과 세전 징수 문제 등에 관한 것이 각각 1건으로 나타나고 있다. 연장은 촌 단위의 징세 과정과 관련한 정소를 주로 제기하였는데 이는 연장이 촌리 단위의 징세 책임을 맡고 있었기 때문이었던 것으로 보인다. 연장은 일반 민인들로부터 공전남봉(公錢濫捧), 세전불납(稅錢不納)의 장본인으로 비난의 대상이 된 경우도 있다.

---

23) 『총서』, p. 456.
24) 『총서』, p. 460.
25) 『총서』, p. 423.
26) 『총서』, p. 434.
27) 『총서』, p. 467.

Ⅳ. 일반 민인

〈표-2〉에서 보았듯이 대부분의 정소 행위는 집단적인 등소나 면리임 등의 문제 제기가 아니라 일반 민인들의 개별적 문제 제기로 이루어졌다. 1872년에는 총 민소의 67.8%, 1897년에는 76.7%가 일반 민인들에 의해 제기된 것이었다. 이들 속에는 비교적 경제적으로 여유가 있는 부농적인 존재도 포함되지만 경제적으로 매우 어려운 빈농층도 적지 않았고 중간적인 위치에 있는 중농층들도 포함되었을 것이다. 신분적으로도 물론 단일하지 않았을 것으로 보이지만 19세기 말에 신분적인 지위가 갖는 힘은 상당히 약화되었을 것으로 보이기 때문에, 또 1897년의 경우는 이미 법제적으로 신분제가 철폐된 상황이었기 때문에 큰 변수가 되지 않았을 것으로 생각된다. 전체적으로 이들 일반 민인들의 정소 내용을 통해 이 시기의 농민층 일반의 성격과 생활상의 구체적 문제들을 파악할 수 있을 것으로 기대된다.

5. 민장의 내용별 검토

민장에 기록되어 있는 민소의 주된 내용을 앞서 말한 바와 같은 3가지 유형으로 구분해보면 다음과 같다.

〈표-3〉 　　　　　　민장의 내용별 사례 수 　　　　(1872년, 1897년)

	1872년	1897년
총 사례 수	437(100)	370(100)
제1유형	96(22.0)	81(21.9)
제2유형	248(56.7)	231(62.4)
제3유형	93(21.3)	58(15.7)

대체로 민소의 내용은 우리가 제2유형이라고 분류한 것, 다시 말하면 일반 민인들 사이의 여러 가지 갈등에 대한 관의 재결을 구하는 것이 과반수를 점하고 있다. 1872년에는 제2유형의 비중이 전체의 56.7%였고 1897년에는 62.4%로 높아지고 있다. 반면 다른 두 유형의 민소는 1872년에 각각 20% 정도로 비슷하였으나 1897년에는 모두 감소하는 경향을 보이고 특히 제3유형에 속하는 것이 크게 감소하고 있다. 종합적으로 말한다면 19세기말의 정소 행위는 주로 개인들에 의해 이루어지며 그 내용은 민인들 사이의 다양한 갈등으로 인한 것이었다. 아래에서 그 내용을 좀더 자세하게 검토해보기로 하겠다.

I. 제1유형: 지방 행정 및 관에 대한 문제 제기

앞서도 말한 바 있듯이 정소 행위 자체가 법적 권리의 행사로서가 아니라 관에 대한 청원의 의미를 띠고 있었던 까닭에 국가 권력의 문제나 지방 행정의 부패상을 문제시하는 것은 대단히 어려웠다. 따라서 제1유형이라고 분류한 부분은 이런 종류의 문제들 가운데 매우 일부분만이 부각된 것이라 보겠다. 먼저 각 시기에 보이는 구체적인 내용을 살펴보면 다음과 같다.

⟨표-4⟩　　　　　　　　　　　제1유형의 구체적 내용

연도	총수	내　용
1872년	96건	전세 감면 요구(19), 加懲·再懲(20), 잡세(16), 징세자 부정(11), 징세 담당자 곤경 호소(16), 강제 징세(8), 기타 부세 문제(6)
1897년	81건	호세(17), 陳結 과세(16), 재징(甲午稅)(16) 징세부정(6), 징세 곤란(16), 잡세(4), 기타(6)

96

위의 표에서 보듯 일반 민인들의 정소에서 제1유형에 속하는 것은 거의 대부분이 부세 문제와 관련된 것이다. 이는 전통 국가의 기능이 대부분 조세 수탈과 관련되어 있다는 점을 다시 한번 생각하게 하는 내용이기도 하다. 먼저 1872년의 경우부터 보기로 하겠다.

1872년 영광의 정소에서 보이는 부세 문제는 총 437건 가운데 96건이었다. 이 가운데 23건은 등소였다. 부세와 관련된 등소가 많았던 이유는 조선 후기의 부세가 면리 단위의 총액제 형태로 부과되고 징수되었기 때문이었다. 특히 군정은 里定法이 실시된 이후 정해져 있는 군액을 채우기 위한 촌리 단위의 인징이나 족징을 강요하였기 때문에 이로 인한 갈등이 적지 않았다. 잡세의 경우도 공동적인 책임이었던 만큼 그 부과와 징수가 모두 민인들의 이해 관계에 깊이 관련되어 있었던 것이다. "砲粮米出徵於畓主之意已有朝令而本面則不然事"[28] 또는 "本村烟役一從田畓斗數分等責應"[29] 등의 등장 내용을 통해 각종 부세의 부과 원칙 자체가 문제로 되고 있음을 알 수 있다. 호역의 탈급, 잡세의 결렴 방식에 대한 갈등과 저항,[30] 동포전 실시 여부에 관한 문제,[31] 지방 관리들의 무분별한 가렴주구 등은 모두 부세 운영으로 나타나는 조선 왕조의 지방 지배 체제의 모순과 문제점을 심각하게 제기하는 것이었다.

그렇다고 모든 부세 문제가 등소의 형태로 제기된 것은 아니었다. 오히려 훨씬 더 많은 부세 관계 정소가 개별 민인들에 의해 이루어졌다. 궁극적인 납세 책임자가 결국은 개인이었기 때문이었다. 국가 수

---

28) 2월 6일, 九水 各村民人 等狀,『民狀置簿冊』(靈光),『총서』, p. 87.
29) 2월 19일, 九水 韓侍 金啓宗 等狀,『총서』, p. 130.
30) 2월 10일, 後甑島 박권규 등의 考債加捧禁斷을 요구하는 等狀에 대하여 "每結六錢五分式間因朝令已爲磨鍊"이라는 題辭가 내려지고 있다.『총서』, p. 109.
31) 2월 9일, 古棧 鄭在東 等狀에 따르면 牧場西部 洞布錢이 시행되지 않았다는 것이며 이에 대하여 "謀脫戶布者亂民也 紊弄境界者惡習也"라는 題辭가 내려졌다.『총서』, p. 102.

준에서는 군현 단위의 총액제 부과 방식을 운영하고 있었고 군현 단위 내에서도 면리 단위의 총액제 방식의 부과와 징수를 크게 벗어나지 못하였지만, 어디까지나 납세의 주체는 개별 가호 내지 민인이었다. 따라서 면리 단위의 총액제 방식과 최종적인 납세 주체와의 사이에 여러 가지 문제와 갈등의 소지가 개입하게 되었던 것이다.

우선 부세 부과 자체가 전결의 경우는 작황에 따라 항상 유동적인 것이었기 때문에 관의 의도와 민의 평가 사이에는 언제나 이견이 있을 수밖에 없었다. 양안 자체가 현실 상황을 정확하게 반영하지 못하여 시기전(時起田)과 진전(陳田)의 구분이 명확하지 않고 소유자의 이동도 확실하게 파악하지 못하는 경우도 적지 않았다. '진전 과세 탈하'를 요구하는 정소가 자주 나타나는 것을 통해 이러한 사실을 확인할 수 있다. 전정의 경우에도 족징이 행해지는 경우가 있었다. 죽은 형의 세미가 부과된 경우나 사위의 세미가 횡침된 것[32] 등이 그것이다. 이러한 현상은 조선 후기에 잡다한 부세가 토지에 기초한 결세의 형태로 점차 단일화하는 경향과 무관한 것이 아니었을 것으로 보인다. 군정의 경우는 삼정 가운데서도 가장 공동납적인 성격이 강한 것이었기 때문에 면·촌리 단위의 문제 제기가 많았다. 이래이거자(移來移去者)에 대한 파악이 제대로 되지 않은 채 이거자(移去者)의 군액이 계속 부과되는 것에 대한 탈하 요구가 전형적인 것이다. 그러나 이 시기에는 '이거이구(移去已久)'한 자에 대한 군액 징수가 계속되고 있었다. 그만큼 군정의 경우는 족징과 인징이 많았는데 죽은 아비의 정번전(停番錢)이나 속오전(束伍錢)이 부과된 것, 또는 동생의 군역 부담 때문에 시장(柴場)을 방매하지 않으면 안 되는 자들의 곤경이 정소의 내용을 이루고 있다. 또한 군역의 경우는 신분적인 차별이 두드러졌던 만큼 신분 갈등의 내용도 나타나고 있다. '잠영후예(簪瓔

---

32) 『총서』, pp. 15, 89.

後裔)' 임을 내세워 군역 탈하를 요구하는 자나[33] 부과된 군역에 대하여 '반민완거(班民頑拒)' 하는 경우도 보인다.

다음으로 두드러지게 보이는 부세 갈등은 잡세 부과에 관한 것이다. 잡세는 특별한 원칙이 없이 지방관이 자의적으로 부과하던 것인 만큼 일반 민인들에게는 수탈적인 것으로 비추어졌을 것이다. 각종 연호잡역, 잡세, 촌역, 가출미, 관용탄가, 부역가(赴役價) 등이 부과되었고 이에 대하여 저항하는 정소가 행해졌던 것이다.

한편 부세의 징수 과정에서도 적지 않은 문제들이 야기되었다. 징수 과정에서의 문제는 크게 볼 때 징수자들의 개별적인 수탈·탐학으로 인한 것과 징세의 강화에서 오는 문제로 나누어볼 수가 있다. 먼저 앞의 것을 보면 서원(書員), 하리(下吏), 장무군관(將武軍官), 구사수(舊社首), 풍헌(風憲), 망운목사(望雲牧使), 전면임(前面任), 임장(任長) 등이 수탈·침학의 주체로 나타나고 있다. 그러나 지방관과 이서층의 수탈 상황에 대하여는 상대적으로 극히 적게 나타난 것이다. 이는 정소 자체가 지방관에게 행해지는 것이어서 원천적으로 지방관—이서층으로 연결되는 수탈의 핵심적인 주체에 대한 논의가 거의 나타날 수 없었기 때문이다. 적어도 이 점에서만 본다면 소장의 내용 분석을 통해 지방 사회에서 이루어지는 부세 징수상의 수탈 구조를 제대로 확인하는 것은 불가능하다. 그러나 지방관—이서층과 더불어, 또는 그의 아래에서 실질적인 징세 업무를 담당하던 최말단 인물들의 수탈적인 활동은 일부 확인될 수가 있다. 전면임이 속오전을 탈하해준다는 것을 내세워 수뢰한 것이나,[34] 서원이 사정을 자의적으로 하고 침학하는 것, 구사수와 장무 군관이 세전을 납부하지 않고 착취한 것 등이 그러한 사례이다. 촌 단위로 납부한 세미를 면임이 조창에 납부하지 않아 다시 재징하게 됨으로써 문제가 야기되기

---

33) 2월 6일, 六昌 孔昌東 정소, 『총서』, p. 83.
34) 5월 13일, 원산 유봉현 정소, 『총서』, p. 208.

도 했다.[35]

또 하나 부세 징수와 관련하여 나타나는 현상은 공적 부세와 사적인 채무간의 구분이 불분명하여 야기되는 것이다. 즉 사채가 있다는 것을 이유로 세납을 방해하고 채무 이행을 우선할 것을 강요하는 것이나 세미를 약탈하는 경우가 그것이다. 때때로 징세 담당자가 부세로 징수한 것을 자신의 사채 확보에 우선적으로 사용함으로써 문제를 야기시키기도 했다. 부세 징수의 강화로 인해 야기되는 갈등을 보면 세미의 확보를 위해 납세자의 전답은 물론, 산의 나무까지 베어 팔고 심지어는 선산까지 방매하여 납세를 강요한 경우도 보게 된다. 고종조에 들어와 대원군의 강력한 정책에 의해 국가 재정 규모가 확장되었고 그에 따라 부세의 징수도 보다 철저해졌는데 이러한 변화가 일반 민인에게는 수탈의 강화로 나타날 가능성이 컸다.

공동납으로 불리는 부세 징수 과정에서의 문제는 크게 세 가지로 구분된다. 그 하나는 면 또는 촌리가 자신들에게 부과된 부세액의 감면이나 탈하를 집단적으로 호소하는 것이다. "束伍二十名 移定他面"을 요구한 것이나,[36] 이거자의 명단을 명확히 제시하여 군액을 이정시키고자 노력하는 것 등이 모두 촌리 단위의 대응인 셈이다. 또 마대잡역(馬隊雜役)이 유독 자기 면에만 탈급되지 않았다고 그 감면을 호소하는 것,[37] "紙物新滄時 各村分配費用을 一村이 不納"하는 문제를 제기한 것 등도 그렇다.[38] 두번째로는 결국 납부해야 할 부세를 촌리 단위의 공동 전답이나 기금으로 변제하는 방법이다.[39] 이것은 공동 전답이나 기금을 운영하는 공동 조직이 전제되어야 한다. 마지막

---

35) 2월 3일, 『총서』, p. 79.
36) 2월 7일, 『총서』, p. 93.
37) 2월 2일 , 西部 綠沙 崔昌大 정소, 『총서』, p. 78.
38) 5월 9일, 『총서』, pp. 201~02.
39) 불가피할 경우는 村亭의 나무까지 세미 확보를 위해 고려해야 했다. 『총서』, p. 73.

으로는 촌리 공동체가 납세 능력을 상실한 개인으로부터 끝까지 부세액을 거출해내는 방법이 있었다. 세미 확보를 위해 부세 납부자의 나무를 방매할 것을 요구한 것이나 납세 능력이 없는 자의 전답이나 재물을 촌이 억탈한 것[40]은 그 구체적 사례일 것이다.

이제 1897년의 경우를 살펴보자. 이 시기에 있어서도 제1유형으로 분류된 민소는 부세 문제와 관련된 문제가 큰 비중을 차지하고 있었다. 그러나 그 내용은 이전 시기에 비하여 상당히 다르게 나타난다. 이러한 변화는 1894년 갑오개혁 조치에 의해 조세 제도가 상당히 변한 사실과 관련되어 있다. 갑오개혁 정부는 모든 조세에 대한 금납화 조치를 취했을 뿐 아니라 역둔토나 궁방전 등 종래 면세지로 되어 있던 토지에 대하여도 일률적인 출세 조치를 내렸다. 전제는 토지 규모와 등급을 고려한 결가제(結價制)로 바뀌고 군정과 환정 등이 모두 호세로 단일화하게 되었다. 또한 현물로 징세하는 과정에서 불가피했던 각종 부가세가 전부 없어졌다. 그런 만큼 잡다한 부세의 부과와 징수 과정에서 생겨나던 부정과 탐학의 구조도 본질적으로 변화되지 않을 수 없었다.

물론 갑오개혁 조치는 효율적으로 전국에 걸쳐 시행되지 못하였다. 금납화 조치만이 제도적으로 뿌리를 내리게 되었을 뿐 부세 행정 전반에 걸친 개혁을 시도하였던 대부분의 조치들이 실질적으로 실행되기가 어려웠다. 토지나 인구에 대한 정확한 정보가 파악되지 않은 상황에서, 또 금납화가 가능해질 수 있을 만큼의 충분한 화폐나 그것을 뒷받침할 수 있는 은행과 같은 제도도 제대로 갖추어지지 않은 상황에서 금납화 조치는 오히려 농민층의 어려움을 증대시키는 경우도 없지 않았다. 뿐만 아니라 중앙 정부로의 징세 단일화, 각 지방 관청에 대한 예산 제도 등의 조치도 곧바로 시행되기는 쉽지 않았다. 더구나 1896년의 아관파천 이후 '구본신삼(舊本新參)'을 내세워 구제로의 복귀가 이루어지는

---

40) 2월 6일, 九水 韓侍 趙成宅 정소, 『총서』, p. 83.

과정에서 지방 행정도 크게 달라질 수가 없었던 것이다.

1897년 영광 지방에서 주로 보이는 부세 문제 가운데서는 호세를 둘러싼 갈등이 17건으로 가장 많다. 호세는 갑오개혁 이전의 군정과 환정이 폐지되면서 그 대신으로 생겨난 것이었다. 군정과 환정이 부정확한 자료와 공동납적 운영 등으로 오랫동안 많은 문제를 낳고 있었던 것은 사실이었고 이러한 부세 제도가 폐지되게 된 것은 부세 행정의 근대화를 위해 불가피한 것이었다고 볼 수 있다. 실제로 모든 개별호에 과세하는 호세 제도는 부정확한 군역 제도나 기능이 크게 변질된 환곡 제도에 비해 상대적으로 근대적인 부세 제도일 수 있는 것이었다. 그러나 호세의 경우에도 실질적으로는 면리 단위의 총액제 부과 방식에서 크게 벗어날 수 없었고 그 결과 집의 크기나 상태, 거주자의 경제적 능력 등이 정확하게 파악되어 차별화되지 못한 채 개별호 단위로 부과됨으로써 하층민일수록 더 큰 손실을 겪게 되는 문제를 안고 있는 것이었다. 그리하여 호역의 편중을 집단적으로 호소하기도 하고[41] 집의 축소, 파괴 또는 실화 등을 이유로 호세·호역의 감축이나 탈하를 요구하는 내용이 적지 않은 비중을 차지하고 있었다.[42]

다음으로는 진결과세(陳結課稅), 갑오세재징(甲午稅再徵) 및 징세 곤란 등이 모두 16건씩을 차지하고 있다. 갑오개혁 조치에 의해 대부분의 조세가 지세로 일원화하는 경향을 보이면서 토지 소유자에게 부과되는 전세(지세)의 부담과 중요성이 보다 커졌다. 그리고 보다 철저한 조세 징수가 강조되었다. 이 과정에서 지금까지 탈하되어오던 진결에 대하여 과세되었음은 물론 외숙의 진결이 조카에게,[43] 처가의 진결이 사위에게 과세되는 사례도 있었다. 뿐만 아니라 여전히

---

41) 2월 12일자, 陳良面 觀音民人 等狀, 『총서』, p. 412.
42) 2월 12일, 15일, 16일, 20일 등 가옥의 실화나 파손을 이유로 戶役減給을 요청하는 사례는 적지 않다.

'유망결(流亡結)'이나 '무망진결(無亡陳結)'에 대한 면리 단위의 공동 책임이 주어졌다. 그리하여 면리의 민인들이 집단적으로 진결의 탈하를 요구하기도 했고[44] 예전의 공동납 방식처럼 '면배(面排)'하여 해결하기도 했다.[45]

또한 이 시기에는 특히 갑오년 당시의 부세 미납분을 독촉함으로써 그 재징 여부가 문제가 되었다.[46] 갑오년 동학농민전쟁의 여파로 제대로 징세가 이루어지지 못한 결과이겠지만, 부세 제도 및 징세 제도상의 변화가 급격히 일어났던 상황과도 무관하지 않을 것이다. 민장의 내용에 의하면 갑오년의 부세 가운데 일부는 이미 탈급된 경우가 많았던 것으로 보이는데 몇 년 후 갑오조의 부세가 다시 부과되었다는 것이다. 한편 이러한 혼란은 농민들에게 뿐만 아니라 징세 사무를 담당하는 여러 직임자들에게도 적지 않은 곤경을 초래하고 있었다. 갑오년을 전후하여 면리임의 직책을 맡았던 자들에게 뒤늦게 당시의 부세 미납분 납부의 책임이 주어진 것이나, "舊公錢 已爲鐵減條"의 징세를 다시 책임져야 하는 하리나 공원의 곤경 등의 사례가 적지 않게 나타나고 있다.[47] 또 각종 잡세의 혁파 조치가 여러 차례 내려졌지만 지방 수준에서 잡세를 둘러싼 갈등은 그치지 않았다. 족인(族人)의 무명색결(無名色結),[48] 주인역가(主人役價),[49] 사수(社首)의 소추전(所推錢), 연장(連長)의 태가[50] 등 각종 형태의 잡세가 부과

---

43) 2월 16일, 黃良 金仁吉 소장, 『총서』, p. 422.
44) 2월 28일, 望雲民人 等狀, 『총서』, p. 447.
45) 2월 21일, 官山 鄕約 稟目, 『총서』, p. 433.
46) 『총서』, pp. 407, 409, 419, 437~38.
47) 2월 25일, 退吏 曹植煥 소장, 『총서』, p. 439 등이 그 한 예이다.
48) 3월 6일, 黃良 鄭子順 소장, 『총서』, p. 468.
49) 2월 16일, 森北茂六里 民人 등장, 『총서』, p. 420.
50) 예컨대 外東西陽에서는 連長이 태가 명목으로 稅錢을 發督하여 문제를 일으켰고 令廐에서는 태가를 둘러싸고 新舊連長간의 갈등이 야기되고 있었다. 『총서』, pp. 456, 474.

되었고 이로 인해 갈등이 야기되고 있었다.

Ⅲ. 제2유형: 사적 영역에서의 문제들

다음으로 제2유형의 내용에 대하여 살펴보자. 이것은 관에 대한 저항이라기보다는 민간의 갈등 상황을 관이 적절하게 해결해줄 것을 요청하는 일종의 민사 재판적 기능을 말하는 것이다. 따라서 이 유형의 정소는 당시의 지배 체제 자체를 문제시하기보다 오히려 기존 체제의 효율적이고 기능적인 역할을 기대하고 있는 것으로 해석될 수 있다. 그런 의미에서 당시의 지배층이 생각하고 있던 민소의 성격에 가장 가까운 것이라고 보아도 좋다. 19세기 후반에도 많은 정소가 실제로는 이 범주에 속하는 것으로 나타나고 있다. 이 부분이 중요한 것은 바로 이 유형의 정소를 통해 민간의 영역에서 일어나고 있던 다양한 갈등과 문제의 양상을 고찰할 수 있기 때문이다. 전통 국가의 지배권이 제도적으로 통제되지 못하고 민간 부문의 자율적 활동 영역이 적었던 시기에 사적 영역에서의 갈등이 어떤 형태로 일어나고 있었는지를 확인하는 것은 대단히 중요하다. 근대 사회에서 국가와 대립되는 의미에서의 '사회'적 영역이 형성되는 과정은 결국 민간 부문의 자율적인 관계가 성립, 발전되는 과정과 밀접하게 관련되어 있기 때문이다.

19세기 후반 민간 부문에서의 갈등 양상은 거의 대부분이 경제적 분쟁으로 인한 것이다. 경제적 분쟁의 내용을 크게 소유권 관계, 채무관계, 소작권 문제, 산송 등으로 나누어 살펴보고자 한다. 먼저 다음의 표를 보자.

〈표-5〉　　　　　　제2유형의 내용별 검토

연도	분류	내 용
1872	소유권 관련 (87)	偸賣 暗賣(9), 還退(36), 소유권 갈등(10) 이중 매매(8), 勒奪(21), 매매 방해(3)

	부채 관련(52)	債錢推給(36), 이자(1), 賭租推給(12), 물가 등귀(3)
	경작권 관련(38)	奪耕(26), 탈경 방해(3), 수리 관련(9),
	山訟(71)	偸塚(40), 伐木(31)
1897	소유권 관련(29)	투매 · 암매(9), 환퇴(10), 늑탈(6), 기타(4)
	부채 관련(76)	채전 추급(61), 도조 추급(10), 기타(5)
	경작권 관련(57)	탈경(30), 이작 방해(20), 기타(7)
	산송 관련(69)	투총(49), 벌목(16), 기타(4)

이 표에서 알 수 있는 것은 두 시기 모두 민인들 내부의 갈등 구조 자체가 비슷해 보이지만 1872년에 비하여 1897년의 소유권 관련 정소는 상대적으로 줄어들고 대신 부채 관련, 경작권 관련 정소가 늘어나고 있다는 것이다. 특히 1872년에 가장 큰 비중을 점하였던 환퇴나 소유권 관련 정소가 매우 적어지고 대신 탈경과 관련한 부분이 크게 늘어나고 있다는 것은 주목할 필요가 있다. 특히 1897년에는 이작을 방해한다는 것이 상당한 비중을 점하고 있다. 이러한 변화는 전체적으로 소유권의 문제는 안정되고 경작권의 문제가 사회적 갈등의 중심으로 부각되는 현상을 보여준다. 그것도 지주 권한의 강화에 따른 소작농의 권한 약화 현상을 잘 보여준다고 할 것이다. 아래에서 각 내용을 좀더 구체적으로 살펴보기로 한다.

1) 소유권 갈등

사적 소유권의 이전과 매매 과정에서 나타나는 갈등으로서 1872년의 경우 총 437건의 사례 가운데 87건이 이에 속한다. 조선 왕조 시기에는 사적 소유권이 상당한 정도로 발달하고 있었는데 그런 만큼 소유권과 관련한 갈등도 적지 않았다. 이 가운데서도 가장 큰 갈등은 환퇴(還退)를 둘러싼 것으로 36건에 달한다. 환퇴는 일종의 조건부

매매로서 소유권 이전을 한시적인 것으로 보아 일정한 시기 이내에 소유권 반환을 요구할 수 있는 권한을 부여하는 것이다. 따라서 근대적인 의미에서의 소유권 이전과는 양립하기 어려운 전근대적인 매매 형태였다. 물론 모든 매매가 환퇴를 당연한 것으로 전제하고 있는 것은 아니었고 매매 당시에 약속된 경우에 한하여 적용되는 특수한 것이었던 것으로 보인다.

환퇴로 인한 갈등은 우선 환퇴를 요구하는 원주인의 요구에 현소유자가 응하지 않은 데서 발생한다. 전당잡혔던 柴場이나 전답의 환퇴에 응하지 않아 갈등이 생긴 사례가 대표적인 것이다.[51] 가옥도 전당과 환퇴의 대상이 되고 있다. 이런 유형은 경제적으로 일시적인 곤경에 빠진 민인들이 전답이나 가옥을 일시 전당, 또는 환퇴 조건부로 방매하였다가 일정 시기가 지난 후 다시 소유권을 찾으려 하는 과정에서 나타나는 것이다. 이와는 달리 전혀 환퇴 조건이 없이 매입하였거나 매입한 지 오래된 소유권에 대하여 환퇴를 요구함으로써 갈등이 야기되기도 했다. "畓土放賣 年久之後 欲還退"하는 것이나[52] 재실 또는 위답이라는 이유로 방매한 지 상당한 시기가 지난 후 환퇴를 요구하는 것 등이 그러한 종류의 갈등을 일으켰던 것이다.[53] 관의 재결은 일정하지 않으나 매매 문기에 '환퇴' 여부가 기재되어 있는지를 중시하고 있다.

---

51) 이 사례는 무척 많아 일일이 매거할 수 없다. 한두 예만 지적하면 2월 1일, 智畓 蘇英坤의 정소나 2월 6일, 奉山 張元日의 정소 등을 들 수 있다. 『총서』, pp. 76, 83.

52) 예컨대 2월 6일에 유사한 정소가 2건이나 보이는데 東部校村 千二瓊의 소장에 의하면 수십 년이나 지난 매득답토를 이제 와서 欲退하려는 자가 있다고 하였고 馬村의 李東春은 매득한 지 4년이 지난 답토를 이전 주인이 갑자기 환퇴하고자 한다고 소장을 제출하고 있다. 또 5월 2일, 佛甲 姜英吉은 邑吏가 13년 전에 방매했던 답토를 뒤늦게 환퇴하고자 한다고 정소하였다. 『총서』, pp. 84~85, 176.

53) 예컨대 牛峰 金時煥은 자기가 매득한 논을 위답이라고 하여 환퇴하고자 한다고 그 부당함을 호소하고 있다. 『총서』, p. 135.

환퇴 문제 다음으로 갈등의 대상이 된 것은 소유권의 늑탈 현상이었다. 경제적 권리에 대한 경제 외적 강압, 수탈이라고 할 수 있는 것으로 주로 권세가들의 침학 사례의 일종으로 나타나는 것이다. 공한지를 개간하거나 이용한 지 오랜 시간 이후 소유권을 주장하여 늑탈하는 경우가 있고[54] 원래 민결이었던 토지를 궁토라고 주장하여 소유권 분쟁이 일어난 경우도 있다. 20년 전에 공한지에 가옥을 건축한 것을 뒤늦게 빼앗으려 한 사건도 있고,[55] 또한 문기를 위조하여 전답이나 시장을 빼앗으려 한 경우도 여러 번 있다.[56] 족인간에 소유권 분쟁이 일어나는 경우도 있었다. 일례로 30년 전 외조모로부터 얻어 계속 경작해온 논을 제3자가 처가로부터 얻은 토지라는 명목으로 욕탈하려 한 사례 등이 바로 그것이다.[57] 그외에도 이유는 드러나지 않으면서도 소유권을 늑탈하려 함으로써 야기된 갈등이 적지 않았다.

소유권과 관련하여 또 다른 문제도 있었는데 그것은 소위 투매, 암매, 이중 매매, 매매 방해 등으로 표현되는 매매 과정에서의 문제이다. 투매나 암매는 원소유자의 동의 없이 몰래 방매함으로써 나타나는 문제인데 주로 족인간 분쟁인 경우가 많다.[58] 문중의 위답이나 산

---

54) 2월 2일, 森南 李孟緖는 오래 전부터 空地起墾次 族人의 답 2두락을 얻어 경작해 왔는데 갑자기 稅米를 이유로 침탈을 당하게 되었음을 호소하고 있고 2월 6일, 佛甲 姜友會는 空地起墾한 전답을 김윤보라는 자가 자기 땅이라고 欲奪코자 한다고 소장을 내었다. 『총서』, pp. 78, 84.

55) 2월 15일, 官山 黃順集은 20여 년 전 공한지에 지어 살아온 초가를 서소사라는 자가 자기의 옛 집터라고 빼앗으려 한다는 것을 호소하였다. 『총서』, p. 114.

56) 2월 17일, 九水 新村 이완석은 이계선에게서 산 논을 김양여라는 자가 자기 논이라고 주장한다고 소장을 내었는데 題辭에 "新文記不可準信向事"라 한 것으로 보아 문기의 변조와 관련된 소송이었음이 분명하다. 역시 같은 날 畝長 丁永德은 같은 면의 柳興祚 등이 '松人典執之畓'을 盜買하고서는 오히려 문권에 따라 처분한 사실을 정소하고 있다. 『총서』, pp. 122~24.

57) 5월 8일, 『총서』, pp. 199~200.

58) 2월 8일 森北 金辰巳의 소장에서 보는 바와 같이 時作이 소작답 30두락을 남에게 투매한 사건 같은 것이 가장 전형적인 것이다. 『총서』 p. 101.

지 등을 족인 중 특정인이 방매하고 문중이 뒤늦게 이를 문제삼음으로써 갈등이 빚어지고 있다.[59] 예컨대 2월 7일자에는 묘답(墓畓)을 손자가 투매하여 문중이 함께 등소한 사례가 있고,[60] 5월 1일에는 족인이 전당잡힌 위답의 환퇴를 둘러싸고 문중의 정소가 있었고,[61] 다음날의 등소에는 족인이 선산을 도매하여 문중과 갈등을 겪고 있는 사례가 잇달았다.[62] 이중 매매의 경우는 전당잡힌 전답을 방매하거나 고의로 이중 매매를 행하는 경우 등이다. 매매 방해는 전답의 경우 작인이 매매를 방해하는 경우가 있었다. 이 모든 사례가 소유권의 이전 과정에서 야기되는 것으로서 경제적 거래 관계에 따른 사회적 문제가 적지 않게 발생하고 있음을 보여주는 것이다.

다음으로 1897년의 경우를 보면 기본적인 갈등의 성격은 1872년의 경우와 다름없다. 그러나 소유권을 둘러싼 갈등의 비중은 낮아지고 있다. 소유권을 둘러싼 갈등이 줄어든다는 것은 매매를 둘러싼 사회적인 관행이 뚜렷한 법적 정형성을 갖추게 되었음을 의미한다고 볼수 있다. 특히 1872년에 매우 많은 비중을 차지하였던 환퇴로 인한 갈등이 상당히 줄어들었음을 볼 수 있는데 이것은 환퇴와 같은 전통적인 거래 관계 자체가 더 이상 용인되지 않는 상황을 의미한다고 할것이다. 이러한 점은 실제 환퇴와 관련한 관의 처리 방식에서도 잘나타나고 있다. 즉 환퇴로 인한 갈등의 경우 주로 '문기(文記)'의 기록에 의거하여 해결하려는 경향이 뚜렷이 보인다. 위토답이라는 명분으로 이미 방매한 토지의 환퇴를 요구한 사례에 대하여 문기에 '영매이자(永賣二字)'가 분명히 씌어 있다는 것을 근거로 처리하고 있는 것

---

59) 예컨대 2월 21일 무장, 김순필은 산직 김삼봉이 위답을 투매하였다고 정소하였는데 이런 종류의 족인 투매에 대한 정소가 적지 않다. 『총서』, p. 141.
60) 『총서』, p. 92.
61) 『총서』, p. 175.
62) 『총서』, p. 180.

이나,[63] 작인과 토지 소유자간의 환퇴를 둘러싼 갈등에 대하여 "當初斥賣時 無還退二字成文則 其在畓主之地"라고 하여 문기의 기록을 중시하려는 태도[64] 등에서 그러한 경향을 볼 수 있다. 또 늑탈로 구분되는 특권층의 소유권 침탈도 줄어드는 것으로 나타난다. 지방관이나 말단 행정 담당자들에 의한 탐학은 적어도 소유권과 관련해서 볼 때 상대적으로 어려워지고 있었다고 볼 수 있겠다. 토지는 아니지만 여각 주인권의 매매가 문제를 일으킨 사례도 있었는데 이 경우에도 "一依本主票施行 新進舊退事理當然"하다고 새 주인의 권리를 옹호하고 있다.[65] 문중답을 개인이 사답화한 것에 대하여 문중이 등소한 사례도 있다.[66] 전체적으로 소유권자의 권리가 강화되고 매매 과정과 소유권의 증명 방식이 보다 합리적·근대적으로 바뀌어가고 있다고 할 수 있다.

2) 부채 관련 갈등

소유권 갈등에 못지않게 민인들 사이에서 나타나던 문제는 채무·채권 관계이다. 금전 또는 물건의 임차 관계에서 나타나는 갈등으로 1872년의 경우 총 49건의 사례가 나타난다. 대표적인 사례는 '채전추급'으로 표현되고 있는 채무 이행 요구이다. 이 채전의 성격이 무엇이었는지는 정확히 알 길이 없으나 민간에서 행해지던 고리대 관행과 관련된 부분이 적지 않았을 것으로 여겨진다. 가난한 빈농의 경우 영농 및 생활을 위해 고리대를 피할 길이 없었고 각종 생활상, 영농상 오고 가던 부채가 갈등의 주요한 내용을 점하고 있다.

이와는 달리 물건의 매매 대금 지급과 관련한 경우도 보인다. 면화

---

63) 2월 27일, 馬村 이종철 소장, 『총서』, p. 441.
64) 2월 16일, 함평 김규인 소장, 『총서』, pp. 421~22.
65) 3월 5일, 법성 장경화 소장, 『총서』, p. 462.
66) 2월 17일, 九水 金思玉 등장, 『총서』, p. 424.

무취차 임치(任置)한 자금 중 일부를 돌려받지 못하여 추급을 요구한 경우, 매득한 약재를 다시 빼앗아가고서도 대금을 돌려주지 않아 송사를 낸 사례, 고마(雇馬)의 매매 대금을 둘러싼 갈등 사례 등이 있고 그외에도 목재·우(牛)·식채(食債)·포(布) 및 생연가(生絹價)·철물가(鐵物價)·당물가(唐物價) 등의 대금 변제를 요구하는 정소가 보인다.[67] 이와 같은 채전의 내용을 통해 볼 때 이 시기의 민인들 사이에는 상당한 정도의 상품의 유통이 이루어지고 있었고 그 상품화에 따르는 거래상의 문제들이 여러 형태로 야기되고 있었음을 알 수 있다. 특히 목재·소·식채 등과 같은 전통적인 품목 이외에 면화·포·생견·약재는 물론 철물과 당물까지도 상품으로 매매되고 있음을 확인할 수 있는 것이다. 비록 사례 수는 적으나 물가의 등귀가 문제가 된 경우는 이러한 상품화 현상과 긴밀하게 연결되어 있다.[68] 그러나 임금의 추급을 요구하는 경우는 고공가(雇工價)를 받지 못하여 그 추급을 요구한 경우 한 사례 이외에는 보이지 않는다.[69]

다음으로 1897년의 경우를 보자. 총 370사례 가운데서 76건이 부채와 관련한 갈등으로 나타나 앞의 시기에 비해 그 비중이 매우 커지고 있다는 것을 알 수 있다. 일반적으로 채전 추급이라 할 수 있는 고리대, 상품 매매 관계 등에서의 갈등이 61건, 도조 납부와 관련된 갈등이 10건, 기타 5건으로 나타난다. 채전의 내용으로는 일반적인 부채 이외에 목재·농우·산지·곡물·토지·가대·가축·곡자·백저·마포·은환 등의 매매 과정에서 야기되는 대금 지불상의 갈등이 있다. 한편 도조 불납으로 인한 도조 추급 사례도 적지 않게 나타나고 있다. 같은 제언답을 경작하는 작인들이 도조 징수자의 변경으로 도

---

67) 2월 1일(綿花), 15일(藥材價), 5월 1일(食債), 5일(春布價), 6일(鐵物價), 7일(唐物價) 등의 정소 내용은 모두가 물건의 매매가 추급에 관한 것이다.

68) 5월 3일, 『총서』, p. 182.

69) 2월 16일, 봉산 김완석 정소, 『총서』, p. 115.

조가 재징되는 것에 대하여 집단적으로 등소를 하는 사례도 있고[70] 내수사에 투탁한 투탁답의 작인들이 6년분의 도조를 사음이 불납하였다고 등소를 한 사례도 있다.[71] 명례궁답에서도 도조의 이중 수탈로 인한 갈등이 나타났다.[72] 이들 사례는 물론 일반 민전에서가 아니라 제언답이나 명례궁, 내수사 투탁답과 같은 특수한 토지에서 일어난 것으로 이 시기 궁방전에서 보편적으로 나타나는 결세와 도조의 혼동, '일토양세'의 문제에 해당되는 것으로 보인다.[73]

전반적으로 부채를 둘러싼 갈등은 크게 둘로 나누어볼 수 있다고 생각된다. 그 하나는 빈농층의 경제적 곤궁을 기화로 전근대적인 축재 수단으로 활용되던 고리대 관행이다. 다른 하나는 새로운 시장 관계, 교환 경제의 확대로 인한 상품의 매매나 유통 과정에서 확대되는 채무 이행의 문제이다. 위에서 이 두 유형이 모두 나타나고 있음을 볼 수 있으나 정확하게 그 비중의 차이를 가려내기는 어려웠다. 다만 개항 후 전국적으로 곡물의 상품화가 진전되고 농민층의 일상 생활에서 상품 구매의 비중이 높아지고 있었던 것을 감안해보면 후자의 비중이 점점 커졌을 것으로 보아 큰 잘못은 없을 것이다. 이러한 거래 관계, 채무 관계에 대한 민인들 사이의 갈등을 중재하거나 해결하는 것이 국가의 주요한 기능으로 기대되고 있었다는 것을 알 수 있다.

3) 경작권 관련 갈등: 지주 소작 관계

소작농의 경작권을 비롯한 농민적 권리와 관련한 갈등은 1872년의 경우 41사례가 보인다. 조선 왕조 후기의 지주 소작 관계는 지주의 사적 소유권이 지배적인 권리로 인정되는 가운데 특별한 사정이 없

---

70) 3월 8일, 月落里 韓成元 등장, 『총서』, pp. 473~74.
71) 5월 13일, 元山 麻山 兩面民人 등소, 『총서』, p. 592.
72) 3월 6일, 六昌 丁永宗 소장, 『총서』, p. 466.
73) 박명규, 「식민지 지주제의 형성 배경」, 『한국 근대농촌사회와 일본제국주의』 한국 사회사연구회 논문집 제2집, 문학과지성사, 1986 참조.

는 한 소작농의 경작권도 인정되는 형태였다. 그러나 사적 소유권이 강화되고 지주의 토지에 대한 지배력과 농업 생산에 대한 관심이 증대함에 따라 경작권은 권리로서의 힘을 점차 상실하게 되었다. 경작권의 문제로 나타나는 전형적인 갈등은 지주의 갑작스럽고 이유 없는 이작, 탈경에 대하여 그 잘못을 호소하는 것이다. 이것은 기본적으로 지주의 소유권과 경작 농민의 소작권간의 대립과 갈등인 셈이다. '임농탈경(臨農奪耕)' '무단이작(無斷移作)' 등으로 표현되는 바와 같이 소작권을 잃게 되는 자가 계속적인 경작권 보호를 호소하는 것이 26건으로 주를 이룬다. 조선 후기까지 특별한 이유가 없는 한 소작인은 계속 관습상의 경작권을 지닐 수 있었을 뿐 아니라 특별한 이유가 있는 경우에도 파종 이후에는 경작권을 빼앗지 못하였다. 그러나 19세기 후반에는 파종 이후의 탈작이 지주의 자의에 의해 이루어짐으로써 갈등이 심화되고 있었다. 경작권과 관련한 다른 형태의 갈등은 신작인과 구작인 사이에 나타나는 갈등이다. 이는 새로이 경작권을 얻게 된 농민과 지금까지 그 토지를 경작해온 농민 사이에서 야기되는 갈등이다. '탈작상쟁(奪作相爭)'이라 표현된 갈등은 대체로 이러한 성격의 것이라 생각된다. '구작인무단저희(舊作人無斷沮戱)'로 표현되는 바와 같이 새롭게 소작권을 얻은 자들이 구작인의 방해와 저항으로 인해 경작을 할 수 없게 된 현상도 여러 번 나타나고 있다.[74]

한편 경작권 이외에 농민들의 생존에 필수적이었던 초지·수리 등의 이용권을 둘러싼 갈등도 보인다. 특히 수리의 확보를 둘러싸고 면·리간의 갈등이 야기된 경우는 집단적인 등소로 나타나고 있었다.[75] 공동 수리 시설이 개인의 이해 관계와 대립함으로써 야기되는

---

74) 5월 9일, 삼복 오명성의 소장에 의하면 논을 매득하자 그 논을 경작하던 시작이 구타를 하기까지 했다. 『총서』, p. 202.

75) 2월 19일, 奉山 民人 金碩圭 等狀에 의하면 完山面人이 築堰을 함으로써 봉산면과 관개수 확보를 둘러싼 대립이 일어났다. 앞의 책, p. 131과 5월 6일, 外西 金在

갈등도 있었다. 예컨대 보를 축조함으로써 자기 전답에 피해가 왔다고 그 보를 훼파하려는 사람이 있었고 그로 인해 촌리민들과 대립하는 경우가 있었다.[76] 때로는 초지의 이용을 둘러싸고 갈등이 야기되어 관에 그 재결을 요구하기도 했다.[77] 초가(草價)를 요구한 자를 구타한 사건이나 벌목 금지를 요구한 산송의 상당 부분이 풀이나 땔감 확보를 둘러싼 산지 이용권의 문제였다.[78] 이외에도 촌리 단위의 공동 재산의 식리 과정에서 일어난 문제 역시 등소의 대상이 되고 있었다.

1897년의 경우를 보면 1872년에 비하여 특히 경작권과 관련된 갈등이 심화되고 있다는 것을 알 수 있다. 이것은 총 57건에 달하고 있다. 구체적 내용을 보면 탈경이나 이작으로 인해 작인과 토지 소유자 간에 일어나는 갈등도 있고 이작의 결과 신작인과 구작인간에 나타나는 갈등과 마찰도 있다. 특히 주목되는 것은 같은 토지를 경작하고 있는 작인들이 집단적으로 등소를 하는 경우이다. 규장각답 작인,[79] 수성답 작인,[80] 법성형청답의 작인들[81]이 집단적인 이작에 저항하여 등소를 하고 있다. 이들 토지는 모두 관둔전으로서 갑오개혁 이후 승총되어 유토는 국유지로 편입되고 무토는 개별 사유지가 된 토지들이었다. 이 시기에 와서 이들 토지의 작인들이 집단적으로 이작의 대상이 되었다는 점으로 미루어볼 때 갑오개혁 이후 이들 관둔전에 대한 관리 부서가 변동하고 부세 징수 기관이 달라지는 속에서 작인들의 교체가 빈번하였음을 알 수 있다. 집단적인 경작권 갈등은 촌간에

赫 等狀에 의하면 외서면 내의 上洑과 下洑 작인 사이에 築堡를 둘러싼 대립이 일어났다. 『총서』, p. 189.
76) 5월 8일, 柏山 金鳳休 等狀, 12일 봉산 상촌 두민 장명서 등장, 『총서』, pp. 201, 205.
77) 5월 8일, 畝長 이윤성 등장, 『총서』, p. 201.
78) 2월 21일, 불갑 정영숙의 소장, 『총서』, p. 143.
79) 2월 14일, 外西 回星 李權學 등장, 『총서』, p. 416.
80) 2월 20일, 東部 金取之 소장, 『총서』, p. 429.
81) 3월 5일, 陳良 月桂 金日瑞 등장, 『총서』, p. 464.

서도 일어났는데 진양 장자동의 소작 30여 두락을 타촌에서 탈경함으로써 '전촌실경(全村失耕)' 함에 이르렀다는 민장 내용이 그러한 정황을 보여준다.[82]

이러한 집단적인 경작권 갈등은 소수의 경작권 집중 현상과 관련이 있었다. 삼면 민인들은 무장의 한 농민이 자신들이 경작하고 있던 전토지를 모두 경작하고자 함에 따라 모두 실농하게 되었음을 호소하고 있다. 뿐만 아니라 장설리의 수성답도 특정인이 '거개탈경(擧皆奪耕)' 함으로써 촌내의 민인들이 실농하기에 이르러 집단적인 반발을 불러일으키고 있었다.[83]

특히 이 가운데는 관습상의 경작권 이외에 작인의 권리로 인정받았던 부분도 부정되는 사례가 적지 않았다. 예컨대 수해로 무너진 전답을 자비로 수축 개수하고 영구 시작을 보장받았던 작인,[84] 묘직을 하기로 약속하고 주거까지 위답이 있는 곳으로 이전한 작인,[85] 방매시 영구시작을 보장받고 토지를 방매하였던 작인[86]들의 경작권이 부정됨으로써 야기된 갈등이 그것이다. 이들은 자신들이 경작권을 보장받았음을 강조하고 탈경의 잘못을 호소하고 있다. 그러나 이 시기에는 전통적으로 인정되던 경작권자의 권리보다도 토지 소유자의 권리가 더욱 힘을 얻고 있었던 것으로 보인다. 제언 수축비를 부담하고 경작권을 획득했던 작인으로부터 경작권을 박탈하려 함으로써 야기된 갈등에 대하여 관은 춘분 이전의 이작은 답주의 권리이며 수축비는 이와 별개의 것이라고 주장하였다가 재차 소장이 제출되자 수축비는 답주가 부담해야 하지만, 이작은 지주의 권리라는 재결을 내리고 있다.[87]

---

82) 2월 13일, 陳良 莊子洞 民人 등장, 『총서』, p. 413.

83) 2월 20일, 麻山 獐舌里 民人 金道一 등장, 『총서』, p. 428.

84) 2월 9일, 東部 金致重 소장, 『총서』, p. 407.

85) 2월 20일, 六昌 大禾 朴良玉 소장, 『총서』, p. 431.

86) 2월 16일, 咸平 金奎仁 소장, 『총서』, p. 421.

87) 2월 9일 및 2월 11일, 東部 金致重 소장, 『총서』, pp. 407, 411.

한편 이 시기에는 많은 탈경의 사례에 '답주수표(畓主受標)'라는 것이 보인다. 즉 새롭게 소작으로 정해진 자들은 대부분 답주로부터 일정한 표지를 얻음으로써 자신의 경작권을 확보하였음을 알 수 있다. 이작에 저항하는 구작인에 대하여 답주로부터 받은 표지는 가장 명확한 보장이 되는 것이었다.[88] 이는 답주의 의사만 분명하면 경작권을 얻는 것은 가능하다는 사실을 뜻하는 것으로 볼 수 있다. 탈작 상쟁의 현상을 막고자 하는 필요성에서 연유된 것으로 보여지지만 그만큼 소작권 자체가 농민적 권리로서가 아니라 답주의 권한으로 확립됨을 말해주는 것이기도 하다. 또한 소작 그 자체가 하나의 계약 행위로서 언제나 변경 가능하고 또 명문화해야만 안전할 정도로 지주—소작 관계가 변모하였음을 보여주는 것으로 생각된다.

4) 산송

사적인 갈등 사례로서 소유권 관계 다음으로 많은 수를 점하는 것은 산송이다. 1872년의 경우 총 71건이 된다. 산송은 크게 투총이나 굴총 등 분묘와 관련된 대립과 벌목으로 인한 갈등의 두 형태로 나누어진다. 투총이나 벌목 모두 등장의 대상으로도 큰 비중을 차지하였는데 개인적으로도 적지 않은 정소의 대상이었다. 모두 20건의 산송이 등소의 대상이 되고 있는데 이 가운데서 10건이 벌목에 관한 것이고 10건이 투총에 관한 것이었다. 대체로 마을의 주변 산지는 땔감의 공급지였던 만큼 외부인의 벌목에 대한 공동의 대응이 활발했을 것으로 보인다. 특히 벌목과 관련하여 촌리 단위의 금송계나 송추작계 같은 것이 조직되어 있는 경우도 있어서 이 문제에 관한 집단적 관심을 알 수 있다.[89]

---

88) 예컨대 2월 15일, 陳良 曺秉燮의 민장을 보면 畓主으로부터 경작을 위해 收標했음에도 불구하고 구작인이 방해하고 있음을 호소하였고 그에 대해 관에서도 '依畓主標施行向事'라고 재결하였다.『총서』, p. 417.

89) 2월 3일, 黃良民人 姜連會 等狀 및 六昌猫頭等四村民人 等狀.『총서』, pp. 80, 82.

그 내용에 있어서는 등장의 경우에서나 개별적인 정소에서나 큰 차이가 없지만 후자의 경우 산지에 대한 사적 소유권의 강화 현상이 보다 깊이 관련되어 있었을 것으로 여겨진다. 이 분쟁은 유교적 장례 의식, 가족 이데올로기, 풍수 사상 등과도 관련되지만 역시 토지 소유권과 산림에 대한 공동 이용권간의 대립도 적지 않게 작용하고 있었던 것으로 생각된다. 특히 공동 이용권을 주장하는 자들이 빈농층이었을 것으로 판단됨으로 산송에는 일정한 계급적·계층적 대립도 내포될 소지가 적지 않았을 것이다.

산송의 경우는 1897년의 경우도 1872년의 경우와 큰 차이가 없다. 총 69건에 달하는데 투총 관련 내용이 49건, 벌목 관련이 16건, 기타 4건으로 분류될 수 있다. 투총이나 굴총은 이 시기에도 여전히 중요한 민인들 내부의 갈등이 되고 있었음을 알 수 있다.

Ⅲ. 제3유형

우리가 제3유형이라고 분류한 것은 실제 정소라기보다는 관의 행정적 조치를 요구하는 것이다. 구체적으로 보면 각종 입지의 성급, 유교적 기강이나 질서 확립을 위한 행정적 조처 요구, 공동 부역 등에 대한 관의 조치, 면리임 등의 사직, 휴가 청원, 죄수의 석방 요구 등이다. 이 중에서도 특히 입지 성급을 요구하는 내용이 가장 두드러진다.

입지 성급의 이유는 대부분 매매 및 소유권 관계에서의 불확실성 때문이었다. 따라서 입지 성급을 요구하는 정소도 내용적으로 볼 때는 소유권 관계의 갈등 상황과 관련되어 있을 가능성이 높다. 실제로 소유권에 대한 문제가 제기되고 답송이 야기되어 입지의 성급을 요구하는 경우도 몇 차례 보인다.[90] 조선 왕조 시기의 목민지침서에는

---

90) 예컨대 "買得畓 欲爲還退 勿侵立志要求"라든지 '放賣位畓'을 환퇴한 이후 입지 성급을 요구한 것, "相訟畓土文卷遺失立志要求" 등이 그러한 예이다.

입지 성급을 함부로 해주어서는 안 되며 철저한 선후 조사 이후에 해
줄 것을 당부하고 있다.

유교적 기강과 관련하여서는 반상의 갈등에 대한 관의 조치, 음주
방탕한 자에 대한 추방, 절도 행위나 구타 행위에 대한 적절한 조처
등을 요구하는 경우와 효행에 대한 포상을 요구하는 경우 등을 들 수
있다. 이러한 사례는 촌락 공동체 수준에서 신분제적 질서나 유교적
문화가 제 기능을 다하지 못할 때 관의 행정적 개입을 요구하는 것으
로 이해될 수 있다.

〈표-6〉　　　　　　　제3유형의 내용별 검토

연도	구분	내용
1872년	행정적 요구 (49)	立志成給(19), 공동 부역(4), 교체 휴가(7) 석방 요구(3), 面任 등 개선 요구(15)
	사회적 갈등 (44)	구타(21), 기강(13), 무고(6), 절도(4)
1897년	행정적 요구 (22)	立志成給(8), 교체 휴가 요구(6), 부역 요구(8)
	사회적 갈등 (36)	기강·강상(13), 구타(9), 기타(14)

6. 맺음말: 19세기 후반 지방 사회 변동의 특징

지금까지 전남 영광 지방의 두 시기의 『민장치부책』에 실려 있는
내용들을 검토해보았다. 두 시기의 내용을 검토함으로써 19세기 후
반 향촌 사회의 갈등 구조와 그 변화상을 정리해보고자 한다.

먼저 두 시기에서 공통적으로 확인되는 현상을 들어보면, 첫째로

이 시기의 민인들 내부의 갈등은 대체로 부세 문제와 민인간의 경제적 갈등이 주를 이루고 있었음을 알 수 있다. 부세 문제의 구체적 내용에는 다소 변화가 보이지만 부세 제도의 문제나 부세 행정상의 문제로 인해 갈등이 야기되고 있는 것은 두 시기에 공통적으로 나타난다. 조선 왕조 체제가 일반 민인에 대하여 수행하는 구체적인 행정적·정치적 행위는 주로 부세 문제와 관련한 것이었다. 부세 행정이 명료하지 못하고 민인들이 부세 문제와 관련하여 여러 가지 불만과 항의를 하고 있다는 점에서는 1897년의 상황도 본질적으로 1872년과 크게 다르지 않았다는 사실을 보여준다. 조선 왕조 체제에 대한 민인의 저항 의식이나 대립 의식이 부세 문제와 관련되어 나타날 수밖에 없었으리라는 판단을 할 수 있다.

한편 경제적인 갈등의 형태는 각종 '채전 추급'의 이름으로 나타나고 있는 민인들간의 고리대·부채 관계로 인한 것이 많았다. 이들 항목 속에는 상품 화폐 경제의 발달과 더불어 나타나는 재화의 교환과 매매, 자금의 유통 과정과 관련된 것도 적지 않다. 여기서 다룬 자료의 분석만으로는 향촌 사회의 경제적 갈등 관계가 상품 생산이나 상품 유통을 둘러싼 것이 주를 이루었는지, 아니면 소농의 생존 유지를 위한 고리대적인 부채 관계가 보다 보편적인 것이었는지는 명확히 확인할 수 없으나 전국적으로 상품 화폐 경제가 발달하고 있었으므로 이와 관련한 부분이 확대되고 있었을 것으로 생각된다. 이와 함께 일부 토지, 특히 관유지나 궁방의 절수지 등을 중심으로 중층적인 토지 소유 구조가 남아 있는 일부 주변적 토지에서 토지 소유권을 둘러싼 갈등이 나타나고 있었다. 한편 토지가 점차 상품화되는 과정에서 환퇴 요구나 환퇴 불응, 이중 매매나 투매, 암매 등 매매를 둘러싼 민인들 사이의 갈등 역시 적지 않았다.

셋째로 묘지나 산지 이용을 둘러싼 갈등은 19세기 후반기에도 여전히 민인들간에 광범위하게 나타나고 있었다. 산송은 그 형태상 묘지를 둘러싼 것으로 인식되기 쉬우나 실제 내용상으로는 산림 이용의 독점권, 즉 산지에 대한 소유권의 확대 과정에서 야기되는 것이 많았다. 조선 왕조의 공식적인 산림 사유화 금지 조치에도 불구하고 산림 이용권을 사유화 · 독점화하려는 경향은 줄곧 강화되었고 각종 신분적 · 권력적 특권을 지닌 자들에 의해 산림의 사점화가 진행되었다.[91] 이것이 일반 민인들의 공동체적 산림 이용권과 부딪치면서 산송은 19세기 후반까지 가장 빈번한 갈등 사례가 되었다.

그렇다면 두 시기간에 나타나는 차이, 즉 개항을 전후하여 영광 지방에서 나타난 주요한 사회적 변화는 무엇이었는가? 민장의 내용, 그것도 극히 개략적인 내용만을 통계적으로 확인한 이 글에서 이 부분을 정확하게 검토할 수는 없으나 대체적으로 다음과 같은 내용을 지적할 수 있겠다.

첫째로 1897년에는 그 이전 시기에 비해 경제적 갈등의 비중이 보다 커졌는데 특히 경작권과 관련한 갈등이 상당한 비중을 점하였다. 이는 이전 시기에 비해 경작권의 불안정성이 증대하고 있음을 말해 주는 것이면서 동시에 작인에 대한 답주의 영향력이 보다 강화되고 있음을 말해 주는 것이라 볼 수 있다. 특히 오랫동안 경작권을 인정받아온 작인의 경우에도 무단 탈작의 대상이 되는 경우가 있고 춘분이 지나서 갑자기 이작을 강요받은 사례도 있었다. 이와 관련된 신구작인간의 갈등과 대립도 적지 않게 나타난다.

둘째로 이와 관련된 현상이지만 토지나 산림의 소유권자들의 경제적 힘이 사회적으로 확대되고 있었던 것으로 보인다. 특히 경작권의 이작 · 탈경에 있어서의 답주 권한의 강화는 이 점을 분명하게 보여주고 있다. 이작은 답주의 뜻에 따르는 것이 당연하다는 인식과 그에 따라 탈경이 보편화되고 있었다는 사실이 이를 말해준다. 뿐만 아니

---

91) 김선경, 「조선 후기 산송과 산림 소유권의 실태」, 『동방학지』 제77, 78, 79합집, 1993 참조.

라 경작권을 보장받기 위해 '답주득표(畓主得票)'가 필요하게 되었다는 점도 이러한 측면을 잘 보여주고 있다.[92] 답주 권한의 강화는 한편으로 중층적 권리가 남아 있던 극히 일부의 주변적 토지를 둘러싼 소유권 분쟁으로 나타나기도 하고 여전히 강하게 남아 있는 공동체적·농민적 제권리들과 마찰을 일으키면서 궁극적으로는 그러한 관습상의 권리들을 파괴시키는 결과를 가져오고 있었던 것으로 보인다.

이러한 변화는 경작권을 둘러싼 작인과 답주와의 갈등에 개입하는 관의 대응 양식에서도 잘 나타나고 있다. 탈경·이작의 갈등에 대하여 1872년도에 나타난 대표적인 관의 대응을 보면, "多年時作且無衍尺則不可移作"[93] "雖曰畓主豈可臆奪之理乎"[94] "雖邑權之將校 此時奪耕非所可論"[95] "無故而移定時作一切禁斷以給向事"[96] 등으로 소작권의 보장·보호를 강조하고 있으며 목민적 명분과 관련하여 소작인의 입장을 옹호해주고 있다. 그런데 1897년의 경우를 보면, 일부 사례에서 작인의 입장을 옹호하는 경우도 있으나 대부분 답주의 뜻을 중시하고 있다. 예컨대 "春分前移作則依舍音票施行向事"[97] "畓主既爲移作則訴何有益" "依畓主標施行宜當向事"[98] 등과 같은 조치들은 모두 답주가 이작할 수 있는 권리를 가지고 있음을 옹호하고 답주의 뜻(표)에 따라 갈등을 해결하려는 경향을 분명하게 보여주고 있다.

한편 이러한 변화 속에서 특정인이 대규모로 경작권을 독점하려는

---

92) 물론 이것은 이 시기에 와서 비로소 토지 사유권이 확립된다는 뜻은 결코 아니다. 토지 사유권은 훨씬 이전에 이미 확립되어 있었다. 다만 토지 사유권자가 행사할 수 있던 사회적 권한이 보다 강조됨으로써 일반 농민들을 '사유권자로서' 지배하고 통제할 수 있는 힘이 훨씬 강해졌음을 의미한다.

93) 『총서』, p. 128.

94) 『총서』, p. 133.

95) 『총서』, pp. 141~42.

96) 『총서』, p. 106.

97) 『총서』, p. 417.

98) 『총서』, p. 435.

경향도 나타나고 있다. 一村에 걸친 대규모 탈작의 경우, 또는 특정
인이 광범위한 경작권을 독식하고자 하는 경우에는 관이 "畓主雖曰
移作全村失耕極爲可憫"[99] "獨專其利大爲不可分爲耕作無至呼訴"[100]
등으로 작인들의 입장을 옹호해주고 있으나 이 시기 경작권 집중 현
상을 단적으로 보여주는 사실로 이해될 수 있다.

　마지막으로, 향촌 사회 내부의 갈등의 구체적 양상에도 다소의 변
화가 나타나고 있다. 우선 이전 시기에 비해 부세 행정과 관련한 문
제들의 구체적 내용이 달라졌다. 이것은 물론 1894년 갑오개혁 조치
에 의해 부세 행정상 커다란 변화가 일어났기 때문이었다. 그 결과
조선 후기 부세 행정 가운데서 가장 많은 문제를 야기시켰던 군정과
환정의 쟁점들이 없어졌고 대신 호세·호역과 관련된 문제들로 대치
되었다. 그러나 진결 과세의 문제, 잡세 부과의 문제, 공동납 관행에
따른 징세상의 문제 등이 여전히 남아 있었던 것으로 보인다.

　민장에 나타난 각종 갈등의 내용들, 특히 그 중에서도 부세 운영과
관련한 갈등은 관으로써 반드시 해결하지 않으면 안 되는 것들이었
다. 부세 운영을 원활히 하는 것은 비단 민인들의 불만을 없애는 것
뿐 아니라 조선 왕조의 물질적 기초를 튼튼히하는 일이었다. 그럼에
도 불구하고 이 시기의 부세 행정은 민인들로부터 많은 불만과 저항
을 불러일으키고 있었다. 1894년의 갑오개혁 조치는 이러한 불만의
상당 부분을 해소할 수 있는 것이기도 했지만 실제 향촌 사회에서 그
러한 조치들이 제대로 시행되지 않았고 그나마 몇 년 후에는 다시 구
제로 돌아감으로써 유사한 갈등들이 계속되고 있었다. 이러한 갈등
의 산물인 민소에 대하여 지방관이 보인 행정적 조치는 여전히 전통
적·목민관적 관행에 입각한 것으로 부세 행정의 모순을 해결할 수
있는 것이 못 되었다.

---

99)『총서』, p. 413.
100)『총서』, p. 428.

지방관의 주요한 정치적 역할이 중앙 정부에 의한 행정적·물적 통제를 가능케 하고 동시에 사회적인 갈등을 조절·통제하는 데 있다고 볼 때 이 시기의 행정 기구는 부세 행정 및 사적 영역에서의 각종 갈등들을 조절하고 새로운 상황에 맞는 조건들을 정치적으로 창출하는 역할을 수행하지 않으면 안 되었다. 이것은 목민관적인 행정과는 전혀 다른 정치적·행정적 체제의 창출을 뜻하는 것이다. 사적 소유권자의 경제적 권리가 강화되고 경제적으로 몰락한 계층의 불만과 저항이 나타나고 있던 상황에서 전통적인 행정 기구, 즉 목민적 행정 관행에 기초하여 분절적으로 운영되는 지방 행정이 충분한 효율성이나 통제력을 지니지 못했던 것은 당연하다. 따라서 민장의 내용은 결국 이 시기 전통 국가 체제, 조선 왕조의 지배 기구 자체의 본질적 변화가 시급함을 알려주고 있는 것이라 할 수 있다.

제3장
개항장의 상품 유통과 권력 관계

1. 머리말

1876년을 기점으로 하여 단계적으로 이루어진 조선의 개항은 비자본주의적이고 전근대적인 지역 체제의 일원이었던 조선 왕조가 자본주의적이고 근대적인 세계 체제로 편입되는 중대한 계기였다. 개항은 외국과의 교역을 허락하는 통상 조약의 체결을 뜻하는 것이면서 동시에 국가를 기본 단위로 하는 근대적인 국제 관계 수립을 의미하는 것이었던 만큼 개항이 조선 왕조에 미친 영향은 사뭇 심대하였다. 통상 조약의 체결과 수교 조치는 꼭 같은 것은 아니지만 19세기 후반 제국주의의 시대에 이 둘은 항상 동전의 앞뒷면처럼 함께 이루어졌고 특히 강대국과의 수교는 언제나 통상의 확대를 그 주된 내용으로 한 것이었다. 함포 외교의 다른 한 면에는 언제나 자본주의 상품 시장의 확대를 지향하는 의도가 자리잡고 있었다.

조선의 지배층은 외교 관계의 수립이든, 통상 조약의 체결이든 그 영향이 사회 전체에 급격히 파급되지 않도록 하는 것이 매우 중요하다고 보았다. 따라서 당시 조선 조정이 힘에 눌려 어쩔 수 없이 허락한 개항 조치도 여러모로 제한적인 것이었다. 개항장의 숫자도 가능한 한 축소하고 외국인의 교역이나 활동도 개항장 주변의 일정 지역에 한정시킴으로써 외부로부터의 문화적 · 경제적 · 정치적 영향력을 최소화하려 했다. 물론 이런 의도가 성공적이기는 어려웠다. 특히 외국의 사절들이 치외 법권적으로 거주하고 있던 서울에서, 또 각국과의 상호 작용이 빈번해지고 국제적인 맥락에서 주요한 정책을 결정해야 하는 상황에서 개항의 사회적 영향력을 차단하는 것은 사실상 불가능한 일이었다.

지금까지 많은 연구자들에 의해 개항의 성격과 의미가 대체로 밝혀졌다. 그러나 전반적으로 한국 사회 전체를 분석 단위로 한 연구가 많았고 따라서 구체적인 지역에서 개항을 계기로 어떤 변화들이 일어났는지를 보여주는 연구는 적었던 것 같다. 그 결과 개항이 일반 민중들의 구체적인 생활에 어떤 영향을 미쳤는지 잘 밝혀지지 않았다. 개항 조치는 국가 단위의 중대사임이 틀림없지만 사회 구성원의 입장에서도 기존의 생활 방식 전체를 뒤흔들 만큼 거대한 변화였던 것인데 후자의 측면이 잘 밝혀지지 못하였던 것이다. 따라서 이 글에서는 전체 사회보다 오히려 개항장을 중심으로 하는 주변의 지방 사회에 초점을 맞추어 개항이 미친 변화상을 구체적으로 확인해보고자 한다. 지방 사회를 단위로 하는 연구는 전체적인 성격보다 특수하고 지엽적인 측면이 부각될 수 있다는 단점이 있지만 다른 한편으로 전체 사회 변동이라는 구조적 차원과 사회 성원의 일상 생활이라는 미시적 영역을 매개하는 중간 영역으로 양자간의 관계를 잘 보여줄 수 있는 장점이 있다. 특히 그 대상 지역이 시대적 상황과 밀접하게 관련된 갈등과 대립을 응축적으로 보여주는 곳일수록 그러한 장점이 크게 나타난다. 이런 관점에서 이 글은 구체적인 개항장과 그 주변 지역을 중심으로 하여 개항 이후의 지방 사회에서 나타나는 변동의 양상, 지방 권력 구조의 상호 작용과 갈등의 모습을 파악하고자 한다.[1]

---

1) 지방적 특성과 관련하여 18, 19세기의 상품 유통 관계를 검토한 논저로는 다음의 것들이 참고된다. 韓相權, 「18세기말 19세기초 場市 발달에 대한 기초 연구」, 『한

개항장이 설치된 지방에 구체적으로 나타나는 변화로는 여러 가지가 있었다. 외국 상선과 외국 상인들이 오고 가는 것을 보면서 느끼는 적대감도 있었고 유입되는 외국 상품에 대한 신기함과 거부감도 있었다. 그러나 가장 큰 변화는 아무래도 새로운 형태의 시장이 형성된 것이었다. 개항장은 그때까지 지방 사회에서 보기 어려웠던 규모로, 또 자본제 상품과의 교역이라는 새로운 방식으로 거대한 시장 상황을 창출한 것이었다. 이 새로운 시장 상황의 출현을 계기로 여러 가지 변화들이 나타나게 된 것이었다.

이 장에서는 바로 이 새로운 시장 상황에서 어떠한 세력이 주도권을 장악하는가, 또 그 과정은 어떤 형태로 이루어지는가 하는 문제를 이 과정에 주체적으로 참여하였던 세 종류의 집합적 행위자들을 중심으로 살펴보고자 한다. 그 세 행위자는 이전부터 상품 유통에 종사해오던 지방 상인층과 전통적으로 시장에 대한 통제력을 행사해왔던 지방 관리들, 그리고 개항장을 거점으로 활동하는 외국 상인들이다. 이것은 지방 사회의 변화를 이해하는 데도 매우 중요하지만 개항 조치 자체가 전체 사회에 어떤 영향을 미쳤는지를 해명하는 데도 필수적인 것이다. 공간적으로는 호남 지방에 국한하여 살펴보기로 하겠다.

2. 상권의 공간적 변화와 그 성격

1876년 개항은 한국 사회가 세계 자본주의 체제에 자신의 문호를 개방하게 된 계기가 되었으나 그 사회 경제적 영향이 지방 수준에서

국사론』 7, 1981; 李炳天, 「조선 후기 상품 유통과 여객 주인」, 『경제사학』 6, 1983; 高東煥, 「18, 19세기 外方 浦口의 상품 유통 발달」, 『한국사론』 13, 1985; 李榮昊, 「19세기 은진 강경포의 상품 유통 구조」, 『한국사론』 15, 1986.

곧 바로 나타나지는 않았다. 호남 지방의 경우를 보면 목포와 군산항이 개항되기 이전까지는 전통적인 상품 유통 구조에 커다란 변화가 나타나지 않았다. 다만 개항장을 통해 특정 물산들의 이출이 확대되면서 지방의 수준에서도 몇몇 물산의 상품화가 확대되는 경향을 보일 뿐이었다.

호남 지방은 풍부한 물산의 산지라는 배경 때문에 일찍부터 상품 경제의 성장이 두드러졌던 것으로 보인다. 17세기에는 전주 · 남원 등지를 중심으로 시장이 확대되었고 호남 각지에 장시가 확대되었다. 그리하여 18세기 중반에 이르러서는 전국적으로 가장 장시의 밀도가 높은 지역의 하나가 되어 있었다.[2] 특히 18세기에 들어서는 단순히 장시의 수가 늘어나는 것에 그치지 않고 각 장시들간의 유기적인 결합이 이루어졌다. 남원의 장시 변동을 검토한 한 연구에 의하면 18세기에 들어와서 각 장시들 사이의 연계성과 유기적인 결합성이 크게 증대하고 있었다.[3]

한편 18세기에는 지방에서의 상품 유통을 담당하는 새로운 거점으로서 포구의 경제적 기능이 확대되었다. 원래 포구는 세곡의 운송을 위하여 국가가 관리하던 곳이었고 소포구들은 魚鹽을 생산하는 역할도 맡고 있었다. 그러나 전국적으로 상품 유통이 확대되고 서울과 같은 도시가 성장하면서 지방의 포구에서도 상품 유통의 기능이 점차 중시되었다. 포구가 상품 유통의 중심지로 성장하게 된 것은 수로를 통한 유통의 편리성 때문이었다.[4]

따라서 큰 강이나 해안 지방의 경우는 기존의 장시 대신에 포구를 통한 상품 유통이 활발하였던 것으로 보이며 주요한 수로의 주변에

---

2) 1770년대 『동국문헌비고』에 의하면 호남 지방은 53개 읍에 총 215개의 장시가 있어 71개 읍에 276개의 장시가 있던 영남 지방에 비해 장시의 밀도가 더 높았다.
3) 한상권, 앞의 글.
4) 고동환, 앞의 글.

는 반드시 대규모의 장시, 즉 소비지를 배후에 둔 대포구가 발전하였다. 호남 지방에는 18세기 중반 이래 금강·영산강·동진강 등의 수로를 중심으로 하는 지역 경제 유통의 망이 발달하였다. 금강을 중심으로 살펴보면, 금강 입구의 군산에서 상류의 강경포에 이르는 양안에 여러 개의 소포구가 발전하고 있었는데 임피의 서포·나포, 함열의 웅포, 용안의 황산포, 여산의 나암포 등이 그것이었다.[5] 또한 옥구의 군산창과 함열의 성당창은 호남 지방의 조운의 중심지로서 일찍부터 바다를 통한 물산의 유통지로서의 기능을 담당하고 있었다.[6] 18세기 이래 강경이 전국적으로 유명한 대시장으로 발전하였고 금강을 둘러싼 여러 소포구들도 더불어 경제적인 기능이 강화되었다.[7] 강경을 중심으로 하는 이 상권은 전주라는 대소비지를 포섭하고 있으면서 다시 호남 내륙과 서울을 연결하는 연계 지역으로서 커다란 경제권을 형성하고 있었다. 영산강의 경우는 목포에서 영산포에 이르는 약 30리의 강 연안에 모두 40여 개의 소포구가 있었는데 그 배후에는 광주와 남평과 같은 장시가 연결되어 있었다.[8] 또한 동진강의 연안은 줄포를 중심으로 상품 유통의 망이 형성되어 있었고 줄포는 다시 영산포와 연결되어 있었다.[9]

조선 후기에 호남 지방과 연결되어 있던 주된 상품 유통 지역은 서울과 원산이었다. 서울로의 물자 이동은 강경을 거쳐 주로 육로가 이용되었고 보부상들이 중심이 되었다. 원산 지방과의 유통은 호남 지방의 미곡과 면화를 함경도 지방의 명태 등과 교환하는 것이었는데

---

5) 이영호, 앞의 글.

6) 『증보문헌비고』 卷 163, 「市糴考」.

7) 『擇里志』, "惟恩律江景, 一村 居忠全兩道陸海之間 爲錦南野中一大都會 海夫峽戶 皆於此出物交易 每春夏間漁採時 腥臭滿村 巨舫小 艓日夜如堵墻 排立於汉港之間."

8) 「韓國榮山江岸の商業」, 『通商彙纂』 115號.

9) 줄포 연안은 원래 목포 상권에 속해 있었는데 러일전쟁 후 군산의 상권으로 포섭되었다. 保高正記 편, 『군산 개항사』, 1925, pp. 113~14.

주로 해상 교통을 이용한 것이었다.[10]

개항 이후 인천과 부산이 중요한 상업 중심지로 발달하게 됨에 따라 인천과의 연안 무역을 통해 군산이, 부산과의 연안 무역을 통해 목포가 점차 상품 유통 거점으로 중시되기 시작하였다. 이 시기 한국으로부터 유출되는 최대의 품목이 쌀이었는데 호남 지방인 "전라도 진도 이남 및 경상도의 것은 대부분 부산에서 수출되고 인천항에서 수출되는 것은 전라도 북부, 충청·경기·황해 및 평안도 남부의 산미"[11]라고 보고된 바에서 알 수 있듯이 주로 인천과 부산을 거쳐 유출되었다. 이 중에서 전라도 군산을 제일로 하여 고금포·웅포가 인천에 유출하는 최대 포구로, 목포가 부산으로 유출하는 최대 포구로 발전하고 있었다.

그러나 이러한 간접적인 경로를 통해 이출되는 상품의 양은 제한적일 수밖에 없었다. 특히 쌀과 같이 수송에 어려움이 많은 경우는 더욱 그러했다. 또 일본 상인들이 이윤을 남길 수입 상품의 판매도 매우 부진하였다. 1887년 호남 지방을 답사한 일본인의 기술에 의하면 이 시기에 호남 지방의 장시에서 자본제 상품의 유통을 보기가 어려울 뿐만 아니라 그러한 상품의 판매 자체가 대단히 어려운 실정에 놓여 있었다.[12] 물론 인천과 부산을 통해 들어온 자본제 상품이 목포·군산과의 국내 교역을 통해 재이입되는 것이 없었던 것은 아니었고 그 유통량이 점차 증대해가고 있었던 것도 사실이었지만[13] 그러나 전체적으로 볼 때 여전히 이러한 자본제 상품의 지방 침투는 극히

---

10) 『擇里志』, "西南海則水緩 故南自全慶 北至漢陽開城 商賈絡繹 又北則通黃海平安矣."

11) 「1895年 仁川港 商況年報」, 『通商彙纂』 54號.

12) 松田行藏, 『滿鮮農業視察要錄』 I, 1887. 이 기행 답사기에서는 전라도 일대에 수입품의 판매 가능성이 극히 어렵다는 점을 지적하고 있다.

13) 주 12)의 답사기에서도 전주·남원 등지에서 玉洋木·寒冷紗 등의 수입 상품이 판매되고 있음이 기록되어 있다.

제약되어 있었다.

일본이 호남 지방의 물산에 깊은 관심을 갖게 됨과 더불어 이 지방에 최소한 하나 이상의 개항장을 요구하게 된 것은 1880년대부터였다. 그러나 여러 가지 국제적 환경에 의해 그 실현이 늦어지다가 청일전쟁의 승리와 더불어 그 목적을 달성하게 되었는데 이것이 바로 1897년의 목포 개항과 1899년의 군산 개항이었다.[14]

목포와 군산의 개항으로 인해 호남 지방과 일본과의 직접적인 상품 유통로가 열리게 되었고 이 지방의 물산이 급속하게 해외로 유출되는 통로가 만들어졌다. 이들 개항장은 일본과의 국제 무역의 통로이면서 또한 호남 지방을 한양 및 부산·원산 등지와 연결시키는 국내 교역의 통로로서, 나아가 호남 지방 내의 연안 무역의 중심지로서 성장하였다. 목포의 경우 개항 이후 연안 무역을 위한 소규모 기선의 취항이 곧 이어 이루어졌는데 목포—영산포간은 매일 양지역에서 출발하고 있으며 목포—법성포—줄포의 연안 항로는 매주 1회 기선의 왕복이 이루어졌다.[15]

개항장을 통한 상품 유통은 러일전쟁의 발발과 더불어 군수 물자의 수송 임무를 수행하는 과정에서 비약적으로 성장하였다. 러일전쟁 이전의 군산항은 함열과 임피, 옥구와 만경의 4개 지역과 김제 및 익산의 일부 지역을 주된 영역권으로 지닌 데 불과하였으나 러일전쟁 이후 군산항은 전주와 동진 평야 일대를 자신의 상권에 포섭할 정도로 발달하였던 것이다.[16] 실제로 이 무렵 전주의 경제권은 강경보다 오히려 군산으로 연결되었고 전주는 필요한 소비품을 군산을 통

---

14) 청일전쟁 당시였던 1894년 12월 조선 주재 일본공사 井上이 일본 외무대신에게 보낸 편지에서 "現今의 기회를 타서 조선에서의 我帝國의 위치를 공고히하기" 위해 고부 또는 목포의 개항과 거류지 건설을 요구하고 있다. 군산항과 목포항의 개항 연혁에 대하여는 『군산 개항사』 및 목포지편찬회, 『목포지』, 1941 참조.
15) 『목포지』, p. 318.
16) 『군산 개항사』, pp. 112~13.

해 공급받기 시작하였다. 동시에 전주를 위시한 이 지역의 생산물들의 판매 역시 강경을 통하기보다는 군산을 통하게 됨으로써 강경의 상권은 점차 위축되고 군산의 상권이 확대되었던 것이다.[17] 목포의 경우도 마찬가지여서 러일전쟁이 끝난 이후부터 목포의 상권은 명실상부하게 전남 일대를 포섭해나갈 수 있었다.[18]

러일전쟁 이후 일제는 통감부를 설치하고 각 개항장에 이사청을 두어 개항장의 사무를 보게 하였다. 일제는 통감부의 부속 기관으로 도로 영업소를 1905년에 신설하고 지방 상품의 유통 확대를 위하여 중요한 지역을 연결하는 근대적인 도로망을 정비하기 시작하였다.[19] 일제의 호남 지방 물산 수탈을 위하여 형성하고자 했던 이 지방의 유통로는 1914년의 호남 철도 건설로 그 절정에 달했다고 생각되어지지만 1908년의 전주―군산간의 도로 신설, 역시 같은 시기의 광주―목포간의 신작로 개설 등은 모두 군산과 목포의 새로운 상업 중심지로서의 성장을 뒷받침하는 것이었다. 호남 지방의 상권은 목포와 군산의 개항으로 변화되기 시작하였지만 이들 개항장이 실질적으로 넓은 지방을 자신의 상권에 포섭하게 된 것은 러일전쟁을 치른 다음이었다.

호남 지방의 상권이 군산과 목포에 집중되기 시작하였다는 사실은 단순한 상업 중심지의 변화만을 의미하는 것은 아니었다. 이들 개항장이 실질적으로는 일본 상인 및 관리들의 거주지로서 독자적인 생활 공간으로 기능하였던 만큼 군산과 목포의 상권 장악은 바로 일본 상인을 비롯한 외국 상인들이 한국의 상권을 장악해가는 과정이기도 했던 것이다. 이후의 변화와 관련해서 보면 식민지 시기에까지 그 구조가 지속되었던 호남 지방의 일본 경제에의 종속적 구조가 바로 이

---

17) 「군산 개항이 강경에 미치는 영향」, 『通商彙纂』 146號.
18) 『목포지』, p. 430.
19) 『군산 개항사』, pp. 6~7.

개항을 계기로 만들어졌던 것이다. 또한 개항은 지방 사회의 전통적 상품 유통 구조, 상권의 변동을 초래하는 계기가 되기도 했다. 예컨 대, 군산의 개항은 그 동안 호남 북부 지방의 물산의 집결지로서 자 생적으로 성장해왔던 강경포의 상권에 커다란 타격을 입히고 강경의 경제적 몰락을 가져오는 커다란 요인이 되었다. 실제로 군산의 개항 그 자체가 이미 이러한 강경포의 경제적 몰락을 의도한 것이었다. 일 제는 군산을 개항장으로 설정하면서 강경포라는 배후 경제지를 중시 하였는데 점차 군산을 중심으로 하는 경제권 속에 강경포를 포섭하 려는 의도가 숨어 있었다.[20] 영산강 일대는 목포의 개항과 더불어 인 근의 포구들이 모두 목포 상권에 포섭되어갔다. 영산포와 나주의 석 해, 영암의 덕진포·도포, 무안의 사포, 해남 등이 주로 미곡의 유출 기능을 담당하면서 목포와 유기적으로 결합되어 있었던 것이다.[21]

3. 개항장 유통 구조의 변화와 성격

개항장이 설치된 지방에서는 시장의 규모가 급격히 커졌다. 개항 장은 국제적 교역이 이루어지는 곳으로 국외로 이출되는 물산이 여 러 지방으로부터 수집·집적되는 곳이다. 따라서 개항장 주변에서 이러한 물산의 매매가 이루어지는 시장이 확대되는 것은 당연했다. 물론 그것은 시장 범위의 공간적 확대만 의미하는 것이 아니다. 개항 장에서 주로 거래되는 물산들의 상품화가 주변 지역을 중심으로 급 격하게 확장되었고 지방 사회 전반에 특정 물산의 상품화를 부추기 는 쪽으로 영향을 미쳤다. 상설 시장의 경우는 말할 것도 없고 정기 적으로 열리던 지방 장시나 보부상과 같은 떠돌이 상인들의 활동도

20) 『군산 개항사』, pp. 5~6.
21) 『목포지』, pp. 428~29.

개항장의 영향을 강하게 받게 되었다. 그 결과 조선 후기 이래 발전해 온 한국 사회 내부의 유통 구조가 개항장을 중심으로 재편되면서 상품이 유통되는 통로나 그 내용에 큰 변화가 나타나게 되었던 것이다.

개항장 중심에서는 국내 각 지역간의 상품 유통보다는 해외와의 상품 교역에 의해 더욱 큰 영향을 받게 마련이었고 당연히 외국 상인의 요구가 국내 상인보다 더 큰 힘을 갖는 경우가 많았다. 이들 외국 상인의 요구가 그 물산을 필요로 하는 외국의 시장 조건에 의해 크게 좌우되는 것은 두말할 필요도 없다. 개항장이 설치된 것 자체가 이미 불균등한 국가간 역학 관계의 결과였지만 실제 개항장 내에서 이루어지는 경제적 활동에서도 힘의 불균형이 큰 영향을 미쳤다. 국가 권력을 배경으로 하는 지방관과 외국 상인들 사이에, 또 한국의 상인과 외국의 상인 사이에 나타난 여러 형태의 갈등은 본질적으로 경제적인 것이면서 동시에 매우 권력적인 현상이었다.

I. 쌀의 상품화와 대외 유출

쌀은 조선 사회의 주곡이었고 호남 지방은 전국적으로 가장 중요한 쌀 생산지였기 때문에 이 지역에서 생산된 쌀은 일찍부터 전국에 유통되었다. 조선 후기 쌀은 어느 지역에서나 최대의 생산물이었고 어느 곳에서나 가장 중시되던 품목이었다.[22]

개항장이 설치된 이후에 쌀은 더욱 중요한 상품이 되었다. 개항장에서 가장 요구하던 상품이 쌀이었기 때문인데 물론 그 배후에는 값싼 쌀의 공급을 원하였던 일본 자본주의의 요구가 작용하였다. 쌀은 사회적 안정을 좌우하는 가장 핵심적인 품목이었기 때문에 정부도 쌀의 대외 유출은 최대한 억제하려 하였고 그럴수록 개항장 주변에서의 쌀의 상품화는 긴장과 갈등을 동반하면서 전개되었다.

---

22) 예컨대 1835년경에 저술된 徐有榘의 『林園十六誌』에 의하면 전라도 53개 읍의 장시에서 미곡이 판매되지 않는 곳이 하나도 없었다.

호남 지방의 쌀은 목포와 군산이 개항되기 이전부터 일본으로 이출되었다. 이 지역에서 생산된 쌀이 인천 또는 부산항으로 수집되어 이출되었는데 국내 상인들의 손을 통해 거래되는 경우도 있었고 일본 상인들이 불법적으로 각지를 돌아다니며 쌀을 매입한 경우도 있었다. 일본 상인들은 1880년대부터 호조의 통행권을 발부받거나 또는 그것조차 없이 전국 각 지방을 돌아다니면서 쌀을 매입하였는데 호남 지방은 특히 이들이 중시하던 지역이었다. 1890년대에 들어서면 쌀의 대일 수출량이 크게 늘어나는데 그 중 호남 지방의 생산물이 점하는 비중이 매우 컸다.

쌀의 상품화와 대외 유출이 심해지면서 지방 사회는 심각한 갈등에 직면하게 되었다. 이 갈등은 크게 두 측면에서 오는 것이었다. 하나는 절대적으로 부족한 곡물류가 해외로 이출되면서 지방의 식량 사정에 큰 위협을 주었다는 것이다. 쌀의 상품화로 인한 지방 사회의 곡물 부족 현상은 사실 조선 후기부터 있어온 일이었지만 개항 후에는 그 성격이 전혀 다른 것이 되었는데 유출 대상지가 국내가 아닌 외국이었으므로 결국은 국내의 식량 결핍을 초래할 수밖에 없는 것이었다. 1890년대에는 쌀의 대외 유출은 물론이고 상품화 자체를 비판하는 분위기조차 나타났는데 1894년 동학농민전쟁 기간중에는 군산·영광·무안·흥덕 등지의 농민군이 '防守'라 칭하고 곡물의 상품화를 금지할 정도였다.[23] 또 지방관들도 곡물의 대외 유출을 막거나 심지어 매매 자체를 억제하고자 했고 실제 태인·광양·구례·부안 등지에 내려졌던 방곡령은 그러한 성격을 띤 것이었다. 이런 조치들로 인해 일본 상인 및 일본 정부와의 대립이 격화된 것은 물론이었다.[24]

다른 한 측면은 쌀의 상품화가 확대되고 쌀값이 높아지면서 상이

---

23) 신용하, 「갑오농민전쟁 시기의 농민 집강소의 활동」, 『한국문화』 6, pp. 38~39.
24) 한우근, 「미곡의 대외 유출」, 『한국 개항기의 상업 연구』, 일조각, 1970.

한 계층에 속한 농민들 사이에 갈등과 대립이 심화된 것이었다. 농업 생산에서 유리한 지위를 점하고 상품화 가능한 잉여 생산물을 확보할 수 있는 계층과 그렇지 못한 계층 사이에 상품화에 대한 대응 방식은 매우 달랐다. 부농에게 상품화는 자신의 부를 더욱 축적할 수 있는 기회였지만 빈농에게는 전통적인 생존 경제의 틀 자체가 해체되는 비극이었다. 특히 식량을 시장에서 매입해야 했던 도시민과 빈농층에게 쌀값의 등귀와 곡물 부족 현상은 생존의 위기를 심화시키는 것이었다. 개항 이후 쌀이 중요한 상품으로 바뀌면서 농민층 내부는 계급적으로 더욱 분화되었고 그들간의 대립과 긴장 역시 더욱 심해졌다. 1897년 전남 일대에 방곡령을 내렸던 관찰사 윤웅렬은 전해의 풍년에도 불구하고 각 지방의 미곡상이 쌀을 유출시킴으로써 장시에 쌀의 품귀 현상이 나타나고 쌀값이 치솟았으며 이로 인해 쌀을 시장에서 사먹을 수밖에 없는 빈농층이 특히 고통을 겪고 있다는 것을 주된 이유로 내세웠다.[25] 물론 이 과정에서 경제적으로 부를 축적할 수 있는 자들도 있었고 이들은 이 기회를 적극적으로 활용하였을 것이다. 일제하 대지주 가운데는 개항기의 쌀 거래를 통해 부를 축적한 사람들이 적지 않았다.

청일전쟁이 끝난 이후 일본은 점점 더 인근 국가들을 정치적으로나 경제적으로 침략하려는 제국주의 국가로 변모해갔다. 일본 정부는 주변 국가에 자신들의 이익을 극대화하기 위한 무리한 요구들을 강요하였고 필요하다면 무력적인 도발도 꺼리지 않았다. 목포와 군산의 개항 직후 이 지역에서 나타났던 방곡령은 대부분 일본 정부의 강력한 항의를 받고 제대로 시행될 수 없었다. 1904년 러일전쟁이 발발하자 많은 일본 상인 및 군인들이 호남 지방으로 진출하였고 전쟁이 끝난 후에도 일부는 돌아가지 않고 이곳을 자신들의 경제 활동 근

---

25) 吉野誠, 「李朝期にすける米穀輸出の展開と防穀令」, 『朝鮮史研究會論文集』 第20輯, p. 109.

거지로 삼으려 했다. 이들이 호남 지방을 일확천금의 꿈을 실현시켜 줄 새로운 경제 활동지로 선택한 것은 두말할 필요도 없이 쌀 생산지라는 조건과 군산·목포라는 발판이 있었기 때문이었다. 일제 시대이 지역에서 경제적으로 큰 힘을 발휘하였던 인물들 가운데는 이때 정착한 인물이 적지 않다. 전쟁이 끝나자 일본은 통감부를 설치하고 자신들의 이해에 따라 한국 정부를 좌우하기 시작하였다. 목포항의 수출 내역을 보면 1907년에 쌀의 대일 수출이 최고 수준에 달하고 있으며 군산항의 경우도 러일전쟁 이후 급격하게 쌀의 유출이 증대하고 있다.[26]

개항장 주변의 시장 상황은 이곳에서 이출되는 상품의 주된 구매지인 일본에서 무엇을 얼마나 요구하는가 하는 데 크게 좌우되었다. 일본은 산업화가 진전되면서 값싼 쌀의 공급이 절대적으로 필요했으므로 한국에서의 쌀 유출이 아무런 탈 없이 확대되는 것이 무엇보다도 중요한 일이었다. 나아가 한국의 쌀을 일본 시장에서 원하는 형태로 상품화시켜야 할 필요성이 커졌다. 일본 상인들은 1903년에 각각 곡물상 조합과 수출상 조합을 결성하고 일본 시장이 요구하는 상품의 형태로 쌀을 수집·포장하기 시작하였다. 이들은 수출할 쌀의 형태에 대한 독자적인 검사 제도를 실시하고[27] 일본 시장에서의 상품성을 높이기 위한 조치로 쌀에 상표를 붙이기까지 했다. 당연히 상품성을 좌우하는 것은 일본 시장에서의 요구였다. 가격 역시 일본 시장에서의 시세에 결정적인 영향을 받게 되었는데 일본의 쌀값이 이 지역의 쌀값에 가장 큰 변수가 되었다.

이러한 변화를 종합적으로 고찰할 때, 개항장의 상품 유통 구조는 적어도 1900년대에 들어서면 단순한 국내 상품의 유출이나 일본 상인의 불법적 경제 행위의 차원을 넘어서 예속적인 경제 구조로서의

---

26) 『목포지』, p. 481~82.
27) 『목포지』, p. 41 ; 『군산 개항사』, pp. 191~92.

성격을 띠게 되었다고 볼 수 있다. 그 주된 매개물은 쌀이었고 일본 상인에 의한 쌀의 일방적 유출을 핵심적인 내용으로 하는 것이었다. 일본 시장의 경기 변동이 호남 지방의 쌀값을 좌우하고 그 상품화 정도를 규정하며 나아가 이 지방 농민들의 생활 조건을 좌우하기에 이르렀던 것이다. 또한 이를 통해 일본 정부가 한국 정부의 자율적인 경제적 조치를 반대하거나 개입하는 구조가 만들어지게 되었다. 이 과정은 상품 유통 과정에서 주도권을 장악하기 위하여 대립하던 여러 세력들간의 대립과 갈등을 동반하는 것이었고 그런 의미에서 정치적인 과정이기도 했다.

II. 의류 상품의 유입과 면포 · 면작의 위축

쌀 다음으로 개항장에서 중요한 품목은 직물류였다. 의복은 식량과 더불어 가장 기본적인 생활 필수품이기 때문에 국내의 장시에서뿐만 아니라 개항장에서도 중요한 상품이었다. 선진 자본주의 국가가 대내적으로나 대외적으로 상품 생산의 대량화를 실현시킬 때 일차적으로 선택되는 품목도 의복용 직물류였다.

전통적으로 한국 사회에서 의복에 사용된 직물로는 면포가 가장 중요한 것이었고 면포 생산의 원료로서 면화 재배가 중요하였다. 면화와 면포의 생산은 상당 부분 전남 지방을 중심으로 이루어지고 있었고 전북 지방에서 저포류가 상당량 생산되었으며 생산 규모는 자급분을 넘어서 상품 판매가 가능할 정도로 확대되어 있었다.[28] 1880년대의 기술 자료들에 의하면 호남 지방은 그 이전부터 면화와 면포를 자급 규모 이상으로 생산하여 전국 곳곳에 공급하였다.[29] 특히 전

---

28) 梶村秀樹, 「이조 말기 면업의 유통 및 생산 구조」, 『한국 근대 경제사 연구』, 사계절, 1983.

29) 「朝鮮國全羅道巡回復命書」, 『通商彙纂』 22號. 이 기술 자료에서는 전라 남서부를 목화 · 면화 · 생사 등의 주산지로 서술하고 있다.

남은 전통적으로 면작이 가장 성행한 지역으로 무안·나주·광주·해남·진도·남평·능주 등이 대표적인 지역이며 함평·영광·화순·창평·옥과·곡성·구례·순천·영암·광양 등이 그 다음으로 많은 면화를 재배하고 있었다. 전북 지방은 순창을 제외하고는 별달리 면화를 재배하고 있다고 할 수 없으나 대신 저의 생산이 많았다.[30]

개항장에서 상품화되는 직물류는 쌀과는 그 내용이 달랐다. 쌀은 한국에서 생산된 것이 주된 상품으로 일본에 유출되는 것이었지만 직물류는 국내의 생산물과 외국의 자본제 상품이 서로 대립된 형태로 시장에서 경쟁하는 형편이었다. 한국에서 생산되는 면포는 일본 시장에서 아무런 시장성이 없는 것으로서 전적으로 국내 소비를 충당하는 것이었기 때문에 개항장에서 요구하는 상품은 면포가 아닌 원료로서의 면화 그 자체였다. 그러나 이 시기의 시장 상황은 일본의 그러한 요구에 잘 부합하는 것이 아니었다. 당시 직물류의 수입에 종사하던 한 일본 상인의 보고에 의하면 호남 지방의 경우 수입 상품과 이 지방에서 생산되는 국산 면포가 시장에서 서로 경쟁하고 있었다.[31] 이런 상황은 목포와 군산이 개항된 이후에도 당분간 지속되었다. 예컨대 목포가 개항한 직후인 1897년 11월 목포항의 상품 유출 상황을 보면, 미곡이 제일의 이출품이고 다음으로 면포가 가공품으로서는 최대의 이출품이었다. 그러나 면포의 경우는 일본으로 수출되는 것이 아니었다.[32] 이출품의 대부분은 서울과 원산으로 가는 것이었고 그것은 곧 국내의 수요에 부응하는 것이었다. 개항장의 상품 유통 과정에서 이윤을 추구하던 일본 상인의 입장에서 볼 때 이와 같은 국산 면포의 강인한 생명력은 매우 불리한 조건이었다. 토착 면직물이 시장에서 힘을 지닐수록 그들이 중개 무역의 주상품으로 삼고

---

30) 梶村秀樹, 앞의 글.
31) 「朝鮮國に於ける本邦木棉の將來」, 『通商彙纂』 28號.
32) 「1898年 1月中 木浦商況」, 『通商彙纂』 93號.

있던 영국산 면직물의 판매가 어려울 뿐 아니라 당시 급속히 성장해 가던 일본 방적업계가 원하는 원료로서 원면을 구입·유출시키는 것도 어려웠다. 뿐만 아니라 일본의 공장제 생산품으로서 면사를 판매하는 것도 곤란하였다. 일본 상인으로서는 이 지방에서 생산되는 원면을 그대로 일본으로 수출하고 일본의 공장에서 생산된 면사와 일본이 중개 무역을 하고 있는 영국제 면직물들은 완제품의 형태로 수입하여 각 지방에서 판매하는 구조가 형성되는 것이 가장 유리하였다. 물론 그러한 변화를 일본 상인만 원하고 있었던 것은 아니었다. 일본의 정책을 대변하고 일본의 이익을 위해 동분서주하던 정치인 및 군인, 심지어 떠돌아다니던 일본 낭인배들조차 이러한 변화를 위해 모든 강압적 수단을 동원하려 했다.

가장 먼저 시도된 것은 일본산 방적사의 수입이었다. 일본산 방적사의 국내 유입은 목포보다는 군산 부근에서 먼저 시작되었고 점차 남부 지방으로 전파된 것으로 보인다.[33] 아마도 전남 지방이 면화의 주산지였고 따라서 재래 면사의 사용이 주를 이루었기 때문에 전북 지방에서부터 유입되었던 것 같다. 이것은 일본 정부가 적극적으로 지원한 사업의 하나였다. 당시 일본 영사관의 보고를 보면 "당 지방의 면화를 본방(本邦)으로 수송하여 본방에서 방적사를 이 지방에 공급하는 순서"로 변화시키려는 여러 가지 방안들이 모색되었다.[34] 그 결과 1900년대부터 목포항을 중심으로 이 지역의 면화가 원면 그대로 일본으로 수출되기 시작하였고 그와 비례하여 일본산 방적사의

---

33) 「木浦紡績絲販賣の有望」, 『通商彙纂』 121號. 이 글에서는 日本産 방적사가 전남 지방에 판매되지 않는 주된 이유를 이 지역이 면화의 특산지라는 점과 방적사에 대한 인식 부족에서 찾고 있다. 한편 「木浦輸入本邦紡績絲」, 『通商彙纂』 181號에서는 일본산 방적사의 보급이 최초에는 군산 방면이었다가 점차 남부로 확대되었다고 하였다.

34) 「釜山港に於ける朝鮮木棉及日本木棉の槪況」, 『通商彙纂』 49號.

수입이 급증하기 시작하였다.

그 결과 점차 면화의 대일 수출은 증대하는 데 반해 목포항을 통한 면포의 이출은 오히려 감소하였다. 면화는 일본으로 수출되는 것이고 면포는 국내 타지역으로의 공급되는 것이라는 점을 생각하면 국내의 독자적인 면직물 생산 구조가 무너지고 대신 일본 자본주의와 결합된 생산과 유통의 구조가 형성되는 것을 뜻하였다. 그 변화는 점차 가격에도 반영되었는 데 일본 시장에서 요구하는 면화의 가격은 상승하고 있는 데 반하여 국내 시장에 공급되는 면포의 가격은 그렇지 못하였던 것이다.[35] 그 결과 면포의 수출은 1904년을 고비로 급격히 감소되어 1907년경부터는 거의 수출량이 눈에 띄지도 않을 정도가 되었다. 그러나 면화의 수출은 1903년경부터 급격하게 증대하고 있다. 이런 변화의 결과 면포를 생산하던 농가는 생산 의욕을 상실하게 되었는데 예컨대 무안군 자방포는 면화 재배가 활발했던 지역이었고 또 목포 개항 이후 꾸준히 면화의 재배 경지도 늘어나고 있었음에도 불구하고 목포에서의 면 가격 호황 때문에 실면의 수출만 늘어나고 면포 제직은 점차 감소하였다.[36] 이러한 경향은 당시 면화의 주산지였던 호남 남부 지방의 일반적인 모습이었다. 이 당시의 수입 품목을 자세히 살펴보면 영국산 면직물이나 일본산 방적사 등을 제외하고는 대체로 생산 기술의 수준이 낮은 일상 잡화가 주종을 이루고 있었다. 뿐만 아니라 면직물류를 제외한 기타 잡화물들의 수입액은 그 비중이 상대적으로 극히 적고 또 연도별 증가율도 별로 높지 않았다. 오직 면직물류의 수입 판매만 1894년과 1904년을 기점으로 급격

---

35) 다음과 같은 목포 영사관의 보고는 면화 수출과 면포 수입간의 관계를 잘 보여주고 있다. "한국에서 木棉의 제조에 사용하는 면화의 수량은 수출량의 몇 배에 달함은 확실하다. 따라서 本邦에서 한국에 수입하는 면사 · 면포의 판로 확장에 큰 힘을 기울이면 韓人의 면화에 대한 수요를 감소시키고 면화 수출액을 증대시키는 데 효력이 있을 것이다."「木浦に於ける棉花輸出狀況」, 『通商彙纂』36號.

36)「韓國全羅南北道農業情況」, 『通商彙纂』68號.

하게 증대되었다.[37]

다음으로 일본이 추진한 것은 면화의 품종 자체를 일본 자본주의가 필요로 하는 것으로 바꾸는 일이었다. 유통 과정의 장악으로부터 생산 과정 그 자체에 대한 변화를 꾀한 것이다. 이 과정은 단순히 일본 상인의 노력으로 이루어질 성질의 것이 아니었다. 일본은 통감부의 권력을 이용하여 정책적으로, 때로는 무력을 동원하여 자신들이 원하는 구조를 창출하려 했다. 그 노력의 일환이 바로 호남 지방, 특히 전남을 중심으로 추진된 '육지면 재배 사업'이었다. "지금 미국 면종을 이식시켜 좋은 결과를 얻는다고 가정하면 〔……〕 我日本에 있어서 이미 7~8천만 원의 방적 원료를 멀리 미국·인도 지방에 의존하고 있는 것을 가까운 조선, 특히 일본과 가장 가까운 관계에 있는 조선에 그 상당 부분을 구할 수 있음과 동시에 조선인이 사용하는 방적사 또는 직포류의 공급을 아일본에서 하게 된다면 이는 소위 일·한 양국 경제 공동주의에 부합……" 할 것이라고 보았던 것이 바로 육지면 재배 사업의 실제 의도였던 것이다.[38]

---

37) 1900년대를 전후한 면직물의 수입 상황을 보면 다음과 같다(梶村秀樹, 앞의 글, 〈표-2〉에서 발췌).

연 도	면 제품(원)	섬유 제품 합계(원)
1884	497,593	550,812
1887	1,894,324	2,122,098
1890	2,674,807	3,148,698
1893	1,733,458	2,230,613
1897	5,273,119	6,424,925
1900	5,764,990	(6,815,580)
1904	8,456,940	10,728,484
1907	12,552,862	16,951,390

38) 『목포지』, p. 93.

140

그리하여 조선에 면화 우량종 보급을 목적으로 하는 면화재배협회가 1904년 동경에 설립되고 이어 1905년에는 목포·광주·군산 등 호남 일대에 시험 재배가 시작되었다. 1906년에는 통감부의 지원하에 채종원이 전남 일대에 설립되었고 1908년 3월에는 임시면화재배소가 독립 기관으로 목포에 신설되기에 이르렀다.[39] 그리하여 1910년 당시 육지면 재배 면적 및 경작자의 90% 이상이 전남 지방에 집중되어 있었고 1911년에는 전남 지역에서만 총 1,680여 정보, 43,000여 명의 경작자가 있었던 것으로 나타나고 있다. 이 시기 전남 지방에서는 전통적인 면화 및 면포 생산의 분업 구조가 파괴되고 대신 면화를 수출하고 그 가공품을 수입하는 구조가 형성되면서 식민지적인 예속 경제의 모습이 뚜렷하게 나타났다. 조선 후기 이래로 국내에 생산 기반을 확대시켜오고 있던 면화 생산과 면직물 생산과의 유기적 결합 구조가 파괴되고 대신 일본 자본주의에 예속된 경제 구조가 이런 과정을 거쳐 형성되었던 것이다.

4. 시장 상황에서의 갈등과 권력

약소국의 경우 선진 강대국과의 통상 조약의 체결, 그로 인한 개항장의 설치 자체가 곧 경제적 종속의 계기로 되는 경우가 적지 않았다. 특히 19세기와 같은 제국주의 시대에는 거의 그러했다. 그렇지만 개항장의 설치 자체를 바로 경제적 예속 구조의 확립으로 보는 것은 결과론적 해석일 뿐 아니라 역사적인 과정과 다양성을 지나치게 무시하는 해석이라고 생각된다. 개항을 계기로 종속적인 경제 구조가 심화되게 된 과정은 결코 자연스럽거나 불가피한 과정이었다고 볼

---

39) 『목포지』, p. 93.

수는 없다. 개항은 그 자체로서는 국내의 상품화와 생산을 자극하는 긍정적 효과도 있으며 실제로 근대 세계 체제 속에서 독자적인 국가 체제로 자신을 변화시켜나가야 하는 과제에서 볼 때 개항 그 자체는 불가피한 것이었다. 여기서 중요한 것은 개항 이후 확대되는 시장 경제에서 주도권을 어떤 세력이 장악하는가 하는 것이다. 그리고 그 과정에 어떤 정치적인 힘이 작용하여 어떤 결과를 빚어냈는가 하는 점이다.

이 점을 밝히기 위해서 개항 이후 상품 유통에 적극적으로 참여하였던 세 범주의 집단을 검토해볼 필요가 있다. 첫째로는 조선 후기 이래 지방 사회에서 상품 유통에 종사하면서 근대적 상인 집단으로 성장해오고 있던 지방 상인층이고, 둘째로는 일본의 정치 경제적 힘을 배경으로 지방의 경제에 힘을 행사하던 일본 상인층이며 마지막으로는 경제 행위에 대한 통제권을 지니고 있었던 전통 국가의 지방관이 그것이다. 이들은 각기 조선의 내재적인 상업적 역량, 일본 제국주의의 침략성, 그리고 전통 국가의 경제 정책 등을 드러내는 행위자들이었다. 개항기 지방 사회의 상품 유통을 둘러싸고 나타난 이들 간의 갈등은 개항 이후 한국 사회가 경험한 구조적 갈등의 모습을 함축적으로 보여주는 것이라 할 수 있다.

I. 지방 상인의 성장과 한계

조선 후기에 지방에서 상품의 유통을 담당한 자들은 포구를 근거로 활동하던 여각·객주층과 장시를 중심으로 활동하던 보부상으로 대별된다. 이들은 근대적인 상인층이라고 보기는 어려우나 전통적으로 상품의 유통에 종사하고 있었던 만큼 개항 이후의 시장 상황에 누구보다도 적극적으로 참여할 수 있는 자들이었다.

먼저 객주·여각층에 대하여 살펴보면, 19세기 초·중엽 다소 물산의 유통이 활발한 포구에는 어디든지 이들이 존재하였다. 이들은

142

주로 물품의 위탁 · 중개 · 알선 등의 일을 하면서 동시에 자금의 대여나 보관 등의 일도 하던 자들이었다. 비록 그 규모는 작아도 자생적인 상품 경제의 확대를 기반으로 성장한 독립적인 상인층이었던 만큼 사회적 생산력이 증대될수록 근대적인 상인층으로 발전할 수 있는 층이기도 했다.[40] 그렇지만 이들은 근대적 의미에서 자유로운 상인층의 원형으로 보기에는 너무도 많은 한계를 지닌 자들이었다. 상업 활동에 종사하면서 상품 유통의 주도권을 확보하려는 집단임에는 분명하지만 전통 국가의 권력 기구와 구조적으로 결합되어 있으면서 특권적 독점권을 보장받던 특권 상인의 일종이기도 했다.[41] 포구에서 객주층의 주된 역할의 하나는 관아나 궁방의 소유인 포구 수세권을 대행해주는 대가로 포구 내의 상품 유통에 대한 독점권을 보장받고 모든 상품 유통에 대해 구문전(口文錢)을 받는 것이었다. 따라서 이들의 경제적 힘은 합리적이고 적극적인 상품 유통 과정에 있다기보다 전통 국가의 권력으로부터 제공되는 특권적인 독점권에 기반한 것이었다. 또한 그런 만큼 이들에 대해 가해지는 전통 국가의 규제와 간섭도 강하였고 그것이 자유롭고 독립적인 상인으로서의 성장을 근원적으로 저해하고 있었던 것이다.

개항과 함께 모든 포구에서 상품 유통이 활발해지고 일본 상인, 청국 상인을 비롯하여 새로운 상업 담당자층이 등장하게 된 것은 이들에게 새로운 기회의 확대이자 동시에 이전과는 다른 장애물이 출현한 것이기도 했다. 상품 유통이 활발해지는 것이 기회라면, 독점적 지위가 위태로워지는 것이 위기였다고 할 수 있다. 따라서 이들이 독자적인 상인층으로 성장하고 지방 수준에서나마 상품 유통의 주도권

---

40) 이들을 중심으로 한 私商層을 범주화하여 그 근대 지향성을 확인하고자 하는 연구가 있었다. 특히 安秉台는 그 가운데서도 지방의 객주층이 더욱 이러한 성격을 강하게 띠고 있었다고 본다. 안병태, 「상품화 경제의 구조와 발전」, 『한국 근대 경제와 일본 제국주의』, 백산서당, 1982, pp. 151~59.

41) 李炳天, 앞의 글. 그는 객주층을 신특권 상인이라 불렀다.

을 장악하려면 두 가지 변화가 필요하였다. 하나는 전통 국가 권력에 의존해온 특권 상인적 성격을 벗어버리는 것이고, 다른 하나는 외국 상인의 침투에 적극적으로 대처하면서 국내 상권의 주도권을 장악하는 것이었다. 그리고 그 점에서 자신들의 독자적 성장을 뒷받침해줄 새로운 성격의 권력을 필요로 하였다.

이러한 두 가지 측면과 관련하여 당시 호남 지방의 객주 · 여각층이 보여주었던 대응 방식은 어떠했는가? 다음의 자료를 통해 검토해 보고자 한다.

本浦가 處在於群港江景 兩浦至近 來往之路하야 外國商船도 每見來泊 隣各浦而 物貨賣買를 任意爲之하오니 大抵不通商港口에 外人之無難貿遷이 本非章程뿐더러 有損於商民與各浦旅閣主人輩하야 本浦旅閣도 亦被損害하야 果難之保하오니 海倉旅閣을 特付於宮內付하시고 該旅閣主人 崔文範으로 差定하시고 本浦隣浦에 外商出入을 派員査檢케 하시믈 伏望 云云.[42]

이것은 함열 해창포 여각 주인이 외국 상선의 상업 활동 때문에 자신의 경제적 이익이 침해되고 있음을 주장하면서 자신을 궁내부에 복속시키는 대가로 이 지역에서의 독점적인 주인권을 보장받고자 한 청원서이다. 여기에는 일본 상인들의 진출로 인해 경제적인 어려움을 겪고 있던 여각 주인이 자신의 곤경을 벗어나기 위한 방편으로 왕실에 의존하려 하는 모습이 잘 나타나 있다. 전통 국가의 권력이 보장하는 특권적 지위를 확보하기 위하여 왕실의 권한에 자신을 복속시키고 그 대가로 일정 금액을 왕실에 납부하는 형태의 관계가 설정되었던 것이다. 이런 모습은 비단 함열에 국한된 것이 아니고 대부분

---

42) 「咸悅郡海倉浦旅客主人李載榮等請願書」, 外部大臣 臨時署理 李夏榮이 沃溝監理에 보낸 訓令, 제79호내, 『沃溝港案』.

의 전통적 포구에 존재하는 객주·여각층에 보편적인 것이었다.[43] 이
것은 전통적인 객주층의 특권 상인적 성격이 그대로 유지되고 있음
을 말한다.

또 다른 예로 목포항의 객주들의 움직임을 보자. 개항장의 객주는
소규모 포구의 객주에 비해 숫자도 많고 경제력이나 독자성이 더욱
강하였을 것으로 볼 수 있다. 목포항의 객주 70여 명은 자신들의 독
점적인 권리 보장을 위해 객주회라는 조직을 결성하고 일본 상인들
에 대항하려 했다. 이 움직임은 비록 객주들의 특권을 보장받으려는
전근대적인 성격이 내포된 것이기는 하지만 개항장에서의 상품 유통
의 주도권을 일본 상인들로부터 지키려는 자율적인 노력으로서 그
의의가 적지 않은 것이었다. 객주회라는 조직이 결성되었다는 것은
이들이 스스로의 집단적 이해를 깨닫고 조직적으로 움직이기 위한
준비가 마련되었음을 의미한다. 그러나 일본 상인들은 이러한 객주
층의 노력을 방관하지 않았다. 1901년 이후 일본 상인들은 자신들의
조직체인 목포상업회의소를 통해 강력하게 항의하였고 결국 객주회
의 요구는 받아들여지지 않았다. 이렇게 되자 객주회는 1904년 내장
원에의 복속을 전제로 육미구문전(陸米口文錢) 수취권의 독점을 보장
받기 위하여 무안항사상회사(務安港士商會社)를 설립하였다.[44] 이것
은 함열의 여각 주인이 왕실에 복속하는 대가로 특권을 보장받으려
던 시도와 본질적으로 같은 것이었다. 당연히 이 회사는 형태상으로

---

43) 개항장 이외의 객주·여각 주인들도 스스로 왕실에의 복속을 요청하고 있었다.
   다음의 예는 그러한 모습을 잘 보여준다. 『沃溝港案』, "全羅北道 完東兩浦旅客 金
   鎭源等 伏以本人等이 俱以沿海殘民으로 所謂 旅客營業而資生이온바 現在萬國通
   商之時에 商務興旺이온디 本人等의 旅客은 句管이 無處ᄒᆞ와 激散莫保之境이다온
   〔……〕本人等 旅閣도 一例로 組織ᄒᆞ와 附屬於本社(永興社)爲支社ᄒᆞ옵고 稅金段
   은 陰曆五月與十月一月當에 三百元式 合六白元을 每年上納于 內藏院之意로 兹以
   請願云云."

44) 『목포지』, pp. 435~38; 『務安港士商會社章程』(奎 18958).

는 근대적인 상업 조직체인 듯하나 실제로는 반관·반민적 성격의 특권 상회사로서의 성격을 벗어날 수 없었다.[45] 군산항의 객주층이 1903년 설립한 영흥사도 이와 거의 비슷한 것이었다.[46]

문제는 이들이 자신의 보호를 위해 스스로 복속하려 했던 전통 국가의 권력, 특히 왕실의 권력이 일본 상인의 힘을 막아주는 경제적 보호막이 될 수 없었던 데 있다. 이 시기 전통 국가의 지배층에게는 외국 상인의 경제적 침탈로부터 자국 상인층을 보호해주려는 적극적인 의지를 발견하기 어려웠을 뿐 아니라 설사 있었다 하더라도 그것을 정책적으로 실현시킬 만한 힘을 갖지 못하였다. 더구나 일본은 정치적으로 자신들에게 불리한 정책이 추구되지 못하도록 각종 정치적·경제적 압력을 가하였다. 설상가상으로 1896년 아관파천 이후 강화된 왕실이 스스로 사적인 이익을 추구하는 타락상을 보임으로써 그 권력에 기대었던 지방 상인층은 경제적 자율성도 잃고 유통상의 실익도 잃는 결과를 초래하였다.

지방 상인층의 입장에서 생각해보면 이들은 감당하기 어려운 두 가지 과제에 부딪히고 있었던 셈이었다. 즉 전통 국가의 자의적인 간섭을 벗어나 자율적인 상인층으로 거듭나는 일과 일본 상인과의 경쟁에서 이겨 국내 상품 유통의 주도권을 장악하는 것이 그것이었는데 어느 하나도 손쉬운 일이 아니었고 그나마 이 두 가지 과제는 전통 국가의 성격이 바뀌지 않는 한 상호 모순적인 것이었다. 즉 외국 상인으로부터 권력적으로 자신들을 보호해줄 것을 요청하는 것 자체가 곧 자신들의 자립적 성장을 대가로 하는 것이었다. 결국 문제는

---

45) 『務安港士商會社章程』에는 "有港場則有客主然後 可以通商交易 有客主則 有口文然後可以接濟保護"라는 전통적인 시각을 그대로 전제하고 있다. 또한 社長은 內藏院卿署理, 副社長은 務安港 監理와 警務官으로서 반관 반민적 성격을 그대로 보여준다.

46) 영흥사의 장정 역시 내장원에의 복속을 대가로 陸米口文錢의 수취권을 객주층이 독점하고자 하는 의도를 보여주고 있다. 한우근, 앞의 책, p. 194 참조.

국가 권력의 성격이며 국가 권력이 상업 및 경제 일반에 개입하는 방식이었다. 국가 권력의 지원 없이 지방 상인층이 유통상의 주도권을 장악하고 국민 경제의 주요한 축을 이루기를 기대할 수는 없는 일이었고 이 경우 국가 권력의 지원은 근대적 의미의 중상주의적 정책의 추진이었다고 할 수 있다. 이 점에서도 전통 국가의 개편, 근대적인 국가 권력의 재창출이 절대적으로 요구되는 것이었다.

한편 지방의 보부상들도 지방 장시가 발달하면서 전국적인 연계망을 가진 상인층으로 성장하였고 대내적으로는 일정한 기율과 조직적인 상업 활동의 능력을 갖추어가고 있었다.[47] 그러나 이들 역시 관권에 의지하여 특권적인 상업 단체로 존속하고자 하였기 때문에 여러 가지 폐단과 반동적 성격을 벗어나지 못하였다. 정부는 이들을 장악하는 대가로 지방 장시의 장시세·수세 청부권을 주었고 이로 인해 이들이 지방의 상업 활동을 오히려 위축시키는 기능을 수행하기도 했던 것이다. 뿐만 아니라 이들은 국가 권력의 수족 노릇도 하지 않을 수 없었는 바 예컨대 동학농민전쟁시 이들은 곳곳에서 관군과 더불어 동학군의 토벌에 참여하였다. 이들은 근대적인 상인 계층으로 성장하기에는 너무도 그 제약이 큰 집단이었던 것이다.

결론적으로 개항 이전까지 지방 상권을 주도하였던 지방 상인층은 개항 이후 일본 상인을 비롯한 외국 상인의 상업 활동에 대한 가장 강력한 반대 세력의 하나였지만 그럼에도 불구하고 실제로 상품 유통의 주도권을 장악하기에는 그 한계가 뚜렷하였다. 이들 지방 상인층은 전통 국가의 자의적인 간섭으로부터 독립하여 외국 상인에 대항하는 민족적이면서 동시에 주체적인 상인층으로 발전할 수 없었다. 1900년대에 들어와 근대적인 형태로 재조직되었던 회사 조직은 일본 상인의 경제적 침탈에 대하여 객주층들이 조직적으로 대응한다

---

47) 한우근, 앞의 책, pp. 142~72.

는 적극적인 의미를 지닌 것이었지만 전통 국가의 권력적 통제로부터 벗어나지 못하고 오히려 그 권력의 비호에 의지하여 상권을 장악하려는 특권 상인의 성격을 벗어나지 못했다는 점에서 커다란 한계를 지니는 것이었다. 물론 그 한계는 이들만의 것으로 볼 수 없고 제국주의적 침략의 강도 및 전통 국가의 한계와 함께 고찰되어야 마땅할 것이다.

II. 지방관의 역할과 개입

전근대 사회 일반이 그렇듯이 조선 시대에도 생산 및 유통의 과정은 정치 권력이나 이데올로기적 규정으로부터 자유롭지 못하였다. 직접 생산자들로부터 잉여 생산물을 가져가는 최대 수취자로서 전통 국가는 또한 그 잉여 물자의 소비와 유통에 있어서도 가장 큰 영향을 미쳤다. 그러나 전통 국가의 경제적 개입은 근대 국가에 비하여 매우 제한적인 것이었고 그나마 철저하지 못하였다. 더구나 지방 수준에서는 지방관에게 맡겨져 있는 경우가 대부분이다.

지방관의 상품 유통에 대한 대응 양식은 이중적인 성격을 지녔던 것으로 보인다. 즉 한편으로는 목민관으로서의 역할에 충실하고자 지방 사회의 내적 갈등을 심화시키는 상품 유통, 특히 개항장으로의 생활 필수품 유출을 적극적으로 억제하려는 생각이 있었고 다른 한편으로는 점차 확대되고 있는 상품 유통 과정에 사적 이익을 추구하는 개인으로 참여하려는 경향을 함께 가지고 있었다. 공식적으로는 전자의 입장이 보편적이었던 것으로 보이며 후자의 입장은 비공식적이거나 사적인 영역에서 추구되었던 것인데 이 경우는 자신의 이익을 위해 권력을 남용하는 경우도 적지 않았다. 전자의 사례로서 1897년 전남 지방의 미곡 부족 현상을 우려한 전남관찰사 윤응렬이 내린 방곡령을 들 수 있다.[48] 여기서 관찰사는 '모리배'들에 의한 미곡의 잠매와 그로 인한 장시의 미곡 부족 현상으로 궁민들의 생존에 커다란 위협이 오고 있음을 통탄하면서 미곡의 국외 유출을 강력히 비난하고 이를 금지하였다. 그의 이러한 조치는 자신이 관할하고 있는 지방의 사회적 안정을 확보하려는 미봉적인 태도에서 나온 것으로 보이지만 결과적으로는 전통 국가의 권력을 동원하여 식민지적인 유통구조가 확대되는 것을 막으려는 측면도 없다고 할 수는 없다. 이와 유사한 성격을 지닌 방곡령은 1890년대 이전부터 1900년대에 이르기까지 호남의 여러 지방에서 지방관들에 의해 내려졌다.[49] 1903년 무안항의 일본 상인이 영암군 덕진포에서 미곡을 유출하고자 했을 때 그 지방의 이속과 농민 수백 명이 일본 상인의 선박을 파괴하고 선원을 포박한 사건에 대하여 당시 무안감리 김성규는 그 주모자를 처벌하지 않고 풀어주었는데 그것도 소극적인 형태이긴 하지만 국내의 농민과 상인들을 보호하려는 지방관의 의도를 보여주는 사례의 하나였다.[50]

이런 조치들은 성격상 국내의 시장과 산업을 보호하려는 정책으로 볼 수 있는 것이었지만 그것이 국가 권력에 의해 체계적으로 추진된 정책이 아니라 지방 단위의 사회 안정책의 일종으로 채택된 일시적 방편이었다는 점에 큰 한계가 있었다. 또 이런 조치를 취하였던 관리들 스스로도 시장과 생산 영역을 보호하는 한편으로 그 자율성을 확대시키고 발전시켜야 한다는 점을 충분히 인식하지 못하였다. 하지만 지방관이 내렸던 방곡령이 거의 대부분 일본의 강력한 저항에 의

---

48) 전남관찰사의 甘結의 한 부분을 인용하면 다음과 같다. "故玆以別飭自本郡 矜憐窮民之情勢 令飭米産各里 雖升斗之米 切勿潛賣牟利輩 期使賣買於場市上 無使期民艱食呼庚 所謂奸輩 播錢村間 暗地貿取者 別般深捉 更勿接足 爲於市場出米之方 到底講究 使之盈爛産俾者實效之地." 吉野誠, 앞의 글, p. 113으로부터 재인용.

49) 당시 호남 지방에서 있었던 방곡령의 사례로는 태인(1892), 광양·나주·만경 등 10읍(1892), 전남 일원(1897), 제주(1898), 옥구 일원(1901) 등이 있다. 『全羅道關草』『沃溝港案』 참조.

50) 『務安港謀報』, 1903. 9. 20 보고.

해 철회되었던 것에서 드러나듯 이 정도의 개입조차 일본에 의해 차단되었다.

이들 지방관의 의도가 제도적으로 확실한 효과를 얻기 위하여는 중앙 정부로부터의 보호와 지원이 절대적으로 필요하였다. 특히 일본 정부나 일본 상인들이 끈질기게 요구하는 것들에 대하여 적절히 대처할 수 있는 실질적인 권력이 필요하였다. 그러나 청일 전쟁 이후 일시적으로 형성된 국제적 세력 균형 상황에서도 대한제국 정부는 외세에 대항하여 주체적인 국가 권력의 내실을 확보해나갈 수가 없었다. 러일전쟁 이후는 일제의 간섭이 보다 노골화되어 지방관의 의도와는 반대되는 방향으로 국가 권력이 작용한 경우가 많았다. 앞에서 든 예의 경우 윤웅렬의 방곡령은 중앙 정부에 의해 철폐되었고 무안감리의 처리에 대하여도 일본 영사의 지속적인 항의를 받자 그 이듬해인 1904년 새로 파견된 무안감리에 의해 일본 영사의 주장이 수용되었다. 국가 권력이 제 기능을 발휘하지 못하는 상황에서 지방관의 역할이 제대로 이루어지기를 기대하는 것은 불가능한 일이었다.

한편 상품 유통의 상황을 이용하여, 또한 자신의 권력적 지위를 이용하여 사적 이익의 추구자로서 변모하고 있던 지방 관리도 적지 않았다. 그 대표적인 인물로 전주진위대의 향관이자 전북봉세관의 지위에 있었던 백남신을 들 수 있는데 그는 상품 유통 과정에 적극적으로 개입하여 엄청난 부를 축적하였고 이후 전북 최대의 대지주로 성장하였다.[51] 그의 축재 과정에 국가 권력을 빙자한 정치적인 수탈이 큰 역할을 하였을 것은 분명하다. 그외에도 많은 지방 관리들이 세곡이나 세전을 이용하여 상품 유통 과정에 참여하면서 자신의 경제적 이익을 추구하였다.[52] 이러한 경우 지방관들은 대부분 일본 상인과

---

51) 백남신의 아들 白寅基는 일제하 전북 제일의 지주였다.

52) 당시 군수 등 지방관이 貿米·私貿에 관여하는 기록은 종종 보인다. 백남신의 경우는 세금을 이용한 미곡의 상품화에만 관여한 것이 아니라 紙까지 매점, 치부하

결탁하였다. 백남신의 경우는 물론이고 다른 사례에서도 지방 관리와 일본 상인이 상품 유통 과정에 결탁한 경우를 종종 볼 수 있다.[53] 지방관의 이러한 행위가 통제될 수 없었던 것은 전통 국가의 권력이 그만큼 허약했다는 증좌이기도 하지만 그 배후에서 작용하고 있던 일제의 정치 경제적 침략이 또 다른 중요한 요인으로 작용하였음은 간과할 수 없는 사실이다.

국가 권력을 배경으로 하면서 사적인 이익을 추구한 사례로 이 시기의 왕실도 빼놓을 수 없다. 왕실의 재정을 담당하던 내장원은 각종 경제적 이권에 개입하여 자신의 부를 확대하려 했다. 수조권만이 부여되어 있던 민전을 왕실 소유지로 만들기도 했고 토지에서 수취하는 도조액을 고율 소작료 수준으로 높이기도 했다. 앞서 언급한 백남신은 바로 이 내장원의 수세 업무를 겸임하던 자였고 그외 많은 왕실의 派員들도 내장원의 권력을 배경으로 상품 유통 과정에 개입하였다. 예컨대 내장원은 군산항의 객주층이 지니고 있는 구문전의 징수권을 새로운 상회사를 설립하는 형식으로 수탈하기도 했고[54] 보성군 해창포의 선주인권을 역시 왕실의 권한을 업고 빼앗기도 했다.[55] 상인층에 대한 이러한 유형의 수탈은 왕실뿐 아니라 지방 및 중앙 관아에 의해서도 자행되고 있었다. 정부는 재정 수요의 충당이라는 실질적인 이유를 내세워 부안·만경·영광 3읍의 각 포구 백일수세를 통리아문에 부속시키고 그 수세를 위해 감관을 차송하였고 또한 호남

고 있었다. 『全羅南北道各郡報告』, 1904. 4 보고 ;「群山 1903年 貿易年報」, 『通商彙纂』19號.

53) 이들의 결탁 방식은 주로 稅米를 일본인 무역상에게 판매하고 그 대금 중 일부를 착복하는 형식이었다. 때로는 사사로운 채무 관계를 맺는 경우도 있었다.

54) "再昨年에 內藏院의셔 昌盛社를 設置ᄒ고 金舜熙를 派員으로 下送ᄒ야 陸米抽口를 不由客主ᄒ고 自會社로 主張하야 其所收太濫ᄒ야 陸米가 阻絶ᄒ고 客主가 蕩敗失業ᄒ야 云云." 『沃溝港案』, 沃溝監理 報告 22號, 1905.

55) 한우근, 앞의 책, p. 198.

삼수양창주인권(胡南三手粮倉主人權)이 통리아문에 귀속되어 일정한 재정 상납의 의무를 지기도 했다.[56] 그리고 이러한 상황에서 지방관의 정치적 역할이 국내 상권을 보호하고 지원하는 형태로 작용할 가능성은 매우 약할 수밖에 없었다.

III. 일본 상인과 외압

호남 지방의 경우 목포와 군산이 개항되기 이전 시기부터 일본 상인과 청국 상인은 호조로부터 발급받은 내지 통행권을 가지고, 때로는 그 통행권을 지니지도 않은 채 불법으로 각지를 다니면서 상행위에 종사하였다. 예컨대 1892년 일본 상인이 호남 일대에서 곡물을 매집하여 황산포에서 운출하려 할 때 태인부에서 그 운출을 허가하지 않았고 이듬해인 1893년 여산에서 동일한 상황이 야기되자 외국선에 의한 운출은 어떤 상인이든지 이를 금하며 단 국내 선박을 이용하여 통상삼항구(通商三港口)로 운출하는 것만을 허락하였는데 모두 불법적인 일본 상인의 활동으로 일어난 일이었다.[57] 그러나 전체적으로 볼 때 목포와 군산이 개항되기 전에는 지방 차원에서 외국 상인들이 활동할 수 있는 경제적 행위가 매우 제한적일 수밖에 없었다.

목포와 군산이 개항되자 이들 두 개항장을 거점으로 하여 많은 일본 상인들이 본격적으로 호남 지방에 밀려들어왔다. 목포와 군산에 몰려온 일본 상인은 주로 무역상이거나 잡화상이었다. 무역상은 "미곡 · 면화 · 잡곡 · 우피 등 해륙 각종의 물산을 수출하고 동시에 금건(金巾) · 석유 등의 수입품을 도매하는 자"들이었고 잡화상은 "수백 종의 수입품을 조선인들에게 소매하는 자"였다.[58] 이들 일본 상인은 주로 각 포구의 한인 객주에 머물면서 "매일 부근의 농민이 가지고

---

56) 한우근, 앞의 책, p. 198.
57) 한우근, 앞의 책, p. 275.
58) 『목포지』, pp. 424~26.

오는 미곡류를 오는 대로 매수하고 그것이 일정한 양에 달하면 선박으로 개항장(목포)에 수송"하는 방식으로 활동하였다.[59] 이들은 자신들의 이익을 극대화하기 위해 개항장에서 단체를 조직하고 집단적으로 정치적인 힘을 행사하곤 했다. 목포의 경우를 보면 1898년에 이미 목포상화회·잡화상조합이 결성되었고 이들은 후일 목포상업회의소로 변경되면서 이 지방 일본 상인들의 이익을 대변하는 강력한 조직으로 성장하였던 것이다.[60] 이 지방의 미곡이나 면화의 대일 수출에 종사하던 무역상들도 물품 구입에 필요한 자금을 자본제 상품의 판매 대금으로 충당하는 경우가 많았던 만큼 다양한 자본제 상품이 일본 상인을 비롯한 개항장의 외국 상인들을 통해 호남 지방에 수입되어 판매되기 시작하였다.

목포와 군산의 개항은 곧 일본 상인의 진출을 위한 확고한 교두보를 설치한 것이었다. 처음부터 이들 개항장은 외국 상인의 거류지로 설정된 것으로서 치외 법권적인 특권을 누리는 곳이었고 특히 목포와 군산은 처음부터 일본 상인이 주도하는 일본인 거류지와 다름이 없는 상황이었다.[61] 그 가운데는 일찍이 인천항이 개항될 때 한국에 들어와 상업에 종사해오던 자들이 이곳으로 옮겨오는 경우도 있었다.[62]

그러나 일본 상인이 지방에서의 상품 유통의 주도권을 확보하는 과정이 경제적 합리성이나 상행위의 근대적 성격에 근거한 것은 아

---

59) 『목포지』, p. 429.

60) 『목포지』, pp. 40~42.

61) 일제는 인천항의 경우와는 달리 목포와 군산의 일본 상인의 지배권을 확보하기 위해 모든 조처를 강구하였다. 『목포지』『군산 개항사』참조.

62) 일제하 호남 지방의 일본인 지주 가운데는 러일전쟁기를 통해 군산으로 옮겨온 상인층이 여럿 있다. 예컨대, 大倉農場의 大倉喜八郎은 잡화상으로서 청일·러일 전쟁기에 큰돈을 벌고 이후 군산 지방에 정착하였다. 藤井寬太郞 역시 러일전쟁 후 전북 지방에 정착한 자의 하나였다. 藤井寬太郞, 『朝鮮土地談』, 大阪, 1911.

니었다. 실제로 일본 상인들 중 많은 부분은 상행위에 수반되는 도덕성이나 경제적 합리성보다는 투기적 속성을 더욱 강하게 지닌 자들이었다.[63] 이러한 일본 상인들을 궁극적으로 상품 유통의 주도자로 만들어낸 것은 바로 일제의 정치 군사적 침략과 지원 때문이었다. 일본 영사관은 일본 상인들과 함께 개항장 주변에 식민지적 상품 유통 구조를 형성하는 데 장애가 되는 민족적인 저항이나 국내 상인들의 조직적 대응을 철저하게 파괴시켰다.[64] 가장 저항이 심하였던 쌀의 유출에 대하여는 언제나 '임의무역(任意貿易)'이라는 조약 내용을 내세웠고 방곡령이 선포된 경우에는 그것을 강압적으로 무산시켰을 뿐 아니라 그로 인한 일본 상인의 피해를 내세워 보상을 강요하기도 했다.[65]

결국 이 당시의 지방 상업의 주도권은 상인층의 경제적 실력이나 근대성 여부에 의하여 결정된 것이라기보다는 정치 · 군사적 세력 경쟁에 의해 결정된 것이라 보는 것이 타당할 것이다. 1903년 무안항에서 있었던 부두 노동자의 소요 행위의 처리 과정에서 보면 이 사건이 엄연히 주권 국가의 통제하에 있는 무안감리서에 일본 영사의 사주를 받은 일본 상인들이 일본인 노동자들과 함께 난입하여 자기들과 결탁해 있던 한국인을 석방시키려 했던 일이었음에도 불구하고 일본 영사는 무안감리에게 한인 노동자의 체포를 강요하고 그렇지 않을

---

63) "어느 나라의 植民史를 보아도 질서적 발전에 이르기까지는 자본 없는 실패자나 일확천금의 야심가로 채워지는 것이며 이러한 인간은 이때에는 가장 필요한 것이다. 군산은 이러한 이유에서 此種의 인간의 渡港이 해마다 늘어서……"라는 일제 스스로의 기록에서도 이 점은 확인되고 있다. 『新撰韓國事情』, 東亞硏究會, 1909, pp. 627~28.

64) 일본 상인의 한국 내 진출은 언제나 군사적 침탈과 병행하여 이루어지고 있었다. "종래 母國 잡화 상인이 조선 내지에 깊이 들어갈 때는 주로 수비대 · 헌병경찰 · 군주사 · 재무소주사 등 母國 관헌의 발자취를 뒤쫓는 경우가 많았다"는 기록도 이러한 점을 뒷받침하고 있다. 神戶正雄, 『朝鮮農業移民論』, 有斐閣, 1910, p. 9.

65) 예컨대 1899년 제주도의 일본 상인 中上店吉은 1898년 제주목사 朴用元의 방곡령으로 손해를 보았다고 배상을 요구하고 있다. 『務安港牒報』, 보고 제21호.

154

경우는 "당항 상업의 정지를 귀감리의 책임으로 돌리고 즉시 아공사에게 전보할 것"이라는 강압적 태도를 취하였다.[66] 결국 이 사건은 특별히 파견된 무안항사변관과 일본 영사와의 사이에 무안감리와 각국 상민총대인(일본 영사)과의 공동 권한을 인정하는 의정서의 체결로 귀결되고 말았다.[67] 개항 후 지방 사회의 상품 유통의 주도권을 둘러싼 대립은 결국 일제의 강압적이고 폭력적인 지원하에서 일본 상인의 지배권이 확립되는 형태로 귀결되었던 것이다.

5. 맺음말

19세기말 개항장의 설치는 처음부터 불평등한 통상 조약에 바탕을 둔 것이기도 했지만 실제 개항장 주변에서 확대된 상품 유통의 성격 자체에도 그러한 불평등성은 뚜렷하게 나타났다. 개항장에서의 상품화의 종류와 양, 상품의 구체적인 내용을 규정하는 가장 큰 힘은 일본 자본주의의 요구였고 그것을 체현한 자들이 곧 개항장의 일본 상인이었다. 개항장의 설치와 그에 뒤이은 외국과의 교역 확대는 예속적인 경제 구조를 형성하는 중요한 계기가 되었다. 식민지적 상품 유통 구조의 본질적인 특성이 원료의 값싼 유출과 이차 가공품의 유입, 다시 말하여 원료 공급과 상품 시장화라는 두 가지 측면에서 이해될 수 있다면 개항은 이러한 식민지적 유통 구조의 주요한 계기로 작용하였음이 틀림없다. 쌀의 일방적인 유출, 원료로서의 면화 유출과 자본제 상품으로서의 직물류 수입, 이와 관련된 면포 생산의 위축 등은 이러한 변화의 주된 내용이었다.

그렇지만 개항이 곧 식민지적 경제 구조로 곧 바로 귀결되는 것은

---

66) 『務安港案』, 보고 제78호.
67) 『목포지』, pp. 607~48.

아니었다. 개항 후 확대된 상품화에 대응하여 국내의 여러 행위자들도 주체적으로 참여하였고 일본 상인의 의도에 대립하면서 상품 유통의 주도권을 장악하려 노력하였다. 지방 상인층은 일본 상인과 여러모로 대립하였고 지방관 역시 지방의 상권을 보호하려는 조치들을 강구하였다. 이 과정에서 여러 형태의 갈등과 대립들이 나타났다. 그러나 아마도 이런 노력이 성공할 수 있었다면 개항 그 자체는 다른 결과를 가져다줄 수도 있었을 것이다.

그러나 지방 상인층이나 지방관의 경제적 역할은 이런 측면에서는 실패하였다. 지방 상인층은 일본 상인에 맞서 싸울 수 있는 근대적인 상인층으로 성장하지 못하고 전근대적인 특권적 지위의 확보에 안주하려는 한계를 드러냈다. 또한 지방관은 지방 수준에서나마 국내 상업 활동을 보호하고 식량과 원료의 일방적인 유출이 확대되는 것을 막는 데 실패하였다. 오히려 지방관 스스로가 개항장의 상황에 수동적으로 적응하면서 사적인 이익을 추구하려는 경향조차 없지 않았다. 그러나 그것은 이들만의 한계가 아니었다. 지방 상인층의 활동이나 지방관의 보호 조치는 그것이 국가 권력에 의해 정책적으로 뒷받침되지 않으면 실효를 거둘 수 없는 것이었다. 더구나 일본이 제국주의적인 침략 의도를 뚜렷이 한 상황에서 지방 수준에서의 대응이란 거의 그 효력을 보기 어려웠던 것이다. 결국은 개항장의 유통 구조에서 보여지는 갈등과 대립도 전통 국가의 변혁을 통한 근대 국가의 형성이 시급한 과제임을 보여주는 것이었다고 할 것이다.

제2부 근대 국가를 향한 사상과 운동

제4장
동학에서의 윤리와 정치

1. 머리말

한 사회가 총체적인 전환기에 처하게 되는 때는 반드시 사상적인 위기와 혼돈을 드러내게 마련이다. 정치적인 곤경이나 경제적인 어려움만이 문제가 되는 시기라면 그 사회는 근본적인 변화를 수반하지 않고서도 주어진 문제를 극복해낼 수 있다. 시대적 상황과 삶의 방식에 대한 본질적인 동의가 문화적으로 보장되어 있기 때문이다. 그러나 한 사회의 변화가 매우 근본적이고 총체적인 경우에는 바로 그러한 사상과 세계관 자체가 문제시되기 때문에 해결의 방식도 세계관의 전환을 동반하는 매우 근본적인 것이 되지 않을 수 없다.

동학이 최제우에 의해 창시된 1860년경부터 손병희에 의해 천도교라는 제도화된 종교로 등장하게 되는 1905년에 이르는 시기는 한국 근대사에서 가히 총체적 전환기라 부를 만하다. 제국주의의 침략이라는 외적 조건과 전통적인 왕조 체제의 모순으로 인해 야기되던 혼돈과 불안 속에서 다양한 개혁의 노력과 반동의 물결이 교차하던 시기였다. 또 민중의 거대한 에너지가 깨어나고 있던 시기였으면서 동시에 그것이 제국주의적 탄압에 의해 왜곡·억압되던 시기이기도 했다.

동학 사상은 바로 이 시기에 등장한 사상이자 세계관이었다. 최제우에 의해 '창도'되었다고 일컬어지는 동학은 이후 최시형·손병희를 통해 교리 체계와 교도 집단을 지닌 명실상부한 종교로 전승되었다. 동시에 전봉준·김개남·손화중 등에 의해서 농민전쟁의 주요한 조직 원리로 활용되었다. 동학은 그 사상적 특징이나 이후의 전승 과정을 통해 볼 때 개인의 새로운 윤리를 강조하는 종교적 측면이 강한 사상이었지만 현실과 매우 밀접하게 관련을 맺으면서 독특한 정치적인 역할을 담당한 사상이기도 했다.

종교는 가장 근본적이고 총체적인 세계관의 체계로 이해될 수 있다. 인간 삶에 필요한 다양한 개인적 윤리나 사회적 규범들은 궁극적으로는 어떤 절대적 신념 체계나 가치 체계 위에 기반하지 않을 수 없다. 이러한 가치 체계를 시대와 사회 상황에 따라 달라지는 상대적인 것으로 보든, 아니면 어떤 절대적인 보편 윤리를 상정하든 상관없이 모든 윤리나 규범은 일정한 가치 체계의 절대성을 필요로 하는 것이다. 종교는 바로 이러한 가치 체계의 틀로 기능하는 것이면서 또 그러한 가치 체계 자체이기도 하다. 조선 왕조 사회에서 이러한 종교적 기능은 유교적 세계관이 담당하였다. 비록 비유교적인 세계관, 예컨대 도교적인 것이나 샤머니즘적인 것들이 민간에 강하게 존속해왔던 것이 사실이지만 조선 사회 전반을 체계적으로 지배하였던 세계관은 어디까지나 유교적인 가치 체계였다. 유교는 제도화된 종교가 아니라고 말할 수도 있겠으나 그 기능의 측면에서 보면 조선 사회의 국교와도 같았다고 해도 크게 틀리지 않는다.

따라서 개항기의 전환기적 성격이란 세계관의 차원에서 볼 때 바로 이 유교적 세계관의 위기를 반영하는 것이었다. 그것은 비유교적 세계관과의 충돌과 대립이라는 외적 요인에 의한 위기이기도 했지만 보다 근본적인 위기는 유교적 세계관이 변화하는 현실 사회를 적절히 설명하는 기능을 더 이상 수행하지 못한다는 의식에서 오는 것이었다. 유학자들의 현실 설명력은 급격히 퇴락하였고 유교적 설명 논리의 권위도 여지없이 추락하였다. 따라서 유학자들의 방어적인 설명이 완고하게 제시되었지만 위정척사론의 경우에서 보듯 객관적으로는 사회의 변방으로 밀려나지 않을 수 없었다. 고려말 불교적 세계관을 유교적인 세계관으로 바꾸면서 전혀 새로운 사회를 창출하였던 조선 사회가 이제 5세기만에 또 다른 세계관의 전환을 요구받게 된 것이다.

이러한 전환기에 여러 형태의 새로운 사상 체계들이 등장하는 것은 당연한 사회적 현상이라 할 것이다. 새로운 정치 사상이 등장하기도 하고 경제적인 지향을 변화시키려는 움직임이 강화되기도 한다. 그러나 개개인의 삶과 관련한 실존적인 재해석, 삶의 의미와 윤리에 관한 궁극적인 의미 체계는 단지 정치적·경제적 영역에서의 새로운 사상으로 충분하지 못하다. 바로 이러한 궁극적인 의미 체계는 통상 종교 비판 내지 새로운 종교 현상으로 나타난다. 종교는 근본적이고도 총체적인 현실 비판성을 내포하면서도 언제나 구체적인 현실 상황을 언급하기보다는 초월적이고 보편적인 가치를 지향하고 있으며 그만큼 세속적인 문제로부터는 일정한 거리를 유지하려 한다. 그러나 이러한 현실 초월적 태도가 지나쳐 새로운 종교를 필요로 하는 시대적 상황에 대한 문화적 대응으로서의 의미가 약화되면 사회적으로 제도화되지 못한 채 소멸되거나 소규모 비교 집단으로 축소될 수밖에 없다.

결국 새로운 세계관으로서의 종교는 초월적이고 보편적인 윤리를 한편으로 하면서도 사람들이 살아가고 있는 현실 세계의 상황을 어떤 형태로든 수용하고 그에 대한 정당한 설명 체계와 대응 방식을 문화적으로 제공해주어야 하는 것이다. 종교는 바로 이러한 속성 때문에 현실 세계에 긴장과 갈등을 야기시킬 수도 있는데 기존 세계관에 대한 비판 자체가 바로 그 세계관 위에 형성되어 있던 사회 질서에 심각한 위기를 조성할 수 있기 때문이다. 동학의 경우도 보편적인 종교 윤리를 한편으로 하면서 현실의 모순 구조를 더욱 뚜렷하게 부각시키는 또 다른 측면을 내포하고 있었다. 이 양자의 관계는 결코 단선적이거나 일방적인 것일 수 없다. 그것은 종교와 정치간에 작용하는 변증법적이고도 복합적인 상호 작용을 내포하는 것이고 그런 관점에서 세심한 검토가 필요한 영역이다. 그 내면에는 종교 윤리와 정치적 지향 사이에 적지 않은 내적 긴장이 있었고 그 긴장이 어떻게 해결되는가에 따라 동학의 전개 과정이 결정되었다. 아래에서는 이러한 변화 과정을 특히 종교 윤리와 정치적 지향 사이의 연관성에 초점을 맞추어 살펴보고자 한다.[1]

2. 최제우와 동학의 창립

I. 위기의 인식과 '학(學)'의 문제

최제우의 사상은 당시의 사람들이 누구나 의식하고 있던 위기감을 그 출발점으로 하고 있다. 최제우는 19세기 후반 한국 사회가 심각한 위기에 봉착하고 있으며 그 위기의 원천은 정치적·경제적인 것이면서 동시에 정신적·문화적인 차원의 것이라고 보았다. 1824년 경주의 몰락 양반 근암 최옥의 서자로 태어난 최제우는 개인적으로 겪어

---

[1] 지금까지의 동학에 관한 연구는 주로 그 사회 사상의 측면과 1894년 갑오농민전쟁과의 관련성을 중심으로 이루어져왔다. 따라서 동학 사상 그 자체는 언제나 부차적인 것으로 취급된 감이 있다. 사회 구조적 모순과 그 모순의 결과인 농민전쟁을 설명하는 데 있어서 사상적인 전환, 그것도 종교적인 형태를 띤 사상의 출현이 독자적으로 어떤 영향을 미칠 것인가에 대하여 세밀한 검토가 이루어지지 못한 것이다. 이 글에서는 동학의 사상 체계가 최시형과 손병희를 거쳐 하나의 종교 윤리로 체계화되는 과정을 중심에 두고서 그 과정에서 나타나는 정치와의 긴장 관계를 검토하고 있다.

야 했던 고난을 시대적인 모순과 연결지음으로써 당시의 민중들이 보편적으로 지니고 있던 주관적 의식과 역사적인 사상 전환의 과제를 결합시킬 수 있었다. 대내적으로는 기존 질서의 근간을 이루었던 신분제와 유교적 지배 원리가 근본적으로 무너진 상태였고 대외적으로는 전혀 다른 세계관과 현실적 힘을 동반한 서양의 존재가 조선 사회를 위협하고 있는 현실을 최제우는 매우 정확하게 감지하였다. 그는 "요순의 통치로도 부족하고 공맹의 덕으로도 부족한" 도덕적 타락과 부패, "이루지 못하는 일이 없고 무기로 공격하여 전투를 함에 그 앞에 당할 사람이 없"는 서양 세력의 침입이라는 대내외적 위기 의식 속에서 '보국안민'의 도리를 찾고자 하였던 것이다.[2]

최제우에게 있어서 위기의 본질은 대내외적인 것이 중첩된 것이었지만 대내적인 부분이 보다 더 근본적인 것으로 이해된 듯하다. 그가 중국과 한국을 입술과 이빨의 관계로 보고 중국의 피침은 곧 이어 한국의 피침을 가져오리라 생각하였던 것이나 서학이라 불리던 기독교 세력의 영향력을 매우 우려했다는 사실은 분명하지만 그것은 어디까지나 위기의 촉발 요인이자 외적 조건이었다. 더구나 최제우는 서학 그 자체를 사악한 것으로 보지 않았고 서양을 힘있게 만드는 강력한 원천으로 보았다. 최제우는 외적 조건을 제거하는 것으로 당시의 위기가 극복될 수 있는 것으로 보지는 않았다는 점에서 위정척사론자들의 현실 인식과 근본적으로 달랐다. 그는 대내적인 모순이 보다 근본적인 것이라고 파악하였고 따라서 『동경대전』이나 『용담유사』의 내용에 있어서도 주로 대내적인 상황에 대한 부분이 주를 이루고 있음을 볼 수 있다.

최제우의 동학 사상은 먼저 기존 사회의 정신적 근거가 되어온 유교 윤리에 대한 강력한 비판에서 출발하고 있다. 그는 인간 사이에

---

2) 「포덕문」, 『동경대전』: 한국정신문화연구원 편, 『한국학 자료 총서: 동학농민운동 편』(이하 『자료 총서』), pp. 8~11.

불평등과 억압이 존재하는 잘못된 현실이 결국은 유교 윤리의 퇴락과 도덕적 타락에서 나타난 것이라 보았다. 최제우는 전국을 방황하면서 "약간 어찌 수신하면 지벌 보고 가세 보아" 도덕 군자를 논하는 타락한 시대 상황을 몸소 체험하였고 이를 '주소(晝宵)간 탄식' 하였다.[3] 그는 사회적 위기의 근원이 바로 '요순지치'와 '공맹지덕'으로는 더 이상 해결할 수 없는 시대적 상황에 있다고 보았다. 과거의 불교와 마찬가지로 유교는 이제 그 역사적 소임을 다하였고 새로운 시대를 감당할 수 없는 상황에 이르렀다고 그는 생각하였다.

따라서 최제우는 유학을 대치할 새로운 '학,' 새로운 세계관의 형성이 가장 중요한 과제라고 생각하였다. 그는 기존의 유학이나 서구의 사상이나 모두 새로운 시대적 상황을 극복할 수 있는 사유 체계가 되지 못한다고 보았다. 최제우는 자신의 깨달음을 서학과 대비시켜 동학이라 하였다. 그것은 서학에 대비되는 개념이지만 같이 '학'으로서의 성격을 갖는다는 점에서 동질적이다. 최제우는 서양의 힘이 바로 '서학'에 있다고 보고 이에 대적할 수 있는 새로운 사상을 정립하고자 했던 것이고 그런 의미에서 서학과 동학의 '道는 하나'라고 말할 수 있었던 것이다.[4] 그는 내외적으로 위기와 혼란이 야기되는 것은 인간이 천리와 천명을 상실하고 인간의 본래적인 도덕성을 상실했기 때문이라 주장하였다. 심지어 그는 악질조차도 "성경이자(誠敬二字) 지켜내어 한울님을 공경"하면 거뜬히 나을 것[5]이라 주장하였다. 도덕적 위기의 극복이 조선의 위기를 극복하는 길이라고 최제우는 파악하고 있었고 이러한 관점에서 최제우는 새로운 윤리, 새로운 도를 찾았던 것이다.

---

3) 「도덕가」, 『용담유사』; 『자료 총서』, pp. 159~60.
4) 「논학문」, 『동경대전』; 『자료 총서』, p. 16.
5) 「권학가」, 『용담유사』; 『자료 총서』, pp. 155~56.

II. 후천개벽론과 시천주 사상

최제우는 위기의 시대는 새로운 시대의 도래를 의미하는 것이라고 보았고 유도·불도의 운수가 다하고 새로운 시대가 도래할 것임을 강하게 역설하였다. 기존 사회에 대한 강한 부정이 강력한 유토피아 의식과 결합될 때 "홍진비래 무섭더라 한탄말고 지내보세"라는 말처럼 현실을 감내하는 힘이 확보될 수 있다.[6] 나아가 그러한 힘은 더욱 적극적으로 "우리라 무슨 팔자 고진감래 없을소냐"라는 더욱 확실한 믿음으로 발전하고, 급기야 "하원갑(下元甲) 지내거든 상원갑(上元甲) 호시절의 만고 없는 무극대도 이 세상에 날 것이니〔······〕태평곡 격양가를 불구에 볼 것"이라는 구체적인 예언으로 나타나기도 하는 것이다.[7] 최제우는 이 새로운 시대의 도래를 '후천개벽'이라고 말하였다. 그는 "태평성세 다시 정해 국태민안할" 후천개벽의 시대가 바로 눈앞에 도래하고 있음을 주장하였다. 또한 그때에 동학 교도들은 군자가 되어 지상신선이 될 것임을 강조하였다.[8]

최제우는 이러한 후천개벽 시대의 도래가 인간의 노력이나 행동으로 좌우될 수 있는 단계가 이미 지났으며 이제 후천개벽은 불가피하게 도래할 수밖에 없는 것이라고 주장하였다. 그는 이러한 후천개벽의 불가피성을 무위이화(無爲而化)라는 말로 표현하였다. 즉 인간의 어떤 노력이나 실천을 조건으로 도래하는 것이 아니라, 자연적으로 정해져 있는 운수에 의해 이루어지는 것이라는 주장이었다. 최제우는 유도·불도의 시대가 끝나는 것도 '그 운이 다했기' 때문이며 무극개운(無極開運)의 새 사회가 도래하는 것도 '천운이 돌아왔기' 때문이라는 것이다.[9]

---

6) 「안심가」, 『용담유사』; 『자료 총서』, pp. 115~16.
7) 「몽중노소문답가」, 『용담유사』; 『자료 총서』, p. 136.
8) 「교훈가」, 『용담유사』; 『자료 총서』, p. 103.
9) 「교훈가」 「몽중노소문답가」, 『용담유사』; 『자료 총서』, pp. 99, 138.

최제우가 후천개벽의 도래를 무이이화, 운수의 논리로 설명한 것은 결코 합리적이거나 과학적인 진단이라고 하기는 어렵다. 또한 그의 후천개벽 사상은 구체적인 체제 구상을 담은 사회 사상이 아니었다. 따라서 본질적으로는 환상적이고 막연한 것이라 할 수 있는 것이었다. '무극대도의 호시절'은 인간이 상상할 수 있는 최상의 상태를 지향하는 것이었지만 구체적인 사회적 성격이 뚜렷하지 못한, 또 뚜렷할 수도 없는 관념적인 상태를 나타내는 말이었다. 더구나 무위이화의 논리는 현실적인 의미에서 어떤 전략도 제공하지 못하는 것이었다. 초기의 동학이 전통적인 정감록 신앙에서 보이는 비현실적인 천년 왕국적 관념을 지니고 있었던 것도 바로 이러한 관념성 때문이었다. 그러나 종교적 예언의 형태는 반드시 합리적 설명 체계를 동반하는 것은 아니다. 때때로 위기의 시대, 대전환의 시기에 민중들이 경험하고 있는 내면적인 욕구와 희망을 강렬하고도 결정적인 언명의 형태로 표출하는 것은 합리적인 언술이 갖지 못하는 힘을 발휘한다.

또한 이 후천개벽 사상은 매우 추상적이고 관념적인 만큼 어떤 구체적이고 현실적인 관심도 이와 결합되어 설명될 수 있는 것이었다. 그는 후천개벽의 한 내용을 "부하고 귀한 사람 이전 시절 빈천이요 빈하고 천한 사람 오는 시절 부귀로세"라고 하여[10] 현실적인 빈부의 문제와 결부시키기도 했고 '매관매직 세도자'와 '전곡 쌓인 부첨지,' 그리고 '유리걸식 패가자'[11]를 논함으로써 부패한 사회 정치적 상황의 전환과 연결시키기도 했다. 경제적 곤궁함과 정치적인 억압으로 고통을 받던 당시의 민중들에게 그들 개인의 실존적인 곤경이 없어지는 새로운 시대상을 상상하게 하는 것으로 후천개벽론이 가진 유토피아적 동력은 무시할 수 없는 것이었으리라 생각된다. 실제로 그의 후천개벽 사상은 교도들에게 매우 현실적인 의미를 지닌 채 전달

---

10) 「교훈가」, 『용담유사』: 『자료 총서』, p. 98.
11) 「몽중노소문답가」, 『용담유사』: 『자료 총서』, p. 136.

되고 있었다. 이돈화에 의하면, "당시의 일반 도중은 대신사의 가르쳐준 바 지상 신선의 세상, 즉 지상 천국의 이상이 그들의 무엇보다도 요구하는 새 세상 비판이었으므로 일거에 정부를 개혁하고 자기네의 이상을 실현코자" 하였던 것이다.[12] 더구나 최제우는 자신의 후천개벽 사상을 하층 민중에게 존재해오던 집합적인 희망, 예컨대 정감록 신앙이나 미륵 신앙과 결합시키고 현실을 부정하는 심정적인 정당성을 제공함으로써 현실에 비판적인 민중에게 새로운 시대에 대한 희망을 담보해줄 수 있었다.

최재우의 새로운 종교 윤리의 핵심은 시천주 사상으로 요약될 수 있다. 그가 득도하면서 가장 먼저 깨달은 이치는 한울님과의 문답 가운데서 얻어진 ''내 마음이 곧 네 마음' 이라는 사실이었다.[13] 즉 한울님의 마음이 곧 최제우 자신의 마음이라는 사실, 나아가 모든 인간이 한울님의 마음을 지니고 있다는 깨달음이었다. 최제우는 이를 '천인합일' '인내천' 등으로도 표현하고 있다. "天은 곧 아며 아는 즉 천이라" 또는 "마음을 떠나 천주를 생각할 수 없고 사람을 떠나 하나님을 생각할 수 없나니 그럼으로써 사람을 떠나 하나님을 공경하는 것은 꽃을 따버리고 실과를 원하는 것과 같다"라는 최시형의 설명은 바로 최제우의 사상의 핵심이었다.[14] 최제우는 이러한 자신의 득도의 핵심을 시천주라는 말로 표현하고 있다. 그것은 사람이 한울님을 모시고 있다는 뜻으로 최제우에 의하면 세상 사람들이 다 천주를 따로 있는가 생각하지만 실은 천주가 사람들 자체에 있다는 것이다.[15]

최제우의 이러한 사상은 서학의 천주 사상과 대립하는 것이었다.

---

12) 이돈화, 『천도교 창건사』, 『동학 사상 자료집』 제2권, 아세아문화사, 1979, p. 70.
13) 「논학문」, 『동경대전』: 『자료 총서』, p. 15.
14) 오지영, 『동학사』, 『동학 사상 자료집』 제2권, 아세아문화사, 1979, pp. 42~43, 64.
15) 오지영, 앞의 책, p. 6.

최제우는 서학이 주장하는 천주 개념을 인간학적으로 재해석하여 내면에서 추구될 수 있는 지기의 힘으로서의 천주, 모든 인간에게서 발견될 수 있는 근원적 마음으로서의 천주 개념을 발전시키고 있는 것이다.[16] 그것은 모든 인간이 동일하게 한울님을 모시고 있다는 종교적 평등 사상의 천명이었다. 모든 인간이 동일한 한울님을 지니고 있다는 사실은 사람들 사이에 어떠한 선천적인 차별이나 불평등을 용인할 수 없게 한다. 최제우의 시천주 사상이 특히 신분적으로나 경제적으로 소외되고 억눌렸던 층에게 급격히 확산될 수 있었던 이유는 바로 이러한 근원적 평등 의식 때문이었을 것이다. 최제우는 자신의 이러한 시천주 사상이 동양의 오랜 사상들, 즉 유교와 불교와 선교의 종합에서 이루어진 것이라 주장하였다. 그는 특히 공자의 가르침도 "깨달으면 이치가 하나이다"라고 하여 자신의 가르침과 본질적으로 대동소이한 것임을 주장하였다. 그는 유교를 현실적인 이데올로기의 차원에서가 아니라 그 근원적인 도, 그 가르침이 지향한 바의 무극대원을 파악하고자 하였고 이를 천도라 하였다.[17]

최제우는 자신의 이러한 근원적인 인간 윤리의 회복 주장을 '수심정기'라는 말로 요약하였다. 그는 공자가 이미 가르친 인의예지에다 자신의 수심정기를 덧붙인다고 하였다. 결국 이 수심정기는 공자의 가르침의 근원적인 재해석을 의미하는 것으로 최제우는 '외경하는 마음'과 '성·경·신'의 덕목을 강조하였다.[18] 최제우는 유학 본래의 정신과의 본질적인 일치를 강조함으로써 시대적 이데올로기로 기능

---

16) 최제우는 至氣를 설명하여 "비어 있는 영으로 미묘하고 아득하면서도(虛虛蒼蒼) 모든 사물에 간섭하고(無事不涉) 모든 사물을 지배하는(無事不命)" 것이라 하였다(「논학문」, 『동경대전』). 또한 그는 지기와 만물의 관계를 "대개 천지 귀신 조화라는 것은 유일한 지기로써 생긴 것이며 만물이 또한 지기의 所使"라 하였다; 『자료 총서』, p. 64.

17) 「논학문」, 『동경대전』; 『자료 총서』, p. 16.

18) 『崔水雲先生文集道源記書』; 『자료 총서』, p. 188.

168

하던 유교적 사유 체계를 비판한 것이었고 그런 점에서 매우 혁신적인 의미를 담을 수 있었다. 사람을 하늘처럼 대하라는 이 만인 평등·만인 존중의 사상은 유교적 신분관과 명분론에 대한 강한 도전이면서 동학을 새로운 윤리 체계로 확산시키는 원동력이 되었다.

Ⅲ. 종교적 카리스마와 민중적 성격

최제우가 동학을 창도한 직후 그의 가르침은 강력한 권위를 가지고 많은 사람에게 영향을 미쳤고 그를 교주로 믿고 따르는 교도들이 급격히 증대해갔다. 최제우는 많은 사람들에게 자신의 가르침을 절대적인 것으로 믿게 하였고 그로 인해 일단의 새로운 종교 집단이 형성되었다. 최제우는 단순한 윤리 교사나 선생으로서가 아니라 새로운 종교의 창시자로서의 권위를 교도들로부터 인정받았다.[19] 최제우가 혹세무민의 죄로 처형된 후 동학에 대한 정부의 강력한 금압 조치가 지속되었음에도 그의 가르침을 좇아 동학 교도 집단을 형성해나간 교도들의 종교성은 어디에서 기인하는 것인가.

최제우의 종교적 카리스마는 자신의 존재를 절대적인 존재자인 상제와 연결시키는 종교적인 방식에서 잘 드러난다. 그는 자신의 득도 과정을 신비적으로 설명하고 있는데 경신년(1860) 4월에 뜻하지도 않게 심한신전(心寒身戰)하여 무슨 질병인지 증세도 잡지 못하고 말로 형용할 수도 없을 때 불현듯 상제의 소리가 들려왔다는 것이다.[20] 상제는 "두려워 말라, 놀라지 말라. 세인이 나를 상제라 일컫는데 너는 상제를 모르는가" 하고 "너를 세간에 내보내어 이 법을 사람에게 가르치도록 할 것"임을 최제우에게 말하였고 이때 최제우는 밖으로

---

19) 종교의 창시자가 지니는 카리스마와 윤리 교사 *teacher of ethics* 와의 차이에 대하여는 Max Weber, *Economy and Society*, Vol. 2, Bedminster Press, 1968, pp. 444~46 참조.

20) 「논학문」, 『동경대전』 ; 『자료 총서』, p. 14.

는 영기에 접하고 안으로는 강화의 교를 받아, 보아도 보지 못하고 들어도 들을 수 없는 상태에 있었다고 경전은 기술하고 있다. 또한 최제우는 상제로부터 인간을 악질과 고통으로부터 구제해줄 영부와 주문을 부여받았다고 하였다.[21] 이러한 그의 득도 과정에 대한 신비적인 설명은 자신을 상제의 대리자, 선택된 메시아로서 신앙하게 하는 데 중요하게 작용하였다.

최제우에게 종교적 카리스마를 부여한 또 하나의 요인은 그의 분명하고도 강력한 예언자적 언행이었다. 그는 별다른 사회적 지위나 권력을 가진 자도 아니었지만 기존 사회의 종말과 새로운 사회의 도래에 대한 확신을 매우 분명하게 예언하였다. 그는 "가련하다 가련하다 아국 운수 가련하다"고 하고 "아서라 이 세상은 요순지치라도 부족시요 공맹지덕이라도 부족언이라"고 단정하였다.[22] 이러한 단정적인 언사는 여전히 유교적 사유 체계의 절대적인 지배하에 있던 당시의 상황에서 매우 위험한 것이었다. 실제로 그가 처형된 이유로 '혹세무민'의 죄가 들어지지만 사문난적을 가려내던 조선 사회의 사상적 일원성을 공격하는 그 비판성이 보다 근본적인 요인이 되었을지도 모른다. 또한 "어화 세상 사람들아 무극개운 다친 줄을 너의 엇지 알까보냐"하고 "태평성세 다시 정해 국태민안할 것"과 "하원갑 지내거든 상원갑 호시절의 만고 업는 무극대도 이 세상에 날 것"이라는 후천개벽의 주장은 새로운 시대를 갈망하는 민중들의 심정을 적극적으로 반영하는 것으로써 최제우의 예언자적인 성격을 강화시킬 수 있었다.[23]

또 하나 최제우의 종교적 카리스마를 강화시킨 요인은 그의 민중

21)「논학문」,『崔水雲先生文集道源記書』에는 이러한 최제우의 신비적이고 주술사적인 행적이 특히 강조되어 있다.
22)「몽중노소문답가」,『용담유사』;『자료 총서』, p. 137.
23)「몽중노소문답가」,『용담유사』;『자료 총서』, p. 138.

적인 관심과 행적이었다. 그는 조선 후기에 민중의 고통을 심화시키던 전염병과 질병의 문제를 중시하면서 자신의 가르침이 치병의 효과가 두드러진다는 것을 강조하였다. 그 자신이 득도의 과정에서 이러한 치병의 경험을 한 바 있음을 강조하고 신령한 부적과 치병의 방법들을 신비적인 방식으로 전파하였다. 이러한 신비적인 치병론이 별다른 과학적인 근거를 갖지 못하였음에도 불구하고 민중의 질병으로 인한 고통을 자신의 문제로 인식하고 그로부터 벗어나는 것을 중요한 과제로 설정하였다는 것 자체가 고답적인 유교 사상과는 구별되는 것이었고 바로 이러한 민중적 관심이 최제우의 종교적인 영향력을 강화시켰던 것이다. 또한 이 치병의 사상과 더불어 그는 유무상자를 내세워 경제적인 곤경에 처한 교도들에 대한 구제와 관심을 강조하였고 『정감록』적인 민중 신앙의 요소들을 수용하기도 했다.[24]

이러한 신비적이고 예언자적인 요소가 최제우의 종교적 카리스마를 극대화시켰을 것은 분명하지만 바로 이 점 때문에 그의 주장은 현실적으로 많은 한계를 지니기도 했다. 즉 그의 사상이 새로운 시대에의 예언이 실현될 수 있을 구체적인 조건에 대한 관심을 발전시키지 못했던 것, 또 그를 따르는 교도들 역시 그러한 사회적 조건의 충족에 무관심하고 다만 '무위이화'의 비현실적 운수론에 머물 수밖에 없었던 것 등이 모두 그의 사상의 신비적 성격과도 관련되어 있는 것이다. 또한 최제우의 사상은 서양에 대한 대립과 저항, 신분 질서에 대한 근원적 부정을 담고 있지만 그것이 곧 서양 세력과 봉건적 신분 질서 그 자체에 대한 정치적·사회적 항거가 될 수는 없었다. 앞서 본 바와 같이 최제우는 외세의 위협이나 신분 질서의 해악도 기본적으로는 도덕과 윤리의 문제라고 보고 있었기 때문에 그의 이러한 가

---

24) 특히 박맹수는 이 치병과 유무상자 사상을 최제우 동학 사상의 중요한 요소로 꼽고 있다. 박맹수, 「동학농민혁명에 있어서 동학의 역할」, 『동학농민혁명과 사회변동』, 한울, 1993.

르침은 개인 윤리의 측면에서 중요한 실천 조항은 될 수 있으나 정치적 · 사회적 저항의 실천 방략이 될 수는 없었다. 이것은 여전히 종교적 · 윤리적 차원에 머무르고 있었던 것이다. 최제우의 사상이 그 종교적 성격을 벗어나 구체적인 정치적 · 사회적 변혁의 논리와 근거가 되기 위하여는 다른 새로운 매개가 필요하였다.

3. 최시형과 종교적 전승

최제우의 후천개벽 사상과 시천주 사상은 기존 질서에서 신분적으로나 정치 경제적으로 소외되어 있던 하층 민중에게 강력한 호소력을 지닌 것이었다. 만인의 평등을 주장하는 시천주 사상이나 새로운 세상의 필연적 도래를 주장하는 후천개벽 사상이 수탈로 신음하던 민중들에게 퍼져가는 것은 당연한 일이었다. 더구나 최제우의 예언자적인 카리스마는 이러한 동학의 전파에 큰 촉진제가 될 수 있었다. 그리하여 동학은 삼남 지방의 농민층을 중심으로 급속히 확대되었다.

그러나 교조 최제우가 죽은 후 동학은 전승의 위기에 부딪혔다.[25] 최제우의 카리스마를 무엇인가가 대치해야 했고 그가 예언했던 후천개벽의 시대가 언제 실현될 것인가에 대한 새로운 해석 논리가 요구되었다. 최제우를 따르던 교도들의 상이한 개인적 · 계층적 욕구를 교조의 가르침과 조화시켜야 했고 교도들에게 종교 윤리를 내면화시켜나가야 했다. 결국 최제우의 동학 사상을 어떤 형태로 전승시키면서 동학의 정체성을 유지할 것인가의 문제가 제기되고 있었던 것이다. 그리고 이러한 상황에서 교도들의 강한 현실 정치적 관심을 약화

---

25) 일반적으로 종교의 창시자가 죽은 후 일어나는 전승의 위기에 관하여는 토마스 F. 오데아, 권규식 역, 『종교사회학 입문』, 대한기독교서회, 1972 참조.

시키고 동학을 명실상부한 종교로 전승시킨 인물이 2세 교주인 최시형이었다.

I. 사제적 역할과 실천 윤리

최시형은 교조의 사후 동학이 부딪친 종교적 전승의 문제를 가장 잘 의식하고 그 해결에 진력한 명실상부한 최제우의 후계자였다.[26] 1827년 경주 동촌에서 태어난 최시형은 어려서 양친을 잃고 계모 슬하에서 고단한 고용살이를 하며 생계를 유지하였다.[27] 그의 가문은 최제우에 비하여 훨씬 빈한하고 신분적인 지위도 낮았다. 어려서부터 머슴살이로 생계를 유지하였던 최시형이 동학의 인간 평등 사상에 적극 호응하였을 것은 물론이었고 최제우가 가르친 주문 수련을 성심껏 수행한 결과 1862년부터 동학을 본격적으로 포교하러 나섰다.

최시형은 처음부터 최제우의 수제자였던 것은 아니었다.[28] 최제우는 1871년 영해 지방의 새로운 신분 상승 세력인 신향 세력을 기반으로 이필제가 주도한 병란에 다른 교도들과 함께 참여하였으나 이 병란의 실패로 교도 수백 명이 죽거나 귀양을 갔고 동학에 대한 박해도 더욱 심해지고 말았다. 이 사건을 계기로 동학은 경상도 북부 지역으로부터 강원도 지역으로, 그리고 이후 전라도 지역으로 그 중심지가 옮겨지게 되었고 이와 함께 최시형의 지도 체제도 갖추어지게 되었다. 이후 1880년대 최시형은 신중한 처신과 비밀 포교로 동학의 기반

---

26) 동학이 종교로서가 아니라 농민전쟁과의 연결 속에서만 연구된 결과 최시형에 대한 연구는 상대적으로 부족하였으나 최근 그에 대한 학계 및 문화계의 관심이 고조되고 있다. 박맹수, 「최시형 연구」, 한국정신문화연구원 박사학위 논문, 1995 참조.

27) 최시형은 17세에 造紙所의 용공으로 들어가 일하였다. 「본교역사」, 『천도교 월보』 6, 1911, pp. 18~19.

28) 박맹수, 「최시형 연구」, pp. 44~48.

을 갖추어나갔다.

최시형이 1870년대 중반 이후 동학 교단의 주도적인 인물로 부각될 수 있었던 데에는 1875년부터 최제우에 대한 제사권이 유족으로부터 최시형에게 이양되었던 점이 크게 작용하였다. 1873년 최제우의 큰아들과 부인이 사망하고 1875년 작은 아들마저 사망한 이후 최시형은 유족으로부터 제사권을 물려받았던 것이다. 불법으로 탄압받던 동학의 입장에서 교조의 제사는 단순한 기일의 의미가 아니라 그 자체가 종교적 의식과도 같은 것이었던 만큼 제사권이 갖는 의미는 컸다. 최시형은 이후 제사 의식은 물론이고 동학의 기본적 종교 의례를 새롭게 정비함으로써 종교적 사제로서의 역할을 충실하게 감당하였다. 또한 그는 제사 의례 속에 '설법'을 포함시킴으로써 동학의 교리를 보다 조직적으로 강론할 수 있는 기틀을 마련하였다.

또 하나 최시형이 행한 주요한 일은 1880년대초 동학의 기본 경전을 간행한 일이었다. 무릇 종교의 조직화에 있어서 경전이 갖는 역할은 말할 수 없이 큰 것인 바 교조나 종교 지도자의 개인적인 카리스마에 전적으로 의존해 있는 종교적 가르침과 세계관을 보편적인 윤리 체계로 드러내는 것이 바로 경전이기 때문이다. 『동경대전』과 『용담유사』는 1880년과 1881년부터 주기적으로 간행되면서 동학의 교리화와 조직화에 중요한 역할을 담당하였다.

그는 최제우의 가르침을 구체적 생활 속에서 실현시켜야 할 실천 윤리로 확립시키면서 최제우에게서 보이던 신비적이고 주술적인 요소들을 약화시켜나갔다. 최시형은 또한 교도들에게서 강하게 나타나고 있던 급격한 현실 정치적 관심을 억제하면서 교조의 사상은 어디까지나 수도와 종교 윤리의 생활화임을 역설하였다. 동시에 그는 교도들을 끊임없이 교화하고 동학의 가르침을 생활화하도록 지도함으로써 사제로서의 역할을 충실히 수행하였다.[29] 최시형은 최제우의 시천주 사상을 실천 윤리의 형태로 발전시켜 그의 '사인여천'의 사상을

174

정립하였다. 그는 모든 인간이 한울님을 모시고 있는 존재라는 사실을 가르치는 데 그치지 않고 모든 인간을 한울님처럼 대하라는 실천 윤리를 강조하였다. 그는 특히 어린이나 여성에 대한 천대나 무시를 꾸짖고 그들도 똑같은 한울님을 모신 자로서 평등하게 대할 것을 강조하였다. 그의 이러한 실천 윤리는 그가 지어 각포에게 보냈다는 「내수도문」에 잘 나타나 있다. 그곳에는 "집안 모든 사람을 한울같이 공경하라. 며느리를 사랑하라. 〔……〕 모든 사람을 한울로 인정하라. 손이 오거든 한울님이 오셨다고 하고 어린 아해를 때리지 말라. 〔……〕 다른 사람을 시비하지 말라. 이는 한울님을 시비하는 것이다. 〔……〕 다만 근면하라" 등의 가르침이 기록되어 있다.[30] 그의 사인여천 사상은 철저한 평등과 겸손의 태도를 또한 강조하고 있다. 그는 말하기를 "재상자(在上者) 어찌 반드시 상에만 재하며 재하자(在下者) 어찌 반드시 하에만 재하라"[31] 하여 거만하고 자존하는 자를 경계하고 있으며 "사람은 곧 하늘이다. 그러므로 사람은 평등하고 차별이 없다. 사람이 인위를 가지고 귀천을 분별하는 것은 천의에 어긋나는 것이다. 제군은 일체 차별을 철폐하고 선사의 뜻에 부응하는 것을 주로 하라"고 주장하였다.[32] 최시형은 최제우의 '사람이 곧 하늘'이라는 사상을 기초로 모든 인위적인 인간 차별을 거부하는 만민 평등의 생활 윤리를 강조하였던 것이다.

또한 최시형은 최제우의 사상을 더욱 확대시켜 시천주의 주체를 인간뿐 아니라 자연과 사물에까지 확대하고 있다. 최시형은 자신의 설법인 "物物天 事事天"에서 만물 만사에도 천이 내재하며 따라서 인간을 포함한 만유가 곧 천이라 주장하였다. 그는 "도 닦는 자체가 천

---

29) 종교에 있어서 사제 *priest* 의 성격과 특징에 관하여는 Max Weber, *ibid.*, pp. 439~44 참조.
30) 이돈화, 앞의 책, pp. 17~18.
31) 이돈화, 앞의 책, p. 38.
32) 이돈화, 앞의 책, p. 44.

(天)을 경(敬)할 것이요, 인(人)을 경할 것이요, 물(物)을 경할 것에 있나니 사람이 혹 천(天)을 경할 줄 알되 인(人)을 경할 줄 알지 못하며, 인(人)을 경할 줄 알되 물(物)을 경할 줄 알지 못하나니 물(物)을 경치 못하는 자 인(人)을 경한다 함이 아직 도에 달(達)치 못한 것이니라"고 말하여 일종의 범신론적 사상을 전개하였다.[33]

이러한 관점에서 그는 노동을 강조하고 그것을 신성한 윤리로 격상시키고 있다. 그는 흔히 천시하는 노동이나 일상적 생활 전반에 대해서 이를 천으로 인식했고 따라서 일상적 노동, 세속적 행위에 대해서 시천주의 논리로 신성시하였다. 그는 스스로 어디를 가든 틈만 있으면 노동을 하였고 "사람이 놀면 한울님이 싫어하신다"고 말하며 노동의 신성함을 강조하였다.

최시형의 사상은 실천성을 강조하는 구체적인 생활 윤리였다. 그는 최제우가 강조했던 시천주의 사상을 모든 사람들 사이, 사람과 자연 사이에 적용되는 행동 윤리로 발전시켰고 이 과정에서 초기 동학 사상에서 보이던 신비주의적 요소를 상당히 탈각시켰다. 최시형의 이러한 재해석은 동학 사상을 종교적으로 전승하는 매우 중요한 계기가 되었지만 동시에 이 과정에서 교조에게서 보이던 강력한 종말론적 현실 인식은 약화되었다. 최시형은 최제우에게서 볼 수 있던 서양 세력과 서학에 대한 경계, 일본에 대한 적개심, 타락한 유교 질서에 대한 부정에 대하여 뚜렷한 주장을 하지 않았다. 대신 그는 어떤 상황에서도 요구되는 개인적인 생활 윤리를 강조하였다. 나아가 그는 교조 최제우가 결코 조선 사회의 기본적 사회 윤리를 부정하거나 그에 항거한 자가 아니었다고 주장하고 동학의 가르침이 유학의 그 것과 본질적으로 동일한 충효의 사상임을 강조하였다.

최시형은 개인이 철저하게 수도하고 동학의 가르침에 따라 생활하

---

33) 이돈화, 앞의 책, p. 17.

면 반드시 후천개벽의 새로운 지상 천국이 실현될 것이라 주장하고 있다. 물론 그 역시 그것이 실현되는 것은 시운에 의한 것이라 보았다. 그는 언제나 "때를 기다리라"고 말하였고 후일 전봉준 등의 봉기에 대하여는 "현기를 누설하지 말고 시운의 도래를 기다리라"고 말하였다.[34] 그러나 최시형에게 있어서 교조가 말한 후천개벽의 시대는 무조건적이고 운명적으로 오게 되는 것이 아니고 인간의 수도와 도에 입각한 생활이 전개될 때 도래할 수 있는 조건적인 것으로 설명되고 있었다. 이것이야말로 동학 사상이 신비주의적이고 운수론적인 사상으로부터 윤리적인 고등 종교로 발전하는 중요한 계기가 된 것이었다.

II. 종교적 조직화와 사회적 공인 운동

동학의 종교적 전승과 관련하여 최시형이 수행한 중요한 역할의 다른 하나는 최제우의 사후, 지하에서의 포교와 교도의 조직화를 통해 실질적인 동학 교문, 종교적인 교도 집단을 형성시킨 일이었다. 앞서 본 바대로 최시형은 종교에 필요한 기본적인 의례와 경전을 정하고 교도들을 결합하고 교육하는 교문 조직에 심혈을 기울였다.[35] 1884년에는 제의 규범도 정비하여 목욕 재계로부터 고천 의식에 이르는 기본적인 의례 절차가 제도화되었다.

최시형은 이러한 의례의 확정과 함께 교도들의 조직화에 노력하여 1878년 7월에 6임제를 설정하고 교장(教長)·교수(教授)·도집(都執)·집강(執綱)·대정(大正)·중정(中正) 등의 교직을 제도화시켰다. 이들의 지도하에 일정한 규모의 도인이 모이면 그것을 접이라 하고 접이 많아지면 대접주나 포와 같은 교구 단위의 조직을 두었다.

---

34) 『천도교회사 초고』, 『동학 사상 자료집』 제1집, 아세아문화사, 1979, p. 457.
35) 최시형의 동학 교도 조직화의 의례 확정에 대하여는 이돈화, 앞의 책, pp. 24~30 참조.

최시형은 이러한 교도들의 조직화를 통해 지하에서 조직이 확대될 수 있는 조건을 만들어내고 또한 스스로 그들을 찾아 지하 순방과 포교 활동을 계속하였다. 1887년을 전후한 시점에서는 충청도 보은에 육임소라는 교단 본부를 둘 만큼 동학의 교세가 확장되었고 이를 바탕으로 교리 문답, 상벌 시행, 신앙 생활 지도 등 제도 종교로서의 모습을 하나하나 갖추어나갔다. 교도의 조직화, 종교적 의례의 확정, 그리고 교조의 가르침의 경전화, 이러한 것이 이루어진 1890년대의 시점에서 동학 교도들이 동학의 종교적 자유, 사회적 공인을 부르짖은 것은 당연한 귀결이었다.

동학 교도들은 최시형의 조직적인 활동에 근거하여 비밀리에 전국적으로 포교망을 확대시켜 1892년에는 이미 수만 명을 능가하는 대교도 집단으로 성장해 있었다. 특히 1890년대에는 호남 지방에 교도들이 급증하였고 김개남·손화중·김덕명·김낙철 등 후일 농민전쟁에 적극적인 주동자로 부각되는 간부들이 최시형의 지도하에 동학 교단에서 성장하였다. 물론 최시형은 호남 지방 교도들의 종교적 신앙 상태에 대하여 다소 불만스러워하기도 했고 교리의 해석에 있어서도 유교적 요소를 특별히 강조함으로써 사회적으로 이단시되는 상태로부터 벗어나려는 노력을 기울였다. 1890년대 초반에 나타난 교조 신원 운동은 동학이 제도화된 종교로서 기존 사회로부터 공인을 요구하고 나선 종교 운동이었다.

1892년 10월 동학의 지도부는 교단의 조직을 통해 교도들을 공주에 모이게 하고 이 자리에서 청주감영의 감사 조병식에게 교조에 대한 신원과 교도에 대한 폭정을 금지해달라는 소장을 올렸다. 충청감사에게 보내진 의송 단자에는 서학과 왜상에 대한 비판이 등장하였다. 이 해 말에 최시형은 교도들을 다시 삼례역에 집결하도록 하였고 수천 명의 교도가 집단 시위를 통해 교조의 신원을 주장하였다. 삼례 집회에서는 전봉준·유태홍 등 새로운 인물들이 등장하였고 전라감사 이경식은 동학 그 자체에 대한 정부의 금압 정책은 어찌할 수 없으나 관리의 탐학만은 금단하겠음을 약속하였다. 이것은 비록 종교적인 목표에 국한된 운동이었지만 교도들 자신의 조직적 힘에 대한 자부심과 정부에 대한 대항 의식을 크게 증대시키는 계기가 되었다.

동학의 지도부는 자신들의 요구가 일개 지방 관리의 수준에서 해결 가능한 것이 아님을 인식하고 1893년의 광화문 복합 상소를 통해 고종에게 직접 교조의 신원을 요구하였다. 그러나 "각기 집으로 돌아가 안심하고 생업에 종사하라"는 고종의 말을 믿고 해산하였다. 이후 동학에 대한 정부의 억압은 전혀 줄어들지 않았고 실제로는 수탈의 강도가 더욱 심해졌다. 여기에 서울에 주둔하던 외국 영사들의 민감한 반응까지 작용하여 동학은 더욱 강한 억압을 받기에 이르렀다.[36] 결국 동학 교도들은 그해 4월 전국의 교도들을 보은에 집결토록 하여 유명한 보은 집회를 열게 되었다. 이 집회는 약 2만 명의 교도가 모였던 대규모 집회였고 '아무런 무기도 휴대하지 않은' 민회의 성격을 지닌 평화적 시위였지만[37] 앞의 신원 운동과는 달리 '척왜양'의 정치적 슬로건이 전면에 부각되는 변화가 나타났다.

보은 집회는 동학의 성격 변화를 이해하는 데 매우 중요한 사건이었다. 이 집회는 동학교단이 공식적으로 또 종교적인 목적을 내세워 개최한 것이었는데 여기서 왜양을 척결하라는 매우 민감한 정치적인 요구가 나타났기 때문이다. 이것이 곧 동학 자체가 정치적인 사상으

---

36) 이는 소위 괘서 사건이라 하는 것으로 광화문 상소가 있던 바로 그 시기에 서울의 외국 공관과 선교사들의 집에 반외세를 주장하는 벽보들이 나붙은 사건이 있었는데 외국 영사들은 이를 동학 교도들의 소행으로 보고 그 탄압을 정부에 요구하였다. 박종근, 「동학과 갑오농민전쟁에 대하여」, 『동학혁명의 연구』, 백산서당, 1982, pp. 18~20.

37) 당시 보은 집회에 양호선무사로 내려왔던 어윤중은 이들의 모임을 민회와 같은 성격을 지닌 것으로 보고 다음과 같이 보고하였다. "今日 渠等此會 不帶尺寸之 兵 乃是民會, 嘗聞各國亦有民會, 朝廷政令有不便於民國者, 會議講定, 自是近事, 豈 可措爲匪類乎." 「聚語」, 『동학란 기록』상, 국사편찬위원회, 1968, p. 123.

로 전환하였다거나 동학 교도들이 정치 세력화했다는 것을 뜻하지는 않는다. 현실에 불만을 지닌 세력들이 동학을 이용하려 했을 수도 있고 일부 동학 교도들 가운데 정치적인 성향을 강하게 드러내려는 자들이 부각된 것일 수도 있었다. 그러나 분명한 것은 교조 신원 운동을 통해 동학 교도들이 종교적 문제 역시 정치적 문제와 무관할 수 없고 그것은 또 외세의 문제와 관련된다는 사실을 점차 깨닫기 시작했다는 사실이다.

이 일련의 교조 신원 운동은 최시형의 공식적인 허락과 그의 주도 아래에서 이루어진 것이었다. 비록 초기의 교조 신원 운동 요구에 대해 최시형이 소극적인 자세를 취하기는 했지만 그는 곧 많은 교도의 요구를 '하늘의 뜻'으로 해석하고 이 운동에 적극적으로 참여하였다. 그는 공주 집회나 삼례 집회, 또 보은 집회를 소집하면서 각지의 교도들에게 통문을 보내 교조의 신원의 불가피성을 역설하였고 지방의 관리들에게 동학이 사교일 수 없다는 사실을 확인시키려 노력하였다. 최시형은 전라감사 이경식에게 올린 소에서 "선사의 학을 논할 것 같으면 과거 유교·불교·도교의 편견을 교정하여 수련할 따름이요 또 충효를 힘써 하고 하늘 섬기기를 지성으로 할 따름이라"고 말하고 동학이 배척받는 것은 전적으로 오해에 기인하는 것임을 강조하였다.[38]

최시형이 이 교조 신원 운동을 수행해나가는 방식은 매우 온건한 시위의 형태였다. 그는 언제나 교도들의 질서 있는 움직임을 강조하고 지방 관리의 입장을 존중하는 태도를 견지하였고 특히 왕의 윤음에는 절대적인 신뢰를 보였다. 보은 집회시 수만 명의 교도가 모였으나 "관리의 탐학은 반드시 응징하리니 모든 도인들은 각기 집에 돌아가 그 업에 종사하라"는 고종의 윤음에 "북향하고 상은을 배하고 거한 지 3일 만에" 그 해산을 명할 정도로 소극적인 최시형이었다.[39] 그

---

38) 『천도교회사 초고』, pp. 446~52.
39) 『천도교회사 초고』, p. 454.

는 계속 개개인의 수양과 수도를 강조하였으며 특히 무력의 사용에 대하여는 부정적이었는데, 1894년 전봉준이 호남에서 기포한 후 교도들에게 보낸 통유문에서 "인시천이라 하고 우왈(又曰) 타인(打人)이면 타천(打天)이라 하얏으니 피아(彼我)를 불문하고 균시천주(均侍天主)를 대한 동포이니 설혹유과(設或有過)할지라도 절물구타(切勿毆打)"할 것을 강조하였다.[40]

교조 신원 운동은 동학이 종교로 발전하기 위해 불가피했던 과정이었다. 교조가 혹세무민의 죄를 입었고 그 가르침이 사교로 낙인찍힌 상황을 극복하는 것은 동학의 종교적 발전에 있어서 최우선의 과제였다. 이 운동을 통해 동학 교도들은 자신들의 집단적 힘과 동학에 대한 믿음을 더할 수 있었다. 그러나 이 운동은 동학을 순수 종교로서 규정한 운동이었고 따라서 현존하는 사회 질서 속에서 동학의 공인을 요구한 것이었다.

4. 동학과 농민전쟁: 전봉준과 남접

교조 신원 운동이 일어나던 시기의 동학 교도들은 다양한 층들로 구성되어 있었고 그 세력이 커짐에 따라 동학을 현실 개혁의 주체 세력으로 파악하고자 하는 자들도 다수 나타나기 시작하였다. 이들은 동학 교도들의 움직임을 순수한 종교적 영역, 즉 교조의 신원과 동학 포교의 자유 획득에만 국한하고 그것조차 소극적이고 타협적인 태도로 수행하려는 최시형의 입장에 반대할 수밖에 없었는데 이들 층의 대부분은 주로 호남 지역을 중심으로 한 교도들이었다. 이미 보은 집회시 "재기를 갖추고서도 뜻을 얻지 못한 불평 불만에 차 있는 자, 관

---

40) 『천도교회사 초고』, pp. 458~59.

리의 탐묵이 횡행하는 것을 분히 여겨 민중을 위하여 목숨을 바치려는 자, 외적이 우리의 이원(利源)을 빼앗는 것을 분통히 여겨 함부로 큰소리하는 자, 탐사묵리(貪師墨吏)에 침학을 당해도 호소할 바 없는 자, 경향에서 무단과 협박 때문에 스스로를 보전할 수 없는 자, 경외에서 죄를 짓고 도망한 자, 영읍속(營邑屬)들의 부랑무뢰배와 영세 농상민 〔……〕 나라 안에 가득 차 있는 불평지기를 규합"[41]한 것이라고 평가될 정도로 사회적인 소외 · 하층 집단이 동학의 교도 조직 속에 참여하고 있었음을 생각하면 최시형의 개인 윤리적이고 탄원식의 운동 방식에 반발하는 세력이 나타날 것은 충분히 짐작할 수 있다.

이들 세력은 당시 '남접'이라고 불렸다. 남접은 호남 지방의 동학 교도를 가리키는 의미로 사용되기도 하지만 그것이 반드시 지역적인 범주를 뜻하는 것은 아니었다. 동학 교문의 조직 원리로 보면 개인적인 연비 관계가 중시되었는데 북접과 남접은 동학 내의 연비 관계와 지역적 차이, 그리고 정치적 태도의 차이 등으로 나누어진 동학 내부의 두 세력으로 이해할 수 있다. 보은 집회 당시 전봉준 등의 호남 교도들은 최시형의 행동 방식에 불만을 품고 금구 · 원평에서 별도의 집회를 열었다.[42] 북접의 간부였던 서병학은 당시의 양호순무사였던 어윤중에게 "호남취당(湖南聚黨)은 비록 겉으로는 같은 것 같으나 종류는 달라서 그 글이나 방, 또는 그 소행 등이 극히 수상하니 잘 살펴서 북접의 당과 혼동하지 말 것"을 당부하기도 했다.[43] 남접이 북접에 비하여 매우 급진적이고 정치적인 지향을 드러내고 있었던 것이 분명한데 바로 이런 지향을 뚜렷하게 보여준 인물이 전봉준이었다.

---

41) 「취어」, 『동학란 기록』 상, 국사편찬위원회, pp. 121~22.

42) 동학과 갑오농민전쟁과의 관련에 있어서 이 금구 · 원평의 집회가 지니는 의미에 대하여는 趙景達, 「東學農民運動と甲午農民戰爭の歷史的 性格」, 『朝鮮史硏究會論文集』, 第19集; 정창열, 「갑오농민전쟁 연구」, 연세대학교 대학원 박사학위 논문 참조.

43) 「취어」, 앞의 책, p. 123.

I. 전봉준의 동학 해석과 사회 개혁 사상

전봉준이 동학을 내면적으로 어떻게 이해하고 수용하였는지를 정확히 이해하기는 어렵다. 심지어 그가 과연 동학 교도였는가 하는 사실 자체가 학계의 논란거리로 되어 있을 정도이다. 분명한 것은 그의 동학에 대한 태도는 양면적이었다는 사실이다. 한편으로 그는 동학을 좋아했고 동학에 깊은 관심을 갖고 있었으며 주변의 동학 접주들과 매우 친근한 관계를 맺고 있었다. 그는 동학이 어떤 교리이며 무엇을 하려는 것이냐는 물음에 "본심을 지키고 충성과 효도로써 근본을 삼으며 나라를 지키고 국민을 편안하게 하고자 한다"고 대답하였으며 또한 동학을 좋아하느냐는 물음에 대하여는 "동학이란 본마음을 지키고 하늘을 공경하는 길(守心敬天)이기 때문에 무척 좋아한다"고 대답하였다.[44] 또 많은 기록은 그를 동학의 접주였다고 쓰고 있다. 그러나 다른 한편으로 그는 동학의 포교와 종교적 의례의 실천에는 관심이 없었고 자신의 서당에 출입하던 아이들에게도 동학의 가르침을 전하지 않았다. 다시 말해 종교로서의 동학에는 매우 소극적이었던 것이다.

그러나 전봉준의 이 이중적인 태도가 사실은 동학의 또 다른 역사적 전개 양상을 보여주는 것이다. 즉 전봉준은 종교로서의 동학, 개인 윤리를 강조하는 도덕으로서의 동학에는 별다른 관심을 보이지 않았으면서도 동학이 주장하는 광제창생과 보국안민의 민족적·사회적 의식에는 큰 공감을 느끼고 있었던 것으로 보인다. 보국안민은 최제우가 동학을 창도할 때의 기본적인 문제 의식이었고 실제로 이 시기의 객관적인 핵심 과제였다. 수심경천은 전봉준이 조합한 말인데 마음을 바로잡고 하늘을 공경한다는 개인 윤리적 의미를 담고 있으

---

44) 「전봉준 공초·재초」,『동학란 기록』하, 국사편찬위원회, 1968, p. 534.

나 전봉준은 그 의미를 반드시 개인 윤리의 차원에서 해석하지 않았다. 그는 이 수심경천의 의미조차도 사회적 차원의 관심 속에서 해석하고 있는 것이었다.

전봉준은 단순한 수양이나 개인적 수도만을 생각한다면 동학을 굳이 믿을 필요가 없다고 다음과 같이 말하였다. "단지 마음을 바로한다는 것뿐이라면 물론 동학당에 들어갈 필요가 없지만, 동학당의 소위 '경천수심'이라는 주의에서 생각할 때는 정심 외에 '협동일치'의 뜻을 포함하고 있기 때문에 결당하는 것의 중요함을 본다. 마음을 바로한 자의 일치는 간악한 관리를 없애고 보국안민의 업을 이룰 수 있기 때문이라고 생각한 탓"에 동학에 들어갔다는 것이다.[45] 전봉준은 수심경천의 내용을 결당하여 탐관오리를 제거하고 보국안민을 실현하는 것으로 해석하였고 동학의 가르침을 매우 정치적으로 재해석하려 한 것이었다. 이는 최시형이 동학을 종교적으로 전승하려는 방향과는 명백히 다른 것이었다.

전봉준은 동학으로부터 사회를 개혁할 수 있는 동력을 얻을 수 있으리란 기대를 하였던 것으로 보인다. 물론 그가 기대한 것이 동학 사상 그 자체였는가 아니면 동학이라는 조직이었는가는 또 다른 검토의 과제이다. 분명한 것은 전봉준이 중심이 되었던 1894년의 농민전쟁에서 동학의 지도부는 결정적인 역할을 담당하였다는 것이다. 적어도 이 시기의 민중적인 변혁의 움직임에 동학은 어떤 형태로든 중요한 영향을 미쳤다. 그렇지만 동학 사상 그 자체에는 새로운 사회로의 이행에 필요한 정치적인 사상이 없다. 최제우나 최시형의 사상은 어디까지나 개인 윤리적인 태도와 운수론적 예언이었지 정치적인 강령이나 운동의 방식을 내포한 것은 아니었다. 따라서 전봉준의 사상은 동학 사상과는 별도의 사상적인 흐름에서 그 특징을 찾거나 아니

---

45) 『東學大巨魁審問續聞』, 동경조일신문, 1895. 3. 6; 강창일, 「전봉준 회견기 및 취조 기록」, 『사회와 사상』 창간호, 1988, p. 262.

면 동학 사상의 또 다른 해석 체계로 이해할 수밖에 없다.[46]

전봉준의 개혁 사상은 일차적으로 봉건적 수탈 체제에 대한 강력한 저항을 그 특징으로 한다. 전봉준이 고부 민란에서 원민들의 추대에 의해 장두가 되어 민란의 선봉장이 되기 이전에 이미 그의 아버지 전창혁은 학정에 의해 목숨을 잃었다. 전봉준은 「공초」에서 호남 일대뿐 아니라 전국의 관리와 수령들이 부패와 수탈의 원흉이 되고 있음을 말하고 이들의 진멸이 자신의 봉기 이유였음을 밝히고 있다. 그의 이러한 입장은 백산의 창의문에서 다음과 같은 강렬한 봉기 권유로 나타나고 있다. "양반과 부호의 앞에 고통을 받는 민중들과 방백과 수령 밑에서 굴욕을 받는 小吏들은 우리와 같이 원한이 깊은 자라. 조금도 주저치 말고 이 시각으로 일어나라"고.[47]

그는 고부에서의 봉기 이유를 설명하면서 "세상일이 날로 잘못되어가고 있어서 분연히 한번 세상을 구해볼 생각이었다"고 말하고 있다.[48] 그는 국민이 도탄에 빠진 주된 원인을 관리의 탐학에서 찾고 그 탐관오리의 제거, "탐학한 관리의 목을 베는" 일이 민중에게 가장 절실히 요구되고 있다고 보았다. 전봉준은 공초에서 이러한 관리의 탐학이 전라도 일대에 한정된 것이 아니라 조선 전도에 걸쳐 중앙으로부터 지방에 이르기까지 8도 전체가 봉건적 탐학과 수탈에 고통을 받고 있다고 주장하였다.[49] 전봉준은 최시형과는 달리 폭력과 투쟁 그 자체를 부정적으로 보고 있지 않았다. 그는 부패하고 타락한 관리는 백성의 해독으로 파악하였고 그들을 축출하고 진멸시키는 일은 결코 그릇된 행동이 아니라고 보았다. 최시형은 "도로써 난을 지음은 불

---

46) 전봉준이 동학 사상과는 별도의 개혁 사상을 지닌 자였다는 점에 대하여는 이미 여러 연구자들에 의해 지적되어온 바다. 김용섭, 「전봉준 공초의 분석」, 노태구 편, 『동학혁명의 연구』, 백산서당, 1982, pp. 174~79 참조.

47) 오지영, 앞의 책, p. 112.

48) 「전봉준 공초·초초」, 앞의 책, p. 525.

49) 「전봉준 공초·초초」, 앞의 책, pp. 532~33.

가"하다고 주장하였지만[50] 전봉준은 오히려 격문에서 "조금도 주저치 말고 이 시각으로 일어서라"고 주장하였다.

전봉준의 개혁 사상의 두번째 측면은 그의 반외세 사상에서 찾아진다. 최제우도 일본에 대한 적개심과 서양 세력에 대한 경계심을 함께 지니고 있었지만 전봉준은 서양보다는 일본에 대하여, 또 사상적인 대응보다는 정치적인 대응의 방식으로 자신의 반외세 사상을 전개하였다. 그는 공초에서 서양 세력과 일본 세력을 구분하여 "다른 외국인은 다만 통상을 할 뿐이나 일본 사람들은 군대를 이끌고 서울에 들어와 있다"는 사실을 들고 그의 봉기의 주된 공격 대상은 모든 외세가 아니라 일본의 군사적 침략 의도에 대한 것임을 분명하게 밝히고 있다.[51] 전봉준은 1894년 후반 농민군 진압의 명목으로 국내에 진주하여 명목상 개화를 강요하고 있는 일본군의 침략적 의도를 간파하고 있었고 그들을 축출하기 위한 무력 항쟁의 필요성을 절감하고 있었던 것으로 보인다. 전봉준은 자신의 제2차 봉기를 설명하면서 "귀국(일본)은 개화라고 하면서 〔……〕 헌병을 서울에 진주시켜 밤중에 왕궁을 격파하여 남의 임금을 경동시켰다 하니 초야의 선비들이나 민간인들이 임금에 충성하고 나라를 사랑하는 마음에서 격분하여 의려(義旅)를 규합하여 일본 사람과 접전을 하고 있는 사실을 지적하면서 자신의 봉기가 이와 같은 성격을 지닌 것임을 강조하였다.[52] 이러한 전봉준의 개혁 사상은 마침내 현실 정치적 개혁 의지가 강렬했던 호남의 동학 교도와 하층 농민의 반봉건적인 투쟁성을 결합시키는 힘으로 작용하였다.

---

50) 오지영, 앞의 책, p. 70.
51) 「전봉준 공초·재초」, 앞의 책, p. 538.
52) 「전봉준 공초·초초」, 앞의 책, p. 529.

II. 1894년 농민전쟁과 동학

전봉준을 중심으로 하는 남접의 동학 지도부는 고부 민란을 계기로 이 일대의 원민과 교도들을 조직하여 거대한 농민전쟁의 주체를 형성시켰다. 고부 민란의 경우 주된 구성원은 동학 교도가 아니라 일반 농민이었고 이후의 농민군의 구성에 있어서도 반드시 동학 교도가 많았던 것은 아니었다. 그러나 전봉준이 고부만의 범위를 넘어 인근 일대의 봉기를 계획했을 때 농민군의 지도부를 구성한 사람들은 모두 일대의 동학 접주들로서 동학의 하급 간부들이었다. 이들은 평소 호남의 수탈상과 농민들의 요구를 익히 알고 있었고 전봉준의 개혁 사상과 동학의 현실적이고 정치적인 재해석을 적극적으로 옹호하던 자들이었다.

농민군이 무장에서 본격적인 농민전쟁의 봉화를 올렸을 때 그들은 동학 내부의 종교적인 위계를 무시하고 전봉준을 창의대장군으로 삼았다. 이러한 사실은 이들이 전봉준의 이념적 · 조직적 지도력을 받아들이고 있었음을 의미하는 것으로 그들간에 평소 가까운 유대가 있었음을 보여주는 것이다. 이때의 전봉준의 지도력은 종교로서의 동학 사상에서 온 것이 아니라 독자적인 개혁 사상에서 기인한 것으로 보아야 할 것이다. 전봉준은 동학 사상과 별도로 사회의 제반 악폐의 제거를 지향하는 개혁 사상을 지녔고 그것은 본질적으로 조선 후기 민란의 과정에서 나타나던 농민층의 현실 변혁 의지를 계승하는 것이라 볼 수 있다. 농민전쟁의 성격을 잘 나타내주는 것으로 보이는 백산에서의 창의문에는 "우리가 의를 내세워 이에 이르나 그 본의는 단연코 다른 데 있지 않고 창생을 도탄 중에서 건지고 국가를 반석 위에다 두고자 함이었다"고 밝히고 있다.[53] 따라서 봉기 직후의

---

53) 오지영, 앞의 책, p. 113.

과정에서는 동학 교도의 종교적 요구는 전혀 나타나지 않았다. 농민 군이 장성을 함락한 후 전라감사 김학진에게 보냈다는 13개조의 요구 사항에도 동학에 대한 요구 사항은 하나도 없다. 동학에 관한 요구로는 이후 전주화약의 과정에서 전봉준이 양호순변사 이원회에게 보낸 제2차 원정서에서 "동학인으로서 허물 없이 살육되거나 수구된 자는 일일이 신원케 할 것"이라는 조항이 들어 있을 뿐이었다.[54]

동학의 역할이 강조된 것은 전주화약 이후였는데 농민군이 집강소를 통해 지방 정치에 참여하게 되고 그에 따라 농민층 내부의 조직적인 통제가 중요해졌기 때문이었다. 집강소의 설치와 관련하여 공포된 것으로 전해지는 폐정 혁안 12개조에는 "도인과 정부 사이의 오랜 혐오의 감정을 씻어버리고 모든 행정에 협력할 것"을 중요한 조항의 하나로 제시되어 있다.[55] 이것은 농민군의 지도부가 그러했듯이 정치적인 개혁과 투쟁을 계속적으로 추진해갈 조직 자체가 결국은 동학 교문 이외에는 찾아질 수 없었음을 뜻하는 것이다. 이제 동학은 동학 교도의 종교적 요구가 아니라 일반 농민층의 현실적인 정치적·경제적 요구를 수렴하고 그것을 구체적인 개혁으로 실현해나가야 할 상황에 놓이게 되었다. 실제로 동학 교도들이 중심이 되어 수행한 집강소에서의 폐정 개혁안은 신분제의 폐지, 봉건적 수탈에 대한 척결, 일제의 침탈에 대한 항거, 지주 제도의 개선 등 당시의 농민층이 제기한 모든 개혁 조항이 담겨 있었다. 동학 교도들은 이러한 조치를 수행하기 위해 농민군이 점령한 군읍에는 "접주 한 사람을 임명하여 태수의 일을 하게"하고 "그 친당을 집강으로 만들어 수령의 일을 하게 하였다"고 황현은 기록하고 있다.[56]

---

54) 「동비토록」, 『한국학보』 3, pp. 263~64.

55) 오지영, 앞의 책, p. 126.

56) 황현, 『梧下記聞』; 신용하, 「갑오농민전쟁 시기의 농민 집강소의 설치」, 『한국학보』 제41집, p. 91에서 재인용. 신용하 교수는 위의 논문과 「갑오농민전쟁 시기의 농민 집강소의 활동」, 『한국문화』 6 등에서 집강소 시기의 농민군과 동학 교도들

실제로 동학의 사상 자체를 사회적으로 실현하려는 움직임이 일부 전개되었다. 황현의 기록에 의하면 "노비와 사족이 주인과 함께 도적을 따르는 경우에는 서로 접장이라 하면서 그들의 법을 따랐다. 백정·재인 등속의 무리들도 역시 평민 사족과 평등하게 같이 예를 했으므로 사람들이 더욱 치를 떨었다"고 하여 동학의 가르침이 실제로 이 시기의 농민 통치 과정에서 현실화되고 있었다.[57] 『동학사』에 의하면 "소위 부자·빈자라는 것과 양반·상놈·상전·종놈·적자·서자 등 모든 차별적 명색은 그림자도 보지 못하게 되었음으로 하야 세상 사람들은 동학군의 별명을 지어 부르기를 나라의 역적이요 유도의 난적이요 부자의 강도요 양반의 원수"라 하였다는 것이다.[58] 이것은 동학의 인간 평등 사상이 비록 종교 윤리의 차원에서 논의된 것이었지만 이러한 신분 철폐의 사회 운동과 긴밀하게 결합될 수 있는 것임을 보여주는 것이다.

동학의 입장에서 볼 때 농민전쟁과의 결합은 동학 사상의 사회적 실현의 좋은 계기가 되었던 것이고 그런 점에서 동학의 인간 평등 사상이 사회 개혁 사상으로 발전할 수 있는 것이기도 했다. 그러나 동학 사상과 개혁 사상의 실질적인 결합은 동학 교도 전체의 수준에서 이루어진 것이 아니었고 그나마도 전봉준의 의식과는 비교할 수 없을 정도로 그 결합의 양상이 모호한 형편이었다. 전봉준의 개혁 사상은 교도들에게 구체적인 모습으로 전달된 바가 없었고 각 지방의 농민군 지도자인 접주들의 의식도 전혀 통일적인 것이 아니었던 것이다.[59] 그럼에도 불구하고 농민전쟁은 동학 교도들에게 강력한 현실 정치에의 관심을 불러일으켰고 최제우가 말한 보국안민과 광제창생

　　　　의 활동을 상세히 분석하고 있다.
57) 신용하, 「갑오농민전쟁 시기의 농민 집강소의 활동」, p. 32에서 재인용.
58) 오지영, 앞의 책, p. 130.
59) 김용섭, 앞의 글, pp. 180~94.

의 구체적 조건을 실현하는 계기로 작용하였던 것은 의문의 여지가
없다고 할 것이다.

5. 개화 사상과의 결합과 정교 분리:
동학에서 천도교로

동학은 1894년의 농민전쟁에서 패배함으로써 다시 혹심한 탄압을
받게 되었다. 이번의 동학 박해는 조선 정부에 의한 것만이 아니었
다. 일본은 동학의 반외세적 지향이 큰 장애가 될 것으로 보고 근대
적인 무기와 군사력을 동원하여 동학 세력의 철저한 섬멸을 꾀하였
다. 결국 전봉준을 중심으로 하는 동학 내의 개혁적 세력은 철저히
궤멸되고 북접의 지도부만 지하로 잠적하여 그 맥을 이었다. 1898년
최시형마저 체포되어 처형당한 후 동학은 제3세 교주인 손병희에 의
해 지도되었는데 손병희는 이러한 시대적 상황 속에서 동학을 이끌
어나가야 했다.

손병희는 최시형이나 전봉준에 비하여 동학이 지니는 종교적 성격
과 정치적 성격의 양면성을 똑같이 중시한 사람이었다. 그는 동학농
민전쟁시 최시형과 전봉준이 서로 대립하였을 때 오지영의 중재를
받아 북접의 동학 교도들을 남접과 함께 봉기하게 한 장본인이었
다.[60] 손병희는 전봉준과 최시형이 모두 죽고 난 후 이들의 입장을 나
름대로 종합하면서 동학을 하나의 종교이자 동시에 정치 세력으로
성장시키고자 하였다. 동학을 종교적이면서도 정치적인 세력으로 조
직화하려던 손병희의 구상은 결과적으로 실패하였지만 그의 이러한
입장은 이후의 동학과 천도교를 이해하는 데 있어서 매우 중요하다.

---

60) 오지영, 앞의 책, pp. 138~39.

I. 개화 사상의 수용과 교정 일치론

손병희는 최시형의 사상을 더욱 인본주의적이고 철학적인 형태로 재정립하면서 동학 사상을 종교적 교리로 체계화시켰다.[61] 손병희에 의해 체계화되고 교도들에게 가르쳐진 교리의 핵심은 인내천 사상과 교정일치의 사상이었다.

손병희는 최제우의 시천주 사상과 최시형의 사인여천 개념을 보다 추상화시켜 사람이 한울님을 모시고 있는 것이 아니라 사람이 곧 한울님이라는 인내천의 교리를 정립하였다. 그에 의하면 사람은 이미 하늘에 의해 주어진 본성을 지니고 있는 천인, 즉 하늘이 낸 사람이라는 것이다. 따라서 손병희는 동학 사상의 핵심이 인간에 대한 새로운 인식에 있는 것이고 그 새로운 인간관의 핵심은 인간의 도리에 대한 깨달음에 있다고 보았다. 그는 최제우의 사상이 "요약하여 윤리적 요점에 이르고 그 요지는 인내천이라"고 말하였고 이 요점은 이후 성·경·신의 덕목으로 구체화되었다. 손병희의 사상은 최제우의 사상을 훨씬 더 인본주의적으로 재해석하여 인간의 존재론적인 평등성을 주장한 것이라 할 수 있다.

손병희의 인내천 사상은 최제우와 최시형에 비해 훨씬 철학적인 특성을 지닌다. 손병희는 앞서 사용되던 천주(한울님)의 개념 대신 천(하늘)의 개념을 주로 사용하였다. 천주가 인격적인 대상을 지칭하는 것이라면 천은 철학적이고 우주론적인 의미를 내포하는 것이라 할 수 있다. 시천주가 천주를 모신 존재로서의 인간 존엄성을 말한다면 시천은 인간 자신의 존엄성을 보다 강조하는 것이었다. 이러한 입장은 결국 철저한 자기 신뢰로 이어지는바 그는 후에 천도교의 본질

---

61) 『천도교 창건사』에 의하면 손병희에 의해 정리된 교리는 다음과 같다(pp. 245~48). i) 人乃天, ii) 性身雙全, iii) 敎政一致, iv) 性靈出世說, v) 以身換性, vi) 規模一致, vii) 信仰統一, viii) 無體法說.

을 "자기 마음을 스스로 숭배하는" 소위 자심자배(自心自拜)하는 종교라고 규정하였다.[62] 손병희에 의해 해석된 동학의 사상은 이처럼 매우 인본주의적이고 철학적인 인간관을 근거로 한 것이었다.

이러한 점에서 손병희는 최시형의 입장을 계승하고 있었지만 최시형이 정치적 현실에 대해 소극적이었던 것과는 달리 동학의 정치적 관심을 강조하였다. 손병희는 최제우의 사상을 인내천으로 요약하면서 동학의 인간관이 결코 영육의 이원론에 있지 않으므로 동학이 말하는 인간은 구체적·현실적 인간이며 따라서 그들의 정치적 현실에 대하여 동학은 결코 무관심할 수 없다는 사실을 강조하였다. 손병희는 동학의 인간관이 마음과 육체를 이원론적으로 보지 않는 구체적이고 현실적인 인간관이라는 점에 기초하여 역시 도덕·윤리의 측면과 정치·제도적 측면이 동시적으로 중시되어야 한다고 주장하였다. 이돈화의 설명에 따르면 손병희의 교정 일치론은 "성신쌍전(性身雙全)의 이(理)에 의하야 정치사와 도덕사는 인생 문제의 근저에서 결코 분리하여 볼 것이 아니요 유일의 인내천 생활에서 그가 제도로서 나타날 때는 정(政)이 되고 그가 교화로서 나타날 때에는 교(敎)가 된다 함이니 그럼으로 천도교는 세상을 새롭게 함에 있어서 정신 문화를 존중히 아는 동시에 물질적 제도를 또한 중시하야 그 양자를 병행"해야 한다는 것이다.[63]

손병희가 동학의 정치적 관심에 적극적이기는 했지만 전봉준의 사상과 유사했던 것은 아니다. 손병희의 정치관은 전봉준과는 매우 달랐는데 각자 처했던 시대적 상황이 달랐고 동학을 해석하는 시각이 달랐기 때문이다. 손병희는 '세계의 대세'를 파악하려는 목적으로 미국으로 건너갈 계획을 세웠다.[64] 그가 왜 미국을 행선지로 선택하게

---

62) 이돈화, 앞의 책, p. 96.
63) 이돈화, 앞의 책, p. 67.
64) 『천도교회사 초고』, p. 501.

되었는지는 분명치 않으나 이 결정은 동학의 입장에서 대단히 중요한 변화였다. 동학 사상 자체가 전통적인 사상의 맥락에서 형성된 것이었고 더구나 서학에 대립하는 사상으로 자신의 내용을 발전시켰던 것인데 이제 그 핵심적인 인물인 손병희가 서양의 사상과 제도를 보고 배울 필요성을 강조한 것이었다.[65] 그러나 손병희는 미국에 가지 못하고 도중에서 일본에 머무르게 되었다.

손병희는 일본에서 당시 망명중이던 개화파 지식인들의 영향을 받고 개화 사상을 적극적으로 받아들였다. 그는 갑신정변의 실패로 망명중이던 권동진·오세창·조희연·박영효 등과 교유하였고 세계 대세를 바라보는 시각들에 대한 새로운 경험을 체험하였다. 그는 1902년 국내의 교도들에게『삼전론(三戰論)』이라는 수양 교재를 작성해 보낸 바 있는데 거기서 도덕과 문명의 우열, 상업과 공업의 우열 그리고 외교적 담판에 있어서의 우열이 국가의 운명을 좌우하는 것이라 보고 소위 '도전(道戰)' '재전(財戰)' '언전(言戰)'의 삼전을 주장하였다. 상공업의 발전과 외교의 중요성이라는 것은 동학 사상이라기보다는 개화 사상이 수용된 것이었다. 손병희는 그의 삼전론의 결론에서 동학과 개화 사상이 별도의 것이며 이 둘간의 병행이 필요함을 지적하면서 "우리 도의 종지와 삼전의 이치를 아울러 활용할 것"을 주장하였다.[66]

새로운 국제 현실에 눈을 뜬 손병희는 러시아와 일본의 조선에 대한 침략 의도에 깊은 우려를 표명하였고 이에 대응하려면 무엇보다도 정부의 개혁이 필요함을 역설하였다. 그는 1904년 법부대신에게 보낸 글 속에서 "지금 개명한 나라는 오대양 육대주에서 이로운 것을

---

65) 실제로 손병희의 도미 계획에 대해 김연국 등이 반대하였고 그 이후에도 김연국 등이 소위 비개화파로 손병희·오세창 등의 개화파에 대립하고 있었음은 이러한 맥락에서 고찰될 수 있다.『천도교회사 초고』, p. 501; 오지영, 앞의 책, p. 199.
66)『의암 손병희 선생 전기』, 의암손병희선생기념사업회, 1967, pp. 171~80.

따라다니면서 이익만 있으면 취하려 하는" 상황임을 역설하고 특히 조선을 둘러싼 일본과 러시아의 제국주의적 야욕을 경계하고 있다. 그는 곧 이들이 조선을 둘러싸고 전쟁을 벌이게 될 것이며 그것은 결국 그들의 국익을 위한 것임을 지적하였다.[67] 그러면서도 손병희는 무력적인 방어나 대항은 불가능하고 무익한 것이라 보았다. 그는 "지금 병력으로 열강에 대항한다면 썩은 노끈으로 달리는 말을 어가하는 것과 같을 것"이라고 주장하였다.[68] 그는 러일전쟁 발발 직전인 1904년초에 조선의 개혁 방안으로서 세 가지를 들고 그중에서 가장 실현 가능한 것은 일본을 도와 러일전쟁에서 승리하고 그 결과 일본과 열강에 대한 외교적 발언권을 확보하는 길뿐이라고 주장하였다.[69] 이러한 손병희의 입장은 이미 앞서의 삼전론에서도 나타나는바 그는 군사력보다는 경제력과 외교력을 중시하고 있었던 것이다.

이러한 손병희의 사상적 태도는 1894년의 동학 교도들의 농민전쟁에서의 쓰라린 실패와 패배의 경험에서 온 것이기도 했다. 대신 손병희는 국내의 정부 제도의 개혁을 강력히 부르짖었다. 그는 당시의 상황에서 가장 현실적이고 시급한 일이 "민회를 조직케 하여 크고 작은 일을 의논케 하는" 일이라 주장하였다.[70] 민회의 조직 운동은 독립협회의 사회 사상에서 강력히 표방된 바 있는 시민층의 정치 참여 운동과도 통하는 것으로 기본적으로는 개화 사상적 특징을 지닌 것이었다.

손병희의 일본 체류는 그의 사상의 폭을 넓히는 데 기여했다고 할 수 있다. 손병희는 동학 사상에 개화 사상을 접목시킴으로써 변화된 환경에 보다 탄력적인 사상 체계를 만들고자 했던 것이다. 손병희는

---

67) 『천도교회사 초고』, pp. 504~10.
68) 이 말은 손병희가 러일전쟁 직전 당시 의정대신 윤용선에게 보낸 글 속에서 한 말이다. 『의암 손병희 선생 전기』, p. 190.
69) 『천도교회사 초고』, p. 511.
70) 『천도교회사 초고』, p. 503.

동학의 종교적 측면과 정치적 측면을 동시적으로 강조하려 했고 이를 개화 사상과의 결합으로 해결하려 했다. 교리적으로는 정교 일치를 내세워 동학의 현실성을 보다 뚜렷하게 하였다. 그렇지만 그가 강조한 개화 사상, 그것도 일본을 통해 수용된 개화 사상은 동학의 민족주의적이고 종교적인 성격을 현저히 약화시키는 결과를 가져왔다. 손병희가 동학의 정치적 세력화를 시도하였던 진보회 운동을 통해 이 점을 분명하게 파악할 수 있다.

Ⅱ. 1904년 진보회 운동과 정교 분리

동학농민전쟁시 표출되었던 농민층의 사회 개혁 요구는 갑오개혁 조치로 수렴되어 제한된 범위 내에서 사회 개혁이 이루어졌지만 이후의 정부는 오히려 반개혁적인 조치를 강화하였고 민중의 고충은 더욱 가중되었다. 갑오개혁시 철폐되었던 무명 잡세가 다시 왕실의 강화라는 명목하에 곳곳에서 되살아났고 설상가상으로 일본인들의 경제적 침탈도 강화되었다.[71] 동학은 더욱 철저하게 탄압되었고 농민전쟁의 경험은 지하로 묻혀버렸다.

이러한 상황에서 동학을 이끌 책임을 부여받은 손병희는 종교로서의 동학을 유지하는 일과 정치적 개혁에 동학 교도들이 어떤 방식으로 관여할 것인가의 두 가지 문제를 해결하지 않으면 안 되었다. 손병희는 동학과 갑오농민전쟁과의 결합과 그 실패를 거울삼아 그와는 다른 방식으로 이 문제를 해결하고자 했다. 손병희는 이 문제가 결코 동학 교도들의 개인적 수양으로 해결될 성질의 것이 아님을 인식하였고 결국 정부의 개혁을 통해서만 가능한 것이라는 인식에 도달하였다.

손병희는 정부의 개혁을 농민전쟁과 같은 방식으로 추진하는 것은

---

71) 박명규, 「식민지 지주제 형성 배경」, 『한국 근대농촌사회와 일본제국주의』, 한국사회사연구회 논문집 제2집, 문학과지성사, 1986 참조.

불가능하다고 보았다. 개화 사상을 수용한 그는 동학 교도들을 정치적 결사로 조직하여 완고한 정부를 개혁하는 추진체로 삼고자 하였다. 1904년초 그는 동학의 교도들에게 각 지역에 민회를 조직하도록 명령하였다. 그는 이 민회가 동학 교도들의 사회 경제적 요구를 표명하고 정부에 건의하며 나아가 전통 국가의 정치 체제를 개혁하는 세력이 될 것을 기대하였다. 손병희는 이 민회의 강령으로 "황실 존중으로 독립을 견고히 할 것" "인민의 생명과 재산을 보호할 것" "정부를 개선할 것" 그리고 "군정과 재정을 정리할 것"을 내세우고 이를 진보회라 명명하였다.[72]

그 결과 1904년 9월말부터는 전국에 걸쳐 진보회가 설립되기 시작하였다. 이돈화는 하루아침에 20여만 인, 360여 곳에 진보회가 구성되었다고 하지만 이를 동학측의 과장이 섞인 표현이라 보더라도 진보회의 급속한 조직화는 분명 놀랄 만한 일이었다. 가혹한 정치적인 탄압을 뚫고 동학 교도들이 순식간에 전국 곳곳에서 민회를 결성하고 정부의 개혁을 요구하고 나선 것은 분명 이전에 볼 수 없었던 새로운 형태의 움직임이었다. 1904년 10월 이후의 신문 기사에는 각처에 진보회의 결성을 알리는 내용이 끊이지 않았고 그들의 활동에 대한 정부의 우려도 고조되었다.

이들 진보회원의 활동은 종교적인 것보다는 주로 정치적인 성격의 것이었다. 이들은 정부 제도의 개혁을 요구하는 공함을 대신이나 지방관에게 민회의 이름으로 발송하는가 하면 때때로 탐관오리의 부정 행위를 신문 지상을 통해 폭로하기도 하고 각 지방의 민원을 확인하기 위해 조사위원을 파견하기도 했다. 지방의 진보회에서는 관리의 수탈에 대한 저항과 과다한 조세에 대한 거부 운동을 주도하였다. 전북관찰사는 이들 진보회의 활동 때문에 세금의 징세가 어려움을 호

---

72) 『천도교회사 초고』, p. 511.

소하였고[73] 전주군수 권직상은 이들의 탄핵으로 그 직을 수행할 수 없는 실정이었다.[74] 진안 등지에서는 왕실의 잡세 요구에 대항하는 民擾의 주체가 되기도 했다.[75] 한마디로 말해 이들의 활동은 농민층의 직접적인 이해 관계와 관련된 요구 사항들을 때로는 탄원과 호소로 때로는 시위와 민요로 표출시키는 실질적인 정치 결사였던 것이다.

그럼에도 불구하고 진보회의 성격은 전봉준에게서 보였던 정치적 지향과는 다른 것이었다. 진보회 운동은 외세에 대한 인식, 특히 일본에 대한 인식과 대응 방식에서 이전 농민군과 크게 달랐다. 손병희는 진보회의 구성을 지시하면서 동학의 간부들에게 이제는 일본과 정면으로 대립할 수는 없다는 것을 역설하였고 오히려 서양의 문물을 받아들여 한 발 앞서 개화한 일본을 배워야 할 것을 강조하였다. 손병희는 진보회를 구성하는 전국의 동학 교도들에게 단발을 명하였고 黑衣를 입을 것을 지시하였는데[76] 이는 동학 교도들로 하여금 개화 정책에 순응한다는 뜻을 나타내게 하려는 것이었다.

그러나 진보회의 이러한 노선은 러일전쟁의 승리 이후 더욱 노골화하던 일본의 제국주의적 침략에 대한 정확한 인식을 결여한 것이었다. 손병희는 이미 러일전쟁시 일본 군부에 군자금을 기부한 바 있었고 이용구는 국내외 교도들로 하여금 일제의 군용 철도 부설에 협조할 것을 강조하였다.[77] 마침내 이용구를 중심으로 한 일부 지도부는 일제가 한국의 식민지화를 위해 조직케 한 송병준 등의 일진회와 결합하여 일제의 한국 진출을 조장하였다. 이들은 의병 운동을 부정

---

73) 대한매일신보, 1905년 11월 15일.
74) 대한매일신보, 1906년 4월 29일.
75) 대한매일신보, 1905년 8월 29일.
76) 『의암 손병희 선생 전기』, p. 193.
77) 『의암 손병희 선생 전기』, pp. 197~202.

적으로 평가하기도 했고[78] 정부로부터의 탄압을 피하기 위해 오히려 일본 군대의 도움과 보호를 요청하기도 했다.[79]

손병희는 이용구의 친일적인 행동이 일본에의 병합을 요구하는 정도에까지 이르고 이에 대한 민중의 저항과 규탄이 전국적으로 야기되자 이용구로부터 동학을 분리시키려 했다. 정치적 운동이 실패로 돌아가자 그는 종교로서의 동학을 지키는 일에 몰두하였다. 그는 지금까지의 상황을 다 "운으로 돌려"보내고 정치로부터 종교를 분리시킴으로써 동학의 종교적 차원을 강조하려 했다. 그는 "우리는 다 도닦는 사람이라 우리가 그 동안 정계에 나오게 된 것은 어떠한 사정에 그리된 것이나 지금에 와서는 다시 수양에 힘쓸 필요가 있"음을 강조하였다.[80]

결국 진보회 운동은 손병희의 친일 개화 사상에 근거하여 나타났던 일종의 농민 정치 참여 운동이었지만 그의 친일 개화 사상의 시대적 한계와 일제의 침략 정책 때문에 사회적·민족적 과제의 해결은 전혀 기대하지 못한 채 일제에 의해 이용당하고 말았다. 이후 동학은 정치적 관심을 배제한 순수 종교로서의 천도교로 자신의 정체성을 국한시키게 되었다.

---

78) 예컨대 1904년 12월 21일 일진회의 이름으로 내부대신 이용태에게 보낸 공함에 의하면 이들은 유인석·기우만 등 의병이 일진회를 공격하는 데 대해 이를 극히 부정적으로 기술하고 있다. 『일진회 일지』, 『한국 통치 자료』 제4권, 한국자료연구원, 1970, p. 418.
79) 1905년 3월 26일 전주에서 일진회의 연설회를 지방 진위대가 저지하자 이들은 서울서 내려온 일본 헌병대에 자신들의 보호를 요청하였다. 『일진회 일지』, p. 458.
80) 오지영, 앞의 책, p. 198.

198

6. 맺음말: 동학에 있어서의 윤리와 정치

막스 베버가 말한 대로[81] 종교 윤리는 현실의 정치 세계와 항상 긴장과 갈등의 관계에 있다. 종교 윤리의 측면에서 보는 현실 정치는 언제나 부정적인 것일 수밖에 없으나 종교 윤리 그 자체는 정치적인 힘을 갖지 못하기 때문이다. 그러나 역사적으로 종교 윤리와 현실 정치간에 이루어지는 관계의 양상은 다양하다. 종교 윤리 자체가 현실 정치의 이데올로기로 기능할 수도 있고 종교 윤리의 고차원적이고 이상적인 요소가 도리어 현실 정치에 대한 강력한 비판으로 작용할 수도 있다. 때로는 종교 집단 자체가 독자적인 정치 세력이 되기도 하고 때로는 종교가 현실로부터 은둔하여 스스로를 격리시키는 경우도 있다. 일반적으로 현실 정치와 종교는 세속적으로 공존하면서, 문화적으로는 긴장과 갈등의 관계에 놓여 있는 것이다.

최제우·최시형·전봉준, 그리고 손병희의 사상적 연속성과 차이점은 어디에 있는 것인가? 이들은 일단 동학이라는 사상과 연결되어 있다. 그것도 단순한 연결이 아니라 동학 사상 및 교도 조직의 존재에 결정적인 영향을 미쳤던 지도자들이었다. 그러나 이들이 해석한 동학의 내용과 구체적인 실천 방안은 매우 달랐다. 이들의 동학 해석의 차이와 실천 전략의 차이를 이들이 대변한 계급적 차이로 설명할 수 있다. 최시형이 비교적 부농층이 많았던 북접의 계급적 지향을 반영한 것인데 비해 전봉준은 빈농층이 많았던 남접의 계급적 지향을 반영한 것이었다는 설명이 그 전형적인 예이다. 또 다른 한편에서는 전봉준 및 농민전쟁의 흐름과 동학 사상과의 연관성을 인정하지 않음으로써 이 문제를 해결하고자 한다. 그러나 이 글에서는 종교 윤리

---

81) Max Weber, *ibid*, pp. 590~601 참조.

와 현실 정치에의 실천적 개입 사이에서 나타나는 상호 연관이라는 측면에서 이를 검토해보려 했다.

동학은 보편적인 개인 윤리를 중시하는 종교 사상으로서의 특징을 지닌 것이면서 동시에 서학에 대립하여 조선의 문제를 해결하려는 현실적인 사상이기도 했다. 최시형이 생활 윤리를 강조하고 종교로서의 동학을 제도화했다면 전봉준은 현실을 개혁하고 구조적 모순을 바로잡는 실천의 기반으로 동학을 활용하려 했다. 손병희는 이 양자를 병존시키려 노력하였고 정교 일치를 동학의 핵심적 교리로 정립하고 진보회 운동을 전개하였으나 결국은 정교 분리를 표방하는 종교로 후퇴할 수밖에 없었다. 이들의 생애와 사상은 동학이 하나의 종교이자 사회 사상 또는 사회 운동으로서 특정한 시대적 조건 속에서 존재할 수 있는 몇 가지 유형들을 보여주는 사례로 이해해도 좋을 것이다.

일제하에서 천도교는 정치적인 활동과는 무관한 종교 단체로 활동하였으나 종교 자체가 사회적 제도인 한 식민지적 조건으로부터 자유로울 수는 없었다. 일제는 기독교나 불교와는 달리 천도교를 독자적인 종교로서 취급하지 않았고 '유사 종교'의 하나로 평가절하하였다. 농민전쟁과 뒤이은 극심한 탄압 속에서 동학 교문을 지도하고 교리 체계를 확립할 인물도 부족하였다. 교단 내부의 대립과 여러 유사 종파로의 분열도 있었고 사회적인 윤리 체계를 갖추지 못한 샤머니즘적 기복 신앙으로 변질된 경우도 있었다.

그럼에도 불구하고 천도교는 본질상 한국 사회의 역사적 상황으로부터 떠나서 이해될 수 없는 자기 정체성을 갖는 종교였다. 그것은 보편적인 인간 평등의 이념과 인간 존중의 윤리 체계를 갖춘 종교로서, 또 억압적이고 침략적인 대내외적 구조에 대항하여 거대한 투쟁을 주도하였던 역사적 경험을 가진 종교로서 민중들의 마음속에 강하게 자리잡고 있었다. 또한 천도교의 인내천 사상은 끊임없이 현실

200

정치 상황과의 내적인 긴장을 불러일으키기에 족하였다. 따라서 천도교는 사회적 계기가 주어지면 다시 현실 정치와 연결될 가능성이 매우 컸다. 3·1 운동은 물론이었고 1920년대 이후의 농민 운동, 계몽 운동에서 천도교가 차지한 비중은 결코 무시할 수 없다. 그러나 그때에도 역시 천도교의 종교 윤리 그 자체만으로는 민족 운동의 구체적 전략이 얻어질 수 없었고 결국 현실 상황에 대한 사회적인 시각을 필요로 하였다. 천도교의 운동론을 둘러싼 사회주의자들과의 논쟁은 종교 윤리에 바탕을 둔 사회 운동의 특징과 한계들을 보여주는 한 사례이기도 하다.

제5장
고부민란과 고부 농민

1. 머리말

19세기말 조선은 지배 구조의 근본적인 변화 없이는 대내외적 위기를 극복하기 어려운 중대한 체제 위기에 봉착하였다. 그러나 갑신정변의 실패 이후 지배 세력 내부로부터 체제 개혁을 주도할 만한 집단은 좀처럼 성장하지 못하였고 설상가상으로 외부로부터의 제국주의적 침략은 가중되고 있었다. 한말의 지배 세력은 변화하지 않으면 몰락할 수밖에 없는 상황 속에서 변화를 추동할 내적인 힘을 조직화하지 못한 채 안팎의 위기에 미봉책으로 대응하고 있었다.

그렇다고 중앙 권력의 장으로부터 완전히 소외되어 있던 지방의 농민이 정치적인 변혁의 주체로 등장한다는 것은 대단히 어려운 일이었다. 농민은 신분적으로나 사회적으로 정치적인 자유가 없었고 그럴 만한 사회 경제적인 힘도 충분치 못하였다. 또 농민의 계급적 특성 자체가 그러하듯 이들은 전국적으로 분산되어 있고 생산과 소비가 독립적이며 자연적인 조건에 영향을 받는 자들이었기 때문에 결집된 정치 세력이 되는 것은 쉽지 않았다. 농민의 집합적인 정치 행위라고 볼 수 있는 민란조차도 적극적인 권력 의지나 사회 변혁의 지향을 수반하는 것이었다기보다 수동적이고 방어적인 저항으로서 지방의 범위를 넘어서지 않는 제한된 운동인 경우가 많았다.

이런 점에서 볼 때 1894년 동학농민전쟁은 그 이전의 상황과는 질적으로 구분되는, 대단히 중요한 의미를 지니는 사건이었다. 지방의 농민층이 중앙의 권력 집단과는 무관하게 독자적인 세력으로 조직화되어 국가 권력의 문제를 제기하였다는 점에서 지방의 세력 기반 없이 권력의 변화를 추구했던 갑신정변과는 그 성격이 전혀 달랐다. 또 장기간 뚜렷한 정치적 목표를 내세우고 조직적인 항쟁을 수행하였다는 점에서 종래의 고립·분산적인 민란과도 그 차원을 달리하는 것이었다. 그러나 지방의 갈등 구조가 어떻게 중앙의 권력 구조를 문제시하는 수준에까지 발전할 수 있었는가, 농민이 어떻게 단순한 불만을 넘어서 권력의 문제를 제기하는 정치 세력으로 성장할 수 있었는가, 그 성장에 어떤 한계가 있었는가 하는 점은 충분히 해명되지 않은 채 과제로 남아 있다.

이 글은 이 문제에 대한 접근의 한 방법으로 고부군의 사회 경제적 조건과 고부민란과의 연관성을 검토해보려는 것이다. 고부민란은 동학농민전쟁과 밀접한 전후 관계 속에 놓여 있으면서도 그 성격은 다소 달랐다. 고부민란은 어디까지나 고부 일원에 국한되어 전개된 민란이었고 약 2개월 만에 막을 내린 사건이었다.[1] 그러나 고부민란은 동학농민전쟁의 발발에 있어서 매우 중요한 전단계로서의 의미를 지녔다. 고부민란은 여느 민란과 달리 주도부가 조직적으로 거사를 준비하였고 병란으로서의 전투성을 보여주었으며 특히 이 민란의 주도부 중 전봉준을 중심으로 한 세력이 곧 이어 농민전쟁의 주도부로 등장하였던 것이다. 무장에서 기포한 농민군이 가장 먼저 고부로 진격하였던 것도 고부민란과 농민전쟁간에 밀접한 관련이 있음을 말해주

---

1) 고부민란과 동학농민전쟁간의 단절론은 신용하 교수에 의해 농민전쟁의 무장 기포설이 주장된 이후 많은 연구자들에게 수용되고 있다. 신용하, 『동학과 갑오농민전쟁 연구』, 일조각, 1994, pp. 131~50.

는 것이며 고부 백산에서 본격적인 농민군 조직이 결성되었던 것도 그와 무관치 않았던 것이다.[2]

지금까지 고부민란의 연구는 주로 농민전쟁과의 연관 속에서 이해되고 설명되었다. 그러나 고부의 사회 경제적 조건에 기초하여 고부 농민의 구성과 고부 단위의 변화를 축으로 민란을 설명하는 시각이 좀더 보완적으로 활용될 필요가 있다고 생각된다. 조선 후기 사회가 기본적으로 군현을 단위로 하여 통합되어 있었다는 점을 생각하면, 또 동학농민전쟁의 이해에 있어서 매우 중요한 고부민란이 고부군을 중심으로 일어났다는 점을 생각하면 고부라는 단위를 중심으로 한 지방사적 검토는 매우 큰 의의를 지닌다. 군현 수준에서의 농민층 내부의 계급적 분화 상태, 농민층의 경제적 상황, 그들의 조직적 활동이나 기반, 재지 사족 및 관과의 상호 작용 등등이 밝혀질 때 농민전쟁에 대한 보다 풍부한 설명은 물론이고 한말의 사회 변동 일반에 대한 좀더 뚜렷한 이해가 가능해질 것이다.[3]

---

2) 이런 점에서 고부민란을 별도의 사건으로 보는 데 반대하고 이를 농민전쟁의 제1차 기포로 보는 견해도 있다. 신복룡, 『전봉준 평전』, 지식산업사, 1996, pp. 107~17.

3) 물론 이 주제와 관련하여 지방사적 관심이 전무하였던 것은 아니다. 근년에 신영우 · 박맹수에 의해 연구된 경상도와 전라도 지역의 사례 연구나, 이진영 · 이윤갑 등의 논문에서 지방사적 관심과 새로운 자료의 사용을 볼 수 있다. 또 전북일보의 연재 취재물인 『동학농민혁명』이 지방사적 관심을 비교적 잘 나타낸 것으로 보인다. 그러나 여전히 농민전쟁 발발지의 지방적 조건이 구체적으로 밝혀졌다고 보기는 어렵다. 박명규, 「동학농민전쟁과 지방사 연구」, 동학농민혁명기념사업회, 『동학농민혁명의 지역적 전개와 사회 변동』, 새길, 1995.

2. 고부 지역의 농업 구조

I. 고부군의 생태학적 조건

고부군은 서해안에 인접한 지역이다. 동진강을 주수원으로 하는 넓은 평야 지대로 일찍부터 논농사가 발달한 지역이었다. 고부를 포함하여 부안·김제·만경·익산 등지는 오래 전부터 조선의 주요 곡창 지대로 손꼽히는 지역이었고 줄포·군산을 통해 물산의 유통도 상대적으로 활발한 지역이었다. 이 지역의 농업은 조선 왕조의 재정에 가장 중요한 비중을 점하였기 때문에 전통 국가의 관심도 그만큼 높았고 궁방전을 비롯한 고위 양반 관료들의 소유지도 적지 않이 산재해 있었다.

그러나 실제 경지의 조건은 농사에 불리한 점도 많았다. 이 지역 최대의 문제는 수량의 부족이었다. 유일하게 이 지역을 관류하는 동진강은 수심이 낮고 강폭도 좁아 수량이 많지 않았고 하상이 높아 수해나 가뭄의 피해를 자주 입는 지역이었다. 1876년과 1877년의 가뭄으로 고부를 비롯한 인근 지역에 광범위한 진황지가 생기게 되었고 이 여파는 수년이 지나도 지속되어 많은 땅이 황폐해졌고 다시 복구되지 않는 정도였다. 1888년 무자년 대흉에 또다시 큰 가뭄의 피해를 입었고 농민이 이산하고 토지가 진폐됨에 따라 정부는 1890년 균전관을 파견하여 개간을 독려하는 정책을 펴기에 이르렀다. 19세기 후반 고부 일원이 유달리 가뭄의 피해를 많이 입었던 것도 이 지역의 수리가 불안정하기 때문이었다.[4]

농민에게 있어서 자연 재해의 취약성은 정치적인 예속성과도 밀접하게 연결되었다. 조선 왕조의 조세 수취 방식은 매년 농사의 풍흉을

---

4) 한우근, 『동학란 기인에 관한 연구』, 서울대학교 출판부, 1971, pp. 102~09.

고려하여 재해에 대한 면세 조치를 허용하고 있었던 까닭에 매년의 작황이 가변적인 곳일수록 조세 과정에서 정치적인 힘이 크게 작용하게 마련이었다. 고부군은 바로 그러한 점에서 전형적인 곳이었다. 1894년의 자료에 의하면 논의 경우 총출세지 5,517결 29부 2속 가운데 진전으로 분류된 토지가 743결 25부 4속이나 되고 여기에 다시 첨록구재답(添錄舊災畓), 미이답(未移畓), 전부패겸전재답(全不掛鎌全災畓) 등의 명목으로 665결 1부가 면세 대상이었다.[5] 즉 총경지의 20%가 넘는 토지가 장부상으로는 조세 수납이 불가능한 땅으로 처리될 정도로 풍흉의 변화가 심한 곳이었다. 농민전쟁 발발 한 해 전인 1893년에도 고부군의 북쪽은 아주 흉년이었고 남쪽은 비교적 수확이 있었는데 이를 기화로 군수 조병갑이 재결을 요청하여 승인을 얻고도 농민에게 속여서 사사로이 수탈하였는데 이러한 현상도 고부의 생태학적 곤경을 말해주는 것이라 할 수 있다.[6] 1894년 고부 농민의 봉기의 직접적 원인이었던 고부군수 조병갑의 탐학도 만석보의 수세와 관련되어 있었음은 잘 알려져 있다. 일제의 침탈이 심해지던 1900년대 초반에 일본인 지주 및 식민지 농정 기관이 가장 일찍부터 수리조합의 설치를 주도하였던 것도 이 지역이 넓은 평야 지대로 국유답이 많았으면서도 수리가 불안정하고 생태학적으로 자연 재해에 취약하였기 때문이었다.[7] 고부군에서 특히 지방 수령과 아전층의 수탈이 가혹했던 배경에는 수리의 어려움과 그에 따르는 작황의 수시 변동이라는 이 지역의 생태학적 조건이 적지 않게 작용했던 것이다.[8]

---

5) 『前全羅道二十二邑鎭甲午條收租實結磨鍊冊』(奎 17934).

6) 정창열, 「갑오농민전쟁 연구」, 연세대학교 대학원 박사학위 논문, 1991, p. 113.

7) 『조선농회보』 제20권 11호, p. 126.

8) 조세의 징수 과정에서 진황지의 재결을 처리하는 과정이 바로 아전층을 비롯한 중간층이 자의적인 수탈과 착취를 할 수 있는 바탕이었다. 안병태, 「1884년 갑신정변의 사회 경제적 기초」, 『한국 근대 경제와 일본 제국주의』, 백산서당, 1982, pp. 192~202.

　고부군의 사회 경제적 조건을 이해하기 위해 가장 필요한 내용은 바로 농민들의 경제적 상황, 그들의 토지 소유 정도와 계층적 분화 상황에 대한 정확한 파악일 것이다. 그러나 이 부분에 관한 정확한 내용을 보여주는 자료나 연구는 현재 없다. 고부군의 토지 소유를 확인할 수 있는 자료로 고부 양안이 있으나 양안의 자료적 한계가 뚜렷할 뿐 아니라 그나마 완전한 형태로 남아 있지 않다. 현재는 고부군 양안의 일부와 고부에 소재하고 있던 각 궁방전의 양안이 부분적으로 남아 있을 뿐이다.

　1872년 간행된 『호남읍지』에 의하면 고부의 경지는 총 8,819결 69부이고 호구는 6,526호이며 인구는 남 11,777명, 여 16,888명 합계 28,651명이었다. 이는 호남 지방에서도 비교적 큰 군에 속하는 것으로 전세 및 대동미의 규모도 큰 곳이었다. 다른 지방과 마찬가지로 조세 부과의 대상에서 벗어나 있던 용동궁, 내수사장토, 명례궁장토 등 여러 궁방전도 있었지만 각종 궁방의 면세 전답 총결수는 344결 52부 3속에 불과할 정도로 그 규모는 크지 않았다.[9] 따라서 대부분의 토지는 일반 민전으로서 농민들의 직접 경작지였고 일부 토지가 무토로 궁방 또는 각 아문에 결세를 납부하도록 되어 있었다. 민전에서의 농업 경영은 가족 단위의 소농 경영을 기본으로 하는 것이었고 대규모 농장제와 같은 것은 발달하지 않았다.

　김용섭은 『도광십년고부군소재용동궁전답양안(道光十年古阜郡所在龍洞宮田畓量案)』이라는 자료의 분석을 통해 고부 지역 토지 소유 현황을 분석한 바 있다.[10] 그의 분석에 따르면, 고부의 경지는 상당한

---

9) 『前全羅道二十二邑鎭甲午條收租實結磨鍊冊』(奎 17934).

10) 김용섭은 이 자료가 표지의 기록(1830년)과는 달리 더 이전 시기인 18세기의 상황, 그것도 용동궁의 궁방전이 아닌 일반 민전의 사적 토지 소유 상황을 보여주는 자료라고 해석하였다. 이러한 자료 해석은 이영훈에 의해 잘못된 것으로 지적된 바 있다. 그러나 김용섭의 양안 분석은 양안에 대한 계량적 분석이므로 시기와 자

부분이 소작제 형태로 경작되었다. 그는 양안상에 기재된 기주(起主)와 시작(時作)을 각기 지주 소작 관계에서의 지주와 소작으로 이해하고 분석하였는데 소작지 비율이라 할 시작 필수의 비중이 총필수에 비하면 41.2%, 당시의 경작 필수에 비하면 62.2%에 달하고 있었다.[11] 또한 농업에 종사하고 있는 전체 농민층 내에서 "시작에 관계되는 농민은 전농민의 3분의 1에서 2분의 1에 달하는 셈이고 순시작도 농민 전체의 5분의 1 내지 4분의 1이나 되는 셈"이라고 파악하였다.[12] 다음 표는 김용섭에 의해 고부의 토지 소유 상황을 보여주는 것으로 분석된 기주 · 시작의 분포이다.

〈표-1〉　　　　　　　고부군 용동궁 양안의 토지 소유 상황　　(단위: 명, %)

		전경지 대비		시작지 대비	
		수	백분비	수	백분비
지주 및 자작층	자작지 소유자 (자작농)	89	26.8	41	14.4
	대여지 소유자 (지주)	41	12.4	65	22.9
	자작/ 대여지 소유자 (지주 겸 자작)	76	22.9	52	18.3
자소작층	자작/ 시작지 소유자 (자소작농)	22	6.6	19	6.7
	대여/시작지 소유자 (지주 겸 소작)	12	3.6	17	6.0
	자작/대여/시작지 소유자(복합적)	22	6.6	17	6.0
소작층		70	21.0	73	25.7

＊ 김용섭, 『조선 후기 농업사 연구』 1, pp. 232~33의 표를 재분류해서 작성.

료에 대한 해석과는 별도로 그 통계치에 대하여는 객관적인 논의가 가능하다고 생각된다. 김용섭, 「속양안의 연구」, 『조선 후기 농업사 연구』 1, 일조각, 1970; 이영훈, 「조선 후기 토지 소유의 기본 구조와 농업 경영」, 서울대 대학원 경제학과 박사학위 논문, 1985.

11) 김용섭, 앞의 책, p. 230.
12) 김용섭, 앞의 책, p. 234.

위의 〈표-1〉을 보면 토지 소유자층이라 할 수 있는 지주 및 자작농층의 비중이 가장 높고 다음으로 소작층의 비율이 높게 나타나고 있다. 자소작층의 비중은 상대적으로 낮게 나타난다. 그러나 토지 소유자들의 소유 규모는 매우 영세하고 그 경제력 또한 크지 않았다. 그의 분석에 따르면 주층은 평균적으로 50부에 훨씬 못 미치는 영세한 규모의 토지 소유자에 불과하였다.[13] 이것은 기주층 가운데서도 부농에 속하는 수보다 빈농에 속하는 영세농이 훨씬 많았음을 뜻하는 것으로, 토지를 남에게 경작시키는 기주층이 바로 경제적인 부농과 동일시될 수 없다는 것을 보여주는 것이라고 그는 설명하였다. 한편 소작농에 속하는 시작층을 검토해보면 이들은 고율의 소작료를 부담해야 할 뿐 아니라 그나마 차경지 규모도 평균 50부에 훨씬 못 미치는 것으로 나타나고 있어서 부농적 존재와는 거리가 멀었다. 김용섭은 각 계층별 내부의 소유 및 경작 규모의 차이가 상당하다는 사실에 주목하고 기주와 시작이라는 형태보다는 시작층 내부에서도 기준적인 농지 보유의 선을 넘어서는 자가 상당수에 달하고 있었다는 점에 적지 않은 의의를 부여하였다. 그에 따르면 이들은 토지의 소유가 아닌, 농업 경영을 통해 부를 축적하려 하는 자들로서 시작지만의 경영이나 시작지와 자작지를 겸영함으로써 부농이 되는 경영형 부농이었을 것으로 추론하였다.[14]

그러나 이영훈은 동일한 고부 장토에 대한 양안 분석을 통해 김용섭의 견해를 비판하였다. 그에 의하면 자료 자체가 민전의 상황을 보여주는 것이 아니라 궁방의 수조권적 지배가 관철되던 궁방전의 상황에 대한 것이다. 그는 이 양안의 분석에서 크게 두 가지 점을 강조하였다. 첫째로 장토 관계 농민 총 573명 가운데 자작농 103명을 제

---

13) 김용섭, 앞의 책, p. 245.
14) 김용섭, 앞의 책, p. 259.

외한 470명(82.0%)이 순지주 · 순소작 · 자소작 · 자작 지주 등의 형태로 지주─소작 관계에 관련되어 있다. 소작지 규모는 60결 22부 8속으로 전경지 95결 24부의 63.2%에 달한다. 이는 고부 지역에서 사적 지주제가 상당히 일반적인 형태로 성립되어 있음을 말해주는 것이라고 해석되었다. 둘째로는 이처럼 사적 지주제가 일반적으로 성립되었음에도 불구하고 대규모의 지주는 보이지 않고 있다는 점이 지적되었다. 가장 큰 규모의 지주라 하더라도 2결을 넘지 못하고 178명의 순지주도 거의가 50부 미만의 영세 소유자라는 것이다. 이것은 이 시기의 사적 지주제가 분산적 소유 및 분산적 경영을 특징으로 하고 있음을 말하는 것이라고 보았다.[15] 또한 이영훈은 고부 장토에 대하여 역사적으로 그 소유 규모의 변모 상황을 추적하였는데 이 분석에 의하면 1747년에는 1결 이상을 경작하던 농민이 14명이었던 데 비하여 1830년에는 1결 이상이 3명에 불과하고 2결 이상은 보이지 않게 되었다. 또한 1결 이상의 경영상층이 차지하는 경지 점유율이 1747년에는 25.7%였는데 1830년에는 3.0%에 불과하게 축소되었으며 경영 상층의 몰락에 반하여 0~25부의 영세 하층이 숫자에서나 경지 점유율에서 커다란 상승을 보여주고 있는 것으로 나타났다. 그는 이러한 사실들을 들어 "경영 상층의 해소와 농민 경영의 영세화 · 균등화야말로 보편적으로 확인되는 조선 후기 농업 발전의 기본 내용"이라고 지적하였다.[16]

---

15) 이영훈, 앞의 글, pp. 17~19.

16) 그에 의하면 고부 지역의 용동궁 양안은 1703년, 1747년에 각각 만들어진 『康熙四十年全羅道古阜郡伏在淑寧翁主房田免稅出稅及陳起區別成冊』(奎 20364) 및 『乾隆十二年全羅道古阜郡毓祥宮免稅畓庫長廣卜數成冊』(奎 18721)과 연결되는 것으로 실제 동일한 장토에 대한 것이다. 1906년에 작성된 『光武十年丙午九月 日龍洞宮所管全北古阜郡屯土新舊摠立成冊』(奎 19301~31)도 역시 동일한 장토의 자료이다. 이영훈, 앞의 글, p. 25.

<표-2>   1830년 고부 장토에 있어서 소유 및 경영 분화 상황

(단위: 명, 結-負-束)

	소 유				경 영			
	수	%	면적	%	수	%	면적	%
1~2결	6	1.5	8-18-4	8.6	3	0.8	3-53-5	3.7
75~100부	5	1.3	4-57-0	4.8	11	2.8	9-65-7	10.1
50~75부	30	7.6	17-63-9	18.5	28	7.1	17-16-9	18.0
25~50부	89	22.4	30-71-2	32.3	96	24.3	33-77-0	35.5
0~25부	267	67.2	34-13-5	35.8	257	65.0	31-10-9	32.7
계	397	100.0	95-24-0	100.0	395	100.0	95-24-0	100.0

자료: 이영훈, 앞의 글, p. 17.

김용섭·이영훈 두 연구자의 상이한 해석을 다른 방식으로 검토해 보기 위하여 1906년에 작성된 고부군의 용동궁 소관 토지의 양안인 『광무십년병오구월 일용동궁소관전북고부군둔토신구총병성책(光武 十年丙午九月 日龍洞宮所管全北古阜郡屯土新舊摠立成冊)』[17]을 분석해 보았다. 이 양안은 이영훈에 의해 궁방의 '위로부터의 사적 지주로의 지향'을 증빙하는 자료로 해석된 바 있다.[18] 즉 이 양안의 기재 방식 은 이전의 양안과 달라서 전답의 결부 이외에 두락 수가 표기되어 있 고 시작자의 이름뿐 아니라 그의 거주지까지 표기되어 있다. 또한 재 결과 실결이 자세하게 기록되어 있다. 이영훈은 이러한 표기 방식의 변화를 궁방이 개별 농지 및 경작자를 실체적으로 분명하게 장악해 가는 과정으로 이해하였다. 실제로 이전의 양안에 비하여 이 양안은 토지 경영에 관한 궁방의 파악이 보다 정확해지고 적극적이 되었음 을 보여주고 있다. 이 양안에는 시작인 이외의 기주층이 기재되어 있 지 않다. 궁방이 사적 지주로서의 권한을 강화하고 중답주들의 중간

17) 『전라북도 부안군 고부 소재 장토 조행인 제출 도서 문적류』(奎 19301~31).
18) 이영훈, 앞의 글, pp. 14~16.

층을 배제한 결과 모든 직접 경작자들이 시작인으로 파악되었기 때문일 것으로 생각된다.[19] 이제 용동궁은 고부 일원에 적지 않은 토지를 소유하고 직접 관리하는 사적 지주로서 수많은 농민들을 소작농으로 지배하는 존재였다. 이 용동궁의 토지가 어떠한 규모로, 어느 정도의 소작인들에게 분산되어 경작되는가 하는 것은 이 시기의 지주제 전반의 특징과 결코 무관하지는 않았을 것이다.

이 양안의 시작자들을 조사해본 결과가 다음의 〈표-3〉이다. 총시작자는 821명이며 고부군 전지역에 걸쳐 거주하고 있었다. 이 가운데 2결 이상의 농지를 경작하는 자는 3명뿐이고 1결 이상 경작자의 수도 모두 12명에 불과하다. 50부 이상 1결 미만의 경작자도 62명으로 8%에도 미치지 못한다. 177명이 25부 이상에서 50부 미만에 걸친 규모를 경작하고 있었고 25부 미만의 경작지만을 지닌 시작자의 수가 자그마치 570명에 달하고 있다. 25부 미만의 경작지를 경작하는 수가 70%에 육박하고 있고 50부 미만의 경작자 수로 계산하면 91%에 달한다.

〈표-3〉　　1906년 고부군 용동궁답 소작인 토지경영규모』

(단위: 명, 結-負-束)

경지 규모	시작인 수	총경지 면적	일인당 평균 면적
2결 이상	3	7-29-4	2-43-1
1결~2결	9	10-98-2	1-22-0
50부~1결	62	42-89-5	69-2
25부~50부	177	61-32-3	34-6
25부 미만	570	69-48-9	12-2
합계	821	191-98-3	23-2

자료:『光武十年丙午九月 日龍洞宮所管 全北古阜郡屯土新舊摠立成冊』.

19) 이 토지는 도장 조행인에 의해 관리되었는데 궁방이 받는 지대는 민전에 비해 상대적으로 낮은 것이었고 이 때문에 중층적인 권리들이 존재할 수 있었던 것인데 점차 지주로서의 권한이 강화되어갔다는 것이다. 이영훈, 앞의 글, p. 15.

이 표를 보면 적어도 궁방전의 농업 경영에서 볼 때 대규모 경영에 종사하는 농민은 보기 어려웠고 가장 큰 규모의 경작자도 2결 남짓한 수준에 불과하였다. 또 대부분의 농민이 50부 미만의 매우 영세한 토지를 경작하는 자들이었다. 이 자료가 궁방전의 양안을 대상으로 한 것이고 대상 지역 역시 특정 지역에 한정된 불완전한 것이었기 때문에 농민의 토지 소유 상황을 객관적으로 드러내는 데 한계가 있는 것은 사실이다. 그러나 토지의 소유 및 경작 규모는 매우 영세하다는 사실은 확인할 수 있다. 다음 〈표-4〉는 1결 이상의 토지를 경작하는 시작인 12명에 대한 것이다.

〈표-4〉　　　고부 용동궁답 1결 이상 時作者 및 경작 규모

(단위: 結-負-束)

이름	마을	시작지 필수	경작 규모	비고
金保京	中里	40	5-1-3	대지 소유
金世京	中里	12	1-11-6	
金正叔	米田	7	1-31-7	
朴千日	九公	9	1-7-1	
宋吉中	申興	15	2-28-1	
辛明官	夫公	6	1-12-2	
李京仲	申也	8	1-21-4	
李致九	申也	17	2-81-6	
李致化	申也	12	1-71-5	
趙允行	申光	7	1-1-8	
崔公先	夫西	7	1-0-6	
許公叔	申光	7	1-4-4	

자료: 〈표-3〉과 동일.

여기서 보면 중리에 거주하는 김보경이 5결 이상의 토지를 경작하고 있어서 다른 시작인과는 명백히 구분되는 모습을 보인다. 더구나 그가 경작하는 토지의 필수는 40곳에 달하여 용동궁의 시작인 가운데서는 단순한 소작인이 아닌, 상당한 부를 축적할 수 있는 가능성이 있는 자로 파악된다. 같은 마을의 김세경이 가족 또는 친족일 가능성이 높은데 그럴 경우 이들 집안의 경제력은 더욱 강했을 것으로 생각된다. 그러나 김보경과 같은 인물은 전체 821명 가운데 이 한 명뿐이다. 2결 이상을 경작하는 인물도 2명에 불과하며 1결 이상의 경작자조차 12명에 불과한 실정이다. 적어도 김보경과 같은 인물이 보편적인 범주로 설정될 수 있을 만큼 존재했을 것인가는 회의적이다. 이 양안의 분석에 기초해볼 때 궁방전에서 대규모의 농업 경영을 하고 있는 층은 별로 없었고 이러한 사실은 민전에서의 차지 경영을 통한 부의 축적이 어려웠음을 반영하는 것이 아닐까 생각된다.[20)]

3. 고부 지역 농민의 사회 경제적 존재 형태

I. 상층 농민

고부 지역의 3분의 2에 해당하는 토지가 지주제와 관련될 정도로 지주제가 확대되어 있었다면 농업 부문의 상층은 어떤 존재였을까? 지금까지의 연구에서 나타난 한말의 농업 부문 상층에 대한 설명은 김용섭의 경영형 부농론, 신용하의 기생 지주론, 이영훈의 주호 경영

---

20) 흥덕현의 명례궁 장토에 대한 분석도 비슷한 결과를 보여준다. 왕현종의 분석에 따르면, 흥덕 지방의 명례궁 장토의 경작농들의 경우 상층농의 농업 경영은 안정되지 못한 채 경영 조건은 악화되고 있었고 하층농의 경우는 지속적으로 증대하면서 일부는 농업 경영에서 탈락되고 있었던 것으로 나타난다. 왕현종, 「19세기말 호남 지역 지주제의 확대와 토지 문제」, 한국역사연구회, 『1894년 농민전쟁 연구』 1, 역사비평사, 1991, pp. 57~60.

지주론, 그리고 이세영의 토호론 등으로 나누어 볼 수 있다.

김용섭은 고부 양안의 분석으로부터 경영형 부농의 존재를 추출해냈다. 그에 따르면 지주제가 광범위하게 확대되어 있었음에도 불구하고 지주가 반드시 부농적 존재는 아니었고 내부적으로 분화도 격심하여 지주라는 범주의 지위에 부합되지 못하는 영세한 경우가 많았다는 것이다. 그 경제적 지위도 '기주 겸 소작농층'에 비해 오히려 못한 것으로 파악되었다. 고부 양안에서 가장 경제적 지위가 두드러진 층은 토지의 경영을 통해 부농이 되는 경영형 부농으로 이들이 전체 부농층 가운데 5분의 1 내지 3분의 1을 차지하고 있다고 분석하였다. 그는 경영형 부농의 출현 배경으로 농업 경영의 합리화, 기주층 내부에서의 계층 분화, 양반/향족 부호의 토지 매입, 집적, 고리대, 농업 생산력의 증대 등을 꼽고 있다.[21]

신용하는 한말의 지주를 농업 경영에는 직접 참가하지 않는 기생 지주로 규정하고 이들은 주로 부재 지주로서 신분적인 특권과 권력적인 수탈을 통해 부를 축적하고 이를 다시 토지에 투자하는 자들이었다고 보았다. 이들 지주는 토지 소유권에 기초를 두고 소작인으로부터 잉여 생산물의 전부를 직접 수취하는 반봉건적인 범주였기 때문에 직접 생산자들이 소작지 경영을 통해 이윤을 축적할 가능성은 전무하였다고 보았다. 그는 특히 전라도 일대에 이들 부재 지주가 많았다는 사실을 지적하였다.[22]

이영훈은 김용섭이 분석한 양안의 재분석을 통해 한말의 농업 경영에서 생산력적 기반이나 발전의 전망을 갖추었던 층은 사적 지주로의 발전을 주도하던 토지 소유자들로 촌락에 기반을 두고 많은 족인과 협호 노동력을 이용하여 부를 축적하는 '원거토착(元居土着)의 다족실부인(多族實富人)'으로서 복합 대가족적 경영을 행하던 자들

21) 김용섭, 앞의 책, pp. 258~59.
22) 신용하, 『한국 근대 사회사 연구』, 일지사, 1987, pp. 156~61.

이었다고 보았다. 이들은 토호·간민·중답주 등의 지주적 존재로서 국가의 수조권적 토지 지배에 대항하여 사적 지주제를 추구하였다는 점에서 제한적인 진보성을 지닌 자들이었다고 보았다.[23]

한편 이세영은 조선 후기 이래 향촌 사회에서 경제적인 힘을 지녔던 자들은 주로 향곡 부호, 호부지류(豪富之類) 등으로 불리던 자들로 지주제의 수탈성에 기초하면서도 전통 국가의 조세 징수 및 농민 통제의 과정에 특권적으로 개입하여 부를 축적한 토호적 존재였다고 보았다. 재지 유력자인 양반 토호들은 몰락 농민을 협호로 포섭함으로써 농민에 대한 국가의 지배력을 자신의 사적인 지배 속으로 편입시키고 그 노동력을 동원하여 직접 경작지의 규모를 확대시켰다는 것이다.[24]

위에서 살펴본 각각의 관점은 모두 조선 후기 상황과의 연속선상에서 농업 부문 상층의 형태를 확인하려 한 것이고 개항을 전후한 상황의 변화가 중요하게 다루어지지 않았다. 그런데 개항 이후의 상황은 그 이전에 비해 매우 중요한 차이가 있었고 이 차이가 특히 상층의 존재 형태에 직접적인 영향을 미쳤다는 점을 주목할 필요가 있다. 개항 이후는 토지 소유의 규모나 지주 경영의 방식 못지않게 상품화에 어떻게 대응하였는가 하는 점이 매우 중요한 변수로 작용하였다. 특히 쌀의 이출이 확대되면서 농업 경영에서의 이익이 시장 상황에 의해 더욱 확대될 수 있었기 때문에 상품화에 적극적이었던 층이 새로운 경제적 상층으로 부상하게 되었다. 실제로 일제하의 한국인 대지주는 대부분 개항 이후에 급격히 부를 축적하고 토지를 사모은 자들이었다.[25]

고부에서의 농업 부문 상층은 대지주의 형태로 존재하였던 것으로

---

23) 이영훈, 앞의 글, pp. 154, 269.
24) 이세영, 「18, 19세기 양반 토호의 지주 경영」, 『한국문화』 6, 1985.
25) 장시원, 「식민지하 조선인 대지주 범주에 관한 연구」, 『경제사학』 7, 1984 참조.

보인다. 그리고 이들의 부를 축적하는 과정에는 크게 세 가지 요인이 함께 작용하였을 것으로 생각된다. 하나는 지주제의 진전에 따른 고율 소작료이고 다른 하나는 개항장에서의 쌀의 상품화를 통한 부의 축적이며 마지막으로는 관과의 유착을 통해 축재하는 것이었다. 고부 지역에서 대지주로 성장한 김씨가는 19세기 후반부터 경제적으로 안정되고 관계에도 진출하여 지방관으로 활동하였던 이래 토지를 집적하여 지주로 성장, 발전하게 되었는데 김씨가가 지주로 성장하는 데에는 개항 이후 줄포항 및 군산항의 배후 농업 지대에서 미곡을 중심으로 하는 농산물의 상품화가 큰 요인이 되었다.[26] 고부 김씨가의 사례는 고부 일원도 개항 이후 줄포항과 군산항을 통한 미곡 상품화의 영향을 크게 받았으며 이 변화를 배경으로 지주층의 성장이 급속도로 진행될 수 있었음을 보여준다. 또 김씨가와 함께 고부에 근거를 둔 대지주였던 은씨가는[27] 한말 고부 관아의 삼공형(三公兄)을 모두 도맡을 정도로 세력을 지닌 향리가였다. 개항 직후인 고종 15년에 고부군수 이수은의 불법 행위로 지적된 사항을 보면 고부의 '부민'들에게서 상당한 금액을 수탈하였는데 가장 많은 것이 군리 은득윤에게서 2,000냥을 '차임봉뢰(差任捧賂)'로, 읍저 은규섭과 은진영 등에게는 1,240냥을 '늑대이부집(勒貸而不報)'으로 수탈한 것이다.[28] 이수은의 수탈 대상은 고부읍의 경우 모두 은씨였던 것으로 미루어 이들이 읍저·군리를 독점하면서 부를 축적하였던 것으로 보인다. 고부 은

---

26) 물론 이러한 변화는 군산항이 개항된 1899년 이후에 본격적으로 진행되었을 것으로 생각되지만 그 이전에도 군산과 줄포를 통해 인천 등지로 미곡의 유출이 크게 늘어나고 있었던 사실을 감안하면 상품화의 영향은 보다 일찍부터 작용하였을 것으로 생각된다. 김용섭, 「한말 일제하의 지주제——사례 4: 고부 김씨가의 지주 경영과 자본 전환」, 『한국사 연구』 19, 1978.

27) 1930년대 은성우의 토지 소유 규모는 총 231정보에 달하였다. 『전라북도 남도 소화 5년말 현재 지주조』, 농림성 경성미곡사무소 군산출장소, 1932.

28) 魚允中, 『從政年表』, 고종 15년 戊寅 6월조.

씨가의 경우 개항 이후의 상황에서 조세 행정과 미곡 유통 과정에서 부를 축적하고 이를 토지에 투자하여 대지주로 성장해나갔을 가능성이 큰 것으로 생각된다. 이렇게 볼 때 19세기말 고부 지역의 토지 상층은 기본적으로 지주제에 기반을 둔 지주로서 관과의 결탁을 통해 농민에 대한 권력적인 수탈 과정에도 개입하고 특히 개항장을 통한 농산물의 상품화에 적극적으로 참여하여 부를 축적하던 자들이었다고 판단된다. 이들은 지주제에 기초한 소작료 징수에만 기반을 둔 것이 아니었고 조세 수납 과정에서의 특권과 수탈, 고리대, 궁방전이나 관둔전에서의 중답주적 권리, 관권을 이용한 특권, 미곡 상품화 과정에의 개입 등 다양한 방식으로 부를 축적하였던 것으로 생각되는 것이다. 때로는 협호나 노비 노동을 이용한 직영지 경영도 있었던 것으로 보이는데 1887년 고부의 지주 유학 이홍조의 사례가 그 한 예이다.[29]

이 시기 고부 지방의 토지 상층은 많은 토지를 소유한 지주로서 일차적으로 고율 소작료를 근간으로 하고 고리대, 특권적 수탈, 조세 행정에의 간여 등 토호적인 성격을 다분히 지닌 자들이었다. 제1차 농민전쟁 당시 백산에서 내건 격문에서 '양반과 호강(豪强)' 및 '방백과 수령'을 한편으로 하고 '민중'과 '소리(小吏)'를 다른 한편으로 하여 봉기를 주창하였는데 이때의 '양반과 호강'으로 표현된 자들이 바로 토호적인 지주층이었다고 여겨지는 것이다.

II. 하층 농민

고부 양안의 분석에서도 보이듯 이 지역에서 매우 영세한 토지를 경작하거나 심지어 전혀 토지를 소유하지 못한 하층 농민의 비중은 대단히 높았다. 비록 일부 궁방전에서의 경작 상황을 보여주는 자료

---

29) 이세영, 앞의 글 p. 109에서 재인용. 원자료는 『全羅監司啓錄』(奎 15095) 제1책.

이지만 1906년 고부 소재 용동궁답의 경우 821명의 작인 가운데서 70%에 달하는 소작인이 25부 미만의 경지, 평균 12부 2속에 불과한 토지를 경작하고 있었던 것이다. 한말의 여러 조사 자료도 농민의 대다수가 매우 영세한 빈농으로서 고율 소작료에 수탈당하고 있으며 이들의 비중이 매우 높았다는 사실을 지적하였다.[30] 한말의 농민은 대부분 경제적으로 매우 빈한하고 경작 규모가 영세한 빈농들로 이루어져 있었다고 해도 과언이 아니었다.

이영훈은 하층 농민의 존재는 단순히 경작 규모가 적고 경제적으로 빈한한 존재라는 점을 넘어서서 독립 경영이 불가능할 정도로 경영상의 불안정성·빈궁성·비근착성이 나타난다고 보았다.[31] 그는 토지가 전혀 없는 순소작농과 50부 이하의 영세 토지 소유자들간에는 지속적인 유동성이 있었다고 보았고 빈농층과 소작농층은 자신의 재생산을 유지하고 과중한 국역 부담으로부터 벗어나기 위하여 양반 지주의 협호로 편입해들어가 예속 노동자의 형태로 존재하였다고 파악하였다. 그에 의하면 지역에 따라 양반 지주의 힘이 약화된 곳에서는 촌락 공동체의 성원으로 변모하기도 했지만 19세기말까지도 이러한 협호의 형태가 기본적으로 유지되었다는 것이다. 전반적으로 하층 농민의 경우는 소농으로서 재생산이 대단히 불안정하였는데 이러한 불안정성은 국가의 강압적인 수탈 구조와 자연 조건에 크게 영향을 받는 농업 생산력의 저위성으로 인한 것이었다는 것이다.

그러나 조선 시대의 농민은 서양의 봉건 제도하의 농노와는 달리 사적으로 토지를 소유하고 개별적인 영농의 주체로서 거주 이전의 자유를 지닌 자들이었다. 신분적으로도 주로 양인에 속하였고 신분제의 규제력이 약화되면서 사회적으로는 자율적인 의식을 소유하였던 자들이었다. 신용하는 한말의 각종 조사 자료를 검토한 후 하층

---

30) 조선총독부, 『小作農民ニ關スル調査』, 1911.
31) 이영훈, 앞의 글, pp. 250~52.

농민의 경제적 상태가 매우 열악하였지만 그 이전에 비해 사회적 지위는 상승하였다고 주장하였다. 그에 의하면 소작농은 초근목피로 연명해야 할 만큼 경제적으로 빈한하였음에도 불구하고 신분적인 강제가 사라지고 관습상의 경작권이 보장됨으로써 독립적인 경영 주체로서의 지위를 확보하게 되었다는 것이다.[32] 이 점에서 한말의 하층 농민은 사회학적 의미에서 지위 불일치를 심하게 경험하였다고 볼 수 있다. 즉 의식적으로나 신분적으로는 독자적인 주체로 성숙해가고 있었음에 비하여 경제적인 상태는 고율 소작료와 관의 수탈로 매우 열악하였다는 사회적 불일치성이 당시 하층 농민의 전형적인 특징이었다고 볼 수 있는 것이다.

하층 농민의 구체적인 형태는 남의 토지를 빌려 소규모 영농에 종사하는 영세 소작농이었다. 일부 농업 노동에 종사하는 자들이 하층 농민으로부터 나타나기도 했을 것이고 이영훈이 지적하는 협호 노동의 모습도 일부 토호들의 경영 속에 존재했을 것이지만 그것이 보편적인 형태일 수는 없었다. 대부분의 하층 농민은 모두가 지주에게 경제적으로 예속된, 그러나 개별적인 농업 경영을 담당하는 독립 소농으로서의 소작농 · 빈농이었다.

이들의 경제적 곤궁은 주로 지주제하의 고율 소작료 부담으로 인한 것이었다. 한말의 지주제는 지주의 배타적인 토지 소유권이 강화되면서 더욱 소작농에게 불리하게 작용하였다. 지주는 소작농으로부터 거의 전잉여에 해당하는 부분을 소작료로 수취하였는데 그나마 관습적으로 보장되어오던 경작권이 점차 지주의 권한으로 예속됨으로써 농업 경영상의 불안정성이 더욱 커졌다. 경제적인 곤궁을 더욱 심화시킨 것은 각종 형태의 고리대였다. 하층 농민들은 대부분 소작 경영으로 생존에 필요한 최소한의 소비조차 충당할 수 없었고 그럴

---

32) 신용하, 『한국 근대 사회사 연구』, pp. 174~85.

때마다 지주나 부농들에게 고리대로 예속될 수밖에 없었다. 또한 지주들은 자신들의 강화된 지위를 이용하여 지주의 부담이어야 할 각종 전세를 소작농에게 전가하는 경우도 적지 않았다.

여기에 관으로부터 주어지는 각종 수탈과 착취로부터도 자유롭지 않았다. 토지를 소유하지 못한 농민은 원칙적으로 지세 부담으로부터는 벗어날 수 있었지만 군역이나 무명 잡세와 같이 토지 소유와는 무관하게 부담하지 않으면 안 될 세목도 적지 않았으며 이런 명목의 잡세일수록 더욱 관의 자의적 수탈이 극심하였다.[33] 관이 강제적으로 동원하는 각종 노동력의 착취에서도 하층 농민은 상대적으로 더 취약한 지위에 있었을 것이다. 여기에 때때로 생존에 필요한 양곡을 시장에서 구입하지 않으면 안 되는 경우에는 시장 상황의 불안정성이 이들의 경제적 곤경을 더욱 심화시키기도 했다. 이들은 장시 구조를 통해 미곡 시장에 연결되었는데 방곡령을 이용한 관의 강제적 매점 매석 행위나 세곡을 이용한 식리 행위 등은 결과적으로 곡가를 불안정하게 만들었고 이것이 빈농층의 삶을 크게 위태롭게 만들었다. 고부민란의 주요한 이유 중의 하나로 조병갑이 고부 지방은 풍작이었음에도 불구하고 방곡령을 발하여 측근인으로 하여금 대량으로 미곡을 매입하게 하고 쌀값이 폭등할 때 이를 방매하여 순식간에 거액의 이익을 보았던 사실[34]을 지적하고 있는 것은 미곡 시장에 취약하게 연결되어 있던 하층 농민이 상품 시장의 변화와 맞물려 곤경이 더욱 심화되고 있음을 말해주는 것이다.

---

33) 예컨대 고부민란의 원인으로 보를 쌓는 일이나 고부 경내에 집을 짓는 일 등에 백성들을 함부로 사역하였던 사실이 지적되고 있는데 이러한 사역은 토지 소유 여부와 무관하게, 특히 하층민들에게 더욱 가혹하게 주어졌을 것으로 생각된다.
34) 巴溪生, 「전라도 고부 민요 일기」, 『주한 일본 공사관 기록』 1, 국사편찬위원회 역, p. 54.

19세기 후반 삼남 지방의 농민을 검토할 때 지주 및 소작 빈농과 함께 별도의 범주로 검토해보아야 할 것은 지주제에 포섭되지 않은 자작농이다. 자작농은 지주제에 포섭되지 않는 독립 소농의 전형적인 모습으로서 일제하 식민지 지주제가 가장 진전되었던 시기에도 약 20%의 비중을 차지하였을 만큼 한국의 농촌 사회에 폭넓게 존재하였다. 물론 자작농이라고 반드시 경제적으로 안정된 층이었다고 보기는 어렵지만 최소한 1결 규모 이상의 토지를 자작하는 농민의 경우는 상대적으로 안정적인 상태에 있었을 것으로 생각된다. 무엇보다도 가혹한 고율 소작료의 부담으로부터 벗어나 있었기 때문에 지주 소작 관계로부터는 자유로울 수 있었던 층이었다.

이들은 경제적으로 상당한 부를 축적한 대지주와는 비교될 수 없지만 그렇다고 초근목피로 연명할 정도의 소작 빈농과도 명확히 구분되는 중간 계층을 형성하고 있었다고 생각된다. 이들의 일차적인 경제적 기반은 물론 안정된 규모의 자작지였다. 이들은 미곡의 상품화에 나름대로 적응하면서 약간의 부를 축적해나갈 수도 있었을 것으로 생각되며 일부는 소작지도 확대하고 때로는 궁방전의 중답주권을 확보하는 등의 노력을 기울였을 수도 있다. 그러나 토지가 단지 경제적인 생산 수단으로서가 아니라 조상 대대로 물려받은 가보이자 한 가족의 생명과도 같은 문화적인 대상으로 인식되던 시기에 자작농의 경제 활동은 토지를 떠나서 이해될 수는 없었을 것이다. 이들은 가족 단위로 위험을 최소화하는 방식으로 농사를 계획하는 전형적인 소농의 삶을 견지하였을 것으로 보인다.[35]

---

35) 인류학자들이 말하는 농민의 도덕 경제론에 가장 전형적으로 들어맞는 유형이 바로 이들 자작농층이 아닐까 생각된다. J. C. Scott, *The Moral Economy of the Peasant*, Yale University Press, 1976.

자작농 형태의 중농층은 두 가지 측면에서 외부의 사회 경제적 변화에 가장 민감하게 대응한다. 첫째는 이들은 전통 국가의 수탈에 가장 먼저 피해를 입는 층이기 때문에 권력의 부패와 탐관오리의 작폐에 대한 저항 의식이 매우 강하다. 지주는 자신의 부담을 고율 소작료 속에 전가시키거나 또 지방 사회에서의 여러 영향력을 통해 조세 부담이나 권력의 수탈로부터의 과도한 부담을 줄일 수 있다. 소작 빈농은 그들의 빈한한 경제적 지위 때문에 토지 소유자를 기본 대상으로 하는 권력적 수탈의 대상으로부터는 벗어난다. 전봉준은 자신이 유독 가렴주구의 피해를 입지 않은 이유를 "논밭이 단지 3두락"에 불과하고 "아침저녁 죽을 먹을 뿐"의 곤궁한 생활 때문이었다고 하였는데[36] 이로써 미루어보면 최하층 빈농 또는 농업으로부터 이탈된 층은 관의 직접적인 가렴주구 대상으로부터 일단 벗어나 있었다는 것을 암시해준다. 고부민란의 이유로 거론되었던 내용들 가운데 대동미의 가중 수취, 지세의 이중 부과 등은 모두 토지 소유자에게 일차적인 피해가 가는 것이었고 새로운 보를 쌓아 1두락마다 상답은 2두, 하답은 1두의 수세를 받은 것도 토지의 소유에 따른 부담을 증대시키는 것이었다.[37] 조선 후기 이래 지방 단위로 부과되던 각종 잡세들이 지세에 부가되어 징수되는 도결의 경향이 강해지고 있었다고 하는데[38] 이로써 생각하면 토지 소유자들의 경제적 부담은 계속 증대하였다고 보아 틀림이 없다.

또한 자작농을 중심으로 하는 중농층은 그 어느 계층보다도 시장 상황으로부터 영향을 받는다. 이들은 소유 토지에 대한 애착이 매우 강하다. 지주가 많은 토지를 갖고 있음으로써 토지가 생산 수단으로

---

36) 「전봉준 공초」, 『동학란 기록』 하, p. 524.
37) 「전봉준 공초」, 『동학란 기록』 하, pp. 522~23.
38) 고동환, 「19세기 부세 운영의 변화와 그 성격」, 한국역사연구회, 『1894년 농민전쟁 연구』 1, 1991.

인식될 가능성이 높은 데 비하여 자작농은 대대로 물려받은, 또는 물려주어야 할 소규모 토지에 가족 전체의 생존을 의지하고 있기 때문에 토지에 대한 인식이 훨씬 문화적이다. 시장 경제가 확대되고 토지의 매매가 빈번히 일어나면서 농민의 토지 상실이 점점 늘어날 때 가장 심각한 긴장 상태에 놓이게 되는 것은 중농층인데 이들은 소작 빈농에 비해 잃어버릴 것이 있는 반면 지주에 비해 다른 여유분은 전혀 없는 상황이기 때문이다.[39] 동학농민전쟁 당시에도 그렇고 그 이후에도 계속하여 농민 저항의 이유가 되고 있는 진황지 개간, 균전의 문제는 개간지에 대한 토지 소유권을 필사적으로 지키려는 농민층의 노력을 말해주는 것이다.

한편 고부에 국한된 것은 아니지만 동학의 지방 접주들은 대체로 자신의 생계는 크게 걱정하지 않아도 좋을 정도의 경제력을 가진 자들이었고 약간의 학식도 지닌 자들이 많았다는 연구 결과도 이 당시 중간층의 존재를 새롭게 인식할 필요를 제기한다.[40] 동학농민전쟁의 지도부를 구성하였던 동학의 접주들은 대지주나 토호들에 비할 수는 없지만 그렇다고 경제적으로 극도의 고통을 겪던 빈농들은 아니었다. 조세 체제의 불공평과 관의 자의적 수탈에 제일 먼저 노출될 수밖에 없었던 이들 중간층이 빈농층과 함께 농민 항쟁의 중요한 동력을 제공했던 것이다.

---

39) 중농층이 시장 상황에 매우 민감하게 반응하고 그로 인해 정치적인 저항 세력의 중요한 기반이 된다는 사실은 다른 사회의 연구에서도 지적된 바 있다. 에릭 울프, 곽현수 역, 『20세기 농민전쟁』, 형성사, pp. 284~85 참조.

40) 신영우, 「1894년 영남 북서부 지방 농민군 지도자의 사회 신분」, 『학림』 10, 1988; 이이화, 「농민전쟁의 지도부」, 한국역사연구회 심포지엄, 『1894년 농민전쟁의 역사적 성격』, 1994.

4. 고부민란의 전개와 성격

I. 조세의 수탈성과 공동체적 조세 저항

고부민란이 발생하게 된 사회 경제적 원인에 관하여는 이미 많은 연구들이 이루어져 있다. 일찍이 지적되어온 삼정의 문란에서 시작하여 조병갑 및 여러 탐관오리들의 개인적 수탈과 학정 등이 잘 밝혀져 있다. 「전봉준 공초」「고부군 안핵사 이용태 계본」[41]「전라도 고부민요 일기」「동학사」「오하기문」 등의 자료를 통해 민란 발발의 원인을 정리해보면 다음과 같다.[42]

1) 만석보 밑에 신보를 쌓으면서 수백 년 묵은 구목을 늑파하였다.
2) 아비의 비각을 짓는다고 천여 냥을 늑렴하였다.
3) 고부 경내에 집을 짓기 위해 백성을 사역하기를 공적 요역보다 더 심하게 했다.
4) 개간 여부와 상관없이 진답에서 시초를 징수하였다.
5) 미곡을 호렴하여 바다로 나가 판매하려 했다.
6) 만석보·팔왕보 밑에 신보를 쌓으면서 농민을 무단 사역하고 수세를 징수·착복했다.
7) 왕실에서 개간하면 도조를 받지 않는다고 약속했다가 개간 후 도조를 남봉했다.
8) 진황지의 경식을 허용하여 징세하지 않는다고 했다가 강제 징세하였다.
9) 대동미를 1결당 16두의 대금납으로 징수하고 상납할 때는 나쁜 쌀을 사서 결당 12두씩으로 상납하고 나머지를 착복하였다.

---

41) 『일성록』, 고종 31년 4월 24일.
42) 이 정리는 정창열, 앞의 글, pp. 112~14 참조.

10) 1893년 재결을 승인받고도 속이고 농민으로부터 무거운 조세를 거두었다.

11) 고부 세미가 부족하다고 농민에게 재차 징수하였다.

12) 방곡령을 발해 대량으로 미곡을 매입한 후 쌀값이 폭등할 때 팔아 거액의 이익을 남겼다.

13) 부민에게 불효·불목·음행·잡기 등의 죄목으로 2만여 냥을 늑탈하였다.

14) 유망결세가 징수되지 않았다.

이 내용들을 통해 고부민란이 야기된 요인을 몇 가지로 정리해보면 이렇다. 첫째로 고부민란의 원인은 대부분 조세 문제와 관련되어 있었다는 것이다. 고부민란은 그 발발로부터 종결되는 과정에 이르기까지 내내 조세 부정의 문제와 결부되어 있었는데 민란의 주당사자였던 조병갑 역시 민란이 처음 터진 이유가 조세의 징쇄(徵刷)에 있었다고 보고하였다.[43] 조세 부정의 문제는 19세기 후반 모든 지역에서 발견되는 보편적인 문제로서 이 시대의 상황을 가장 잘 보여주는 시금석이라 할 만한 것이었다.[44] 조세가 수탈의 메커니즘이 되어버린 것은 조세의 부과와 징수 과정에 관리들의 일방적이고 자의적인 결정이 별다른 간섭 없이 개입될 수 있었기 때문이었다. 조정이 면세를 약속하여 농민으로 하여금 개간하게 한 땅에 대해서도 조세를 부과하였고 이미 납부한 조세임에도 부족하다고 하여 재차 징수하기도 하였다.[45]

둘째로 농민에 대한 관의 일방적이고 권력적인 착취가 한 요인으로 작용하였다. 여기에는 노동 착취와 경제적 착취가 병존하였던 것

43) 『승정원 일기』, 고종 31년 4월 23일; 정창열, 앞의 글, p. 101에서 재인용.
44) 고동환, 앞의 글 참조.
45) 「전봉준 공초」, 앞의 책, p. 522.

으로 보이는데 군수 조병갑은 부민들로부터는 각종 죄목을 씌워 돈을 착취하였고 하층민들에게는 가혹한 부역을 통해 노동력을 착취하였다. 이때 이용된 죄목이 불효·불목 등이었다는 사실에서 유교적 지배 이념과 목민관적 권한이 피지배층에 대한 일방적인 수탈과 억압의 도구로 이용되고 있었음을 알 수 있다.[46] 고부 경내에 집을 짓기 위해 공적인 부역보다도 더 심하게 농민을 사역하였다는 것도 전통 국가의 권력이 피지배층의 일상적인 재생산 체계 자체를 위협할 정도로 자의적인 방식으로 남용되고 있었음을 말해준다.[47] 관의 권력적인 수탈에는 항상 무명 잡세의 이름을 동반하였는데 고부민란 당시 이 지역을 지나게 되어 이에 대한 상세한 기록을 남겼던 일본인 파계생(巴溪生)은 각종 잡세의 이름으로 조병갑 개인의 탐학 행위가 자행되었던 것을 민란의 주요한 원인으로 지적하였다.[48]

셋째로 개항 이후 확대된 농산물의 상품화와 그에 따른 시장 상황의 변동이 또 하나의 중요한 요인으로 작용하였음을 알 수 있다. 조병갑은 대동미를 받음에 있어서 곡물가의 변동 상황을 이용하여 실제 납부 세액보다 훨씬 많은 것을 농민으로부터 수탈하였는데 이는 현물과 시세상의 유동적인 관계를 이용하여 사적인 이익을 축적하려던 것이었다.[49] 또 곡물이 부족하다는 것을 이유로 방곡령을 내려 곡물의 매매를 억제하고서 권력을 지닌 자들은 곡물을 매점하여 곡물가가 오르기를 기다려 폭리를 취하였는데 이것은 시장 상황이 농민 사회를 파괴해가는 전형적인 모습이었다.[50] 쌀을 호렴하여 바다로 나가 판매하려 했다는 것도 농민의 삶과 직결된 곡물을, 또는 그들로부

---

46) 「전봉준 공초」, 앞의 책, p. 522.
47) 황현, 『오하기문』 제1필, p. 45.
48) 巴溪生, 앞의 책, p. 54.
49) 「전봉준 공초」, 앞의 책, p. 522.
50) 巴溪生, 앞의 책, p. 54.

터 거두어들인 세곡을 시장에 판매하여 이익을 남기려는 행위를 지목한 것으로 지방민의 비난의 대상이 되었던 것이다.[51]

고부민란의 원인을 제공한 사람으로 꼽히는 조병갑 · 조필영 · 김창석 등은 모두 이 세 가지 행태를 통해 개인적인 사욕을 채우려는 자들이었다. 고부군수 조병갑의 수탈상은 특별히 예외적이었다고 보기는 어려우나 가장 부패한 관리였음은 틀림이 없다. 그는 각종 무명잡세의 부과와 농민에 대한 가혹한 수탈, 노동력의 착취로 원성의 대상이 되었으면서도 권력자들과의 연줄을 통해 자신의 지위를 유지하던 전형적인 탐관이었다. 고부 군민의 반발로 익산군수로 전임이 된후에도 익산에 부임하지 않은 채 새로이 고부군수로 재부임하고자노력을 기울였으며 결국 1894년 1월 9일에 김문현의 도움으로 재차고부군수로 부임할 정도로 노회한 인물이었다. 그의 재부임 바로 다음날 고부민란이 일어났고 그는 전주 감영으로 도망갔다가 안핵사이용태와 함께 3월초에 다시 고부로 돌아왔다. 농민층에 대한 가혹한수탈, 부패한 관리들과의 연줄망을 이용한 정치적 수완, 공적 권력을이용한 사적인 치부 등 탐관오리의 전형이라 할 조병갑의 존재는 고부민란의 일차적 요인이라 할 만하다.

전운사 조필영 역시 전라도로부터의 세곡 운반을 책임 맡은 관리라는 점에서 조세의 부패에 직접적인 당사자였다. 전라도의 쌀은 조정, 왕실의 가장 긴요한 물적 기반이었고 그만큼 이 지역의 농사와농민으로부터의 수탈은 전통 국가의 권력 유지에 가장 핵심적인 일의 하나였다. 전운사의 공식적 역할은 조세로 거두어들인 쌀을 서울로 운반하는 일이었는데 그 과정에도 수탈의 구조는 형성되어 있었다.[52] 이와 함께 균전사 김창석도 조세 수탈 과정에 한몫을 한 자였다. 균전이란 호남 일원에 재해로 인해 진전화되었던 토지들을 궁방

---

51) 박은식, 『한국통사』, p. 108.
52) 오지영, 『동학사』, 영창서관, 1939, pp. 102~03.

이 장려하여 개간한 땅을 가리켰다. 고부·김제 등 일원에 균전 개간을 장려하였던 명례궁 등 궁방은 개간을 독려하기 위하여 균전에서의 소작료 징수를 일정 기간 동안 면제하겠다고 약속하였다.[53] 뿐만 아니라 김창석은 균전에 속하는 토지를 늘릴 목적으로 궁방에 귀속하면 조세 부담을 경감시켜준다는 약속으로 많은 민전들을 궁방에 위장 소유(투탁)케 하였는데 당시의 한 신문 자료에 의하면 이렇게 만들어진 균전이 명례궁에만 약 3천 3백 두락에 달하였다.[54] 균전의 문제는 비단 고부민란과 농민전쟁에서뿐 아니라 그 이전과 이후에도 끈질기게 이 지역 농민들의 문제로 남아 있었다. 이것은 자연 재해에 약한 생태학적·기술적 문제, 진전 개발의 권리와 토지 소유권 사이에 나타나는 갈등, 왕실의 권한과 농민의 각종 권리간의 갈등, 지주와 소작농간의 갈등 등 다양하고도 본질적인 토지 문제와 농민 문제가 복합적으로 작용하는 문제였다. 고부는 이러한 균전의 문제를 적지 않게 지닌 곳이었다.

고부민란의 근본적인 요인은 전라도 일대에 대한 조선 왕조의 수탈 체제, 그것도 공식적인 제도적 수탈을 넘어서 사사로운 탐욕의 대상이 되어버린 지방의 조세 및 각종 잡세의 수취에서 찾을 수 있다. 이는 이 당시 지방 사회의 주요한 모순으로서 지주—농민간의 지주제보다도 더욱 국가 권력을 이용한 탐관오리들에 의한 수탈이 더욱 중요하였음을 의미한다. 고부민란 과정에 부민들이 일정하게 참여할 수 있었던 것도 그 때문이었을 것이다. 장영민은 이런 의미에서 고부민란의 핵심적인 성격을 "공동체적 대 국가 조세 저항"이라고 표현하였는데 매우 정확한 지적이라고 하겠다.[55]

---

53) 한우근, 앞의 책, 1971, pp. 104~09.
54) 황성신문, 1899년 3월 27일자
55) 장영민, 「1894년 고부 민요 연구」 상·하, 『한국학보』 68, 69집, 1992.

고부민란이라고 부르는 농민 봉기는 1894년 1월 10일 고부군수 조병갑의 학정에 견디지 못한 전봉준 등 고부 농민들이 관아를 습격, 점령함으로써 시작되었다.[56] 두 달여 동안 고부군 일대를 농민들이 장악하였던 이 사건은 전통적인 민란의 성격을 강하게 띤 것이었지만 그에 못지않게 병란적 성격도 있었고 곧 이은 농민전쟁의 도화선이 되었다는 점에서 민란과 농민전쟁을 연결하는 성격을 지닌 것이었다. 그러나 민란 그 자체는 3월 중순에 이르러 완전히 소멸되고 말았다.

고부민란이 일어나기 직전인 1893년말 전봉준 등 군민들이 군수 조병갑에게 수세 감면을 진정하는 등소를 올렸던 일이 있었다.[57] 등소는 합법적인 방식으로 집단적인 민원을 해결할 수 있는 절차였지만 그 대상이 지방관의 탐학이었을 경우 효과를 보기 어려웠다. 이들의 등소는 결국 더 심한 탄압과 고통으로 귀결되었고 합법적인 절차에 의한 문제 해결이 불가능하다는 인식을 집단적으로 확산시켰을 것으로 보인다. 고부의 농민들은 전봉준에 대한 집단적 행동을 계획하였으나 11월 30일에 조병갑이 익산군수로 발령이 나게 되어 중단되었다.[58] 당시의 조세 수취가 군현 단위로 이루어지고 있었고 불법적 수탈의 대상 역시 군수 조병갑에게 맞추어져 있었던 까닭에 응징의 당사자가 갑작스럽게 바뀌게 됨으로써 집합적인 행동의 계기가 약화되었던 것이다. 그러나 조병갑은 실제 새로운 부임지로 옮겨가

---

56) 고부민란의 발발일에 대하여는 자료마다 달라 정확하지가 않다. 오지영의 「동학사」에서는 3일이라 하였고 최영년의 「동도문변」은 11일이라 기록하였는데 「전라도 고부 민요 일기」에는 9일 밤 집결, 10일 새벽 습격이라고 기록하고 있다. 여기서는 일단 「전라도 고부 민요 일기」를 기록한 巴溪生이 고부민란을 직접 보고 기록한 점을 고려하여 1월 10일로 간주하고자 한다.

57) 「전봉준 공초」, 앞의 책, pp. 526~27.

58) 정창열, 앞의 글, pp. 92~93.

지 않았고 이후 6명의 고부군수가 새로이 임명되었으나 한 사람도 실제 임지로 부임해 오지 않았다. 이런 상황을 이용하여 전라감사 김문현은 조병갑의 재임용을 강력히 요청하였고 마침내 1894년 1월 9일 다시 고부군수로 임명되기에 이르렀다.[59] 조병갑의 재임명 소식이 전해진 바로 다음날 고부민란이 발발하였다는 사실은 이 사건과 조병갑의 거취가 상당히 밀접한 관련이 있었음을 잘 보여준다.

"온 고을의 인민이 참고 또 참다가 도저히 더 참을 수 없어서"[60] 봉기하였던 고부민은 9일 밤 예동마을에 모였다가 말목장터를 거쳐 고부 읍내로 진격해들어가 고부 관아를 점령하였다. 조병갑은 도망을 쳤으나 농민들은 그에 빌붙어 군민들을 괴롭힌 아전들을 끌어내 처벌하였고 군기고에서 무기를 꺼내 무장하였다. 또 수세로 거두어들인 양곡들을 몰수하고 만석보 밑의 새보를 허물어버렸다. 이들은 예동마을에 약 500여 명이 모였다가 곧 고부 관아로 들이닥쳤는데 이 관아 습격에는 고부군 15개 마을의 농민들이 참가하였다. 이후 이들은 진을 치고 파수도 하는 등 완전한 민군의 형태를 갖추고 관군과의 접전에 대비하였다. 이들은 고부를 떠나 다시 말목장터와 백산에 진영을 갖추었고 상당히 조직적으로 세를 유지하였다. 이 과정에서 변복을 하고 농민군 진영에 찾아들었던 관군들이 발각되어 처벌을 받기도 하였다. 한 기록에 의하면 농민군들 사이에 일정한 암호가 있었기 때문에 쉽게 이들을 적발할 수 있었다고 하는데 이는 농민군들 내부의 기율과 조직성을 보여준다.[61]

고부민란은 2월말을 고비로 하여 새로운 상황을 맞게 되었다. 고부군수로 새로 부임한 박원명은 농민군의 해산을 위하여 타협적이고

59) 『일성록』, 고종 31년 1월 9일; 정창열 앞의 글, pp. 94~95.
60) 전봉준이 공초에서 이렇게 술회하였다. 「전봉준 공초」, 앞의 책, p. 524.
61) 박문규, 『석남역사』; 박명규, 「동학농민전쟁 관련 자료 『석남역사』에 대하여」, 『한국학보』 71, 1994.

유화적인 태도를 취하였고 민군을 해산하면 '죄를 용서하고 읍폐를 시정' 할 것을 약속하였다. 약 한 달에 걸쳐 둔취하고 있던 고부민군도 조병갑의 제거와 새로운 군정의 약속에 마음이 흔들리기 시작하였다. 2월말경 함열 조창에 나아가 전운영을 격파하고 전운사 조필영을 징치할 것인가의 여부를 두고 민란 지도부 내부의 갈등이 나타났는데 이는 고부 농민층이 고부라는 군현을 넘어서지 않으려는 성격을 갖고 있었음을 보여준다. 고부의 농민군이 이처럼 명확한 행동 방침을 세우지 못한 채 새 군수의 회유책에 흔들리는 틈을 타서 그 동안 고부에 들어오지 않고 있던 안핵사 이용태가 강경한 탄압책을 쓰기 시작하였다. 이용태는 역졸 800명을 데리고 고부로 난입한 후 봉기 가담자들을 색출하고 가혹하게 처벌하며 갖은 횡포와 수탈을 부렸다. 그러나 이미 그 세를 잃은 농민군은 일방적으로 해산당하지 않을 수 없었다. 마침내 민군은 3월 13일 완전 해산하게 되었고 이로써 고부민란은 종결되었다.[62]

이상에서 보듯 고부민란은 고부 일원에 한정되어, 약 두 달에 걸쳐 진행된 전형적인 민란의 하나였다. 그러나 그것은 뒤이은 농민전쟁의 기폭제가 되는, 농민전쟁의 중요한 한 단계로서의 의미를 지닌다. 고부민란이 여타의 민란과 달리 거대한 농민전쟁의 도화선이 될 수 있었던 이유는 다른 민란에 비해 뚜렷한 지도부가 존재하였다는 사실 때문이었다.

고부민란의 지도부가 어떤 성격을 지닌 사람들로 구성되었는가 하는 것은 이후 농민전쟁의 성격을 이해하는 데도 결정적으로 중요하다. 지금까지는 크게 세 가지 견해가 제시되었다고 볼 수 있는데 동학 교도 중심의 조직적 기반을 강조하는 시각과 향촌의 공동체적 기반을 강조하는 시각, 그리고 계층적인 기반을 중시하는 시각이 그것

---

62) 정창열, 앞의 글, pp. 98~107.

이다.[63] 이 점과 관련하여 민란이 일어나기 직전에 고부 일원에 봉기를 모의하고 독려하는 사발통문이 작성되고 각 면리 집강 앞으로 그 내용이 알려지고 있었다는 사실에 주목할 필요가 있다. 아직 사발통문의 사료로서의 신빙성과 내용에 대하여 여러 가지 이견이 있는 것이 사실이다.[64] 그러나 대체로 이 통문의 내용은 신뢰할 만한 것으로 받아들여지고 있는데 통문에 따르면 고부민란이 있기 한두 달 전에 조병갑을 징치하기 위한 조직적이고 계획적인 거사가 준비되고 있었다는 것을 알 수 있다. 이 사발통문에는 '고부성을 혁파하고 군수 조병갑을 효수할 사' '군기창과 화약고를 점령할 사' '군수에게 아유하여 군민을 괴롭힌 탐리를 격징할 사' '전주영을 함락하고 경사로 집향할 사' 등 4개항의 결의문을 담고 있다. 이들 4개항의 내용을 어떻게 해석할 것인가에 따라 조직성과 준비성, 계획의 내용과 범위에 있어서 다른 이견들이 있지만 합법적 정소 운동과는 전혀 다른, 집단적이고 조직적이며 폭력적인 대응이 모색되고 있었다는 점에서 고부민란의 독특한 성격을 잘 보여주는 것이다.[65]

이 사발통문에는 전봉준을 비롯한 20명의 이름이 적혀 있다. 이들은 대부분 고부민란과 농민전쟁의 과정에 적극적으로 참여한 인물이었다. 전봉준과 김도삼은 고부민란에서 가장 중요한 역할을 하였고 최경선·손여옥·송두호·송주옥·황홍모·황찬오·김응칠·황채오 등은 농민전쟁에 적극적으로 참여했다가 사형당한 인물들이

---

63) 고부민란의 지도부는 어디까지나 동학 교도였음을 강조하는 장영민 교수의 시각이 첫번째 예라면 면리 공동체의 문제를 대변하는 집강·향임층의 역할을 강조한 정창열 교수의 논의가 두번째 시각을 대표한다고 할 것이다. 그리고 고부민란은 소농·빈농을 중심으로 하고 부농 및 이임층이 동참한 반봉건 경제 투쟁이었다고 본 신용하 교수의 논의가 그 세번째 가설이라고 볼 수 있겠다.

64) 신용하, 「고부민란의 사발통문」, 『노산 유원동 박사 화갑 기념 논총』, 정음문화사, 1985.

65) 정창열, 앞의 글, p. 892; 김의환, 「갑오 동학 혁명사 연구에 차지하는 사발통문 발견의 의의성」, 『신인간』 334, 1976.

다.[66] 이들 20명은 대체로 동학 교도이거나 동학에 관심이 많았던 인물이었다. 사발통문에 적혀 있는 20명 가운데 8명은 확실히 동학 교도였고 나머지도 '암' 자로 끝나는 호를 사용하고 있는 것으로 보아 동학 교도였을 가능성이 크다. 전봉준은 동학 교문 내에서 지위는 높지 않았지만 동학에 가입하여 활동하였던 것으로 보인다.[67] 서명자들 가운데 송대화는 농민전쟁이 끝난 후 1904년 갑진 운동시 다시 고향에 돌아와 천도교 고부 교구장을 역임하였고 송국섭·송주성 등도 이후 고부 교구장을 역임하였던 것으로 미루어 매우 적극적인 동학 교도였음을 알 수 있다.[68] 사발통문의 내용에도 "이때에 도인들은 선후책을 토의 결정하기 위하여 고부 서부면 죽산리 송두호가에 도소를 정하고 매일 운집하야 차서를 결정"했다고 되어 있다. 적어도 사발통문의 작성 주체는 '도인,' 즉 동학 교도들을 중심으로 한 것임이 분명하다. 고부민란 이후 마을마다 동학교의 주문 외는 소리가 그치지 않았다는 한 기록도 이런 측면이 있었음을 말해준다.[69]

그런데 이 사발통문은 수신자를 '각리리집강'으로 하고 있다. 마을은 전통적으로 농민층의 일차적인 생활 공동체였고 특히 마을 내에 뚜렷한 양반이나 지주층이 없는 민촌의 경우 내적인 통합성이 상대적으로 높았을 것으로 생각된다. 농민층의 가장 큰 관심사이자 불만의 대상이었던 조세도 마을 공동체를 매개로 하여 징수되었고 특히 잡세나 군역과 같은 경우는 마을 공동체 단위로 징수액이 배정되었던 만큼 조세와 마을 공동체는 밀접하게 관련되어 있었다.[70] 실제로

---

66) 김은정·문경민·김원용, 『동학농민혁명 100년』, 나남출판, 1995, pp. 112~13.

67) 전봉준이 교도였는가에 대한 학계의 논쟁이 있으나 최소한 2~3년 전부터 동학과 깊은 관계를 맺었음은 분명하다. 「전봉준 공초」, 앞의 책, pp. 534~37; 「東學大巨魁審問續聞」, 『사회와 사상』 창간호, 1988, pp. 261~62 참조. 전봉준이 동학 교도가 아니라는 주장은 신복룡, 『전봉준 평전』, 지식산업사, 1996, pp. 209~20 참조.

68) 『천도교 월보』 61, 1915년 8월, p. 39; 『천도교 월보』 83, 1917년 6월, p. 17.

69) 주 61) 참조.

고부민란이 발발할 때 말목장터에 모여들었던 당시의 고부민은 15개 마을의 일반 농민들이었고 이들이 결집되는 과정에는 면리집강과 같은 향촌민의 자치 조직이 동원되었다.[71] 이들이 모여드는 과정에 대하여 당시를 회상한 한 일기의 기록자는 이렇게 쓰고 있다. "석양판에 동네 사람들이 수군수군 조금 있다가 통문이 왔다. 석반 후에 장터로 모이라고 기별이다. 저녁 후에 여러 동네 징소리며 나팔 소리 고함 소리 천지가 뒤끌터니 수천 명 군중들이 내 동네 앞길로 몰려오며 고부 군수 탐관오리 조병갑이 죽인다고 민요가 났다."[72] 이 기록에 따르면 고부민란이 발발한 날은 장날이었고 통문이 돌면서 조병갑을 죽인다고 사람들이 결집하였으며 동네별로 농악이 동원되고 사람들이 장터로 몰려들었다는 사실을 알 수 있다. 이 통문이 바로 앞서 살펴본 사발통문과 일치하는 것은 아니라 하더라도 적어도 마을 단위로 민란의 의도와 결집 장소 및 일시가 전해지고 그에 따라 동원되었음을 의미한다. 또 이들이 모이는데 꽹과리·나팔 등 동네 농악들이 동원되었던 점에서 보듯이 마을 공동체로서의 결합 원리가 적지 않게 작용했던 것으로 보인다.

그렇다면 고부민란의 지도부는 어떤 층으로 설명될 수 있을까? 이들을 계층적으로나 신분적으로 또는 종교적으로 단일한 범주의 집단으로 파악하기는 어렵다. 분명한 것은 이들이 조세로 특징지어지는 전통 국가의 수탈에 대한 공통의 불만과 개혁 의지를 지니고 있었다는 점이고 다른 하나는 농민층 일반과 동일한 처지에서 같은 경험을 공유하면서도 지식과 행동의 측면에서 새로운 변화를 추동해내는 힘을 갖추고 있었다는 점이다. 이들이 영향력을 행사할 수 있었던 자원은 종교적인 것이기도 했고 민간 의술 및 지관과 같은 활동에 근거한

---

70) 조세의 공동납과 농민의 저항 행동과의 연관성에 대하여는 고동환, 앞의 글 참조.
71) 정창열, 앞의 글, pp. 108~11.
72) 주 61) 참조.

것이기도 했으며 때로는 타고난 완력과 체격인 경우도 있었다.

　이들이 전국적으로 특정한 세력으로 나타나기에는 사회적인 활동의 자유와 공간이 주어지지 않았지만 군현 단위의 지방 사회에서는 일정한 사회적인 영향력을 행사할 수 있었다. 각 군현별 농민전쟁을 연구한 지방사 연구 결과에 의하면 실제 농민전쟁을 주도했던 지방의 하위 지도부는 최소한의 경제력과 지식을 소유한 자들이었다.[73] 태인의 대접주 김개남은 농민전쟁 전과정에서 가장 강력한 농민군을 거느린, 또 가장 철저한 반봉건성을 표한 강접의 지도자였는데 적지 않은 토지를 소유하고 학식도 지닌 향촌 지식인이었다.[74] 최경선은 전봉준과 더불어 농민전쟁의 전과정을 지도하였고 부농이었으며 일정한 지식을 소유한 인물이었다. 김문행은 김개남과 같은 문중 출신으로서 함께 농민전쟁에 참여하였던 인물로 태인의 도강 김씨 문중은 중앙과는 단절되어 있으나 향촌 내 유림 활동에는 참여하는 토반이었다.[75] 임실의 농민군 지도자는 최찬국과 김영현의 가문을 중심으로 형성되었다.[76] 최찬국은 일명 최봉성이라고도 불렸는데 최시형으로부터 입도하게 된 임실 동학의 태두였고 농민전쟁 당시 대접주였다. 그의 아들인 접주 최승우 · 최유하 및 사위 김홍기 등과 함께 임실 · 남원의 장악에 주도적 역할을 했는데 이들 집안은 당시 임실에서 상당한 부를 지니고 있었다. 김영원도 경제적으로는 부농에 속하였고 무성서원의 장의를 지낼 정도로 한학에 지식이 있었던 인물이었다. 임실 지방의 동학 지도부는 모두 경제적으로 부유하였고 학식

73) 신영우, 앞의 글.

74) 신용하, 앞의 책, p. 64.

75) 이진영, 「동학농민전쟁기 전라도 태인 고현내면의 반농민군 구성과 활동」, 『전라문화논총』 제6집, 1994.

76) 임실 농민군에 관한 자료는 『천도교 임실 교사』라는 프린트본 책자에 의거하였다. 이것은 한국 전쟁시 소실된 『天民寶錄』을 다시 발간한 것이라고 한다. 비교적 내용이 충실하고 소장하고 있는 다른 자료들과 비교하여 신뢰할 만하다.

도 남 못지않았던 지방 지식인이었다. 증언에 의하면 문길현 접주만 아전 출신이었고 나머지는 모두 유력한 가문 출신이었다고 한다.[77]

결론적으로 고부민란의 지도부는 '사회적 영향력'이라는 점에서 중간층의 위치에 있는 자들이었다. 이들은 글을 읽고 쓸 줄 아는 능력, 새로운 시대적 상황을 이해하는 능력, 다른 농민들에게 용기와 희망을 불어넣을 재능, 조직적인 동원과 선동을 수행할 능력 등을 지니고 있었고 이런 것을 바탕으로 농민층 일반에 상당한 영향력을 행사할 수 있는 자들이었다. 이런 층이 동학이라는 종교 조직을 매개로, 때로는 면리의 공동체적 기반을 매개로 하여 결집하였던 것이다.

Ⅲ. 고부민란과 고부 농민

이상에서 살펴본 내용을 근거로 고부민란과 고부 농민의 관계를 생각해보면, 고부 봉기가 전통 국가의 조세 징수권을 빌미로 한 탐관오리들의 수탈에 저항하는 항쟁이었던 만큼 조세 수탈의 대상이 되는 농민 일반이 적극적으로 참여했을 것은 분명하다. 특히 조병갑 등의 수탈이 토지 소유자들을 대상으로 하는 지세에 머물지 않고 노동력의 가혹한 동원, 각종 무명 잡세의 징수 등으로 중간층과 빈농을 구별하지 않는 형태였기 때문에 빈농과 중간층은 같은 이해 관계에 놓여 있었을 것으로 생각된다. 뿐만 아니라 일정한 부를 축적하였던 농업 부문 상층조차도 자의적인 수탈로부터 벗어날 수 없었기 때문에 민란에 동조하였을 것으로 보인다. 따라서 조세의 부담에 가장 민감하고 조세 징수 대상으로부터 전혀 벗어날 수 없었던 자작농 등의 중간층의 참여가 뚜렷했을 것으로 생각할 수 있다.

고부민란 당시 농민들의 공격 대상이 된 것은 군수 조병갑과 그에 아부했던 이서 집단들이었다. 전통 국가의 수탈적인 권력 행사에 대

---

77) 임실 金榮遠의 손자 正甲옹과의 면담(1993.7.14).

한 민중 일반의 저항이었고 경제적으로 본다면 자유로운 경제 활동에 대한 자의적인 개입과 착취에 항거한 운동이었다. 신용하는 빈농이 고부민란의 중심을 이루지만 부농과 이임층도 함께 참가하였다고 하고 이임층이 중농 내지 부농이었을 것으로 미루어 이들의 발언권이 매우 컸을 것이라고 보았다.[78] 정창열은 고부민란에는 "농민적 농촌 장시의 확보, 농민적 화폐 경제의 발전에 특히 날카로운 이해 관계를 가지고 있는 소상품 생산자적 농민이 상당수 참여하였다"고 지적한 바 있다.[79]

고부민란이 끝나고 안핵사 이용태에 의해 강압적인 억압이 다시 자행되던 3월 중순에 전봉준 등은 인근 무장의 손화중과 더불어 본격적인 농민전쟁을 준비하였다. 그리하여 3월 21일 무장에서 창의문을 포고하고 농민전쟁의 봉화를 올렸다. 이후 이들은 흥덕을 거쳐 다시 고부 백산에 모여 본격적인 농민군 진용을 정비하게 되는데 고부는 다시금 농민들의 함성이 드높은 곳이 되었다.

고부 백산에서의 농민군 결집은 무장에서의 농민전쟁 기포에 못지 않은 의의를 지닌다. 무엇보다도 무장 기포 당시 빈약하였던 농민군의 조직력과 세력이 백산에서 비로소 거대한 호남 농민군으로 확대 재편성되었기 때문이다. 부안·태인·금구·원평·남원 등 곳곳에서 모여든 농민군들로 군현 단위를 뛰어넘은 본격적인 농민군이 여기서 조직되었다. 당연히 농민군 전체의 지도부도 여기에서 갖추어지게 되었다. 전봉준이 총대장으로 추대되고 총관령에 손화중과 김개남, 총참모에 김덕명·오시영, 영솔장에 최경선, 비서에 송희옥과 정백현이 정해졌다. 농민군 지도부는 백산의 농민군 본부를 '호남창의대장소'로 칭하고 그 이름으로 격문을 발하였다. 이 격문은 무장에서의 창의문이 유교적인 색채로 강하게 분식되어 있던 것과는 달리 대단

---

78) 신용하, 앞의 책, pp. 95~98.
79) 정창열, 앞의 글, p. 119.

히 명료하고도 분명하게 자신들의 입장을 밝히고 있다. 이 격문은 농민전쟁의 목적을 "창생을 도탄의 중에서 건지고 국가를 반석의 위에다 두고자 함"이며 "안으로는 탐학한 관리의 머리를 버히고 밖으로는 광포한 강적의 무리를 구축하고자 함"이라고 밝힘으로써 농민 혁명적 성격을 뚜렷이 드러내었다. 또한 '양반과 부호' 및 '방백과 수령'을 뚜렷한 공격 대상으로 설정하고 그들에게서 고통과 굴욕을 받는 민중들과 小吏들을 농민군의 핵심 세력으로 규정하였다.

무장 기포 이후 농민전쟁이 전라도 일대로 확대되면서 농민전쟁은 더 이상 고부에 국한된 것이 될 수 없었다. 그것은 전라도 일대를 넘어서 중세적인 국가 체제 전체를 문제삼는 혁명적인 것이기 때문이었다. 고부의 농민들 역시 보다 넓은 농민군의 일원으로 더 큰 구조적 모순에 대항하는 싸움에 참여하게 되었다. 그렇지만 농민전쟁 전 기간을 통해 전봉준의 핵심 부대는 아마도 고부 농민의 상당수가 그 기반이 되었을 것으로 생각된다. 농민전쟁 이후 고부만의 특수한 지위는 약화되었지만 고부민란과 고부 일원에서 성장하였던 농민군 지도부와 농민 세력의 중요성은 결코 무시할 수 없는 것이다. 또 고부 백산에서의 농민군의 조직화, 백산 격문에서 보여준 농민 혁명으로서의 명확한 선언 등은 농민전쟁을 가능케 한 가장 중요한 사건들이었다. 중농과 빈농을 핵심 세력으로 하고 부농까지도 합류하여 전개된 고부민란에서의 농민적 결합은 농민전쟁이 진전되면서 빈농적 성격이 두드러지고 내부의 분열과 대립이 격화되면서 약화되었지만 전통 국가의 근본적인 변혁을 추구하는 농민적 세력의 연합체로서, 후일 일제의 침략에 저항하는 민족적 세력의 근거로서 매우 중요한 의미를 지녔던 것이다.

5. 맺음말

고부군은 고부민란과 이후 동학농민전쟁의 근거지로서 관심의 대상이 되는 곳이지만, 19세기 후반 호남 지방의 토지 문제와 관련된 여러 사건과 관련해서도 관심이 주어지는 곳이다. 고부군은 넓은 평지와 상대적으로 부족한 물 문제 때문에 만성적으로 한해의 위협이 높았던 곳이었고 그러한 생태학적 조건을 이용한 전통 국가 관리들의 수탈도 매우 심한 곳이었다. 농민전쟁이 일어나기 이전부터 이미 한해로 인해 이 지역의 많은 토지가 진폐되고 그 개간 과정에서 조정·궁방·지방관 및 직접 생산자간에 복잡하고 어려운 문제들이 속출하였다.

고부군 지역에는 지주 소작제가 광범위하게 시행되었다. 자작농의 비율은 상대적으로 낮았고 자소작 및 순소작농의 비중이 높은 상황이었다. 그렇다고 소수의 대지주와 소작농으로 완전히 양분화되어 있었던 것은 아니었다. 개항 이후 급격한 상품 화폐 경제의 진전에 대응하던 토호들을 중심으로 지주의 토지 집중 경향도 강화되어갔다. 이들은 소작료뿐 아니라 부세 징수나 권력적 수탈을 통해서도 부를 축적하였다. 농민전쟁 당시 농민층의 공격 대상이 된 상층 계급은 단순한 지주로서가 아니라 특권적 수탈의 주체로서의 '호강(豪强)' '토호'였던 것으로 보인다. 이들의 다른 한편에는 무전 농민층과 영세한 빈농층이 계속적으로 확대되고 있었다. 이들은 고율 소작료에 거의 전잉여를 수탈당하면서 극도로 곤핍한 생활을 하고 있었고 일부층은 유망민화하고 있었는데 농민전쟁의 전개 과정에서 이들이 과격한 세력이 되었던 것으로 보인다. 한편 토호적인 존재로서의 대지주와 소작 빈농층의 중간에서 상대적으로 안정된 규모의 토지를 자작하던 중간층의 존재에도 관심을 쏟을 필요가 있다. 이들은 지주제의 수탈성으로부터는 벗어나 있었지만 관과 토호의 강권적·권력적 수탈의 대상이 된 자들

240

로 관에 대한 봉기에는 적극적으로 참여할 세력이었다.

고부민란은 전통 국가의 조세 징수권을 빌미로 한 탐관오리들의 수탈에 저항하는 농민 일반의 항쟁이었고 여기에는 중간층과 빈농을 중심으로 하고 부농도 참여하였다. 고부민란은 전통 국가의 수탈적인 권력 행사에 대한 민중 일반의 저항이었고 경제적으로 본다면 자유로운 경제 활동에 대한 자의적인 개입과 착취에 항거한 운동이었다. 고부민란의 지도부는 '사회적 영향력'이라는 점에서 중간층의 위치에 있는 자들로 이들은 글을 읽고 쓸 줄 아는 능력, 새로운 시대적 상황을 이해하는 능력, 다른 농민들에게 용기와 희망을 불어넣을 재능, 조직적인 동원과 선동을 수행할 능력 등을 지니고 있었고 이런 것을 바탕으로 농민층 일반에 상당한 영향력을 행사할 수 있는 자들이었다. 이런 층이 동학이라는 종교 조직과 면리의 공동체적 기반을 매개로 하여 결집하였던 것이다.

고부민란은 동학농민전쟁에 비하여 그 규모나 범위가 군현 수준에 국한되는 민란이었음에도 불구하고 본질상 조선 왕조 전통 국가의 지배 체제 전반의 문제를 제기하는 전국적 성격을 지닌 사건이었다. 그 주도부 역시 고부군이라는 범위를 크게 벗어나지 못한 자들이었지만 사회적 영향력을 지니고 부당한 수탈에 항거하면서 새로운 사회 체제를 형성해내려는 강력한 의지를 갖고 있었다는 점에서, 또 농민층 내부의 여러 층이 권력 구조를 변혁시키려는 운동 속에 함께 결합할 수 있었다는 점에서, 그리고 동학 교도들과 이임층들이 조직적으로 연결되어 농민들을 체계적으로 동원할 수 있었다는 점에서 매우 큰 의의가 있는 사건이었다. 고부민란은 전통 국가의 자의적이고 중세적인 수탈을 극복하고 농민적 권리를 보호 · 성장시키는 것을 지향하였던 것이고 이는 농민 일반의 바람과도 일치하는 것이었다. 이러한 농민 일반의 지향을 배경으로 하여 1894년의 농민전쟁의 민중적 힘이 나타날 수 있었던 것이다.

제6장
동학농민전쟁과 근대적 정치 의식

1. 한국의 근대와 동학농민전쟁

　1894년 일 년에 걸쳐 치열하게 전개된 동학농민전쟁은 한국의 근대로의 이행에서 매우 중요한 의미를 지닌 사건이었다. 대내적으로는 신분제의 철폐, 폐정의 개혁 등 사회 정치적 질서의 근본적인 변혁을 추구한 운동으로서, 또 대외적으로는 일본 제국주의의 침략에 대항하여 자주성을 지키려는 민족적 저항 운동으로서 농민의 사회 정치적 의식이 뚜렷하게 성장하였던 사건이었다. 대내적인 체제 개혁이 대외적인 자주성의 확보와 구조적으로 맞물려 있던 시기에 발발한 농민전쟁은 내부의 체제 개혁을 통해 대외적인 독립성을 확보하려는 집합적인 변혁 운동이었고 그런 의미에서 근대적인 국가 체제로의 이행을 지향한 것이었다.[1]

---

　1) 한국 근대로의 이행이라는 주제와 관련하여 동학농민전쟁을 다룬 대표적인 논저들로 특히 이 글과 관련이 있는 연구로는 다음과 같은 것이 있다. 정창열, 「한말 변혁운동의 정치 경제적 성격」, 『한국 민족주의론』 1, 창작과비평사, 1982; 신용하, 「동학과 갑오농민전쟁의 민족주의」, 『한국 근대 민족주의의 형성과 전개』, 서울대학교 출판부, 1987; 박찬승, 「동학농민전쟁의 사회 경제적 지향」, 『한국 민족주의론』 3, 창작과비평사, 1985; 고석규, 「1894년 농민전쟁과 반봉건 근대화」, 동학농민혁명기념사업회 편, 『동학농민혁명과 사회 변동』, 한울, 1993; 정진상, 「1894년 농민

이 사건이 갖는 중대한 역사적 의의는 한국의 역사 속에서 농민이 전통적인 신분 의식이나 백성 의식으로부터 벗어나 근대적 의미에서의 국가 의식과 민족 의식을 뚜렷이 하는 결정적인 계기였다는 점에 있다.[2] 보국안민, 국태민안, 척왜양창의, 민유방본의 기치들은 동학농민전쟁을 전후한 일련의 사건과 운동 속에서 계속되던 내용이었는데 이들 개념 자체는 전통적인 유교적 이념 체계에 속한 것이었다 하더라도 개항 이후 변화한 시대적 상황을 반영하여 매우 다른 사회 정치적 의미를 내포하게 되었던 것이다. 동학농민전쟁은 한국 역사상 가장 많은 민중이 가장 오랜 기간에 걸쳐 조직적이면서도 유혈적인 항쟁을 전개한 사건이었던 만큼 이들의 사회 정치적 의식에 상당한 변화를 가져다주었다. 동학농민전쟁은 그 사건으로 인해 야기된 제도적·정치적 변화에 못지않게 농민의 자의식 및 타자 의식에 미친 영향의 측면에서도 중대한 의의가 있는 것이다.

2. 교조 신원 운동과 보국안민 의식

1894년의 동학농민전쟁은 그에 앞서 동학 교도들을 중심으로 전개되었던 교조 신원 운동과 연관하여 이해할 필요가 있다. 동학농민전쟁에서 동학의 역할을 어떻게 이해할 것인가와 관련한 여러 입장에도 불구하고 조직적이고 집단적인 운동의 전개 과정에서 양자가 깊이 연관되어 있다는 것은 부인할 수 없다. 또 이 속에는 조선 후기 이래 전개되어온 농민 사회 내부의 변화와 민란 등의 요인들도 포함되어 있다.

1892년 10월 충청도의 동학 교도들은 공주에서 모여 충청감사 조

전쟁의 사회사적 연구」, 서울대학교 대학원 사회학과 박사학위 논문, 1992.
2) 신용하, 『동학과 갑오농민전쟁 연구』, 일조각, 1994, 제9장.

병식에게 교조 최제우의 신원을 호소하는 집회를 가졌다. 양반 관료의 목민관적 행위 이외의 농민의 정치 행위가 전혀 인정되지 않았던 시기에 나라가 정해놓은 질서에 대한 수정의 요구였다는 점에서 비록 청원의 형태로, 종교적 성격을 강조하였던 운동이지만 주목할 만한 것이었다. 더구나 교도들은 최제우를 가리켜 나라의 위기를 걱정하고 나라의 운명을 염려한 자였다는 것을 강조하였다. 10월말에는 다시 삼례로 교도들을 불러모아 더욱 조직적인 운동을 전개하였는데 이 기간 동안 동학 교단측이 조정에 보낸 편지에는 '서이지학(西夷之學)'과 '왜유지독(倭酋之毒)'이 극심하고 그 여파로 열읍의 수령과 향곡의 호민이 민중을 탐학하고 수탈하는 현실을 강력히 비판하고 자신들의 바라는 바가 오로지 '광제창생 보국안민'임을 강조하였다.[3]

동학 교도의 의송에 대한 관의 답변은 매우 부정적인 것이었고 이들의 요구에 완강한 반응을 보였다. 공식적으로는 관리들의 탐학을 없애라는 요구는 수용하면서 사상으로서의 동학에 대한 인정은 불가능하다는 것이었다. 그러나 농민에 대한 관리들의 침학이 동학 교도에 대한 탄압이라는 명분을 이용하였던 데서 알 수 있듯이 현실적으로 양자는 한데 묶여 있었다. 신분제의 부정이라는 강력한 현실 비판성을 내재하고 있었던 동학 사상에 대한 지배층의 거부감이 전통적인 수탈 구조와 밀접하게 결합되어 있었기 때문이었다.

1893년 동학 교도의 신원 운동은 강도와 범위 모두에서 현저하게 발전하였다. 교도들은 먼저 국왕에게 직접 이 문제를 제기하는 광화문 복합 상소를 주도하였다. 전통적으로 상소의 형식은 있어온 것이라 하더라도 양반 유림이 아닌 평민의 신분으로서, 그것도 신분제와 유학을 비판하는 동학 사상의 공인을 요구하는 상소를 집단적으로 벌인다는 것은 전례 없던 일이었다. 이것은 교도들의 인식이 지방 차

---

3) 표영삼, 「공주 교조 신원 운동」, 『신인간』 497, 1991에서 재인용.

244

원을 넘어서 국가 단위로 확대되고 있음을 말하는 것이고 자신들의 문제가 결국은 국왕의 결정을 통해서만 해결될 수 있는 것이라는 인식이 성장하였음을 말한다. 이들은 서학과 일본 세력의 침략을 비판하고 '수천 년 예의와 범절의 나라'인 조선의 안녕을 강조하고 동학이 보국안민을 위한 최제우의 신실한 가르침이었음을 강조하였다. 같은 기간 동안 서울의 외국 공사관 벽에 붙었던 괘서들은 서양 및 일본에 대한 강력한 저항 의식을 드러낸 것으로 동학 교도들의 활동과 관련되어 있었다.[4]

광화문 복합 상소라는 집단적 청원이 별다른 결실을 얻지 못하자 3월에는 충청도 보은과 전라도 금구에서 대규모 집회를 개최하였다. 동학 교단에서 조직적으로 개최한 보은 취회는 조정이 놀랄 정도로 많은 사람들이 운집하였을 뿐 아니라 '척왜양창의'라는 반외세의 기치가 본격적으로 전면화하였다는 점에서 이전의 집회와 성격을 달리하였다. 이전까지의 집회가 비록 반외세적인 내용과 관리들의 부패에 대한 저항을 담고 있으면서도 본질적으로는 교조 최제우의 신원을 요구하는 종교적인 성격을 중심에 둔 것이었던 데 반하여 이제 반외세의 정치적 주장이 표면화하게 되었다는 점에서 이 집회는 매우 정치적인 성격을 띠는 것이었다. 이들은 보은군수의 해산 종용에 대하여 "창의는 전적으로 척왜양의 의를 위한 것"임을 내세워 응하지 않았을 뿐 아니라 오히려 충청관찰사를 향해 "나이가 들고 식견이 있으면서도 척왜양하는 우리를 사류라고 배척한다면 그대에게는 犬羊이 정류인가"라고 정면으로 반박하였다.[5] 또한 동학 대도소는 보은 관아에 다음과 같은 통문을 보내고 이를 삼문에 내걸었다.

---

4) 박찬승, 「1892년, 1893년 동학 교도들의 신원 운동과 척왜양 운동」, 한국역사연구회 편, 『1894년 농민전쟁 연구』 3, 역사비평사, 1993, pp. 348~58.

5) 「聚語」, 『동학란 기록』 상, p. 111.

참으로 오늘의 國都를 보건대 곧 夷狄의 소굴이다. 임진년의 원수와 병인년의 수치를 생각할 때 어찌 차마 말하지 않을 수 있으며 차마 잊을 수 있겠는가. 〔……〕 우리들 수만 명은 죽기를 맹세하고 힘을 합하여 倭洋을 소제하여 부시어서 大報의 義를 높이려고 한다.[6]

보은 취회가 동학 교단에 의해 주도되기는 했으나 그 성격이 종교적 신원 운동에 그치지 않고 일반 민중의 대중 집회적 성격이 강하게 나타났다는 사실은 당시 선무사로 내려왔던 어윤중의 보고에서도 잘 나타난다. 어윤중은 보은 취회에 참여한 사람들이 매우 다양한 층에 속한 자들이었음을 지적하였는데 이들은 한결같이 현실의 사회 상황에 불만을 갖고 비판적인 자들이었다. 그는 다음과 같이 지적하였다.

재기를 갖추고도 뜻을 얻지 못한 자, 탐묵이 횡행하는 것을 분하게 여겨 민중을 위해 목숨을 바치려는 자, 외이가 우리의 이원을 빼앗는 것을 분통하게 여겨 큰소리하는 자, 탐사묵리의 침학을 당해도 호소할 바 없는 자, 경외에서 죄를 짓고 도망한 자, 영읍속들의 부랑무뢰배, 영세 농상민, 풍문만을 듣고 뛰어든 자, 부채의 참독을 견디지 못한 자, 상천민으로 뛰어나보려는 자가 여기에 들어왔다.[7]

이를 보면 크게 두 부류의 사람들이 모여들었다고 볼 수 있는데 하나는 사회 현실에 대한 뚜렷한 비판 의식을 갖고 현실의 개혁을 요구하는 자들이고 다른 하나는 수탈과 탐학에 억눌려 소외되고 짓눌린 사람들이었다. 전자가 의도적이고 적극적인 참여자였다면 후자는 소외된 불만 세력들이었다고 할 것인데 어윤중이 보기에는 이들이 모두 '민회'와 같은 성격을 보였다고 했다.[8]

---

6) 「취어」, 앞의 책, pp. 108~09.
7) 「취어」, 앞의 책, p. 122.

이처럼 이전과는 뚜렷이 다른 모습을 보인 보은 취회였지만 최시형 중심의 교단은 이 집회가 정치적인 성격으로 진전되는 것을 원치 않았고 어디까지나 종교적인 성격에 국한하려 했다. 이러한 교단 지도부의 입장이 교도 일반 및 농민들의 희망과 상당한 차이가 있었음은 물론이다. 특히 호남 지방의 교도들에게 사회 정치적인 지향이 매우 강했는데 이들은 보은에서의 집회와 별도로 금구에서 모임을 갖고 독자적인 조직화를 모색하였다. 금구 취당의 주도 세력은 전봉준으로 대표되는 남접의 세력이었을 것으로 짐작되는데 이들은 별도의 자세로, 그러나 보은 취회에서의 동학 교도들과는 연합을 이루어 보다 정치적인 운동 형태를 추구하였던 것이다.[9]

1893년은 동학 교도들이 중심이 되어 농민의 불만과 위기 의식을 조직화하고 그것을 운동의 자원으로 삼아 본격적인 대중 운동이 전개되었던 해였다. 표면상 종교적인 성격이 두드러졌고 또 교단 지도부의 의도도 그러했지만 모여든 교도 및 농민의 성격은 종교적인 데 국한되지 않았고 척왜양창의와 탐관오리의 징치와 같은 정치적 요구가 강하게 분출되었다. 보은 취회에서 가장 뚜렷하게 표출된 신원 운동에서의 농민적 성격은 지도부와의 견해차를 뚜렷이 드러냈지만 동학 교도들과 농민의 사회 세력화는 더욱 진전되었고 금구 취당은 그러한 농민의 정치적 조직화가 독자적으로까지 발전하고 있었음을 말해준다.

3. 고부 봉기에서의 정치 의식

1893년의 교조 신원 운동과 함께 동학농민전쟁의 전단계로 반드시

---

8) 「취어」, 앞의 책, p. 123.
9) 정창열, 「갑오농민전쟁 연구」, 연세대학교 대학원 박사학위 논문, 1991, p. 65.

살펴보아야 할 것이 고부 봉기이다. 고부 봉기는 과거 동학농민전쟁의 첫 단계로 알려지기도 했으나 지금은 뚜렷이 구분되는 민란의 하나였음이 밝혀졌다. 고부 봉기와 동학농민전쟁간에는 분명한 성격의 차별성이 있었고 실제 운동도 동일한 차원에서 연속적이지 않았던 것이다.

사건의 성격으로 볼 때 고부 봉기는 조선 후기 이래 지속되어온 민란의 연장선에 있다. 동학 교도들 중심의 교조 신원 운동과 어떤 관련성이 있었던 것은 아니었고 전통적인 관의 수탈에 대한 농민의 저항으로서 군현의 범위를 넘어선 것도 아니었다. 따라서 고부민란은 종교적 성격을 뚜렷이 지녔던 동학 교도들의 신원 운동에 비해 사회 구조적 모순을 반영하였음은 분명하지만 그 조직력과 운동 범위는 보다 제한적이었다. 고부 봉기에서 드러난 전체 사회의 구조적인 모순이 교조 신원 운동에서 보여지던 광범위한 조직화와 동원화의 흐름과 합류함으로써 동학농민전쟁의 큰 물줄기가 이루어졌던 것이다.

고부 봉기는 고부군수 조병갑의 탐학에 대한 고부민의 저항으로 시작되었다. 조병갑은 대표적인 탐관오리로 고부민의 고통을 가중시켰음이 틀림없지만 그렇다고 그가 매우 예외적인 경우라고 볼 수는 없었다. 갖가지 명목의 조세 부담, 관리의 수탈, 농민에 대한 멸시 등은 향촌 사회에서 흔히 볼 수 있는 구조적 비리의 양상이었다.[10] 따라서 고부민이 느끼던 조병갑에 대한 원한은 정도의 차이가 있을지라도 모든 농민이 공감하고 있던 것이었다. 고부 봉기의 여파가 인근에 급격히 퍼져나갔던 것은 농민군 지도부의 조직적 역량이 주요한 요인이었지만 그에 못지않게 고부민의 항거에 대부분의 농민이 적극적으로 동조할 만큼 문제 자체가 보편적이었기 때문이기도 했다.

---

10) 고부 봉기의 내용으로부터 당시 사회 전반의 구조적 모순을 읽어내는 것은 그 동안 여러 형태로 진행된 바 있다. 한우근, 『동학란 기인에 관한 연구』, 서울대학교 출판부, 1971.

고부군수를 비롯한 관리들의 수탈상을 보면 전통 국가의 농민에 대한 조세 징수 및 지배의 정당성이 거의 완전히 무너진 상황을 알 수 있다. 조세의 부과, 징수, 운반을 맡은 관리와 기관들이 한결같이 부패하였고 국가의 재정이 되어야 할 세곡은 이들 중간 관리의 사욕을 채우는 데 이용되었으며 그러한 부패가 관행의 차원을 넘어 구조화되어 있었던 것이다.[11] 농민의 원성과 불만이 비록 군현 단위에서 촉발된다 하더라도 결국은 전통 국가의 조세 징수와 관리에 대한 제도 전반이 문제될 수밖에 없는 것이었다. 고부 봉기가 고부 일원에 한정되었던 민란의 하나였지만 전통 국가의 지배 자체를 문제삼는 본격적인 변혁 지향성을 내재할 수 있었던 원인은 바로 여기에 있었던 것이다.

고부 봉기와 관련하여 한 가지 더 주목할 것은 이전의 민란에 비해 지도부의 조직적 준비가 두드러진다는 사실이었다.[12] 1968년 발견된 사발통문은 고부 봉기 직전인 1893년 11월에 작성된 것으로 거사 계획이 사전에 매우 조직적으로 이루어졌음을 보여준다. 이 사발통문은 자료로서의 한계가 있어서 해석에 조심해야 할 것이 없지 않지만 적어도 고부 일원의 동학 교도 중심 인물들이 함께 모여 격문을 각리 리집강에게 발송하고 '난리'를 준비하였다는 사실 자체는 분명한 것으로 보인다.[13] 이 통문에는 모두 4개 항의 결의가 실려 있는데 첫째, 고부성을 혁파하고 군수 조병갑을 효수할 사, 둘째, 군기창과 화약고를 점령할 사, 셋째, 군수에게 아유하여 인민을 침어한 탐리를 격징할 사, 넷째, 전주영을 함락하고 경사(京師)로 직향할 사 등이었다.

---

11) 이 구조적 문제에 대하여는 한국역사연구회 편,『1894년 농민전쟁 연구』1에 실린 글들을 참조할 수 있다.

12) 정창열은 면리의 향임층의 역할을, 장영민은 동학 교도 조직을 그 기반으로 지적하였다. 정창열,「갑오농민전쟁 연구」, pp. 109~10; 장영민,「1894년 고부 민요 연구」상·하,『한국학보』68, 69집, 1992.

13) 신용하,「고부민란의 사발통문」,『동학과 갑오농민전쟁』, 일조각, 1994 참조.

이 조항들이 갖는 실제 의미와 이것이 결정된 시기와 관련한 여러 이론들에도 불구하고 적어도 고부 봉기의 주도자들은 단순한 항의 표시 수준이 아닌, 조직적 병란을 추구하였다는 사실은 분명하였다.

이 점은 고부 봉기를 직접 보았던 한 인물이 남긴 회고기에서도 잘 드러난다. 『석남역사』를 남긴 박문규에 의하면[14] "석양판에 동네 사람들이 수군수군 조금 있다가 통문이 왔다. 석반 후에 장터로 모이라고 기별이다. 저녁 후에 여러 동네 징소리며 나팔 소리 고함 소리 천지가 뒤끓더니 수천 명 군중들이 내 동네 앞길로 몰려오며 고부군수 탐관오리 조병갑을 죽인다고 민요가 났다"는 것이다. 이 기록에 따르면 고부 민요가 발발한 날은 장날이었고 통문이 돌면서 조병갑을 죽인다고 사람들이 결집하였으며 동네별로 농악이 동원되고 동네별로 사람들이 장터로 몰려들었다는 사실을 알 수 있다. 이 통문이 바로 앞서 살펴본 사발통문과 일치하는 것은 아니라 하더라도 적어도 마을 단위로 민란의 의도와 결집 장소 및 일시가 전해지고 그에 따라 동원되었음을 의미한다. 또 이들이 모이는데 꽹과리·나팔 등 동네 농악들이 동원되었던 점에서 보듯이 마을 공동체로서의 결합 원리가 적지 않게 작용했던 것으로 보인다.

고부 봉기는 군수 조병갑의 탐학이 일차적인 촉발 요인이었지만 조선 왕조 지배 체제의 정당성에 대한 농민의 본격적인 항쟁이 보다 본질적인 기저를 이루었던 사건이었다. 따라서 고부 봉기의 문제는 조병갑의 징치나 고부 일원의 진정으로 해결될 문제가 처음부터 아니었다. 더구나 고부 봉기를 조직하고 준비한 주도부가 봉기의 전후 단계에서 지속적으로 운동의 조직적 구심체로 활동하면서 보다 본격적인 항쟁을 모색하고 있었던 까닭에 고부 봉기는 곧 거대한 농민전쟁으로 연결되는 징검다리가 될 수 있었다. 즉 조병갑 개인만을 문제

---

14) 박문규, 『석남역사』; 박명규, 「동학농민전쟁 관련 자료 『석남역사』에 대하여」, 『한국학보』 71, 1994.

삼지 않고 '백성'과 '세상'이라는 보다 확대된 지평이 지도자들에게 열려 있었던 것이다.[15]

4. 제1차 농민전쟁과 농민군 의식의 발전

고부 봉기가 막을 내린 후에도 여전히 조직적 항쟁을 모색하던 전봉준은 비밀리에 무장으로 옮겨 본격적인 농민전쟁을 준비하였다.[16] 무장은 동학 대접주 손화중의 영향력이 강한 곳이었는데 전봉준은 이곳에서 손화중을 위시하여 남원의 김개남, 원평의 김덕명 등 호남 일원의 동학 지도부를 연결하여 대규모 농민 항쟁의 조직적 기반을 갖추었다. 그리고 3월 21일 무장에서 창의문을 발표하고 고부 관아를 향해 진격하였다. 무장의 창의문은 유학적인 개념으로 덧씌워져 있기는 하지만 자신들의 거사가 갖는 의의와 목표를 매우 뚜렷하게 제시하고 있다.

백성은 나라의 근본이니 근본이 쇠잔하면 나라는 반드시 없어지는 것이다. 보국안민의 방책은 생각지 아니하고 밖으로 鄕第를 설치하여 오직 제 몸 獨全의 방책만을 꾀하고 오직 祿과 位만을 도둑질하는 것이 어찌 옳은 일이라 하겠는가. 우리는 비록 초야의 유민일지라도 君土를 먹고 君衣를 입고 사는 자이라. 어찌 국가의 위망을 앉아서 보기만 하겠는가. 팔로가 마음을 합하고 수많은 백성이 뜻을 모아 이제 의로운 깃발을 들어 보국안민으로서 死生의 맹세를 하노니……[17]

---

15) 정창열, 「갑오농민전쟁 연구」, p. 122.
16) 전봉준이 무장에서 기포하게 된 배경에 관하여는 신용하, 앞의 책, pp. 131~50 참조.
17) 「취어」, 앞의 책, pp. 142~43.

이 창의문에는 전통적인 민유방본(民惟邦本)의 유교적 이념이 매우 강하게 드러나 있다. 그러나 이는 당시의 상황에서 활용되던 개념 체계가 유교적인 것이었다는 사실과 함께 거사의 첫 단계에서 자신들의 행위를 정당하고도 떳떳한 것임을 공포하려는 의식적인 노력이 있었을 것을 고려해서 이해되어야 한다. 실제로 무장 봉기를 조직적으로 주도한 지도부는 동학 조직과 밀접한 관련을 가진 자들이었지만 창의문에는 동학 교도와 관련한 어떤 내용도 담겨 있지 않았다. 동학 교단의 지도부인 북접의 최시형과도 전혀 상의하지 않은 남접의 독자적 결정으로서 고부 봉기에서 드러났던 농민의 보편적인 고통과 전통 국가의 수탈성이 항쟁의 주요한 이유로 뚜렷하게 지적되었다. 따라서 무장 기포를 알리는 창의문에 대한 농민들의 반응은 "옳다, 이제는 잘되었다, 이놈의 세상은 얼른 망해야 한다, 망할 것은 망해버리고 새 세상이 나와야 한다"는 것이었다.[18]

무장에서 농민전쟁의 기치를 든 농민들은 고부 관아를 점령하고 이어 고부 백산에서 본격적인 농민군의 편제를 갖추었다. 확대된 농민군을 조직적으로 관할하면서 효율적인 활동이 가능하도록 지휘부를 개편하였는데 전봉준이 대장, 손화중과 김개남이 총관령, 김덕명과 오시영이 총참모, 최경선이 영솔장, 그리고 송희옥과 정백이 비서로 되었다.[19] 이어 농민군의 강령으로서 '사대명의'를 발표하였다. 그것은 첫째, 사람을 죽이지 않고 물건을 파괴하지 않는다는 것, 둘째, 충효를 온전히 하여 세상을 구하고 백성을 편안케 한다는 것, 셋째, 왜이를 물리치고 왕의 정치를 깨끗이 한다는 것, 그리고 마지막으로 군대를 몰고 들어가 권세가와 귀족을 진멸한다는 것 등이었다.[20] 여기서도 유교적인 이념을 볼 수 있지만 동시에 왜이의 구축과

---

18) 오지영, 『동학사』, 영창서관, 1939, pp. 109~10.
19) 오지영, 앞의 책, pp. 111~12.

252

권귀(權貴)의 진멸이라는 매우 혁명적인 주장이 뚜렷이 표방되어 있는 것을 볼 수 있다. 거사에 대한 농민군 자신의 명료한 인식은 27일께 발표된 백산의 격문에서 가장 뚜렷이 나타난다.

> 우리가 의를 들어 此에 至함은 그 본의가 斷斷 他에 있지 아니하고 창생을 도탄의 중에서 건지고 국가를 반석의 위에다 두고자 함이라. 안으로는 탐학한 관리의 머리를 버히고 밖으로는 횡포한 강적의 무리를 구축하자 함이다. 양반과 부호의 앞에 고통을 받는 민중들과 방백과 수령의 밑에 굴욕을 받는 소리들은 우리와 같이 원한이 깊은 자라. 조금도 주저치 말고 이 시각으로 일어서라. 만일 기회를 잃으면 후회하여도 미치지 못하리라.[21]

이 격문은 농민전쟁의 주체를 고통과 원한이 큰 민중과 소리로 규정하였다. 민중의 고통은 양반의 신분적 차별과 부호의 경제적 지배로 인한 것이고 소리의 원한은 방백과 수령의 밑에서 겪는 굴욕으로 인한 것이지만 이 모두가 탐학한 관리와 횡포한 강적의 무리들에 의해 이루어지는 것이다. 그리고 그 결과는 창생이 도탄 중에 허덕이고 국가가 위태로워진 현실이라는 것이다. 격문은 농민전쟁을 주도하는 자신들이 탐학한 관리의 머리를 버히고 횡포한 강적의 무리를 구축함으로써 이 고통과 원한을 해결할 수 있다는 자신을 피력하고 있다. 민중 스스로가 자신을 주체로 인식할 뿐 아니라 그 힘을 뚜렷이 느끼고 있었다고 할 것이다.

이후 농민군은 호남 일대를 전진하면서 관군과 대립하고 전투를 벌이면서 지배 권력에 도전하였다. 고부 황토현에서 영병을 처부수고 장성 황룡촌에서는 서울에서 내려온 경군을 격파하였고 마침내 4

---

20) 鄭喬, 『대한계년사』, 상, p. 74.
21) 오지영, 앞의 책, 1939, p. 112.

월말에는 전주를 함락하였다.[22] 역사상 언제나 피지배층에 속하여 신분적·경제적·정치적 억압을 받아오던 자들이 군기를 들고 보국안민을 내세우며 지배층의 관리들을 징치하고 공격하는 상황은 대단히 새로운 것이었다. 농민군의 의식과 정치적인 지향은 실제 전투를 거듭하면서, 또 스스로 조직된 농민군으로 활동하는 가운데 더욱 심화되었을 것이다. 이들의 진전된 의식은 막연한 보국안민이나 미시적인 불만의 표출이 아닌, 보다 근본적인 국가 권력의 문제, 체제 개혁의 문제에까지 발전해갈 것이었다. 전봉준이 이끄는 농민군은 4월 부안에서 영광 법성포의 이향에게 통문을 발하였는데 "민폐의 근본은 이포(吏逋)에서 말미암고 이포의 뿌리는 탐관으로 인해 나온다. 탐관의 범행은 집권자의 탐간에서 오는 것"이라고 지적하여 '위민위국'을 위해 백성과 이향이 따로이 구별될 것이 아니라고 하였다.[23] 현실 파악의 차원이 군현 차원을 넘어서 전국·국가에까지 넓혀지고 있음을 뚜렷이 볼 수 있다.

이들의 의식의 발전은 국가 권력의 문제까지 언급하고 있는데 정읍과 홍덕·고창을 거쳐 영광을 점령한 농민군이 다시 함평으로 나아가 인근 나주 공형에게 폐정 개혁을 요구하면서 보낸 통문에서 더욱 뚜렷해진다.

> 우리들의 오늘의 의거는 위로는 국가에 보답하고 아래로는 백성들을 편안케 함이라. 여러 읍을 거쳐오면서 탐관을 징치하고 청렴한 관리를 표창하며 읍폐와 민막을 바르게 개혁하며 전운영의 폐막을 영구히 혁파한 것이다. 임금의 명을 듣고 국태공을 받들어 국사를 감독하며, 난신에게 아첨하고 비루한 자들을 모두 쫓아내려는 데 본래 뜻이 있을 뿐이다.[24]

22) 신용하, 「갑오농민전쟁의 제1차 농민전쟁」, 『한국학보』 제40집, 1985.
23) 「고부 민요 일기」, 『주한 일본공사관 기록』 1, pp. 58, 374.

곧 이어 토초사에게 정문을 발하여 자신들의 행동을 정당한 것이라고 주장하였는데 이 정문에서도 위와 거의 같은 보국안민, 민유방본의 사상을 강조하였다. 특히 여기서는 방백 수령이 왕법을 돌아보지 않고 왕민을 보살피지 않아 탐학이 무상한 현실을 구체적으로 지목하고 있다. 또 위로는 국태공을 모시고 종사를 지킬 것을 다짐하였다.[25] 농민군은 전투를 전개하는 과정에서 점차 사회적 모순을 매우 구체적으로 조목화하고 그것을 자신들의 요구 조항으로 내세우는 한편 국가 권력 자체에 대한 전환의 필요성을 지적하였다. 비록 대원군을 내세운다는 한계를 벗어나지는 못하였지만 대원군을 통해서라도 자신들이 기대한 바의 정치적 변혁을 추진하겠다는 적극적이고 주체적인 측면을 간과해서는 안 될 것이다.

농민군은 장성에서 경군과 부딪쳤지만 그들을 패퇴시켰다. 이 전투에서의 승리는 물론 농민군의 강력한 힘에 기반한 것이었지만 홍계훈이 이끄는 경군의 빈약한 전투 의지가 일조를 한 것도 사실이었다. 실제 농민군의 무력 수준이나 전투력은 정규 군사력에 비길 것이 못 되는 것이었다. 그러나 한 가지 중요한 점은 경군과의 싸움에서 승리하였다는 사실로 왕조 권력에 대항하여 싸울 수 있고 또 승리할 수 있다는 강한 자신감을 얻게 되었다는 점이다. 이러한 자신감이 더해지면서 농민군에 합류하는 숫자는 더욱 많아졌고 농민군의 기세 또한 더욱 강해졌다. 4월 27일 농민군이 호남의 수도인 전주에 입성하게 될 때는 이들의 자신감과 기세가 가장 고조되어 있었을 때이다.

무장에서의 기포를 시작으로 전주성에 입성하게 될 때까지의 약 한 달 간 농민군은 파죽지세로 그 세력을 넓혔고 그만큼 자신들의 정치적·사회적 목표가 구체적인 형태로 뚜렷해졌다. 전투에서의 승리

---

24) 황현, 『오하기문』 제1필, pp. 65~66.
25) 「湖南儒生原情于招討使文」「東匪討錄」, 『한국학보』 3, pp. 259~60.

경험, 특히 경군과 싸워 이겼다는 자신감과 각지로부터 농민들의 열렬한 환영과 지지를 받는다는 민중적 정당성 등이 결합되어 매우 강한 힘을 발휘할 수 있었던 것이다.

5. 집강소 개혁기 농민의 의식과 행동

농민군이 전주를 점령하자 조정은 당황하여 이원회를 양호순변사로 내려보내면서 다른 한편으로 청국에게 군대를 파견해줄 것을 요청하는 어리석음을 범하였다. 한국의 상황을 예의 주시하던 청국의 북양대신 이홍장은 5월 2일 즉시 병력을 출발시켰고 천진조약에 따라 일본에게 출병 사실을 알렸으며 5월 5일에서 7일 사이에 충청도 아산만에 상륙하였다. 일본 역시 농민군의 전주성 함락 이전부터 상황을 주시하다가 4월 30일 조선 조정이 청국에 청병하였다는 사실을 알자마자 곧 내각 회의를 열어 조선으로 출병할 것을 결정하였다. 이어 5월 6일부터 약 6,000명의 일본군이 인천 등지로 상륙하였고 이들 중 일부는 일본공사 대조규개(大鳥圭介)의 인솔로 무방비 상태의 서울에 불법 입성하였다. 그로부터 청군과 일본군이 수천 명의 군사력을 동원하여 대립하면서 일촉즉발의 위기 상황이 야기되었다.

이러한 상황이 농민군과 조정 모두에게 위기 의식을 불러일으키게 되었고 어떤 형태의 타협을 모색하려는 분위기를 조성시켰다. 비록 스스로 외국 군대를 불러들인 무능한 조정이었지만 그로 인해 청일 양국의 군대가 한국 내에서 대립하면서 함께 내정에 간섭할 틈을 노리고 있는 것은 용납하기 어려운 사태였다. 고종은 김학진을 전라관찰사로 내려보내면서 농민군을 회유하여 진정시킬 것을 지시하였고[26] 폐정을 개혁할 기구를 설치할 것을 검토하였다. 김학진은 농민군에게 그들이 원하는 폐정 개혁을 단행할 것을 약속하였고 면리 수준에서 집강을 임명하여 그들로 하여금 폐정 개혁의 실질을 확인할 수 있도록 하였고 농민군과 함께 관민상화의 방책을 모색하였다. 전봉준을 비롯한 농민군 지도부 역시 외국의 군대가 진주하고 있는 상황에서 관군과 싸우는 일은 무모할 뿐 아니라 나라의 위기를 더하는 것이라고 보았다. 여기에는 농민군이 실제 무기나 전투력에 있어서 상대가 되지 않는 정규군과 싸우는 과정에서 지쳐 있었던 것도 한 요인으로 작용하였을 것이다.

이 타협의 결과로 관군과 농민군 사이에 일정한 합의, 약속이 이루어졌다.[27] 그 약속의 구체적인 형태가 곧 폐정 개혁안이었는데 이를 실천하는 기구는 일차적으로 지방 차원에서의 집강소였다. 집강소를 통해 추진된 폐정 개혁은 제1차 농민전쟁의 실질적인 결과물이었을 뿐 아니라 농민이 정치 세력으로 등장하여 지방 차원에서의 권한을 행사하기에 이르렀음을 말한다. 그러나 집강소는 중앙 정부 수준에서의 개혁 기구는 아니었다. 농민군의 요구는 호남 일원에 국한되는 것이 아니었고 전통 국가의 제도 전반에 대한 개혁이 필요한 것이었는데 이 과제는 조정 내의 개혁 기구가 담당할 수밖에 없었다. 비록 농민군과의 협의의 산물은 아니지만 교정청의 설치와 이후의 군국기무처의 개혁 내용은 구조적으로 볼 때 온건 개화파의 주도로 농민군의 요구를 반영한 것이라고 이해될 수 있다.[28]

전주화약으로 농민군의 상경을 막은 조정은 농민전쟁을 이유로 주둔하고 있던 청일 양국 군대의 철병을 강력히 요청하였다. 동시에 6월 11일 교정청을 설치하고 농민군이 제기했던 각종 폐정의 개혁을 추진하고자 했다. 조정의 주도 세력이 근본적으로 바뀌지 않은 상태

---

26) 신용하, 『동학과 갑오농민전쟁』, 일조각, 1994, pp. 163~65.
27) 「전봉준 공초」, 『동학란 기록』 상, pp. 322~25.
28) 신용하, 「1894년 갑오개혁의 사회사」, 『한국의 사회제도와 사회변동』, 한국사회사학회 논문집 제50집, 1996, pp. 12~19.

에서 추진된 개혁 조치들이 물론 근본적인 체제 개혁의 성격을 띠기는 어려웠을 터이지만 이미 농민군의 강력한 저항을 받고 있던 상황에서 단순한 미봉책만으로 그치기도 어려웠을 것은 분명하였다.

그러나 이미 조선에 대한 팽창의 야욕을 갖고 청국과의 일전을 불사할 준비를 갖춘 일본은 조정의 철병 요구에 응하지 않은 채 도리어 6월 21일 경복궁 쿠데타를 감행하고 김홍집을 수반으로 하는 친일 내각을 구성하였으며 이들의 주도하에 각종 제도 개혁을 추진하는 군국기무처가 발족되었다. 군국기무처의 출범은 이중적인 의미를 지닌 것이었다. 하나는 교정청의 설치에서 보인 바와 같이 농민층의 아래로부터의 강력한 개혁 요구가 있었을 뿐 아니라 갑신정변 이래 꾸준히 성장해온 온건 개화파 세력들이 정치적 개혁을 추구해왔기 때문에 개혁의 실시는 오랫동안의 과제였고 군국기무처 역시 그 연장선상에서 이해될 수 있는 것이다.[29] 그러나 다른 한편으로 일본 군대의 경복궁 쿠데타로 집권한 친일 내각이 주도하여 구성한 기구였다는 점에서, 또 개혁의 과정에 일본의 영향이 없을 수 없었다는 점에서 그것은 일본의 영향력 강화를 의미하는 것이기도 했다. 실제 갑오개혁의 전과정은 주체적인 성격이 뚜렷하던 초기의 모습으로부터 점차 타율적인 개혁의 형태로 변질되어간 것이었지만 출발의 시점부터 이 두 측면이 공존하고 있었던 것이다.[30]

농민군의 입장에서 군국기무처를 중심으로 전개된 갑오개혁은 더욱 그 이중성이 복합적으로 이해되었을 것이다. 군국기무처의 개혁이 일부 농민군이 요구하던 내용을 담고 있었고 또 표면적으로는 대원군이 그 정점에 있었던 까닭에 긍정적인 기대를 갖게 하는 것이었다. 반면 일본 세력이 그 배후에 있어서 국왕을 위협하고 친일 정부를 만들었다는 사실은 농민군으로서 수용할 수 없는 일이었다. 농민

---

29) 신용하, 「1894년 갑오개혁의 사회사」 참조.
30) 유영익, 『갑오경장 연구』, 일조각, 1990.

군은 갑오개혁의 초기에는 일정한 기대를 갖고 지켜보는 상태였던 것으로 보인다. 지방의 수준에서도 집강소 개혁의 틀을 갖추는 데 많은 노력이 집중되었던 만큼 조정에서의 개혁이 실질적인 것이 되기를 기대하고 있었을 것이다.

폐정 개혁안은 초기부터 농민군의 의식 속에 자리잡고 있던 바들을 구체화하고 실천화하기 위한 것이었다. 전주화약이 과연 조정과 농민 간의 타협을 의미하는 것인가, 아니면 지방관 수준에서 미봉책으로 이루어진 타협의 수준인가는 좀더 많은 검토가 필요한 부분이다. 그렇지만 조정 내에서 교정청이 설치되고 농민군이 제기한 여러 폐정들을 개혁하려는 움직임이 전개되었던 것을 고려하면 또 갑오개혁의 내용 속에 농민군의 요구가 일정하게 반영되었다는 점을 생각하면 구조적으로 양자 사이에 타협이 가능했을 수도 있다. 농민측에서도 갑오개혁의 조치에 대하여 기대하고 있었다. 다만 명시적인 형태로 이루어진 약속이 아닌 한, 그것도 조정과 농민군간에 이루어진 것인 한, 국왕으로 대표되는 조정의 의지와 지향이 얼마만큼 농민군과의 타협을 책임 있게 지켜나가려 했는지가 중요한 변수일 것이었다.

집강소는 농민군이 군현 단위에서 폐정을 개혁하는 기구였다. 김학진이 면리 단위의 집강을 허락하였던 것을 농민군이 군현 단위의 집강으로 바꾸었기 때문에 단순한 자치 기구 이상의 행정적 집행력을 행사할 수 있었다. 집강소는 농민군이 원하던 각종 개혁의 내용들을 구체적으로 실현시키기 위한 행정적 기구이자 집행 기구이기도 했다. 이서층 및 재지 사족의 지배력이 강고한 군현에서는 집강소가 설치되기 어려웠거나 아니면 관과 협조하에 기능하는 수준이었을 터이지만 농민군의 세력이 강력한 곳에서는 집강소는 곧 농민 통치 조직과도 같은 힘을 행사하였던 것으로 보인다.[31] 전봉준과 관찰사는

---

31) 신용하, 『동학과 갑오농민전쟁 연구』, pp. 174~84.

관민상화의 방책을 논의하였고 농민군의 요구를 정치적으로 수용하려는 노력을 보여주었다.[32] 심지어 황현은 전봉준이 "김학진을 옆구리에 끼고 이를 기화로 하여 一道를 전제하였다"고 할 정도였다.[33]

집강소가 설치되던 기간중 농민군의 조직적인 힘을 더욱 강화한 것은 남원에서 우도를 관장하던 전봉준과 좌도를 관장하던 김개남이 함께 모여 대회를 연 것이었다. 이 남원대회는 6월 개최설과 7월 개최설이 대립되어 있지만 전주화약 이후 농민군의 세력을 강화하고 대내외에 드러냄과 아울러 내부적인 역량과 단합을 추구하려는 것이었다. 황현은 바로 이 남원대회에 수만 명이 운집하였고 이후 전봉준이 각읍에 도소를 설치하고 집강을 세워 수령의 일을 대신하게 하였고 도내의 군마와 전곡이 모두 이들 농민군의 소유가 되었다고 하고 이로써 이들이 난민에 그치지 않고 역모를 꾀한 자들이었음을 알게 되었다고 하였다.[34]

그러나 집강소 통치 기간 동안 농민군의 정치적 지향은 그다지 체계적이거나 조직적이지는 못하였다. 농민들 사이에 전곡을 토색하고 부당한 수탈을 자행하는 예가 나타났을 뿐 아니라 사사로운 원한을 갚는 예도 점차 늘어났다. 게다가 전봉준과 김개남·손화중 등 지도부 내부에서도 조직적·전략적 통일이 이루어지지 못하고 각기 다른 행동을 전개하였다. 다소 신중한 전봉준·손화중에 비해 김개남은 폭력적인 한풀이식 통치를 계속하였고 이것은 지방의 여러 층들로부터 농민군이 소외되는 결과를 가져왔다. 전봉준은 여러 읍을 돌면서 절제하고자 하였고 각 집강에게 통문을 보내 자신의 거사가 '위민제할(爲民除害)'하자는 것인데 부랑배들이 평민을 침학하고 있으니 이를 금단할 것을 요구하였다.[35] 그러나 억눌렸던 원한과 오랜 불만이

---

32) 「갑오약력」, 『동학란 기록』 상, p. 65.
33) 황현, 『오하기문』 제2필, p. 63.
34) 황현, 『오하기문』 제2필, p. 62.

터져나오는 상황을 조절하기는 어려웠고 "각 지방에는 거괴라고 하는 자가 있어서 배하를 통솔하지만 거괴들을 통솔하는 대거괴는 없다"는 일본의 보고에서 알 수 있듯이 농민군 전체가 조직적으로 통할되지 못한 채 분풀이식 개혁이 진행되었던 것이다.[36] 그 결과 집강소 전성기였던 7, 8월에는 오히려 무질서가 심화되었는데 정석모는 "7, 8월에 이르러 더욱 무법하게 되어 부호는 모두 이산하게 되었고 천민은 함께 모두 도량하였으며 비단 토재만 할 뿐 아니라 숙원을 갚으려고 해서 호남 일대가 혼돈의 세계가 되었다"고까지 말하였다.[37]

그러나 전반적으로 집강소는 농민군이 지향했던 여러 가지 개혁들을 군현 단위에서 실현시키는 역사적 의의를 지닌 것이었다. 지방 차원의 생활 영역 속에서 신분제가 타파되었고 횡포한 관리와 부호들이 징치되었으며 온갖 무명 잡세들이 혁파되었다.[38] 이 가운데서도 특히 천민층의 신분 해방 운동이 아래로부터 격렬하게 전개되었고 양반의 특권이 부정된 사실은 오랫동안 약화되어온 신분제를 제도적으로 철폐하게 되는 주된 계기가 되었다. 이들은 "노비와 사족의 주인이 모두 함께 도적을 따르는 경우에는 서로 접장이라 부르면서 그들의 법을 따랐고 백정·재인 등속의 무리도 모두 평민·사족과 평등하게 같이 예를 했"다.[39] 여기에는 동학의 종교적인 사상이 함께 작용하였음을 보게 되는데 백범 김구 역시 동학의 이 평등 사상에 매료되어 입도하였던 사실도 그 파급력을 잘 말해주는 것이다.[40]

---

35) 황현, 『오하기문』 제2필, p. 66.

36) 『주한 일본공사관 기록』 6책, p. 25. 분풀이식 개혁이란 표현은 고석규·서영희, 「농민전쟁의 전개 과정」 2, 한국역사연구회 주최 학술 심포지엄, 『1894년 농민전쟁의 역사적 성격』 발표문 참조.

37) 「갑오약력」, 『동학란 기록』 상, p. 65.

38) 신용하, 『동학과 갑오농민전쟁 연구』, pp. 215~28.

39) 황현, 『오하기문』 제1필, p. 107.

40) 김구, 『백범일지』, 서문문고, 1973, pp. 35~37.

집강소 시기에 농민군은 정부의 제도 개혁을 추동해내고 또 지방에서는 스스로 정치 세력으로 조직화되어 집강소 통치를 통해 폐정 개혁을 단행하는 활동을 전개하였다. 물론 국가 권력의 변혁을 추진하는 세력과 지방 사회에서의 폐정 개혁을 주도하던 농민군 사이에 실질적인 연결이나 합의가 뚜렷하지 않았고 일제의 무력 개입이 그 잠재적 가능성마저 약화시킨 까닭에 농민군의 활동이 사회 전체 차원에서 변혁을 제도화하는 힘으로 작용하는 데 뚜렷한 한계가 있었다. 또 농민군의 내적 조직화와 정치적인 이념이 뚜렷하게 정비되지 못한 채 내부적으로는 계급적인 분열이 심화되고 조직적인 통제가 약화됨으로써 체계적으로 폐정 개혁을 정착화시키는 데는 성공적이지 못하였다. 그러나 농민적 향권의 구현체로서, 부분적으로는 농민 통치의 역사적 경험으로서 집강소의 역사적 의의는 매우 큰 것이었다. 실질적으로도 급격한 빈농·천민 들의 활동으로 신분제는 철저하게 무너졌고 그것이 농민의 개인적 자율성과 독자성을 강화하는 데 큰 역할을 하였다. 집강소 시기의 농민 통치는 국가 권력에 의해 뒷받침되는 개혁의 제도화에는 실패했다고 볼 수 있지만 향촌 사회의 전통적 질서의 철저한 파괴와 농민군의 정치적 자의식을 깨우침으로써 이후 민중의 사회 의식과 정치 의식에 획기적인 영향을 남긴 것이었다.

6. 제2차 농민전쟁과 항일 의식의 성격

전주화약으로부터 제2차 농민전쟁이 일어나는 9월까지의 시기는 집강소 체제와 갑오개혁에의 기대로 농민군의 무력적 동원은 자제되던 때였다. 전봉준 등 지도부는 이 기간에도 농민군의 조직화와 세력 확대에 노력하였지만 실질적인 무력 충돌이나 전투 행위는 별로 없었다.

그러나 일본의 간섭이 점차 노골화하면서 일본은 반일적인 태도를 강하게 보이는 농민군에 대한 무력 진압을 결정하고 9월 18일 이를 개화파 정권에 통고하였다. 역시 농민군에 대하여 호의적이지 않았던 개화파 정권이 일제의 이 조치를 수락함으로써 일본군과 관군이 연합하여 농민군을 진압하게 되었다. 그 결과 구조적·상황적으로나마 연합의 가능성이 있었던 개화파 세력과 농민 세력이 적대적인 상태로 전환하게 되었다.

농민군의 재봉기는 항일을 전면적인 목표로 내세웠다. 일제의 간섭에 공통의 거부감을 갖고 있던 전국의 농민은 물론이고 일부 유생들과 지방관조차 이 명분에는 같은 태도를 보였고 따라서 폐정 개혁 및 신분제의 철폐 요구가 전면에 드러났던 1차 농민전쟁에 비해 훨씬 광범위한 동원이 가능했다. 일본에 대한 전통적인 거부감은 경복궁 쿠데타에 대한 분노와 쌀의 일본 유출로 가중된 농민의 불만과 결합하여 매우 강한 항일 전쟁의 주도층이 형성되었다. 항일의 명분은 동학 교단 내의 남·북접을 결합시켰다. 최시형은 전봉준·김개남 등이 주도하는 남접의 무력 행동에 적극적이지는 않았으나 일본군과 관군이 연합하여 동학 교도와 농민을 학살하는 상황에서 함께 항일 농민전쟁에 참여하지 않을 수 없었다. 제2차 농민전쟁은 "전라 일도의 인민만이 아니라 각도 인민이 초다(稍多)"하였던 만큼 농민군의 숫자는 크게 늘었다.

전봉준은 양호창의영수의 이름으로 10월 16일 논산에서 호서순찰사 박제순에게 편지를 보내어 일본이 무력으로 군부를 핍박하고 있는데 임진란의 역사를 회고할 때 천고에 잊을 수 없는 한이 아닐 수 없음을 지적하고 초야의 필부들이 죽음을 무릅쓰고 의로써 일어나지 않을 수 없었음을 말하였다.[41] 이 글 역시 형식상 전통적인 유교적 이

---

41) 「전봉준 상서」, 『동학란 기록』 하, p. 383.

넘 체계로부터 크게 벗어나지 않은 내용을 담고 있지만 외세의 침탈이 심해지는데 조정의 관리들이 농민군과 '동사이의(同死以義)' 해야 할 것을 강하게 피력하고 있다. 또 11월 12일 한글로 고시한 「고시경군여영병이교시민」에서 2차 봉기의 의도를 다음과 같이 말하였다.

일본과 조선이 개국 이후로 비록 인방이나 누대 적국이더니 〔……〕 금년 십월의 개화간당이 왜국을 처결하여 승야입경하야 군부를 핍박하고 국권을 천자하며 우황 방백수령이 다 개화중 소속으로 인민을 무휼하지 않고 살육을 좋아하며 생령을 도탄하매 이제 우리 동도가 의병을 들어 왜적을 소멸하고 개화를 제어하며 조정을 청평하고 사직을 안보할 새 〔……〕 기실은 조선끼리 상쟁하자 하는 바 아니어늘 여시 골육상전하니 어찌 애닯지 아니리오. 〔……〕 조선 사람끼리라도 도는 다르나 척왜와 척화는 기의가 일반이라 두어 자 글로 의혹을 풀어 알게 하노니 각기 돌려보고 충군우국지심이 있거든 곧 의리로 돌아오면 상의하야 같이 척왜척화하여 조선으로 왜국이 되지 않게 하고 동심합력하여 대사를 이루게 하올세라.[42]

이 글은 제2차 봉기에 참여한 농민군의 지향을 반일과 반개화로 설명하고 있다.[43] 내용상 갑오개혁이 추진하던 개혁의 조항들과 농민군이 요구했던 폐정 개혁의 조항들이 반드시 상치되는 것만은 아니었고 실제 농민군이 갑오개혁에 대한 기대를 갖고 있었음은 앞서 살펴본 바대로이다. 그에 비추어볼 때 11월의 시점에서 농민군은 당시의 개화를 실질적인 폐정 개혁으로 받아들이지 않고 일제의 농간으로

---

42) 「고시경군여영병이교시민」, 『동학란 기록』 하, pp. 379~80.
43) 척왜척화의 '화'를 중국(華)으로 보느냐 개화(化)로 보느냐 하는 것이 논란이 되기도 하지만 전체 내용으로 보아 일본이 주도하는 개화에 대한 강력한 저항을 표명하고 있는 것은 틀림이 없는 것 같다.

파악하게 되었음을 알 수 있다. 농민군의 폐정 개혁 지향이 없어졌을리 만무하고 또 농민군의 궁극적 요구가 자신들의 정치 경제적 성장을 지향하는 것이 분명한 이상 개화에 대한 이들의 저항은 결코 복고적인 위정척사적 내용으로 읽혀질 수 없다. 여전히 이 글 속에는 일제의 침략에 협조하고 있는 방백수령을 의병으로서 일어난 동도가 소멸하고 조정을 형평하겠다는 강력한 혁명적 의지가 담겨 있다. 표현상 개화당이 공격의 대상으로 설정되어 있지만 이 속에는 낡은 전통 국가의 틀 속에서 특권을 유지하려는 보수 지배 세력에 대한 비판도 내포되어 있다고 생각된다. 더구나 이 시점에서는 앞서 대원군에기대해보려던 태도가 없어졌고 새로운 권력 구조에 대한 지향이 나타나기 시작하였던 것으로 보인다. 대원군은 이 시점에서 농민군과의 연결을 추진하였지만 전봉준은 응하지 않았다. 전봉준은 후일 대원군과 같은 한 사람의 세력가에게 국사를 맡기는 것은 폐해가 있으므로 "몇 사람 주석(柱石)의 사(士)"를 내세워 합의법에 의해 정치를 담당하게 할 생각이었다고 진술한 바 있다.[44)]

또한 이 글은 조선 사람끼리의 도가 다르다는 것을 인정하면서도 척왜와 척화를 바탕으로 한 우국지심은 동일하다고 강조하였다. 여기서 도가 다르다는 것은 전통적인 유교 지식인과 양반 관료의 위정척사 사상을 염두에 둔 것으로 보이지만 주체적인 개화 사상가가 배제되는 것은 아니었을 것이다. 조선을 왜국으로 만들려는 일제의 침략이 거센 시점에서 조선끼리 도가 다르다는 것을 이유로 골육상쟁하는 것은 가장 비참한 일이라고 주장한 데서 보듯 개화 사상 자체에 대한 부정이라기보다 일제의 침략에 편승한 비주체적인 친일성에 대한 부정이었던 것이다. 척사든 개화든 국가를 위한 주체적인 노력인한 그 우국지심은 같을 것이라는 기대이기도 했고 더 큰 국가적 대사

---

44) 동경 조일신문, 1895년 3월 6일; 강창일, 「전봉준 회견기 및 취조 기록」, 『사회와 사상』 창간호, p. 263.

앞에서 관과 농민군이 연합하여야 함을 강조한 것이기도 했다. 이 점에서는 전주화약을 추구할 때의 지향과 크게 다를 바 없는 것이었다.

그러나 현실적으로 이 고시문이 발표된 시점은 농민군이 관군과 일본군의 연합 세력에 의해 공주 우금치 전투에서 무참히 무너지고 패퇴하기 시작한 시기였다. 일본군은 농민군을 철저하게 섬멸하려 하였고 갑오개혁 정부도 이 조치에 함께 참여하였다. 친일 개화파 정부는 일본의 압력이 일차적인 요인으로 작용하였을 터이지만 여전히 신분적 한계, 사상적 한계를 벗어나지 못하였고 전민족적 역량으로 농민군의 힘을 동원할 생각을 갖지 못하였다. 뿐만 아니라 지방에서도 사족 및 이서층은 스스로 민보군, 또는 수성군의 이름으로 관군과 함께 농민군을 억압하고 이에 적대하는 운동을 적극 전개하였다. 조직화되지 못하고 근대적 화력도 갖추지 못한 농민군이 이러한 조건 속에서 일본 세력을 물리치고 조정의 혁신을 가져오기란 거의 불가능한 일이었다. 공주 우금치 전투 이후 농민군은 계속 패퇴할 수밖에 없었고 농민군이 주도할 수 있는 힘을 회복하지 못하였다.

농민군의 항일 의식의 성격과 내용은 무엇이었을까? 이 점은 1년에 걸쳐 진행된 동학농민전쟁의 최종적 성격을 규명하는 데 있어서, 또 이 전쟁을 주도한 농민군의 역사적 지향을 밝혀내는 데 있어서 매우 중요한 것이다. 농민군에게서 나타난 이 항일 의식은 근왕적 사고를 매개로 하고 있지만 본질적으로 근대 민족으로서의 자기 인식으로 이해할 수 있다. 고부 봉기 단계에서도 경사로 직향하여 권귀를 구축하겠다는 정도의 의식을 가졌던 전봉준 등의 지도부가 일 년여의 농민전쟁을 치르면서 전통적인 근왕주의에 갇혀 있었으리라 보는 것은 어렵기 때문이다.[45] 더구나 신분제의 철저한 철폐를 지향했던

---

45) 고석규는 전봉준의 정치 의식이 여전히 유교적 국가 의식이나 근왕주의의 굴레에 갇혀 있다고 주장하였다. 이러한 한계가 없는 것은 아니지만 위정척사적 근왕주의와는 명백히 구분되는, 도는 다르나 관민이 모두 함께 조정을 혁신할 수 있다는

농민적인 혁신성과 모든 인간의 평등성을 강조한 동학 사상의 잠재적 변혁성이 신분제를 전제한 위정척사적 국가 의식이나 백성 의식을 탈각하지 못했을 리가 없는 것이다. 조선 사람끼리 도는 비록 다르나 충군우국지심은 매한가지라는 주장은 그 개념 구사에서의 유교적 성격을 감안하더라도 매우 근대적인 민족 의식의 특성을 나타내는 것이다. 전봉준은 일본군 남소사랑(南小四郞)의 취조 과정에서도 속국이 아닌 독립국의 추구가 주된 목적이었다고 밝혔다.[46] 역사적으로도 근대적 민족주의가 반드시 국왕에 대한 상징적 의미까지 폐기하였던 것은 아니었음을 고려한다면 전봉준 등 농민군 지도부의 의식은 분명한 근대적 민족 의식이었다고 해도 좋을 것이다.

　다만 이러한 민족 의식이 전체 사회의 모든 층에 보편적인 원리로 수용되었다고 보기에는 한계가 있었다. 동학농민전쟁의 전과정을 통해 농민군과 지배층간에는 상황적인 결합의 가능성과 실질적인 협조의 사례들이 있었음에도 불구하고 외세에 대항하는 민족 공동체로서의 강력한 정치적 결집을 이루어내지 못하였다. 여기에는 일본의 무력적 침탈과 지배층의 친일화가 큰 변수로 작용하였고 향촌 수준에서 여전히 잔존하였던 신분적·근왕적 의식들도 무시할 수 없는 조건이었다. 그럼에도 불구하고 동학농민전쟁은 농민을 중심으로 지배층과 피지배층을 망라하여 대내적인 권력의 주체로서, 또 대외적으로 독자적인 정치 공동체의 구성원으로서의 자기 인식을 뚜렷이 강화시켰음은 분명하다.

수준의 정치 의식이 뚜렷하였음을 또한 부정할 수는 없다고 여겨진다. 고석규, 앞의 글.

46) 「전봉준 회견기 및 취조 기록」, 『사회와 사상』 창간호, p. 259.

7. 맺음말

1894년 동학농민전쟁은 조선 후기 이래 전통 국가의 구조적인 수탈상과 모순에 분노하던 농민들이 일본의 침탈로 인한 국가적 위기 의식을 느끼면서 동학 교문의 조직 역량을 빌려 대규모 사회 변혁을 추구하였던 사건이었다. 이것은 몇 년에 걸쳐 여러 형태로 전개된 긴 과정이었고 각 단계마다 구체적으로 제기된 문제나 대응 양상도 달랐다. 그러나 전체적으로 볼 때 신분적 원리를 넘어선 보편적 민족 구성원을 주체로 하는 근대 국가 체제의 수립을 지향한 변혁 운동이었다.

1892년부터 동학 교도들을 중심으로 전개된 교조 신원 운동은 참가 주체나 내세워진 기치 모두가 종교적인 틀에 한정되어 있었지만 그 속에는 농민적인 개혁의 요구가 담겨져 있었고 점차 탐관오리에 대한 민중적 저항의 의미를 포용하기에 이르렀다. 또 정부의 거듭된 거부에도 불구하고 끈질기게 농민들을 조직적으로 동원함으로써 농민의 정치적 의식의 성장에 큰 영향을 미쳤다. 보은 취회에 이르러서는 종교적인 내용을 넘어서서 척왜양창의라는 정치적인 목표가 전면에 드러났고, 동학 교문의 지도부와는 독자적으로 보다 현실적인 문제 의식을 지녔던 남접 중심의 금구 취회에서는 정치적인 의식과 저항성이 매우 뚜렷하게 나타났다.

1894년초의 고부 봉기는 고부 일원에 한정된 일종의 민란에 불과했으나 이를 주도한 전봉준 등 지도부의 조직력과 의식의 성장, 그리고 사회 구조적 모순에 대한 농민 전체의 호응, 남접 동학 교문 지도부의 결속력 등에 의해 본격적인 농민전쟁으로 연결되는 도화선이 되었다. 고부 봉기는 여느 민란보다도 뚜렷한 지도부와 동원 체계가 갖추어져 있었고 이는 동학 교문 조직에만 의존했던 교조 신원 운동

단계로부터 일정한 발전이 있었음을 말해준다.

무장에서 기포함으로써 시작된 농민전쟁은 이후 세 단계를 거쳤다고 볼 수 있다. 전주화약과 집강소 체제기까지의 제1차 농민전쟁, 집강소 체제기, 그리고 제2차 농민전쟁기가 그것이었다. 역사상 언제나 피지배층에 속하여 신분적·경제적·정치적 억압을 받아오던 자들이 군기를 들고 보국안민을 내세우며 지배층의 관리들을 징치하고 공격하는 상황은 매우 새로운 것이었다. 농민군의 의식과 정치적인 지향은 실제 전투를 거듭하면서, 또 스스로 조직된 농민군으로 활동하는 가운데 더욱 심화되었을 것이다. 이들의 진전된 의식은 막연한 보국안민이나 미시적인 불만의 표출이 아닌, 보다 근본적인 국가 권력의 문제, 체제 개혁의 문제에까지 발전해갈 것이었다. 농민군의 현실 파악의 차원이 군현 차원을 넘어서 전국·국가에까지 넓혀지고 있었던 것이다.

청일 양국의 군대가 진주한 국가적 위기로 인해 관군과 화약을 맺고 집강소 체제하에서의 폐정 개혁에 몰두하였던 농민군은 호남 일원에서 매우 적극적인 사회 개혁을 단행하였다. 집강소 시기에 농민군은 정부의 제도 개혁을 추동해내고 또 지방에서는 스스로 정치 세력으로 조직화되어 집강소 통치를 통해 폐정 개혁을 단행하는 활동을 전개하였다. 물론 국가 권력의 변혁을 추진하는 세력과 지방 사회에서의 폐정 개혁을 주도하던 농민군 사이에 실질적인 연결이나 합의가 뚜렷하지 않았고 일제의 무력 개입이 그 잠재적 가능성마저 약화시킨 까닭에 농민군의 활동이 사회 전체 차원에서 변혁을 제도화하는 힘으로 작용하는 데 뚜렷한 한계가 있었다. 또 농민군의 내적 조직화와 정치적인 이념이 뚜렷하게 정비되지 못한 채 내부적으로는 계급적인 분열이 심화되고 조직적인 통제가 약화됨으로써 체계적으로 폐정 개혁을 정착화시키는 데는 성공적이지 못하였다. 그러나 농민적 향권의 구현체로서, 부분적으로는 농민 통치의 역사적 경험으로서 집강소의 역사적 의의는 매우 큰 것이었다. 실질적으로도 급격한 빈농·천민 들의 활동으로 신분제는 철저하게 무너졌고 그것이 농민의 개인적 자율성과 독자성을 강화하는 데 큰 역할을 하였다. 집강소 시기의 농민 통치는 국가 권력에 의해 뒷받침되는 개혁의 제도화에는 실패했다고 볼 수 있지만 향촌 사회의 전통적 질서의 철저한 파괴와 농민군의 정치적 자의식을 깨우침으로써 이후 민중의 사회의식과 정치 의식에 획기적인 영향을 남긴 것이었다.

일제의 침략 의도가 뚜렷해지고 갑오개혁에 대한 기대가 허물어지면서 농민군은 항일을 내세운 제2차 농민전쟁을 일으켰다. 일제의 간섭에 공통의 거부감을 갖고 있던 전국의 농민은 물론이고 일부 유생들과 지방관조차 거부할 수 없었던 항일의 명분 때문에 폐정 개혁 및 신분제의 철폐 요구가 전면에 드러났던 1차 농민전쟁에 비해 훨씬 광범위한 동원이 가능했다. 일본에 대한 전통적인 거부감은 경복궁 쿠데타에 대한 분노와 쌀의 일본 유출로 가중된 농민의 불만과 결합하여 매우 강한 항일 전쟁의 주도층이 형성되었다. 1차 농민전쟁기에 소극적이었던 최시형도 일본군과 관군이 연합하여 동학 교도와 농민을 학살하는 상황에서 함께 항일 농민전쟁에 참여하지 않을 수 없었다.

동학농민전쟁을 거치면서 농민군 지도부가 형성하게 되었던 항일의식은 근왕적 사고를 매개로 하고 있지만 본질적으로 근대 민족으로서의 자기 인식으로 이해할 수 있는 것이었다. 조선 사람끼리 도는 비록 다르나 충군우국지심은 매한가지라는 주장은 그 개념 구사에서의 유교적 성격을 감안하더라도 매우 근대적인 민족 의식의 특성을 나타내는 것이다. 다만 이러한 민족 의식이 전체 사회의 모든 층에 보편적인 원리로 수용되지는 못하였다. 전민족적 결집을 불가능하게 만든 일본의 정치적·군사적 침략과 함께 농민군과 지배층간에 여전히 남아 있던 의식의 격차도 하나의 요인이었다. 그럼에도 불구하고 동학농민전쟁은 한국의 농민으로 하여금 독자적이고 자율적인 권력의 주체로서, 역사적인 변혁의 주도 세력으로서 또 독자적인 민족 공동체의 일원으로서의 자기 인식을 뚜렷이 강화시켰다. 한국 농민의 근대 민족으로의 성장은 동학농민전쟁의 부분적 성공과 좌절의 과정 속에서 현저하게 이루어졌던 것이다.

제7장
민족과 농민
—의병 운동의 분석

"국가가 있은 연후에 君이 있고 군이 있은 뒤에
민이 있다. 稅가 있음은 자연의 정수이다. 현금 왜
노는 我國 500년래의 근기를 문란하여 〔……〕 거
의 국가는 있으되 그 실은 없는 것과 같다. 君上에
正稅를 봉납함은 곧 유래 국민의 의무이다. 어찌
왜노에 終歲勞動의 實을 보낼 리가 있는가.
〔……〕 나라를 다스려야 법을 펴고 세를 부하시킴
은 정리이며 위법이 아니다. 自今 正稅를 납입하여
서 왜노의 몸을 살찌게 하는 자는 이는 곧 적에게
양식을 가져다주어 寇兵에 資하는 자이다. 고로 주
는 것도 받는 것도 다 같이 참형에 처한다."
—1908년 영광 등지에 살포된
「호남의소」 명의의 의병 격문

1. 머리말

근대 민족은 한 정치 공동체에 속한 성원들이 대내적으로는 주권
자로서의 자기 인식을 갖고 대외적으로는 독립 국가의 집합적 정체

성을 뚜렷이할 때 형성된다. 근대 민족의 기본 속성인 정치적 자결과 자율의 원리는 정치 공동체의 대외적 독립의 확보 없이 불가능하다. 또한 근대 국가는 독자적인 정치적 주체로서의 자기 의식을 지닌 구성원이 없이는 형성될 수 없다. 따라서 근대 민족의 성장과 근대 국가의 형성은 동전의 앞뒷면처럼 밀접히 연결되어 있는 현상이었다.

일제의 침략에 대응하여 전개된 의병 운동은 민중들이 자발적으로 벌인 국권 수호 운동으로서 일제의 침략이 무력적·군사적 형태를 띤 데 대응하여 무력적인 저항의 형태로 나타난 운동이었다. 의병의 조직적 구성이 매우 다양하였고 그 운동의 형태도 동일하지 않았지만 결속의 계기는 외부 세력의 침략으로부터 자신이 속한 정치 공동체의 존립을 지키겠다는 대중적 민족 의식의 성장이었다. 이러한 민족 의식은 오랜 정치적·문화적 공동체의 역사 속에서 유지되고 여러 차례의 전란을 겪으면서 대중적인 의식의 바탕에 강고하게 형성되어 있던 집합적인 자기 정체성에 근거한 것이면서 개항 후의 대내외적 상황 속에서 보다 근대적인 성격을 띠게 된 것이었다.

의병 운동은 1895년 단발령의 시행과 을미사변으로 촉발된 민중적 울분과 저항이 조직화되면서 나타났는데[1] 초기의 의병은 주로 유교적 가치관에 철저한 유림들이 주도하였고 운동의 형태도 단발의 반대, 민비 시해에 대한 항거라는 위정척사적 사상을 근거로 한 것이었다. 초기 의병 운동은 이러한 사상적 한계 때문에 민중적인 힘을 확대시키지 못하고 약화되었으나 러일전쟁 이후 일제의 침략이 보다 노골화됨에 따라 새로이, 또 훨씬 광범위한 범위로 확대되었다. 1904년 경기도 지방에서의 봉기를 시작으로 1905년 강원도의 원용팔의

---

1) 의병에 관한 기존의 여러 논저 가운데 의병 운동의 전과정과 그 성격에 관한 종합적인 검토를 하고 있는 것으로는 金義煥, 「의병 운동」, 『한국 근대 민족 운동사』, 돌베개, 1980: 강재언, 「반일 의병 운동의 역사적 전개」, 『한국 근대사 연구』, 한밭, 1982를 들 수 있다.

봉기, 태인에서의 최익현의 봉기 등 전국적인 무장 봉기가 일어나게 되었고 1907년 한국 군대가 해산되는 것을 계기로 의병 운동은 양적으로나 질적으로 더욱 강화되었다. 초기 의병에 비하여 평민의 활약이 더욱 두드러졌고 의병의 조직력과 전투력도 훨씬 강화되었다.[2] 그리하여 1907년 12월에는 이인영을 중심으로 13도창의대진소가 설치되어 의병 연합군으로서 서울을 진공하려는 계획까지 수립, 실천하는 단계에까지 성장하였다.[3]

　의병 운동은 일본의 제국주의적 침략에 저항하는 반제 민족 운동이었다. 동시에 이 운동은 대내적으로 개항 이후 진전된 사회적 변동에 대한 저항이라는 성격을 같이 지닌 것이었다. 개항 이후 시장 경제가 확산되고 일본과의 예속적인 무역 구조가 심화되면서 농민 사회의 내적 구조가 급격하게 파괴되었는데 의병 운동은 바로 이러한 상황에 대한 집단적 저항이기도 했던 것이다. 대한제국 정부가 일본의 강압에 못 이겨 타율적으로 시행하고 있던 조치들은 의병들이 저항하고자 했던 대내외적 요인의 밀접한 연관성을 상징적으로 나타내는 것이었다. 따라서 이 운동은 유림의 '위정척사'적인 지향과 함께 부분적으로는 농민층의 '반시장적'인 성격도 지니고 있었고 또 다른 한편으로 '반근대적' 성격도 내포한 것이었다. 결국 의병 운동의 복합적인 성격이 밝혀지려면 농민층의 구체적인 모습이 드러나야 하고 그들이 처해 있는 사회적 상황의 종합적인 이해가 선행되어야 한다.

---

2) 이러한 의병 운동의 전개 과정을 기존 연구자들은 대체로 4단계로 나누어 설명해 왔다. 즉 강재언 교수는 초기 단계(1895. 10~1896. 5), 재기의 단계(1905. 4~1907. 7), 전환의 단계(1907. 8~1909. 10), 퇴조와 전환의 단계(1909. 10~1914)로 나누고 있다(강재언, 앞의 글 참조). 김의환 교수의 구분 방식도 대체로 비슷하다. 그러나 최근 신용하 교수는 1904년 7, 8월부터 1905년 5월 원용팔의 봉기까지를 새롭게 단계 설정하여 이 시기를 재봉기의 시기로, 1905. 5~1907. 7까지의 시기를 확대기의 단계로 나누어 총 5단계 구분을 제안하고 있다.

3) 신용하, 「전국 '十三道倡義大陣所'의 연합 의병 운동」, 『한국 독립 운동사 연구』 제1집, 한국독립운동사연구소, 1987, pp. 1~45.

이를 위해서는 우선 농민 운동과 의병 운동과의 연관성에 대한 검토가 좀더 적극적으로 이루어질 필요가 있다. 의병 운동은 초기에 강하게 나타나던 위정척사적 지향과 일제 침략에 대한 저항적 성격으로 인해 농민층의 실질적인 관심사와 문제 의식이 매우 깊숙하게 결합되어 있는 운동이었음이 잘 이해되지 않은 듯하다. 실제로 의병 운동에는 위정척사론, 반제 투쟁론적인 저항 못지않게 농민층의 생활상의 문제가 결부되어 나타나는 농민 운동적 성격이 담겨 있다. 이것은 의병 운동의 민족 운동적 성격을 부인하는 것이 아니라 민족 운동의 실질적 기반으로서 농민층과 농민 운동적 성격이 보다 정확하게 밝혀져야 한다는 것을 의미한다.

따라서 농민의 구체적인 생활상의 급격한 변화가 의병 운동 연구에 포함될 필요가 있다. 의병 운동과 관련하여 일제의 침략은 주로 군사적·무력적 침략의 측면에서 논의되고 따라서 의병 운동은 곧 이러한 무력적 침략에 대한 무력적 대응이라는 방식으로만 이해되는 경향이 있으나 일제의 침략 과정은 경제적인 침탈과 더불어 근대적인 행정적 통제 기구를 통한 전민중의 장악 과정과 결합되어 있는 것이며 일본인들의 정치 경제적 진출 과정과도 맞물려 있는 것이다. 또한 일제의 침략을 추진하는 세력은 반드시 일본인만은 아니었고 일부일망정 한국인도 그 과정에 개입되어 있었다.

또한 이 부분을 정확히 드러냄으로써 우리는 초기의 을미의병과 후기 의병간의 연결과 변화를 보다 충실하게 설명할 수 있을 것이다. 1895년 단발령에 촉발된 초기의 유림 중심의 반일 의병 운동이 소멸된 이후 1905년 의병 운동이 재기할 때까지의 시기는 반일 투쟁의 공백기였다기보다는 오히려 초기 의병의 사상적 한계에 불만을 품은 농민층 중심의 의병 잔존 세력들이 소규모의 게릴라적인 방식으로 일제에 저항하던 시기였다. 이 시기는 '동비여당' 또는 '화적잔당' '영학당' '활빈당' 등의 이름으로 지방의 구체적이고 사회 경제적인 문제가 제기되고 특히 일제의 경제적 침탈에 대항하는 지방 민중의 반제 투쟁이 이루어진 시기이기도 하다. 이러한 농민의 사회 경제적 투쟁이야말로 의병 운동의 초기와 후기를 연결시켜주는 고리이며 민족으로서의 농민을 부각시켜주는 내용이다. 강재언 교수가 언급한 "의병과 민중의 불가분한 결합과 그것을 토대로 한 의병 활동의 생활력"이 바로 이를 뜻하는 것이라 할 것이다.[4]

2. 사회 경제적 변동과 농민 사회의 위기

I. 시장 경제의 확대

1876년의 개항은 한국 사회가 자본주의 세계 경제에 편입되게 되는 계기가 되었다. 이후 한국 사회에는 자본주의적 상품의 유통과 농산물의 상품화가 촉진되었고 그 결과 농민들의 전통적인 생활 양식에 커다란 변화가 일어났다.[5] 개항 이전이라고 농민들의 생활이 정태적이고 고립적이었던 것은 아니었지만 개항 이후 변화의 속도가 매우 빨라졌고 변화의 추동력 역시 외부로부터 충격적으로 주어졌다. 개항장은 급속한 변화를 추동하는 거점이 되었고 여기에 기반한 외국 상인들의 영향력이 전사회에 확대되었다.

농산물의 상품화를 주도한 품목은 쌀과 면화였다. 한국의 개항장을 점차 지배하게 된 일본 자본주의가 이들 상품을 원하였기 때문이었다. 쌀과 면화는 전통적으로 한국인의 생존에 절대적인 생활 필수품이었고 또 농민들의 자급적 영농의 기반이었다. 특히 쌀은 전통 국가가 농민들로부터 거두어들이는 조세의 주된 품목이었다. 사회적인

---

4) 강재언, 앞의 글, p. 309.

5) 박명규, 「식민지 지주제의 형성 배경」, 『한국 근대농촌사회와 일본제국주의』, 한국 사회사연구회 논문집 제2집, 문학과지성사, 1986, pp. 11~56.

필요분을 충당하고도 남을 정도의 안정된 생산력 수준을 갖추지 못하였던 당시로서 쌀의 생산과 분배는 사회의 모든 집단들이 깊이 관련될 수밖에 없는 일이었다. 쌀은 전통 국가의 권력, 일본 자본주의, 그리고 농민이 자신의 이익과 권한을 극대화하기 위한 대립과 갈등의 가장 중요한 매개물이었다.

1894년 동학농민전쟁이 관군과 일본군이 연합한 무력에 의해 좌절된 것은 농민층이 이들 두 세력에 의해 패퇴한 것을 의미했다. 또 1905년 을사조약과 통감부의 설치는 전통 국가의 권력이 일본 제국주의의 힘 앞에 굴복하고 만 것이었다. 그 결과 일본인은 통감부의 권력적 비호를 배경으로 한국의 각 지역으로 깊이 진출하기 시작하였고 '토지가옥증명규칙' 등의 임시 조치를 통한 불법적 토지 점탈도 심화되었다. 일본인 상인들의 활동도 매우 활발하여 "상업 무역에 이르러서도 역시 거류지를 유일의 성곽으로 삼아 지방에서 모여드는 한인만을 상대하는 거래의 시대를 지나 관계 각 지방의 일본인과의 밀접한 관계를 맺고 상업 · 무역 · 경제 · 금융 등의 모든 관계가 점차 범위를 확대함과 동시에 복잡해져가"고 있었다.[6]

갑오개혁 이후 조세의 부과와 징수는 점차 근대적인 형태로 변화되었고 그에 따라 쌀의 분배를 둘러싼 갈등은 시장을 통해 표출되었다. 개항장을 중심으로 한 시장의 확대는 쌀을 일본으로 유출시키는 핵심적인 통로였고 일본 상인들의 경제적 이익이 실현되는 주요한 장이었다. 쌀을 주요한 상품으로 하는 시장, 그것도 외국으로 대부분이 유출되는 개항장의 유통 구조는 분명 농민 사회의 오랜 사회적 관행과 규범과는 거리가 먼 것이었다. 쌀이 곧 생명이었던 시대에 그것을 자신의 영리를 위해 외국으로 판매하는 행위는 농민층에게는 매우 부당한 것이었는데[7] 미곡을 유출시키는 주체가 지주와 일본 상인

---

6) 목포지편찬회, 『목포지』, 1941, p. 44.
7) 농민 사회가 지니고 있던 정의 *justice*의 원칙이나 경제 행위에 있어서의 윤리성

이라는 점에서 개항장의 시장 상황에 대한 거부감이 일본에 대한 저항감으로 연결될 소지가 매우 높았다. 뿐만 아니라, 위정척사론의 대표론자인 이항로가 교역의 예속성을 지적했던 것에서 알 수 있듯이 농민의 불만은 유림의 위정척사적 의식과도 연결될 수 있는 것이었고[8] 방곡령을 내리고 일제와 대립하였던 지방관의 목민관적 지향과도 연결될 수 있는 것이었다.[9] 일본으로의 쌀 유출을 기본적인 특성으로 하는 개항장 중심의 시장 상황은 농민 사회의 구조를 해체시켜 위기에 처하게 했을 뿐 아니라 농민의 동의를 얻어낼 최소한의 사회적 정당성도 갖추지 못한 것이었다.

시장의 확대, 특히 쌀의 유출을 주도하는 개항장 중심의 시장 구조가 확대되면서 경제적으로 몰락하거나 궁핍해진 농민들이 급속히 늘어났다. 이들은 소작농의 지위로 전락하거나 일부는 아예 토지에서 방출되어 떠돌기 시작하였다. 이들 가운데 일부는 일종의 '비도(匪徒),' 즉 소규모 무리를 이루어 사회적 변화에 저항하였다. 1900년을 전후한 시기, 즉 유림층의 의병 운동이 거의 사라진 후에도 곳곳에서 산발적인 투쟁을 계속하던 '화적' '활빈당' '동비' '영학당' '서학당' 등이 주로 이러한 층으로 구성되어 있었다.[10] 1897년 10월의 기

---

*moral economy*이 제국주의 침탈 과정에서 어떻게 파괴되는지에 대한 논의로서는 J. C. Scott, *The Moral Economy of the Peasant*, Yale University Press, 1976 참조.

8) 李恒老, 『華西集』第三: 강재언, 「이항로의 위정척사 사상」, 『한국 근대사 연구』, p. 75에서 재인용.

9) 예컨대 1897년 전남 지방에 방곡령을 내렸던 관찰사 尹雄烈은 각 군수에게 보낸 甘結에서 미곡의 상거래로 이익을 꾀하는 자들 때문에 窮蔀殘民이 기아에 허덕임을 지적하고 그들 미곡상을 '牟利之手'라고 비난하고 있다. 이러한 사고는 물론 봉건적인 지배층의 牧民 사상에 터한 것이지만 일제의 경제 침탈이 강화되어가는 상황에서 농민층의 생활상의 위기를 잘 대변해주는 것이기도 하다. 吉野誠, 「李朝期における米穀輸出の展開と防穀令」, 『朝鮮史研究會論文集』, 第20輯, p. 109에서 재인용.

10) 물론 이들 집단이 모두 반일 의병 운동의 범주 안에 동질적으로 포함될 수 있을지는 의문이다. 이들 가운데는 글자 그대로 도적의 성격을 띤 집단도 있었고 그래서

록에는 "고부·홍주 등지의 동학 잔당이 서학에 들어가 작폐가 많고 영·호남 사이에 화적이 빈번하여 교통이 단절"되었다는 보고가 있었고[11] 1899년 3월에는 홍덕·고부 등지에서 영학당이라 칭하는 일단의 농민들이 난을 일으키고 있었다.[12] 이들이 난을 일으킨 원인은 "각 군수들이 이익을 얻기 위해 농민으로부터 관력으로서 곡가를 염가에 매상하고 그것을 외국인에게 고가로 팔고" 있는 것에 대한 농민들의 저항이었다고 한다.[13] 이 보고는 한말의 농산물 상품화 경향 속에서 지방 관리들의 이익 추구적 행위와 그에 대한 농민층의 분노를 상징적으로 보여주고 있다.

1900년대부터 나타나는 활빈당의 활동도 바로 이와 연관하여 이해될 수 있다. 1900년 8월에 "전주부하 30리 이외 지역에 소위 활빈당이 창궐"한다는 보고가 있고[14] 9월에는 정읍에서 활빈당의 우두머리인 정치조 등이 처형되었는데 이들이 거느린 활빈당의 수가 40여 명이나 되었다.[15] 이들은 주로 경상·전라 양도를 중심으로 '부민지재(富民之財)'를 몰수하여 '산시빈민(散施貧民)'한다는 명분을 내세우

의병 집단의 공격을 받는 경우조차 있었다. 이들의 집단적 성격은 홉스봄이 말한 바와 같이 농민 사회의 생활 양식이 급격히 해체되고 파괴되는 시점에서 나타나는 다양한 하층 농민들의 반발에 일차적으로 규정되고 있다고 볼 수 있다. 이들이 의병의 성격을 띠거나 의병 세력과 결합하는 것은 제3세계 일반에서 보여지는 하층 농민들의 반발과 반제 민족 운동이 결합되는 것으로 이해될 수 있다. 한편 박찬승은 활빈당을 구성하는 세력은 동학 농민 전쟁의 주요 세력이었던 농민층과는 다소 다른, "주로 행상, 무직자, ¥pro화한 빈농, 초보적 노동자 걸인 등"이었다고 보았다. 그는 활빈당의 성격이 기본적으로 '反封建' 투쟁이었고 이것이 후에 의병 활동으로 흡수되어 '反侵略'적 성격으로 발전적 변신을 하게 된다고 설명하고 있다. 박찬승, 「活貧黨의 활동과 그 성격」, 『한국학보』 제35집, pp. 107~54.

11) 강재언, 앞의 글, p. 242에서 재인용.
12) 황성신문, 1899년 3월 27일.
13) 吉野誠, 앞의 글, p. 111에서 재인용.
14) 황성신문, 1900년 8월 21일.
15) 황성신문, 1900년 9월 10일.

고 있었다. 이들이 내세웠던 '국정과 민원의 13조목'에는 대체로 다음과 같은 것이 들어 있다.[16]

1) 근래 외국에 곡류를 수출하는 일이 많다. 따라서 곡가가 오르고 가난한 백성이 餓死하는 일이 빈번하다. 급히 방곡을 실시하고 구민법을 채택할 것.

2) 시장에 외국 상인이 나오는 것을 엄금할 것. 〔……〕外商을 엄금하고 구민의 법을 만들어 시장에서 외상 및 외국인의 곡식을 파는 것을 금지시켜 스스로 떠나도록 본보기를 보여 국가의 이익과 민중의 영리를 외상으로 장악시키지 않도록 한다.

3) 행상자에게 징세하는 폐를 고치고 민간에게 징세한 것을 모두 반환하고 즉시 8도에 있는 방임을 파면하여 폐해를 제거할 것.

4) 금광의 채굴을 금할 것.

5) 私田을 금할 것. 사전을 파하여 균전으로 하고 구민의 법을 채택할 것.

6) 만민의 희망을 받아들여 일정하게 곡가를 낮추는 법을 만들어 구민의 방법을 세울 것.

7) 외국에 철도의 부설을 허락하지 말 것.

이들 활빈당의 주된 주장을 보면 유림들의 의병 운동에서 볼 수 없는 강한 경제적 관심을 보게 된다. 이들의 요구는 무엇보다도 미곡 수출의 금지, 미가의 안정, 농지를 파괴하는 금광 및 철도 부설의 금지, 외국 상인의 상권 확대 반대, 그리고 지주제의 철폐 및 가혹한 세금의 폐지 등 모두가 경제적 침탈에 대한 저항의 성격을 강하게 노정하고 있는 것이다.[17] 이러한 활동이 초기 의병과 후기 의병 사이를 연

---

16) 강재언, 「활빈당 투쟁과 그 사상」, 『근대 조선의 민중 운동』, 풀빛, 1982, pp. 255~59 참조.

결시켜주었던 것이다.[18]

II. 권력적 통제의 강화

개항 이전까지 농민이 겪는 가장 큰 문제의 하나는 각종 조세의 과중한 부담과 이에 결부된 관의 수탈이었다. 조세의 부과와 징수는 전통 국가의 측면에서 보면 정당한 권력의 행사였지만 농민층으로 보면 권력을 배경으로 하는 수탈에 불과한 것이었다. 조세 징수권을 행사하는 권력의 정당성이 사회 구성원의 합의에 바탕을 둔 것이 아니라 소위 '왕토 사상'에 근거한 중세적인 이데올로기에 있었던 것이었던 만큼 사회 전반의 정치적 의식이 발전함에 따라 권력의 수탈적 성격이 좀더 뚜렷해지는 것은 자연스러운 현상이었다. 게다가 지방 관리들이 권력을 자의적으로 행사함으로써 조세의 수탈성은 더욱 뚜렷하게 인식되었던 것이다.

개항 후에는 상황이 크게 달라졌는데 전통 국가와 농민, 그리고 일제의 간섭이 각기 자신의 이익을 극대화하려고 대립하게 되었다. 한말에 수차례 등장하였던 방곡령은 쌀의 정당한 유통을 둘러싸고 벌어진 전통 국가와 농민, 그리고 일본 제국주의간의 싸움이었다.

일제는 전통 국가의 권력을 자신의 통제하에 두기 위한 지속적인

---

17) 에릭 홉스봄 Eric Hobsbawm은 역사상 어느 특정한 시기에 농민층이 중심이 된 집단적인 무력 투쟁의 형태가 보편적으로 나타나고 있음을 확인하고 이를 義賊이라는 개념으로 정리하고 있다. 의적은 역사상 보편적으로 나타나는 민중 저항의 한 양상으로서 '원초적 저항'의 형태를 띤 것인데 주로 농민 사회의 급속한 해체의 위기, 특히 외국의 제국주의적 침략에 의한 농민 사회의 파괴 현상이 나타날 때 나타난다. 따라서 반제 민중 투쟁의 출현과는 밀접하게 결합되어 있는 것이다. 의병 운동 내부에는 이와 같은 "사회 전체의 와해, 새로운 계급과 사회 구조의 발전, 생활 양식의 파괴에 대한 공동체 내지 민중 전체의 저항"(홉스봄, 『義賊의 社會史』, 한길사, 1978, p. 18)이란 측면이 결합되어 있다. 그리고 그런 성격을 통해 활빈당 등의 활동과 의병 운동과의 결합을 논의할 수 있는 것이다.
18) 강재언, 「반일 의병 운동의 역사적 전개」, 앞의 책, p. 224.

노력을 기울였다. 1894년의 동학농민전쟁을 빌미로 삼아 청일전쟁을 일으키고 청에 대한 힘의 우위를 확보함과 동시에 갑오개혁 과정에 간섭하여 일제가 원하는 정치 체제를 정비해나간 것은 그러한 움직임의 출발이었다. 갑오개혁 조치가 형식상의 근대적 성격에도 불구하고 농민으로부터 강력한 반발을 불러일으켰던 이유는 농민에 대한 전근대적 수탈을 주도하였던 전통 국가의 성격을 근본적으로 변화시키지 않은 채 식민지적 권력에 의해 그 수탈성이 더욱 강화되었기 때문이었다.[19]

전통적으로 면 단위 이하의 지방 사회에 대한 중앙 정부의 통제력은 미약하였고 실제로는 지방의 사족 또는 서리층들의 도움을 얻어 통치하는 형식이었기 때문에 면리의 공동체는 상대적인 자율성을 지니고 있었다. 두드러진 양반이 존재하지 않는 마을의 수준에서는 공동체적인 자치적 성격도 강하였다.[20] 일제는 행정 권력의 통제력과 통제 범위를 보다 강화함으로써 한국 사회 전반에 대한 철저한 지배를 실현시키려 했다. 식민지 경영에 필요한 효율적 행정 체계의 완비는 일제로서는 한국의 완전한 식민지화에 앞서 갖추어놓아야 할 전제 조건이었다. 그리하여 일제는 한국에 대한 실질적인 지배권을 장악한 1905년 이후 거의 매년 지방 행정 제도의 개정 작업을 진행하였다.

일제의 지방 행정 제도 개정의 근본 방향은 식민지 행정의 효율성

---

19) 고종의 환궁 이후 선포된 대한제국기의 개혁적 성격을 둘러싼 논쟁이 있었으나 대체로 1896~1904년의 기간은 오히려 갑오개혁의 조치를 철회하면서 왕실의 절대적 권한을 강화시키려는 반동적 성향이 강화된 것으로 보인다. 그리고 일제의 침략은 바로 이러한 왕실의 권한 강화를 이용하면서 이루어지고 있었다. 신용하, 『한국 근대사와 사회변동』, 문학과지성사, 1980, pp. 101~49.

20) 김경일, 「조선말에서 일제하의 농촌 사회의 '洞契'에 관한 연구」, 『한국학보』 제35집, 1984, pp. 155~205; 中村榮孝, 「朝鮮時代地方制度の歷史的考察」, 『朝鮮總攬』, 조선총독부, 1933, pp. 43~58.

증대, 다시 말하면 식민지 지배에 필요한 정책의 추진과 물적·인적 자원의 신속한 수탈을 가능케 하는 제도의 구축이었다.[21] 이를 위해 일제는 행정 사무와 재정 사무, 그리고 사법 사무를 구분하고 각각의 영역에 맞는 새로운 부서와 인적 자원을 확보하고자 하였다.[22] 1906년 지방 제도 개정에서는 행정 구역을 13도제에 기초하여 재정리하고 지방관에 필요한 자격을 새로이 정하고 관세관 관제를 신설하여 징세 사무를 지방관의 업무로부터 분리시키려 하였다. 1907년 일제는 지방 행정 제도를 대폭 개정하였는데 관찰사가 제무감을 겸하던 제도를 폐지하고 관찰사의 광범위한 권한 가운데서 병사·사법·수세·광업·도량형 등의 사무 권한을 삭제함으로써 행정 체계의 분화와 그에 따른 효율성의 극대화를 꾀하려 했다.[23] 1908년에는 군을 통폐합하고 각 도에 경찰부를 설치하여 일본인 경찰부장을 임명, 실질적인 지방 사회의 통제권을 확보하였고 지금까지 지방관의 권한에 속했던 민적 사무를 경찰부에 이관시킴으로써 한국인에 대한 행정적·강압적 통제를 강화시켰다. 그리고 1909년에는 면을 통폐합시켰다.

일제의 행정적 통제가 농민에게 미친 가장 우선적이고도 중대한 변화는 조세에 대한 부과와 징수가 매우 철저하게 이루어지게 되었다는 것이다. 일제는 징세 사무를 관장하는 기구와 관리를 독립시키는 것으로 그치지 않고 면장·동장 등을 말단 행정 기구로 활용하려

---

21) 이러한 변화는 식민지 또는 반식민지 상태에 놓인 국가들이 보편적으로 경험하는 것이다. J. C. Scott, 앞의 책 ; J. S. Migdal, *Peasant, Politics and Revolution*, Princeton University Press, 1977.

22) 이 과정에 대한 포괄적인 검토로는 李潤相, 「일제에 의한 식민지 재정의 형성과정」, 『한국사론』 제14집, 1986, pp. 270~352 참조. 그리고 水田直昌, 『統監府時代の財政』, 友邦協會, 1974 역시 그 시각에는 큰 문제점이 있으나 이 시기 일제의 식민지 체제 수립 과정에 대한 자료로서의 도움을 준다.

23) 李潤相, 앞의 글 ; 水田直昌, 앞의 책 참조.

했다. 실제로 행정 사무의 근대적 분화에도 불구하고 최말단 행정 담당자로서의 면장·동장의 임무는 여전히 복합적일 수밖에 없었다. 예컨대 1906년의 관세관 관제에 의해 재정 사무가 독립되기는 했지만 "납입 고지서를 발령하고 면내의 다액 납세자 5인 이상을 임원으로 임명하여 그 협의에 따라 각 납세 의무자에 대한 부과 금액을 정하여 납입 통지를 발하고 그에 의해 징수"하는 사람은 다름아닌 면장이었다.[24] 또한 경찰부에서 담당하는 민적 사무나 의병에 대한 탄압 등의 일에 면장 이하의 말단 행정 종사자들의 개입은 불가피한 것이었다. 당시 의병 활동을 방지하고 지방 사회의 안정을 위한다는 명목으로 전국적으로 조직한 자위단의 결성을 위해 주로 동원되었던 자도 상당수 면장 등의 말단 행정 담당자들이었다.

면장 등의 말단 행정 담당자들은 비록 지역 사회에서 세력을 지닌 자들이기는 했어도 사회적인 평가는 대단히 낮은 상태였다. 1909년의 조사 보고에 의하면 어느 마을에서나 면장·동장 등의 일을 꺼려 할 뿐 아니라 그들에 대한 사회적인 평판이 좋지 못하여 대개 '이류·삼류에 속하는 자들'이 그 일을 맡고 있는 실정이었고 이러한 상황은 일제의 식민지 침략 과정에서는 더욱 심하게 나타났다.[25] 일제는 이들의 행정적 권한을 보다 강화함으로써 농민에 대한 식민지 권력의 통제력을 강화하려 하였다. 일제가 추진하였던 경찰과 군대의 배치는 물론이고 우편 업무와 전신 업무 역시 한국 사회 전반에 대한 행정적 통제의 틀을 강화시키는 것이었다.

---

24) 水田直昌, 앞의 책, p. 157.
25) 度支部, 『土地調査參考書』第2號, 1909, pp. 98~100 참조. 그럼에도 불구하고 일제는 이들을 식민지 행정의 말단 기구로 사용하기 위하여 관할 財務署와 상의, 면장 등을 임명하고 그들에게 조세 징수 및 일반 행정 사무에 참여케 하여 지방 사회 통제의 주요한 인적 자원으로 사용하고자 하였다.

III. 문화적 자존심과 정체성의 훼손

의병의 형태로 대중적인 저항 운동이 일어난 첫 계기는 일제가 갑오개혁 정부를 통해 강요한 단발령과 왕비 시해 사건이었다. 단발령에 대한 거부나 민비 시해에 대한 집단적 울분은 모두 일본 세력에 대한 거부감과 함께 유교적인 이데올로기가 적지 않게 담겨 있는 것이었음은 분명하다. 1896년 전라도 장성에서는 기우만이 개화 세력에 반대하여 의병 운동을 전개하였는데 대체로 춘천의 이소응, 제천의 유인석, 안동의 권세연, 선산의 허위, 진주의 노응규 등의 봉기와 비슷하게 위정척사적 유학 사상에 근거한 반일 투쟁이었고 그 지도부도 대부분 유림층이었다[26].

단발령이나 민비 시해에 대한 대중적 울분은 근대적 민족 의식의 성장에 있어서 매우 중요한 의의를 가진다. 비록 이 내용이 위정척사론적인 보수성을 지닌 것은 분명하지만 본질적으로는 오랜 역사 속에서 유지해온 조선 사회 구성원의 자기 집단에 대한 정체성의 확인 노력이었고 자존심의 훼손에 대한 울분이었기 때문이다. 상투는 단순한 머리털이 아니라 효제를 중시하던 조선 사회 기본 질서의 상징이었고 민비는 왕조의 왕비로서 전통 국가의 권력을 상징하는 인물의 하나였다. 상투를 자르는 일이나 민비를 살해하는 일 모두 왕조 체제의 기본 질서와 관행을 부정하는 것이었고 그 질서 위에서 자신의 자존심과 정체성을 형성해왔던 한국인의 집단적 심성에 결정적인 타격을 가한 것이었다. 더구나 그것이 일제의 강권적인 무력 앞에 타율적으로 강요된 것이었다는 점에서 자존심의 상처는 더욱 컸다.

의병 운동에 있어서 위정척사론적인 명분론과 왕조 사상의 영향은 후기에 이르러 많이 약화되었다. 양반층이 아닌 평민의 참여가 많아

---

26) 강재언, 「반일 의병 운동의 역사적 전개」, 앞의 책, pp. 30~39.

지고 명분론적 성토보다 직접적인 무력 투쟁이 더욱 강조되었다. 그
러나 집단적 정체성과 자부심의 훼손에 대한 저항은 더욱 뚜렷해졌
다. 을사조약으로 인한 국권의 일부 침탈은 오랫동안 독립적인 정치
공동체로 존속해왔던 한국인의 자존심을 매우 심하게 훼손하였다.
한말의 대중적인 정서 속에 자리잡았던 울분과 모멸감은 크게 두 가
지 측면에서 강했다고 생각된다. 하나는 역사적으로 문화의 수준이
낮았고 따라서 조선으로부터 많은 도움을 입었다고 생각하는 일본의
힘 앞에 무릎을 꿇게 되었다는 의식이었고 다른 하나는 문화적 · 이
념적 차원의 힘이 무력과 경제력 앞에 지고 말았다는 느낌이었다. 이
모두가 정치 경제적 변화로 인해 공유하게 된 집단적인 자기 인식이
었던 만큼 의병 운동의 민족주의적 성격을 뚜렷이하는 문화적 기반
으로 작용하였던 것이다.

3. 의병 운동의 농민적 기반

I. 의병 운동과 호남 지방

지방 사회에서 소규모의 저항 세력에 의해 지속되어오던 반일 투
쟁은 1905년 일제의 강압적인 을사조약의 소식이 전해짐과 동시에
전국적으로 새로이 가열되어 이후 1910년 강제 합병이 있기까지 강
력하게 전개되었다. 호남 지방은 1908년 이후 강원도 및 충청도 등지
의 의병 세력이 궤멸되고 난 후 지속적으로 의병 세력의 본거지가 되
었다.

1906년 홍주의 민종식 등의 반일 의병 봉기는 상당한 조직을 갖춘
것이었지만 일제의 선제 공격을 받아 패퇴하고 그들의 남은 병력은
전라도 부안의 줄포를 통해 고창의 선운사로 옮겨 흥덕 · 고창의 일
본군 주둔소를 공격하거나 일본인 상가를 습격하기도 했다. 민종식

의 의병이 실패한 후 최익현은 태인의 무성서원으로 와서 호남을 거점으로 한 새로운 의병의 기치를 들었다. 그는 정읍·태인·곡성 등을 거쳐 순창으로 진출하면서 반일 투쟁을 전개하였다. 장성 지방에서는 최익현의 격문에 따라 기우만이 의병의 봉기를 계획하였고 광양 지방에서는 백락구가 기병하였다. 또한 남원의 양한규와 임실의 강재천도 봉기하였다. 특히 강재천은 300여 명의 의병으로 동복·순창 등지에서 많은 일본군을 사살하는 전과를 올리기도 하였다.[27]

이들 의병은 모두가 유림층에 의해 주도된 것으로 초기 의병에서와 같이 그 사상적·신분적 제약을 완전히 벗어나지 못하였다. 최익현은 굽힘이 없는 반일 사상에도 불구하고 한국 군대와의 전투를 거부한 채 스스로 포박당함으로써 반일 투쟁이 불가피하게 국내의 친일 세력과의 투쟁이 될 수밖에 없었던 당시의 상황에서 반일 투쟁에 철저할 수 없었던 결과를 빚고 말았다. 장성의 기우만도 유림들을 동원하는 과정에서 일제의 탄압을 받고 처음부터 커다란 투쟁성을 확보할 수 없었으며 강재천은 선봉장 이상윤이 백성의 재산을 징발한 것에 노하여 이는 도적의 행위이므로 더 이상 지속할 수 없다 하고 의병을 해산, 산중으로 은둔하고 말았다.[28] 이러한 대중적 투쟁성의 부족은 의병 운동이 위정척사 사상에 근거한 유림층에 의해 일어난 것으로 지방 기층 민중의 생활상의 투쟁성과 합류할 수 없었던 데 그 큰 이유가 있다. 그러나 이들의 행위는 그 자체가 민족적 결집과 저항의 상징적 효과를 지니는 것이었다.

1907년 군대 해산 조치 이후 구한국군 병사들의 상당수가 반일 의병 운동에 참여하게 되고 그에 따라 의병의 전투력이 질적으로나 양적으로 크게 증대하게 되었다. 군대 해산 이후의 의병 운동은 호남 지방을 중심으로 하여 강고하게 지속되었다. 지리산을 중심으로 고

27) 강재언, 「반일 의병 운동의 역사적 전개」, 앞의 책, pp. 265~73.
28) 『韓國季年史』 제8권, 광무 10년, 丙午조.

광순·김동식 등이 기병하였고 1907년 9월에는 장성의 기삼연을 중심으로 호남창의회맹소를 설치하고 호남의 곳곳에서 반일 의병 운동을 전개하였다. 이들이 전사한 후에는 이석용·김태원·심남일·강무경·전해산 등의 새 의병장들이 계속 그뒤를 이어 반일 투쟁을 전개하였다.[29] 이처럼 최후의 의병 운동이 호남 지방을 중심으로 전개된 이유에 대하여 일제는 다음의 두 가지를 들고 있다. 그 하나는 "전라남북도는 넓은 평야를 토대로 바다에 접하는 양항이 있어 선박 교통이 편함에도 불구하고 비교적 몽매하여 발전하려는 기운이 없고, 폭도가 창궐하여 지방 산업의 발달을 저해하고 점령의 보급을 방해하여 각지를 황폐시키기에 이르렀다"는 것이며 다른 하나는 "전라남북도 한국인은 청일·러일전쟁에서 한 번도 우리 군대의 활동을 본 적이 없어서 아직 그 진가를 알지 못하고 당연히 임진왜란 때의 일을 꿈꾸고, 일본인을 경시하는 풍토가 있"기 때문이라는 것이었다.[30] 일제의 침략과 그들의 제도 개혁에 대한 지방민의 반발을 '몽매함'으로 해석하는 것은 전형적인 식민주의적 발상일 뿐이지만 임진왜란 이후 호남 지방 민중의 마음속에 일본에 대한 경멸감이 강하게 존속해왔던 것은 분명한 사실인 것이다.

그러나 더욱 중요한 것은 호남 지방의 경우 '의병과 민중의 불가분한 결합과 그것을 토대로 하는 의병 활동의 생활력'이 강고했다는 사실이다. 호남 지방은 일제의 경제적 수탈의 대상지로 일찍부터 농민층의 생활상의 위기가 높았다는 점에서 의병과 민중의 결합력은 공고할 수밖에 없었다. 1909년 호남 지방의 의병 활동을 개괄해보면 전

---

29) 황현, 『매천야록』제5권, 광무 11년 丁未조. 한편 이 시기 호남 의병장 개개인에 대한 연구들로는 姜吉遠, 「海山 全垂庸의 항일 투쟁」, 『역사학보』 제101집, 1984; 강길원, 「한말 호남의 병장 靜齊 李錫庸의 항일 투쟁」, 『원광사학』 제2집, 1982; 강길원, 「後隱 金容球의 항일 투쟁」, 『인문논총』제16집, 1986 등이 있다.

30) 김정명 편, 『조선 독립 운동』 I, 源書房, pp. 84~85.

해산·심남일·안주홍·임창모·신보현·양윤모 등이 많으면 500명의 대부대로부터 적으면 10여 명의 소규모 인원으로 전라남북도 전역에 걸쳐 활동하고 있었다. 전해산은 최익현의 영향을 받은 자로서 이석용의 부대에 속해 있다가 같은 부대의 대장이었던 조경환의 전사 후 이 부대의 대장이 되어 영광 지방을 중심으로 활동한 의병장이며, 심남일과 임창모는 유생으로서 의병에 투신한 자들이었고 안주홍은 빈농 출신의 평민 의병장으로서 활동하였다.[31] 일제는 호남 지방의 의병 소탕을 위해 임시 파견대 2개 연대와 헌병·경찰을 투입하고 전지방에 걸쳐 잔혹한 탄압을 행하여 전해산을 제외한 103명의 의병장과 4,138명의 의병을 죽이거나 체포하였다.[32]

II. 의병 운동의 농민적 성격

여기서는 호남 지방에서의 의병 활동을 중심으로 앞서 지적한 '의병과 민중의 불가분의 결합'을 구체적으로 파악해보고자 한다. 의병은 일제의 본격적인 감시와 탄압이 심해짐에 따라 의병 활동과 그 지방 민중의 생활상의 위기와 불만을 적극적으로 결합시켰다. 또 자신들이 농민의 이익과 정서를 대변하는 자들임을 강조함으로써 의병과 농민의 결합이 공고하게 유지될 수 있도록 노력하였다. 점차 강화되어가는 경제적 수탈 체제에 대한 농민의 강력한 공격과 불만이 의병의 민족주의적인 인식과 결합되어 의병 운동의 자생력이 되고 있었던 것이다. 또한 의병에의 참가자들도 소수 지도자를 제외하고는 모두 농민층을 중심으로 충원되고 있어서 의병 활동의 민중적 성격이 강화되지 않을 수 없게 되었다.

따라서 의병 운동의 구체적인 내용은 일제에 대한 민족주의적 대항과 더불어 농민층의 생활상의 요구까지가 결합된 복합적인 것이었

---

31) 강재언, 「반일 의병 운동의 역사적 전개」, 앞의 책, p. 311.
32) 김정명 편, 앞의 책, pp. 100~04.

다. 특히 후자와 관련하여 두드러진 것은 세금의 징수에 대한 저항을 통해 의병 운동과 농민의 이해가 긴밀히 결합되어 있었다는 사실이다. 의병들이 함평·나주·영광 등지에 살포한 다음과 같은 격문에는 이 시기 의병 운동이 농민의 생존 문제와 밀접하게 결합되어 있음을 잘 보여주고 있다.

방금 倭奴가 와서 我오백년래의 純良한 민속을 문란케하고 화를 남기기게 이르렀다. 이 화근을 끊지 않으면 國亂은 그치지 않을 것이다. 本義所는 이에 대사를 창도하여 맹서코 無辜한 양민을 火中에서 구출하고 我강토를 완전히 광복하는 데 있다. [……] 만약 나라를 팔아 私利를 탐하려고 하는 자가 있다면 다대한 天誅를 가하여 살육이 처자손족에 미칠 것이다. [……] 각군의 正稅는 굳이 국고에 납입하지 말라. 이때에 당하여 납세하는 자가 있다면 종세 근로하여 얻은 과실을 敵虜에 바치는 자이다. 斯民은 선왕의 유민이다. 굳이 정세를 왜노에 봉상할 의무가 있을까보냐. 自今 세금을 징수하는 자가 있다면 該稅務의 주사와 징수원은 모두 探促하여 일일이 暑殺할 것이다.[33]

이러한 의병 운동의 성격은 일제 경찰 당국에 의해서도 보고되고 있었다. 예컨대 광주경찰서장은 통감부에 다음과 같이 보고하고 있었다.

그들(의병)이 목적으로 하는 바는 일본인을 殺滅하고 일본인을 신뢰하는 일진회원 및 경찰 관리를 살해하는 데 있음은 물론, 한편으로는 각 군·각 면에 있어서의 조세 징수원을 협박하여 징세를 금하고 이미 징수한 금액을 약탈하는 데 있다. 이 때문에 각군에 점점이 在留

---

33) 『한국 독립 운동사』 제8권 (의병 편 1), pp. 523~24.

290

하는 일본인의 공포는 물론 징세상 일대 장애가 되어 該暴徒가 배회하는 지방의 각종의 조세 납부가 皆無한 상황이다.[34]

여기서 알 수 있는 바와 같이 의병 활동은 일제의 침략 세력과 함께 그에 편승하여 사리를 탐하는 자와 세금의 징수로 일제의 행정을 돕고 농민층의 경제적 몰락을 재촉하는 자, 그리고 일진회나 자위단과 같은 친일분자들에 대한 종합적이고도 철저한 응징을 부르짖고 있는 것이다.

〈표-1〉　　　　　　　　　의병의 공격 대상자　　　　　　　(한국인)

	살해	부상	납치	방화	자금 강요	계
면장 · 동장 · 이장	10	19	12	1	36	78
공전 영수원	5	7	4	2	25	43
군 서기, 재무서 관리	3	4	0	0	4	11
일진회원	19	7	4	2	1	33
친일 · 일인 고용자	3	6	0	0	2	11
헌병 보조원 · 순사	5	3	2	0	1	11
우편 체송인	1	2	0	0	0	3
자산가 · 부호	0	1	3	0	11	15
기타 촌민	1	6	7	3	54	71

이러한 의병 활동의 성격은 1908년에서 1909년에 걸쳐 의병이 공격한 주요한 대상자들이 어떤 자들이었는지를 살펴보면 더욱 분명하고도 구체적으로 밝혀진다. 위의 〈표-1〉은 일제가 편찬한 『폭도에 관한 편책』에 실려 있는 이 시기 의병의 구체적인 공격 행위들을 호남

---

34) 『한국 독립 운동사』 제9권(의병 편 2), p. 26.

지방을 중심으로 피해자와 피해 유형별로 조사한 것이다.[35]

이 표를 통하여 보면 대체로 이 시기의 의병 활동은 식민지 권력 기구에 의한 조세 수탈과 강압적인 통제에 대한 저항이 주를 이루고 있음을 알 수 있다. 물론 이러한 활동들은 모두 상호 밀접하게 연결되어 있는 것이지만 구체적인 모습을 좀더 세밀하게 살펴보기로 하자.

1) 식민지적 조세 수탈에 대한 저항

일제는 통감부의 설치와 더불어 식민지 지배에 필요한 재원의 확보책으로 한국의 조세 징수 구조의 근대화를 꾀함과 동시에 국유지의 강제적 창출을 통하여 통감부 스스로가 거대한 지주가 되어 막대한 소작료를 농민들로부터 수탈하는 구조를 확립시켰다. 일제는 조세 행정을 분화시키고 조세 담당 관리를 별도로 임명하며 조세의 확보를 위해 군대와 경찰을 동원하는 등 조세의 징수와 효율적인 수탈을 위한 노력을 거듭하였다. 그 결과 한말 농민에게는 조세의 부담이 훨씬 가중되었다.[36]

또한 일제는 식민지 수탈을 위해 새로운 세원을 찾아 농민층의 조세 부담을 더욱 가중시켰는데 1907년 가을부터 부과된 호세는 그 전형적인 것이었다. 종래의 호세는 실제의 가옥 하나하나에 대한 것이 아니어서 빈곤한 호수에 대하여는 그 부담이 가벼웠던 것인데 일제는 경찰부로 민적 사무를 이관한 후 전국의 호수를 철저하게 조사하고 각각의 호에 동일한 세금을 부과하였다. 그 결과 총과세 호수는

---

35) 일제의 비밀 보고인 『暴徒に關る編冊』은 이 시기 의병 운동의 내용을 파악하는 데 좋은 자료가 된다. 이 책은 국사편찬위에서 『韓國獨立運動史』(義兵 篇)으로 번역되었고, 박성수 교수에 의해 일차 분석된 바 있다. 박성수, 「1907~10년 간의 의병 투쟁에 대하여」, 『한국사 연구』 제1집.

36) 박명규, 앞의 글.

1906년에 513,444호였던 것이 1908년에는 무려 1,556,863호로, 호세 총액은 1906년 154,033원에서 1908년에 467,058원으로 모두 3배 가까이 증가되었다.[37] 뿐만 아니라 일제는 1909년에는 주세 및 연초세를 신설하여 한국의 부담을 더욱 증대하였다.[38]

조세의 부담 문제는 이미 오래 전부터 농민의 원망의 대상이었고 민란의 주요한 이유가 되었다. 가까이는 동학농민전쟁 때에도 과중한 조세 부담이 주된 요인의 하나로 작용하였던 만큼[39] 조세의 문제는 단순히 농민층의 경제적인 수탈이라는 측면에서뿐 아니라 국가 체제의 정치 경제적 지배 구조라는 측면에서도 중요한 것이었다. 따라서 조선 왕조의 전근대적인 조세 구조는 근대 국가의 형성과 더불어 근대적인 형태로 바꾸어지지 않으면 안 될 것이었다. 그러나 조세의 징수가 외세, 즉 식민지 권력에 의해 주도될 경우 문제는 조세 제도의 근대성 여부가 될 수 없었다. 오히려 조세의 본질, 즉 조세를 수취하는 권력의 정당성에 대한 문제가 본질적인 물음이 되었다. 조세는 근대적인 것이든 전근대적인 것이든 자신이 속한 정치 공동체의 존속을 전제로 정당성을 갖는 것이지 그 공동체의 파멸과 부정을 추동하는 세력이 수취할 권리는 전혀 없는 것이었다. 의병들이 각지에 살포한 격문에는, 비록 여전히 전근대적인 왕세의 개념을 벗어나지 못한 측면이 있지만 일제의 침략과 조세의 문제가 불가분의 관계에 있음을 정확하게 지적하고 있다. 예컨대 호남창의소의 명의로 호남 각지에 나붙은 다음의 격문은 이 당시 의병이 생각하고 있던 조세에 대한 관념을 잘 보여주고 있다.

---

37) 水田直昌, 앞의 책, p. 166.

38) 水田直昌, 앞의 책, pp. 167~68.

39) 흔히 민란이나 동학농민전쟁의 주요 원인으로 지적하는 三政의 문란, 貪官汚吏의 문제, 다시 말하여 봉건적 수탈 구조의 폐해라는 것이 구체적으로는 조세의 문제에 다름아니다. 예컨대 봉건적 수탈의 대표적 사례인 고부군수 조병갑의 경우도 수많은 無名雜稅의 부과와 그 가혹한 징수로 농민층의 원성을 샀던 것이다.

국가가 있은 연후에 君이 있고 군이 있은 뒤에 민이 있다. 稅가 있음은 자연의 정수이다. 현금 왜노는 我國 500년래의 근기를 문란하여 [……] 거의 국가는 있으되 그 실은 없는 것과 같다. 君上에 正稅를 봉납함은 곧 유래 국민의 의무이다. 어찌 왜노에 終歲勞動의 實을 보낼 리가 있는가. [……] 나라를 다스려야 법을 펴고 세를 부하시킴은 정리이며 위법이 아니다. 자금 정세를 납입하여서 왜노의 몸을 살찌게 하는 자는 이는 곧 적에게 양식을 가져다주어 寇兵에 資하는 자이다. 고로 주는 것도 받는 것도 다 같이 참형에 처한다.[40]

따라서 의병들은 일제의 조세 수탈의 과정에 도움을 주거나 조세의 징수를 주장하는 자들에 대하여 가혹한 피해를 입혔다. 위의 〈표-1〉에서도 보듯이 의병에게 가장 가혹한 공격의 대상이 되었던 자들은 한결같이 조세 징수 과정에 깊이 관여하고 있던 면장·이장 등과 공전영수원이나 재무서 관리 등이었다. 이들에게는 공격의 횟수도 많았거니와 공격의 형태도 살해하거나 부상을 입히는 형태의 혹독한 응징이었다. 가장 많은 공격 대상이 된 면장은 1906년 관세관 관제에 의하여 지방관의 징세권이 분리되어 징세 담당 기구가 별도로 설립되었을 때 지방의 수준에서 이 일을 담당하였던 직책이다. 한편 현금 영수는 임원 중에서 선정된 공전영수원으로 수행하게 하였는데 면장·세무관·세무주사·임원, 공전영수원 등이 면 단위의 징세 기구를 이루었다. 이들의 권한은 과거의 아전층의 조세 부과 역할과 비교될 수 있는 것이지만 이들은 훨씬 더 철저한 중앙의 행정적 통제 아래서 그 징세 업무를 담당하는 자들이었다. 일제는 이들의 적극적인 징세를 조장하기 위하여 그들이 징수한 세금액의 2%를 수수료로 제

---

40) 『한국 독립 운동사』 제8권(의병 편 1), p. 523.

공하였다.[41] 1908년에는 면장들로 구성된 면장협의회를 만들어 지방에서의 징세 업무의 효율성을 증대시키고자 하였다.

의병 운동은 식민지적인 조세 수탈에 의해 강화된 측면이 크다. 전주관내의 조세 징수에 참여하고 있던 일본인의 다음과 같은 보고는 이를 잘 보여주고 있다.

지방민은 폭도의 약탈과 산업상에 받은 대타격으로 현저히 피폐해져 이미 납세의 자력을 잃은 자가 많을 뿐 아니라 폭도는 또한 조세 징수에 대하여 방해를 시도하여 재무 관리의 직무 집행에 위협을 줌은 물론 양민을 위협하여 조세를 납부하는 자는 곧 일가를 살륙하겠다고 떠들어 인민이 납세를 주저하는 자가 많다. 또 그 중 이미 납세한 세금의 환부를 요청하는 자도 있다. 공전영수원에 있어서도 일부 소액의 반환을 감당하지 않을 수 없는 지경이다. 특히 최근 폭도의 흉폭은 그 극에 달하여 재무서 이하 공전영수원을 습격하고 공전을 약탈하는 자가 적지 않다. 공전영수원에 있어서도 징세를 주저하고 다시 사임을 표하는 자가 많기에 이르렀다. 〔……〕 전주 관내에 있어서 지방 재무에 관한 폭도의 피해 건수를 표시하면 다음과 같다.

1) 세무소의 피습 사례   10개소
2) 청사 및 장부의 소각 사례   1개소
3) 재무주사 · 임원의 조난 사례   3인
4) 면장 이하 공전영수원의 조난   40여 인
5) 부상 또는 살해된 수   8인
6) 약탈 공금액   8,800원
7) 조세 징수액에 못 미친 액수   약 50만 원[42]

---

41) 水田直昌, 앞의 책, p. 157.
42) 「三南地方暴徒影響」, 『朝鮮』 第1卷 第3號, 1908, pp. 74~76.

한편 당시의 지방 상황에서는 징수된 세금이 모두 일본으로 수탈당하고 있다는 믿음이 한국인들 사이에 퍼져 있었다. 이러한 상황에서 수수료를 받아가면서 징세 사무에 종사하는 면장 및 공전영수원, 재무주사 등에 대한 지방민의 공격은 당연한 것이 아닐 수 없었다.

1908년 2월 무주군에 나타났던 의병이 붙여놓은 격문에는 "각 면에서 징수중인 세금을 각 면장은 징수하지 아니할 것, 또 인민에 있어서는 세금을 납입하지 말 것. 만약 면장이 징수하거나 또는 인민이 납세할 때는 다대한 손해를 입히겠다"는 내용이 씌어 있었다.[43] 1908년 3월 금산경찰서장이 보고한 내용에 의하면 "무주군은 〔……〕 징세 통지서를 발하고 있는데도 불구하고 동군 내의 각 면장은 폭도의 내습을 두려워하여 모두 착수치 못하는 정황"[44]이었고 이러한 사정은 호남 지방 전체에 공통된 것이었다.

이러한 의병의 조세 수탈에 대한 강력한 저항은 일제의 한국 지배를 대단히 어렵게 만들었을 뿐 아니라 의병 활동과 지방 농민층의 생활상의 요구와 결합되어 의병 운동의 자생적인 힘을 강화시키는 결과를 가져왔다. 호남 지방에서는 일제의 국유지 강제 창출 계획에 따라 국유지 조사 사업을 벌이고자 하였으나 그것도 의병의 강력한 저항으로 인해 진척되지 못하였다. 일제는 의병의 저항 때문에 헌병·경찰 등의 보호 없이는 조사가 불가능함을 인식하였고 결국 의병과 한국 민중에 대한 강압적인 탄압 위에서만 그들의 식민지 지배 체제를 구축해갈 수 있다고 판단하였다.[45]

---

43) 『한국 독립 운동사』 제9권(의병 편 2), p. 235.
44) 『한국 독립 운동사』 제9권(의병 편 2), p. 239.
45) 「全北國有地方調査事業經過報告書」, 『朝鮮農會報』 第6卷 第5號, 1911. 이 보고에 의하면 "산간부는 물론 남부 해안 및 도서 일대의 곳은 모두 그 (의병의) 소굴·횡행지가 되어 재무서원 기타 징세 기관 및 호위 순사 헌병에 이르기까지 혹은 부상, 혹은 참살을 당하고 〔……〕 평야부에서는 화적의 출몰이 심해 면장·공전영

2) 경제적 수탈 구조의 형성과 의병의 저항

1905년 통감부의 설치와 더불어 일제는 한국에 대한 식민지 경영을 강화시키는 방책의 하나로 일본인의 농업 이민을 정책적으로 증대시키고자 하였다.[46] 한국에 대한 일제의 소개 책자는 대부분 이러한 농업 경영의 필요성을 강조하고 있었을 뿐만 아니라 반관반민의 식민지 농업 개발 기구로 출범시킨 동양척식회사의 주된 업무도 농업 경영과 일본인의 척식이었다.

일제의 농업에 대한 관심은 주로 쌀이었기 때문에 논의 비중이 큰 삼남 지방을 중심으로 일본인의 이주는 전개되었고 특히 그 가운데서도 호남 지방은 일본인 농업 이민의 중요한 대상 지역이 되었다.[47] 목포와 군산이 개항되고 1901년 일본의 이민법이 개정된 후 일본인 농업 경영자들이 급속히 증대하였다. 특히 군산 지방을 중심으로 하는 일단의 일본인 농업 경영자들은 1904년 군산농사조합을 결성하고 자신들의 토지 경영을 확대해나갔다.[48] 1904년 12월 현재 이 조합에 가입된 자가 99명, 그들이 소유한 토지의 면적은 논이 184,737두락, 밭이 28,157두락에 이렀고 1908년까지 이미 2만여 정보, 즉 전주 평야의 약 3분의 1이 일본인들에 의해 소유되기에 이르

수원의 조난이 속출하는 상태"여서 강력한 무력적 옹호 없이는 조사의 착수조차 어려웠다고 한다.

46) 일제는 1904년 10월 러일전쟁의 승리를 전제로 소위 '大韓施設綱令'을 각의에서 통과시켰는바 그 속에서는 한국의 농업을 가장 유망한 침탈 대상으로 꼽고 있다. 또 통감부도 한국의 농업을 일본인에게 소개함으로써 '일본의 농가로서 농업 경영의 목적으로 한국에 이주하는 자가 1인이라도 많이 증가하는 길을 강구'하고 있었다. 統監府 農商工務部 農林課, 『韓國に於ける農業の經營』, 1907; 度支部, 『土地調査參考書』, 1909; 統監府, 『韓國地方農産調査報告』, 1908 등 참고.

47) 예컨대 군산 일대의 토지를 매입, 대지주가 된 藤井寬太郎은 호남 지방의 농업 투자에 대하여 "토지에서는 연 2할의 수익이 있고 그것을 개량하면 3할, 4할도 되기 때문에 어떤 상업도 도저히 이것을 능가할 수 없다"고 말하고 있다. 藤井寬太郎, 『朝鮮土地談』, 大阪, 1911, p. 14.

48) 「群山農事組合槪況」, 1909. 10, 『全羅北道調査資料』(奎 22188).

렀다.[49] 이들은 농업 경영에 관심을 갖고 건실하게 생활하는 자들이 아니라 소위 식민지 개발의 틈새에서 일확천금을 노리고 몰려들어온 잡상인과 낭인배들이 대부분이었다.

일본인의 농업 진출이 한국 농민들에게 심각한 위협이 된 것은 말할 필요도 없고 이들이 의병 운동의 주요 공격 대상이 될 것도 충분히 예상할 수 있는 일이었다. 이러한 상황은 다음과 같은 일제의 보고에 잘 나타나고 있다.

현재 삼남 지방에는 거류지 이외에 단독 여행은 물론 소수 일본인의 재류도 위험한 상태에 있다. 韓人이라 하여도 일본인의 사역을 받고 있는 자는 종종 匪徒의 毒手를 면하지 못한다. 이로써 농사 경영자와 같이 깊이 내지에 있는 자들이 받는 피해는 가장 심각하여 수년 간의 경영을 포기하고 피난하지 않을 수 없는 상태에 이르는 경우가 많다. 지금 전라북도 익산·삼례에 있는 농사 경영자는 폭도가 이 지역을 습격한 이래 그 장소를 옮겼고 금구군의 광산도 역시 그 사무소를 순사 주재소가 있는 곳으로 옮겼으나 사무는 거의 중단된 상태이다.[50]

1907년부터 1909년에 이르는 사이에 호남 지방에서만 의병의 공격 대상이 된 일본인 농업 경영자들과 농장은 다음과 같다.[51]

날 짜	장소	공격 대상자	공격 형태	의병 수
1907. 11.	익산	도조 미징수 일본인	부상	15~16명
1908. 1.	담양	일본인 농장 佐久間	약탈	
1908. 1.	영광	일본인 농업자 桑野元廣	약탈	30명

49) 福島北溟, 『李朝と全州』, 共存舍, 1909, pp. 120~21.
50) 「三南地方暴徒影響」, 『朝鮮』第1卷 第3號, 1908. 8, pp. 75~76.
51) 『한국 독립 운동사』 제8권~제16권에서 발췌.

1908. 1.	무안	일본인 농업자 鎌田	방화	30명
1908. 10.	나주	일본인 농업자 西見荒太	살해	60명
1909. 1.	함평	일본인 농업자 失野藤藏	공격	30명
1909. 1.	광주	일본인 농업자 桑十內	방화	
1909. 2.	부안	일본인 농장 藤本합자회사	약탈	
1909. 2.	부안	일본인 농업자 木森五郎	공격	20~30명
1909. 2.	나주	일본인 농업자 宮本	부상	2명
1909. 2.	나주	일본인 농업자 今村德次	공격	30명
1909. 2.	김제	藤本합자회사 출장소	방화	40명

위에 제시된 사례의 경우 대부분 일본인 농업자들은 자신의 신변상의 위협을 느껴 통감부에 보호를 요청하였으나 의병의 공격이 워낙 집요하여 대부분 농업 경영에 큰 어려움을 겪었다. 의병의 공격으로 농업 경영에 어려움을 겪고 있던 줄포·부안 지방의 일본인들은 의병의 공격에 대항하기 위하여 총기를 구입하고 동지역 주재소의 감독하에 자체의 무력적 경비를 강화해나가기도 하였다.[52] 목포의 상업회의소에서는 전남 각지의 일본인을 중심으로 소위 '일한인연합회'라는 모임을 개최하면서 "폭도가 출몰하여 일한인의 사업 경영을 방해함은 필경 경찰력의 보급이 안 됨에 기인"되었다고 주장하고 경찰력의 보급을 통감부에 진정하기 위한 공작을 벌이기도 하였다.[53] 나주경찰서장은 "20여 명의 재류민을 소개하지 않고서는 인심이 흉흉하여 본일 다시 영농자 및 재류민의 보호를 위하여 일한 순사 3명을 파견"할 수밖에 없었음을 보고하고 있다.[54]

일본인 농업 경영자에 대한 의병의 공격은 미곡의 해외 이출을 담당하고 있던 당시의 일본인 상인들에 대해서도 똑같이 행해지고 있

---

52) 『한국 독립 운동사』 제14권(의병 편 7), pp. 126~27.
53) 『한국 독립 운동사』 제14권(의병 편 7), p. 127.
54) 『한국 독립 운동사』 제13권(의병 편 6), p. 92.

었다. 군산·삼례 등지에서는 상업 활동차 와 있던 일본인들이 의병에 의해 살해되기도 하였고[55] 해남·목포 등지의 일본인 상인들도 공격을 받아 부상하거나 건물이 소실되었다.[56] 완도와 진도 등지에는 상업차 와 있던 일본인 상선이 의병의 공격 대상이 되어 일본인이 살해되기도 하였다.[57] 1908년 군산경찰서장의 다음과 같은 보고는 이러한 당시의 상황을 잘 보여주고 있다.

> 본년(1907) 내에 있어서의 화적과 폭도의 行害 상황 일반을 보면 〔……〕 夏期에 있어서는 다소 그 도수가 감하였으나 이래 점차 증가의 경향을 보이어 當港 무역의 최중요기인 10월 이후는 갑자기 暴狀이 극심을 더해 다대한 손해를 초래하기에 이르다. 그들이 출현하면 반드시 일본인과 상거래하는 자 및 친근자를 참살한다고 廣言하는 것을 상례로 하며 현실로도 각읍 시장 등 衆人이 군집하는 장소에는 배일적 폭동을 선동하는 게시를 하고 또는 격문을 발포하는 등 극력 일본인의 무역과 농사 경영을 저해하려고 노력하는 것 같다.[58]

일본인 농사 경영자나 상인층들에 대한 의병의 공격은 농민들로부터 강한 지지를 받았다.

한편 이 시기에는 시장의 확대를 통해 매우 빠르게 부를 축적해가는 층도 나타났다. 이들은 개항 이후의 사회 경제적 상황에 경제적으로 매우 잘 적응한 자들이었지만 식민지 권력의 지배라는 정치적 상황에 대하여는 명료한 입장을 견지하지 못하였고 일부는 식민지 권력과 결탁하여 자신의 경제력을 증대시키는 자도 있었다. 농민 사회

---

55)「三南地方暴徒影響」,『朝鮮』第1卷 第3號, pp. 75~76.
56)『한국 독립 운동사』제12권 (의병 편 5), pp. 131~32.
57)『한국 독립 운동사』제14권 (의병 편 7), pp. 160, 416.
58)『한국 독립 운동사』제8권 (의병 편 1), p. 340.

전반이 위기에 처한 상황을 이용하여 자신의 부를 축적하는 자들에 대한 농민의 시각이 고울 리 없었고 더구나 일제의 권력과 결탁하는 경우는 더더욱 비판의 대상이 되었다. 전남 지방에서 발견된 다음과 같은 의병의 격문은 의병들이 지역 사회의 경제적 지배층들에 대하여 가지고 있던 반감의 성격을 잘 보여주고 있다.

　　각 호의 부호들이 오로지 이욕을 생각하여 소작미를 매각하려고 남김 없이 적출한다는 소리를 듣는다. 심히 통탄할 일이다. 小利를 위하여 크게 왜적의 군량을 구하고 한국의 궁민은 기아 지경에 다다랐다. 금후 한 됫박의 쌀이라도 실어내는 자는 상심촉치하여 왜와 同罪할 것이다. 너희 부호는 이욕을 생각지 말고 각기 신명을 생각하여 다시 죄를 짓지 말 것이다.[59]

이 격문이 말해주듯 부호들이 자신의 이익을 위해 왜적의 군량을 제공하면서 동족을 기아에 빠뜨리고 있다는 것이고 이러한 사람은 왜와 같은 죄를 짓는 자라고 보았다. 그렇지만 이들 자산가·부호 및 지주 등에 대한 의병의 공격은 위의 〈표-1〉에서 확인할 수 있듯이 다른 층에 비해 상대적으로 가혹하지 않았다. 즉 이들에 대한 의병의 공격은 주로 자금 확보를 위한 것이었고 신체적인 위해를 가한 경우는 별로 없다. 의병의 입장에서는 부호들의 부 그 자체를 공격한다기보다는 국가가 위기에 빠져 있는 상황에서 개인적인 부는 국가적인 군사 활동을 위한 자금으로 전용되어야 한다는 것이 강조되고 있는 것으로 보인다. 의병들은 때때로 지주들에게서 군량미라는 명목으로 상당한 양의 곡식을 차압하거나 기한을 정하여 일정한 양의 곡식을 제공할 것을 명하고 있다. 태인의 부호인 김성좌의 경우 의병은 벼

---

59) 『한국 독립 운동사』 제9권 (의병 편 2), p. 147.

40석을 군량미로 차압하였고 정읍 등지에서는 군량미의 징발을 명하는 영장이 호남창의소의 이름으로 지주가나 마름가에게 보내졌다.[60]

의병들은 부호들로부터의 곡식 및 금전의 탈취를 결코 부정적인 것으로 인식하지 않았고 오히려 국가를 위한 떳떳한 윤리적 행위로 파악하고 있었던 것으로 보인다. 많은 곳에서 의병은 "우리는 도적이 아니다. 국가를 위하여 진력하는 자이다. 고로 너희들은 나라를 위해 우(右)물건을 빨리 제공하라"[61]라는 식의 공개적인 자금 확보 방법을 사용하였고 이에 대하여 협조하지 않는 부호들에 대하여는 윤리적인 비난과 더불어 강제적으로 재물을 빼앗기도 했다. 또한 식민지 징세 기구의 말단을 점하는 지역 사회의 임원이나 지방위원회의 구성원이 모두 다액 납세자, 상당한 자산가에 의해 충원되어짐에 따라 경제적 지배층과 식민지 지배 구조와의 결합이 강화되었고 그만큼 이들에 대한 공격도 심화되었다. 그렇지만 아직은 식민지 지배가 완전하게 정착하지 않았던 이 시기에 의병 운동의 주대상이 일제의 행정 담당자와 친일 분자 등에게 집중되는 것은 당연한 현상이라 할 것이다.

3) 지역 사회의 친일 세력에 대한 공격

위의 〈표-1〉에 의하면 의병의 주된 공격 대상, 특히 가혹한 공격 대상이 된 자 가운데는 일진회원이나 자위단원과 같은 친일 세력이 상당한 비중을 차지한다. 일진회가 매국의 앞잡이가 되어 일제의 침략 정책에 동조하고 있던 당시의 상황을 고려할 때 이러한 의병의 공격 행위는 이해하고도 남음이 있다. 이들에 대한 의병의 공격은 자금의 조달을 위한 것이 아니라 주로 살해 · 구타 · 방화 · 납치 등으로

---

60) 군량미 징발 영장의 예는 다음과 같다. "伝令 持此令旨往于金德元賭租二百伍什石 本義所 執需 若去令則無挽生更事 訟音 尹奉先 乙酉 二月十四日 湖南倡義所."『한국 독립 운동사』 제14권(의병 편 7), pp. 150~51.
61) 『한국 독립 운동사』 제9권(의병 편 2), p. 195.

철저히 무력적인 징벌의 성격을 띠고 있는 것이다.

일진회의 지방 조직은 원래 동학, 즉 천도교 세력이 중심이 되어 1904년에 결성한 진보회에 기초한 것이었다.[62] 그러나 일진회가 을사보호조약을 자청하여 그 친일적 성격이 표면화되고 그에 따라 이용구 등이 손병희에 의해 천도교로부터 축출되자 많은 천도교도들이 일진회로부터 탈퇴하였으므로 1907년 이후의 일진회의 지방 조직은 동학 교도들에게서 볼 수 있었던 민족주의적 성격이 거의 없는 기회주의적이고 출세 지향적인 자들로만 구성되어 있었다.

이들은 일제에 의해 식민지 체제의 수립 과정에 하수인으로 이용당하였다. 이들은 징세 사무에 종사하는 말단 행정 담당자를 보호하거나 일제의 식민지 행정에 반항하는 지역민을 억압하는 등 지역 사회에서 가장 적극적인 친일 집단으로 활동하였다. 이들은 또 식민지 권력에 의존하여 여러 이권을 수탈하여 사적인 이익을 챙기기도 했는데 역둔토의 마름을 일진회원으로 임명할 것을 요청한다거나 농공상부의 인허를 내세워 각 군의 토지 측량비를 일반 농민들로부터 받아내려는 등 일제의 힘을 빌어 지역 사회의 지배권을 장악하고자 하였다.[63] 나아가 이들은 의병에 대하여 매우 비판적이었다. 일진회원들은 의병에 가담하는 자들을 세계 대세를 모르는 어리석은 자들이라 비난하면서 일본과의 정치적·경제적 결합만이 한국의 발전을 가져올 것이라는 일제의 식민주의적 논리에 동조하였다.[64]

---

62) 박명규, 「동학의 종교적 전승과 사회 운동」, 『한국의 종교와 사회변동』, 한국사회사연구회 논문집 제7집, 문학과지성사, 1987 참조.

63) 박명규, 「식민지 지주제의 형성 배경」, 『한국 근대농촌사회와 일본제국주의』, 사회사연구회 논문집 제2집, 문학과지성사, 1986, p. 52.

64) 예컨대 1908년 10월 태인 지방의 일진회원이 정부에 보낸 진정서에는 "본인 등이 국가 유지할 誠心으로 대일본과 합심 아니하면 형세가 莫可柰何할 줄로 생각하고 自日露戰役始起"라 하여 일제의 식민지 침탈 논리를 그대로 대변하고 있다. 「一進會日誌」, 『朝鮮統治資料』 第4卷, 韓國史料院, 1970, p. 759. 이러한 일진회 등의 식민지 논리의 허구성에 대하여는, 강재언, 「아시아주의와 一進會」, 『한국 사회

일진회에 대한 의병 및 일반인의 공격이 거세어지자 일제의 군부와 일진회는 소위 '자위단'이라는 것을 조직하여 지역 사회의 반발을 무마하고 식민지 체제를 정착시키려 했다. 1907년 11월 내부 훈령으로 구성된 자위단은 "지방의 안녕을 보지할 필요가 있을 때 각 면(촌)에 자위단을 설치하고 경찰·헌병 또는 군대의 지휘하에 단체를 조직하여 호구 조사, 사장 무기 수용, 경계, 적정의 정찰과 보고, 궁민에 대한 구휼" 등을 그 임무라고 정하고 있는 데서도 알 수가 있는 바와 같이 일제의 한국의 식민지화에 필요한 지역 사회의 안정과 의병에 대한 정보 파악을 그 주된 임무로 삼았다.[65] 일진회원 및 자위단원들에 대한 공격은 곧 일제의 식민지 체제 수립 과정에 대한 투쟁의 성격을 띠는 것이었다.

이 자위단의 구성에 있어서도 면장·동장 등 말단 행정 담당자들의 친일적인 행동이 크게 작용하였다. 실제로 내전양평(內田良平)의 지시에 의해 전국의 일진회원을 중심으로 소위 자위단을 조직하도록 각 지방을 순회하였던 일본인은 각 지방마다 이들 면장과 동장 등을 통해 그 필요성과 협조를 구하였다.[66] 또한 일제의 지방 주둔군 역시 의병에 대한 정보의 입수와 회유의 임무를 이들에게 기대하고 있었다. 일제는 이러한 친일 행위에 대한 민중적인 반감 때문에 면장이나 동장을 하지 않으려는 분위기가 돌자 의병에 의해 살해된 면장의 가족에게 200원의 위자료를 지불하고 그 이하의 하급자에게도 그 직급에 따라 상당한 위자료를 지급함으로써 이들을 식민지 행정의 담당자로 만드는 데 총력을 기울였다.[67]

일제는 1908년 2월 한국 정부에 강요하여 헌병 보조원 제도를 공

연구』 제2집, 한길사, 1984, pp. 229~253 참조.
65) 「靈瑞佻符」, 『朝鮮統治史料』 第4卷, pp. 222~29.
66) 「靈瑞佻符」, 앞의 책, pp. 334, 340 참조.
67) 水田直昌, 앞의 책, p. 109.

포·실시하였다. 이 헌병 보조원은 "폭도의 진압 및 안녕 질서의 유지를 위한" 것으로 일본 헌병대의 지휘하에 의병의 수색·정찰 등을 담당하는 자로서 이 해 9월 4,065명이 1회 요원으로 선발되어 식민지 권력의 말단을 점하는 자들이었다.[68] 이들은 지방 사회의 실정을 잘 아는 자들로서 일제의 조세 수탈이나 일본인의 농업 경영, 그리고 일본 상인들의 상업 활동 등을 보호하고 뒷받침하였기 때문에 이들 역시 의병의 강력한 공격 대상이 되었다.

의병의 공격 대상이 된 자들 가운데서 특징적인 것은 우편 통신 제도의 도입으로 지역 사회에 막 등장하였던 우편 배달부나 통신원들의 경우이다. 이들도 의병의 주된 공격 대상이 되었을 뿐만 아니라 대체로 살해나 납치 등의 가혹한 공격을 받았다.[69] 우편 체송인이 의병의 공격 대상이 된 것은 이들이 지방의 의병 상황에 대한 정보를 중앙에 보고하는 통로로서 일본인 순사와 헌병 등과 더불어 일제의 지방 사회 통제의 중요한 기능을 담당하고 있는 것으로 간주되었기 때문이다. 또한 일제의 순사나 헌병, 주둔군 등은 의병의 화력으로는 감당하기 어려운 근대적 무장을 갖춘 자들이었으므로 그렇지 못한 우편 체송인 등이 의병의 좋은 공격 대상이 되었을 것으로 생각된다. 의병 운동은 지방 사회에서 일제의 식민지 지배에 편승하여 사적인 이익을 추구하거나 그들의 수족이 되었던 소수 친일 세력들에 대하여 매우 강력하고도 철저한 응징을 함으로써 민중의 민족적 울분을 대신 해소해주는 역할도 담당하였던 것이다. 이러한 의병의 활동이 민중들의 적극적인 지원과 참여를 가능케 해주었던 것은 새삼 말할

---

68) 水田直昌, 앞의 책, p. 119.

69) 1907년 9월 순창의 우편 취급소가 의병의 공격을 받아 파괴되고 우편 체송원인 일본인이 살해된 일을 비롯하여 광양·순천·여산·광주 등지에서 우편 및 전신 업무 담당자들이 의병의 주요 공격 대상이 되고 있었다. 『한국 독립 운동사』 제8권(의병 편 1), 제9권(의병 편 2) 참조.

필요도 없을 것이다.

4. 맺음말

일제의 침략에 대응하여 전개된 의병 운동은 농민을 중심으로 한 민중들이 자발적으로 벌인 민족주의적 운동이었다. 일제에 의한 강압적인 식민지화 과정은 정부에 대한 권력적 통제라는 위로부터의 권력 탈취와 함께 농민에 대한 통제와 수탈의 강화를 동반하는 것이었다. 그런 만큼 식민지화에 대한 민족적 저항은 정치적인 국권 회복이라는 국가적 차원의 투쟁 못지않게 생활상의 위기를 초래한 사회 경제적 상황에 대한 농민적 저항도 매우 중요한 것이었다. 실제로 가혹한 일제의 탄압 아래서 의병 운동이 강고하게 지속되었던 이유도 농민의 생활상의 위기와 투쟁 의식이 민족적인 저항 의식과 결부되고 나아가 주체적인 정치적 주체로서의 근대 민족적 정체성이 강화될 수 있었기 때문이었다.

일제가 한국을 실질적으로 반식민지로 만든 1905년 이후 가장 강력한 농민의 저항을 불러일으킨 것은 일제의 조세 수탈 체제였다. 조세는 조선 왕조 시대에 있어서도 언제나 기층 민중의 저항과 민란의 요인이 되어왔다. 조선 시대 내내 조세는 농민에게 가장 큰 질곡이었지만 그럼에도 불구하고 왕조의 정통성에 기초하여 최소한의 정당성을 인정받았고 수취 제도의 불철저함과 탄력적 운용이 농민의 생존을 보장하는 데 기여하였다.

일제는 통감부 설치 이후 한국의 조세 수취 제도를 근대적인 형태로 변화시켰다. 또 주세·연초세·호세 등의 새로운 세금의 부과와 함께 일단 부과된 세금은 강권적인 경찰력을 동원하여 철저하게 거두어들이고자 했다. 식민지 권력에 의해 부과된 현금 조세는 농민의 생활상의 위기를 크게 고조시켰을 뿐 아니라 조세의 정당성에 대한 강력한 반발에 부딪히게 되었다. 의병은 바로 이러한 농민의 조세 수취에 대한 저항을 적극적으로 포용함으로써 지방 농민과의 결합을 강화시킬 수 있었다. 의병은 일제의 조세 행정을 담당하고 있던 면장·이장·세무서 관리 및 공전영수원 등을 가혹하게 처형함으로써 그들이 일제의 조세 수취의 하수인이 되지 못하도록 할 뿐 아니라 그들이 거두어놓은 세금을 빼앗아 의병 운동의 자금으로 사용하였다. 또한 러일전쟁 후 급격히 늘어난 일본인 농업 이민자나 상인들의 경제적 침탈을 징계하고 그들을 지방 사회에서 축출하는 일에도 적극적이었다. 또 시장 상황을 이용하여 경제적인 부를 축적하던 일부 한국인 부호들도 공격의 대상이 되었는데 이들에 대해서는 앞서의 조세 행정 담당자들과는 달리 가혹한 신체적인 공격은 많지 않았고 주로 의병의 자금을 조달하고 국가의 위기를 틈타 개인의 이익을 탐하는 것에 대한 윤리적인 훈계의 형태에 머무른 것이 많았다. 그러나 이것 역시 지방 사회에서의 농민층의 반봉건 의식과 관련되어 있었다.

의병들은 지방 사회에서 일제의 침략을 환영하고 친일의 전위대가 되어 지방 사회의 식민지적 지배 구조의 말단을 점하고자 하던 친일 집단들, 예컨대 일진회원이나 한인 순사 그리고 헌병 보조원 등에 대하여 매우 철저하게 공격하였다. 이들은 식민지 권력에 아부하는 반민족적 인물이었을 뿐 아니라 식민지 권력에 의지하여 경제적인 이권의 장악에도 혈안이 되어 있던 자들이었다. 이들에 대한 공격은 의병 운동의 민족주의적인 성격을 가장 전형적으로 나타내주는 것이지만 이것 역시 지방 수준에서는 민중의 생활상의 문제와 무관하지 않은 것이었다.

결론적으로 의병의 이러한 활동을 통해 의병 운동의 생명력이 '의병과 민중의 생활상의 결합'에서 비롯되었던 것이라고 말할 수 있겠다. 의병 운동은 다양한 형태로 진행되던 일제 식민지 침략에 대항하는 총체적인 민족 운동이었다고 말할 수 있다. 의병 운동을 주도하였던 의병의 모습 속에서 농민적인 성격과 민족적인 성격이 함께 결합하고 있음을, 침략에 대한 저항과 함께 근대 국가의 형성을 지향하는 힘이 함께 성장하고 있음을 확인할 수 있는 것이다.

제3부　근대 국가의 좌절과 식민지하 농민

제8장
무단 통치기 식민지 권력과 농업 정책

1. 머리말

1910년 한국을 식민지로 병탄하는 데 성공한 일본은 식민지 권력 기구인 총독부를 통해 본격적인 식민지 통치를 시작하였다. 총독부에 의해 총괄되던 식민지 지배 정책은 보다 포괄적으로는 일본 제국주의의 대외 정책에 기초하여 구상되고 추진되는 것으로서 일본은 이미 식민지로 병탄했던 琉球, 대만에 이어 한국을 식민지화하는 데 성공함으로써 보다 광범위한 영역에 걸친 제국주의 국가로서 팽창하려는 본격적인 발걸음을 내디딘 셈이었다.

강제 병합 직후의 식민지 지배 정책은 크게 두 가지 틀 속에서 진행되었다. 흔히 무단 통치라고 불리는 헌병 경찰 제도에 의한 전사회적 감시 체제의 구축이 그 첫째의 틀인데 비록 무력에 의해 병합에 성공하기는 했으나 이에 대한 한국인의 저항이 매우 완강하였기 때문에 한국에서의 민족적 저항을 탄압하고 식민지 권력의 지배권을 확립하기 위하여 매우 강압적이고 폭력적인 수단들이 동원되었던 것이다. 두번째는 식민지 한국의 산업을 어떤 방식으로 수탈하고 이용할 것인가 하는 경제적 수탈 정책이었다. 이것은 식민지를 경영하려는 제국주의 국가들 일반에게서 발견되는 특징의 하나로서 1910년대의 주요한 정책이었던 토지 조사 사업이나 쌀의 생산과 유통에 대한 여러 가지 정책들이 모두 이와 관련된 정책이었다.

총독부에 의한 농업 정책의 내용은 시기별로 그 구체적인 내용과 방식에 변화가 있었다. 1910년대의 토지 조사 사업이나 1920년대의 산미 증식 계획, 그리고 1930년대의 농촌 진흥 운동이 각 시대마다의 상황에 따라 다른 내용들을 담고 있었던 것이다. 그렇기는 하지만 이들 농업 정책들이 일본 자본주의의 발전 정도와 사회 문제의 성격에 일차적으로 규정되면서 제국주의적 팽창을 실현하려는 정책이었다는 점에서는 본질적으로 동일한 것이었다. 각 시기별 농업 정책이 갖는 구체적인 성격들을 차별적으로 인식하면서도 일제 시대 전반을 통해 일관되게 유지되어온 식민지 정책으로서의 특성을 포착해내는 일이 중요한 과제인 셈이다. 1910년대의 농업 정책은 일제의 식민지 지배 정책의 첫 출발이었던 만큼 이후의 식민지 농업 정책의 기본적인 성격을 파악하기 위해 반드시 논구해야 할 문제라고 할 것이다.

2. 1910년대 일본 제국주의와 식민지 지배 정책

1905년 한일의정서를 강요하여 한국을 실질적인 반식민지로 만든 일제는 한국에 대한 식민지 정책의 방향을 "정사상 · 군사상에 있어 보호의 실권을 거두고 경제상에 있어서는 더욱더 우리(일본) 이권의 발전을 도모함"에서 찾았다.[1] 일제의 한국 침략이 자국의 정치 군사적 세력 확충을 목표로 함과 아울러 경제적 측면에서 이권을 확보하려는 목적을 함께 지니고 있었음을 잘 보여준다. 일제의 이러한 목표는 제국주의 일반의 특성과 크게 다르지 않지만 일본 자본주의의 발

---

1) 권태억, 『조선 면업사 연구』, 일조각, 1990, p. 182.

달 정도가 낮았고 무력적인 대외 팽창 정책과 매우 밀접했던 까닭에 정치 군사적 측면이 보다 강하게 드러나고 경제적인 이권 침탈의 방식 역시 매우 강압적인 수탈성을 나타내었다.

한국의 식민지화는 정한론 이래로 대륙으로의 팽창 정책을 모색해온 메이지 정부의 정치적 목표를 실현하는 중요한 발판을 마련한 것이었다. 그러나 오랜 역사 속에서 독자적인 정치 공동체를 유지해왔던 한국인들이 일제의 강압적인 병탄을 그대로 용인할 리 없었기 때문에 일제의 식민지화는 출발부터 매우 불안정할 수밖에 없었다. 심리적으로 식민지 지배를 용인하지 않았음은 물론이고 일제의 식민지 지배를 부정하기 위한 정치적·무력적인 움직임 또한 매우 강렬하였다. 총독부로서는 지배층에 대한 위협으로 국권을 뺏는 데 성공하였지만 한국인 일반의 민족적 저항과 투쟁을 탄압하고 식민지 권력의 지배력을 확립하기 위하여 더욱 폭력적인 수단에 의존할 수밖에 없었는데 1910년대의 무단 정치는 바로 이러한 상황의 산물이었다. 현역 군인을 총독으로 하고 헌병 경찰로 모든 사람을 감시하며 무법적인 억압과 통제를 일삼던 무단 정치는 1919년 3·1 운동의 결과 소위 문화 통치로 변화할 때까지 한국인을 지배하던 총독부의 기본적인 정책이었던 것이다.

바로 이 무단 통치의 성격과 짝을 이루어 추진되었던 농업 정책이 토지 조사 사업과 쌀의 상품화를 위한 여러 농업 정책들이었다. 토지 조사 사업은 토지 소유권에 대한 형식상의 근대적 법인 제도를 도입하는 것을 기화로 막대한 국유지를 강제로 창출하고 일본인의 토지 지배를 원활하게 하려는 정책이었다. 수많은 토지 소유권 분쟁이 야기되었고 한국인 농민들의 경제적 지위가 매우 불안정하게 된 것도 이 정책의 결과였다. 또한 이 시기에는 토지 조사 사업과 병행하여 농업 생산 및 유통과 관련한 정책도 적극적으로 추진되었는데 그것이 바로 한국의 쌀농사를 일본 시장의 요구에 맞도록 개편하기 위한 일련의 강제적인 농업 시책들이었다. 한 연구자는 이를 '미작 개량 정책'이라고 부르고 있는데 여기서는 쌀의 대일 상품화를 중심으로 살펴보려고 한다.[2]

I. 1910년대 일본 자본주의와 농업 문제

일제가 식민지 경영의 구체적 방안으로 내세웠던 농업 부문의 정책은 한국을 식량 및 원료의 공급지로 재편하는 것을 제일로 하고 다음으로 일본 농업 이민을 장려하는 것으로 되어 있었다.[3] 20세기에 들어와 일본 자본주의가 부딪쳤던 식량의 부족, 원면의 공급 부족 그리고 과잉 인구 문제 등이 식민지 경영의 방식과 직접적으로 관련되어 있었던 것이다.

1880년대 후반부터 강력한 정부와 기생 지주제를 기반으로 성장한 일본 자본주의는 점차 인구의 증가, 도시 소비 인구의 증대, 식생활의 변화 등에 따른 쌀 부족 현상에 부딪혔다. 1889년, 1890년의 대흉작으로 일시적인 쌀 소동을 겪었던 일본은 1890년대말부터 항상적으로 쌀 부족으로 인한 고통을 겪게 되었다.[4] 이것은 경제적인 문제이기도 했지만 도시 중산층 및 하층민의 생존과 관련된 사회 문제이기도 했다. 일본의 쌀 문제가 훨씬 심각한 사회 문제로 부각된 것은 1918년의 쌀 소동 이후라고 할 수 있으나 실제로 쌀의 만성적 부족 현상, 그로 인한 쌀의 상품화와 가격 변동에 따른 사회적 불안은 이미 그 이전부터 계속되었던 것이다.

---

2) 정연태는 이 시기의 식민지 농업 정책을 '미작 개량 정책'이라고 부를 것을 제안하였다. 실제로 이 시기의 정책이 쌀의 품종 및 상품화 과정에서의 개량을 목표로 한 것은 틀림없지만 '개량'이라는 현상보다는 '상품화'라는 것이 더욱 본질적인 성격을 드러낸다고 생각한다. 정연태, 「1910년대 일제의 농업 정책과 식민지 지주제」, 『한국사론』 20, 1988, pp. 415~17.

3) 권태억, 앞의 책, p. 183.

4) 暉峻衆三, 『日本農業問題展開』 上, 東京大學出版會, 1970, p. 91.

따라서 일본이 자신들의 쌀 부족 현상을 타개하기 위하여 한국에서 생산되는 쌀에 관심을 가진 것은 자연스러운 일이었다. 한국은 거리상으로 가까운 곳에 있을 뿐 아니라 쌀의 종류나 질이 상대적으로 일본인의 기호에 맞는 것이었기 때문에 더욱 그러했다. 한국의 개항장은 일찍부터 일본 상인들에 의해 일본으로 쌀이 이출되는 통로로서 기능하였고 특히 대표적 쌀 생산지인 호남 지방의 목포와 군산이 개항된 1890년대말 이후로는 그 이출 속도가 급격히 늘어났다. 일본 상인들은 쌀의 이출을 확대하기 위하여 불법적으로 내지에까지 들어와 쌀을 매입하기도 했고 그로 인해 지방에서의 갈등이 증폭되기도 했다.

1904년 러일전쟁을 계기로 일본 제국주의는 한국에 대한 본격적인 침탈을 개시하였다. 이 전쟁에서의 승리로 한국에 대한 배타적인 지배권을 얻어냈을 뿐 아니라 전쟁과 군비 확충을 중심으로 한 일본 자본주의의 발전 과정에서 여러 사회 문제들이 나타남에 따라 식민지 침탈 요구가 보다 강하게 분출하였다. 통감부 설치 이후 강제 합병에 이르는 시기는 일제가 식민지 침략의 정책을 구체적으로 실현시켜나가는 기간이었다. 당연히 쌀의 문제는 핵심적인 것 중의 하나였는데 러일전쟁 이후 일본에 이입되던 외국산 미곡 가운데 한국산의 비중은 대체로 20% 이상을 유지하였고 1910년 이후에는 급격히 증대하였다.[5] 뿐만 아니라 일본군의 한반도 및 만주로의 침략이 계속되면서 일본군의 해외 주둔이 확대되었고 이들에 대한 쌀의 공급이 중요한 문제로 대두되었다. 1910년 현재 만주에 거주하는 일본인의 숫자는 무려 7만에 이르렀다고 하고 이들에게 필요한 쌀은 주로 한국에서 공급되었다.[6] 왜냐하면 이들에게 일본 쌀을 공급하는 것보다 한국 쌀을

---

5) 정연태, 앞의 글, pp. 418~19.
6) 대련 부두 만철 사무소의 통계에 의하면 그곳에서 수입하는 쌀의 87%가 한국산이었다. 『조선총독부 월보』 2~3, 1912년 3월; 정연태, 앞의 글, p. 421에서 재인용.

공급하는 것이 저렴하였기 때문이다.[7]

그런데 러일전쟁 이후부터 제1차 세계 대전을 겪은 1910년대 중반까지는 식민지 쌀에 대한 관심보다는 일본 내에서 기생 지주제를 강화하고 국가 권력을 이용한 증산 정책을 실시함으로써 쌀 문제를 해결하려는 입장이 더욱 강한 힘을 지녔던 것으로 보인다. 일본 내에서 기생 지주제의 주도적 역할을 담당하던 호농층이 쌀의 상품화를 통한 부의 축적에 적극적으로 나선 한편 지주가 주도하는 농업 개량 정책들을 적극적으로 추진하였기 때문이다. 1910년 일본의 지주들은 전국적인 계통 조직으로서 제국농회를 결성하고 지주의 농업자 이익 집단으로서의 정치적 힘을 확대시키려 했다.[8] 그러나 점차 보다 값싼 쌀의 공급을 강력히 요구하는 도시 노동자 및 자본의 요구와 모순을 일으키게 되었고 지주층의 정치적 영향력이 감소함과 함께 식민지로부터 쌀의 도입을 적극적으로 추구하려는 방향이 모색되었다.[9] 그리하여 1913년 일본은 한국 쌀의 이입세를 폐지하였다. 이것은 식민지로부터 쌀을 수탈하여 일본 자본주의가 낳은 사회 문제를 해결하려는 정책이었다. 이 과정에서 자본가들과 기생 지주층간에는 다소의 이해 대립이 없지 않았지만 결국은 한국 쌀에 대한 관세가 철폐됨으로써 보다 많은 쌀이 일본으로 이출되는 제도적인 바탕을 마련하였다. 이로써 일본 내의 기생 지주의 힘은 상대적으로 약화되었지만 대신 식민지에서 보다 수탈적인 지주제가 확대되기에 이르렀다.

일본 자본주의가 부딪친 또 하나의 문제는 면직업을 중심으로 생산된 자본제적 상품의 판매였다. 초기 영국산 면직물의 중개 무역 단계를 벗어나 본격적인 면직물의 대량 생산 체제를 갖추기 시작한 일본은 안정된 면사 및 원면의 공급이 필요했고 동시에 자신들이 생산

---

7) 『한국중앙농회보』 2-1, p. 47.
8) 暉峻衆三, 앞의 책, p. 177.
9) 暉峻衆三, 앞의 책, pp. 177~80.

316

한 면직물의 판매 시장이 필요하였다. 일제는 한국이 원면의 공급지로 적합할 것으로 생각하였고 이를 위해 한국의 재래 면직업의 발전을 억압하였다.[10] 동시에 면직물의 판매를 위하여 한국 농민을 시장 경제로 끌어들여야 했다. 그것이 바로 미곡의 상품화를 통한 화폐 경제의 확산이었는데 한국의 곡물 수·이출 증감은 바로 한국인의 구매력 증감과 직결되며 그것은 다시 일제 공산품의 한국 판매에 커다란 영향을 미치게 되는 것이기 때문이었다.[11] 일제의 식민지 농업 개발은 일본 자본주의의 이러한 측면과 직결되어 있었던 것이다.

II. 무단 통치의 성격

한국을 식민지로 강제 합병한 일제는 조선총독부를 두어 식민지를 지배하였다. 일제는 강제 병합 직전인 1910년 6월 각의에서 "조선에는 당분간 헌법을 시행하지 않고 대권에 의거해 통치할 것"과 "총독은 천황에게 직속하고 조선에 대한 일체의 정무를 통할할 권한을 가질 것"을 결정하여 헌법적인 규정 없이 총독의 일방적이고 자의적인 통치가 가능할 바탕을 마련하였다.[12] 조선총독부는 한국에서의 입법·사법·행정의 3권을 한 손에 장악하고 헌병 경찰 제도에 의한 무단 통치를 통치의 근간으로 삼았다. 헌병 경찰제는 한국인의 일상 생활에 대한 폭압적 감시와 통제를 위한 것으로 민사상의 활동은 물론이고 생사 여탈권 자체를 헌병 경찰이 장악하고 있는 셈이었다.[13]

---

10) 권태억, 앞의 책, 제3장.
11) 다음의 글은 이러한 생각을 잘 드러내고 있다. "한국의 농사 개량을 도모하여 농산물의 산액을 증가시켜 그 수출액을 증가시키는 것은 단지 한국을 부유케 할 뿐 아니라 일본국으로부터 수입품의 증진을 촉진시켜 일본국에 유익한 바 실로 적지 않을 것." 『한국중앙농회보』 2, p. 2.
12) 박경식, 「합병 후 한국에 대한 시정 방침 결정견」, 『일본 제국주의의 조선 지배』, 청아출판사, 1986, p. 30.
13) 예컨대 '헌병 경찰의 업무'에 의하면 폭도의 토벌, 첩보의 수집과 같은 군사적인 일, 검사 사무 대리, 민사 쟁송의 조정과 같은 사법적인 일을 비롯하여 납세 의무

무단 통치의 전근대적이고 폭압적인 성격은 '조선태형령'과 '범죄 즉결례'에서 잘 드러난다. 조선태형령은 3개월 이하의 징역 또는 구류에 해당하는 자를 태형으로 처벌할 수 있게 한 것인데 비인도적이고 잔혹한 법의 전형과도 같았다. 태형 도중 죽으면 면장에게 통고하는 것으로 그만이었다. 이 태형령의 대상은 3개월 이하의 징역에 해당하는 범죄로 되어 있는데 이것은 일반인의 일상 생활에서 언제나 일어날 수 있는 것이었을 뿐 아니라 법치주의가 전혀 실현되어 있지 않은 식민지 통치하에서, 더구나 헌병 경찰제가 시행되고 있는 상황에서는 모든 사람에게 적용 가능한 것이었다. 태형은 1910년대 내내 한국인의 일상 생활에 미시적으로 작용하는 식민지 권력의 잔인함을 상징적으로 보여주는 것이었다.

강제 합병 직후인 1910년 12월에 제정된 범죄즉결례는 구류나 태형에 해당하는 죄나 3개월 이하의 징역에 해당하는 죄는 재판소의 판결을 거치지 않고 경찰서장 또는 헌병대장이 즉결하는 것을 규정한 것이었다. 이것은 태형령과 함께 한국인의 일상 생활에 상당한 공포와 억압의 기제가 되었다.

일제가 강제 합병 직후의 식민지 통치를 무단정치의 형태로 하게 된 데에는 무엇보다도 한국인의 강렬한 저항 때문이었다. 그들 스스로 고백하듯 일제의 식민지 통치를 전혀 받아들이지 않으려는 한국인의 저항으로 인해 일상적인 사회 질서의 유지가 어려웠기 때문이었다. 조직적인 반일 투쟁은 무력으로 진압할 수 있었지만 일제의 식민지 지배를 용인하는 한국인은 극소수의 친일파를 제외하고는 전무하였다. 일제는 헌병 경찰을 통한 무단 통치로서만 식민지에 대한 지배를 수행할 수 있는 상황이었다.

의 유시, 농사의 개량, 노동자 단속에 이르기까지 거의 모든 영역에 일방적이고 강제적인 통제를 가할 수 있었다. 박경식, 앞의 책, p. 44.

3. 식민지 농업 정책의 내용

총독부는 당시 일본 사회가 해결하지 않으면 안 되었던 사회 문제들, 특히 쌀의 부족이나 도시 과잉 인구의 문제, 상품 판매의 시장 확보 등의 과제를 식민지 경영을 통해 해결하려 했다. 그리고 이를 위해 한국에 대하여 행정적·관료적인 지배를 보다 확실하고 철저하게 구축하는 일이 중요한 과제였다. 이 시기의 농업 정책은 바로 이러한 식민지 정책에 의해 채택되고 추진된 것이었다.

I. 수출 상품화를 위한 품종 개량

일제의 식민지 농정에서 보여지는 두드러진 특징 가운데 첫번째로 꼽을 수 있는 것은 쌀의 상품화를 증진시키려는 여러 가지 노력들이었다. 조선시대에도 쌀은 언제나 시장에서 판매되었고 특히 개항 후에는 쌀이 가장 대표적인 상품이었기 때문에 상품화를 촉진시키는 것 자체가 별다른 의미가 없어 보일 수도 있다. 그러나 이때의 상품화는 일본 시장에서 원하는 바로서 특화된 상품화를 말하는 것이고 그러한 쌀의 생산을 위해 한국의 농업 생산 구조를 전면적으로 개편하는 것을 말하는 것이다. 상품화의 목적 자체가 일본이 요구하는 값싼 쌀의 안정적 공급에 있었기 때문에 농업 생산 품목을 쌀 중심으로 개편하고 품종을 일본 품종으로 바꾸며 조제와 건조·포장을 일본식으로 하도록 하는 것이 이러한 노력의 주요한 부분을 이루었다.

이를 위한 첫 사업은 품종 개량 사업이었는데 이것은 쌀의 생산에 있어서 일본 품종으로의 교체를 의미하였다. 원래 일본 종자가 수입·재배되기 시작한 것은 목포 지방의 상인들이 일본 농상무성에 의뢰, 벼와 면화의 종자를 수입하였던 때부터였다고 한다.[14] 특히 일본 상인들은 통감부에게 쌀의 품종 개량과 조제 방법의 개선을 요구하였는데 그 이유는 말할 나위도 없이 생산된 쌀의 상품성을 높이기 위한 것이었다.[15] 쌀에 대한 주된 수요가 일본이었고 또 일본의 경제력이 상대적으로 나았기 때문에 한국 품종은 일본 품종에 비해 값이 낮을 수밖에 없었다. 1910년 군산상업회의소에서 조사한 바에 따르면 군산 지방에서 일본종 고천수(高千穂)와 조신력(早神力)이 각각 1석당 9원 30전과 9원 10전에 거래되는 데 비하여 한국 재래종은 8원 80전에 머무르고 있었다.[16]

일본인 상인의 관점에서 볼 때 한국의 재래종은 무엇보다도 품종이 많고 표준화되어 있지 않았다. 1911, 12년 총독부의 조사에 의하면 재래종의 수는 논벼와 밭벼를 합쳐서 1,451종에 달하였고 더구나 같은 논에도 여러 종자가 혼식되어 있었다.[17] 일제는 이러한 재래종을 모두 일본 품종으로 바꾸는 것이 중요하다고 판단하였다. 그것은 일본 상인이나 지주들의 이익을 확보해주는 것이면서 동시에 일본 자본주의가 요구하는 값싼 쌀의 공급을 가능케 해주는 것이기 때문이었다. 따라서 일제는 한국에서 생산되는 쌀을 일본 시장에서 요구하는 상품으로 만들기 위하여 품종·조제 등의 전과정에 걸친 '개량'을 추진하였던 것이다.

품종을 일본 품종으로 바꾸려는 정책이 시작된 것은 이미 통감부 시절부터였다. 1906년 통감부는 권업모범장을 설치하고 품종 개량에 최우선 순위를 두고 일본 품종의 보급에 노력하였다. 품종 개량과 그 보급을 위하여 종묘장·채종전 등을 운영하였고 각 군면에 채종전을

---

14) 『韓國土地農産調査報告』(경상도·전라도), 1905, p. 420.
15) 일제 농정 당국 스스로 상품 가치를 지닌 생산 부문에 품종 개량이 행해지는 것은 당연하다고 생각하고 있었다. 小早川九郎, 『조선 농업 발달사』(발달 편), 1943, p. 196.
16) 『한국중앙농회보』 5-1, p. 56.
17) 小早川九郎, 앞의 책, pp. 212~13.

설치, 개량 품종을 배부·경작시키고 지방비를 보조하였으며 각종 농사 강습회나 농사 강연회 등을 실시하면서 품종의 교체·개량을 추진하였다.[18] 특히 전북 지방은 다른 지방에 비하여 일찍부터 일본 품종으로의 전환이 이루어졌는데 그것은 이 지역이 일찍부터 쌀 생산지였을 뿐 아니라 일본 농업자의 이주가 가장 활발한 곳이기 때문이었다. 권업모범장의 군산출장소가 1907년 설립된 이후[19] 이곳의 주최에 따라 단기 잠업 강습회가 개최되었으며[20] 군수들과의 협조하에 양잠업 등을 장려하였다.[21] 또한 각 지방에 농림학교를 신설하기도 했고[22] 개량 품종의 보급, 벼의 건조 조제, 잠업 장려, 육지면 보급 등을 결의하였다.[23] 지주제가 발달하였던 이 지역에서 쌀의 상품화를 주도한 층은 지주층이었고 이들은 점차 확대되어가는 상품화에 편승하여 이익을 극대화하기 위해 품종을 일본 품종으로 바꾸는 주도적인 역할을 수행하였다.

그러나 1910년대 초반까지 일본 품종의 보급율은 매우 낮았다. 1912년 현재 일본 품종의 보급율은 전국 평균 2.8%에 지나지 않았고 가장 앞선 지역인 충북과 전북 지방조차 10%를 넘어서지 못하는 수준이었다. 그러나 무단 통치하에서 총독부의 강압적인 농업 정책이 실시되면서 일본 품종의 보급율은 급격히 증대하여 1915년에는 전국 평균 26.5%, 전북의 경우는 50%를 상회하는 수준이 되었고 1919년에는 전국 평균이 52.5%로 절반을 넘어섰으며 경북 지방의 경우는 무려 80.8%에 달하였다.[24] 이처럼 일본 품종의 이식은 식민지 행정

---

18) 『조선농회보』 6-11, p. 55.

19) 『한국중앙농회보』 2-2, p. 56.

20) 『한국중앙농회보』 2-6, p. 94.

21) 『한국중앙농회보』 2-9, p. 45.

22) 『한국중앙농회보』 4-6, p. 22.

23) 『조선농회보』 11-7, p. 25.

24) 정연태, 앞의 글, p. 446의 〈표-5〉 참조.

기구와 일본인 지주 양측에서 함께 주도한 식민지 농정의 정책이었고 식민지 권력 기구 및 지주제를 근간으로 하여 추진되었던 것인데 채 10년이 되지 않는 기간에 상당한 교체가 이루어졌다는 사실은 식민지 농정의 억압성과 강제성을 말해주는 것이 아닐 수 없다.

II. 수리 체계의 정비

일제가 식민지 경영을 통해 얻고자 한 것이 쌀인 만큼 논농사를 위한 수리 체계의 정비는 매우 중요한 농업 정책의 대상이었다. 전통적으로 한국의 농업이 논농사 중심이었기 때문에 수리 체계의 중요성은 일찍부터 강조되어왔던 것이지만 조선 후기 이래 제대로 정비되지 못하여 수리의 불안정성이 높았던 것도 사실이었다. 또한 비교적 값이 싼 땅을 대규모로 사들인 일본인 지주들과 농사 경영자들도 자신들의 경제적 이익을 위해 수리 체계의 정비에 큰 관심을 기울였다. 수리 체계에 있어서도 식민지 권력과 일본인 지주들의 이해가 깊이 결합되면서 진행되었던 것이다.

일제가 수리 방식의 개선을 위해 행한 사업은 크게 두 가지였다. 하나는 조선 시대 수리 기술의 핵심이라 할 수 있는 전통적인 제언 및 보의 개량·수축이었고 다른 하나는 수리조합 방식을 도입하는 것이었다. 제언은 전통적인 수리 시설 가운데 가장 중요하고 효율적인 것이었지만 조선 후기 이후 제대로 관리되지 않아 전반적으로 황폐화된 경우가 많았다. 일제는 통감부 시절부터 전통적 수리 시설의 복구와 개량을 강조하였는데 이는 일본으로부터 이주한 일본인 농사자들의 강력한 요구가 있었기 때문이었다. 일제는 다소의 자금을 '은사금' 또는 보조금이라는 명목으로 각 지방에 살포하고 행정 지도를 통해 훼파되어 있던 제언들의 복구와 수축을 꾀하였다. 총독부가 조사한 제언 및 보의 수축 상황을 보면 일본인 농업 이민자가 가장 많았던 전북과 전남 지방에 가장 많은 투자가 이루어졌고 수축된 제언 수도 가장 많았다.[25] 전북에서는 식민지 권력을 이용하여 제언계를 조직케 하기도 했다.[26] 그러나 실제 농업 기술의 측면에서는 별다른 진전이 있었던 것은 아니었다. 일제의 영향은 행정력을 동원하여 한국 농민의 노동력으로 전통적인 수리 조직인 제언·보를 보수·개축하고 그 운영을 강화시킨 것에 불과하였다.

수리 조직에 있어서 새로운 변화를 가져온 것은 수리조합이었다. 일제는 대한제국 정부로 하여금 1906년 '수리조합조례'를 제정·공포케 하였다. 이 조례는 대체로 1890년에 일본에서 제정되었던 '수리조합조례'에 준한 것으로 보이는데 그 목적은 "수리에 유하야 토지의 관개, 소통, 개척 보호에 관한 사업"을 위한다고 되어 있었다.[27] 물론 조합원은 사업 구역 내에 토지를 지니고 있는 토지 소유자로 한정되어 있었고 이들은 탁지부 대신의 지휘·감독을 받아 관리하도록 규정되어 있었다. 이어서 1908년에는 '수리조합설치요항' 및 '모범조례'를 발포하여 수리조합의 조직을 실질적으로 장려하고자 하였다. 이러한 것은 대체로 1890년대 일본에서 제정되었던 수리조합조례에 준한 것으로 물의 이용과 관리를 관장하는 독립된 조합을 설립하는 것이었다. 수리조합은 행정 조직이나 촌락 공동체와 별도로 수리에 관한 모든 권한을 지닐 수 있게 되어 있어서 조합을 설립하는 지주들의 이익이 극대화될 수 있는 제도였다. 이후 1917년 수리조합조례가 상세한 세부 규정을 담은 '조선수리조합령'으로 바뀌게 되었다. 조선수리조합령은 그 목적을 "관개·배수·수해 예방 및 조선토지개량령 제1조에 따른 토지 개량을 할 필요가 있을 때 수리조합을

---

25) 1911년에 실시된 제언 수축은 남부 지방에 총 67개소였는데 그 가운데 전북 지방이 28개소로 가장 많았고 투입된 공사비도 다른 5도의 총합보다 전북 지방이 더 많았다. 1913년에도 비율은 낮아지지만 역시 전북 지방에 가장 많은 제언 수축이 이루어졌다. 『조선농회보』 8-1 및 11-10.

26) 『조선농회보』 7-5, p. 49.

27) '수리조합조례' 제1조.

설립할 수 있다"고 하고 "수리조합은 법인이다"라고 함으로써 법인격의 성격을 부여하였다.[28] 법인격을 갖춘 수리조합은 몽리 구역 내에 거주하는 농민들의 연합체라는 성격보다 그 자체의 독자적인 사업 기구로서의 주체성이 부각되는 제도였고 그런 점에서 대지주들의 이익이 수리조합을 통해 보편화되는 측면이 매우 강했다. 곧 이어 조선수리조합령 시행 세칙이 발표되었다. 한편, 1919년 4월에는 '수리조합보조규정'이 제정되어 조합 구역 확장시 답사 및 조사에 대한 절차가 만들어졌고 1927년에는 '조선하천령'이 제정되어 모든 하천 및 그 부속제방의 국유화와 국가 관리가 법제화되었다. '조선수리조합령'과 '조선하천령' 등은 1920년대에 일제의 강력한 식량 확보책으로 진행되었던 산미 증식 계획의 실질적인 근거 법령으로 작용했던 것이다.

이 수리조합 사업이 가장 일찍부터 활발하게 전개된 지역은 쌀농사 중심지이자 일본인 농업자들이 가장 많이 건너와 있던 전북 지역이었다. 즉 "조선에서 가장 일찍 수리조합 사업에 착수한 것은 전주 평야로서 실로 조선 전토 조합 총수의 7분의 5를 점하였다"고 할 정도였다.[29] 전북에서 이들 수리조합의 설립이 가장 활발하게 이루어지게 된 것은 무엇보다도 당시 군산 지역을 중심으로 일본인 대지주들이 가장 밀집해 있었기 때문이었다. 이들은 이미 1906년경부터 군산 농사조합을 설립하고 그들의 농업 경영상의 이익 확보를 위한 집단적인 활동을 하였는데[30] 이들이 주로 소유한 만경강 주변의 불안정한 물 사정을 극복하기 위해 수리 사업의 중요성을 계속 강조하였다. 초기의 일본인 농업 경영자의 한 사람이었던 등정관태랑(藤井寛太郎)은 수리 관개의 확보가 이 지역의 지배와 수탈에 있어서 가장 급선무

---

28) '조선수리조합령' 제1조.

29) 『조선농회보』 8-5, p. 14.

30) 물론 이들 일본인 지주들의 수리 사업을 행정적 · 기술적으로 뒷받침한 것은 당시의 식민지 권력 기구였다. 『한국중앙농회보』 4-3, p. 42.

라는 생각을 시종일관 지니고 있었던 자였다.[31] 여기에 당시 군산에 설치되어 있던 권업모범장의 식민지 개발 의욕이 결합되면서 옥구·익산 지방을 중심으로 하는 수리 관개 시설의 설치가 강화되었다. 다음 표는 1910년대 전북 지역에 설립되었던 수리조합의 종류와 사업의 내용을 정리한 것이다.

〈표-1〉　　　　　　　　1910년대 전북 지역 수리조합

수리조합명	연 도	주도자	주요 사업 내용
옥구 서부	1908년	지방 유력자 김상희 군산재무서의 권유	米堤와 船堤의 복구·수로 보수
임익	1908년	일본인 대지주	腰稿堤의 복구·수축
임익 남부	1909년	大倉喜八郎 등 일본인 대지주	자연 유입에 의한 관개 개선 도수로 및 제방 수선
전익	1909년	만경강 일대의 대지주	민영익의 사설 관개수로 매입·확장
임옥	1910년	宮崎佳太郎 등 대지주 동진강 유역 대지주	임익남부수리조합의 겨울 잉여수를 임피 지역으로 끌어들여 자연 유입에 의한 관개 개량 계획
고부수리조합	1913년	동척·식민지 관료	재래의 蟹洑을 이용, 보다 큰 저수지 수축

＊『조선농회보』 8-5, pp. 14, 119 이하;『조선 산업 지침』 상, pp. 645~724 참조.

---

31) 藤井寬太郎은 大阪의 미곡 상회였던 藤本合資會社의 사원으로 1904년 渡韓한 이래 곧 전북 지방의 대규모 토지를 매입, 농업 경영에 참여하고 농사 회사로서 不二興業株式會社를 설립하였다. 그는 자신의 토지가 주로 수리가 불안정한 하등답이었던 관계로 식민지 농정의 기본 방향이 농사 개량보다는 수리 사업을 중심으로 하는 토지 개량에 주어져야 한다는 신념을 가지고 있었으며 일제 통감부 권력과의 결탁 속에서 전북 지방 수리 사업의 추진자로서 활동하였다. 淺田嶠二, 「舊植民地朝鮮に於ける日本人大地主階級變貌過程」, 『農業綜合研究』 19권 4호, 1965; 藤井寬太郎, 『朝鮮土地談』, 大阪, 1911 등 참조.

위의 6개의 수리조합은 1919년까지 한국에 설립되었던 수리조합의 대부분을 차지하는 것이다. 이들 수리조합을 보면 거의 모두 일본인 대지주들과 식민지 권력 당국, 그리고 소수 한국인 대지주들이 중심이 되어 추진된 것이라는 것을 알 수 있다. 그런데 이 시기의 수리조합은 주로 기존의 수리 시설을 개축·보수하거나 새로운 수로를 확보하는 정도의 수리 사업을 목표로 한 것으로 그 투자 규모가 크지 않았다. 새로운 수리 시설을 계획하는 경우에도 기존의 수로나 지형을 이용하는 데 머물렀다. 따라서 이들 수리조합은 기본적으로 전통적인 수리 시설의 수축 사업과 궤를 같이하는 것으로 과도한 자금 부담을 필요로 하지 않는 범위에 국한된 것이었다.

그러나 수리조합 설립 그 자체가 식민지 권력의 기술적·재정적·강권적 비호 없이는 이루어지기 어려웠고 이 점에서 수리조합의 설립 그 자체가 지주층과 식민지 권력과의 제도적 유착의 한 모습을 보여주는 것이었다. 모든 수리조합의 임원은 식민지 권력 기관에 의해 임명되며 그들의 감독을 받아야 했다. 수리조합 설립을 계획하는 지주들은 식민지 권력 기관으로부터 기술적인 자문과 재정적인 도움을 필요로 하기도 했다. 일본인 지주들이 이러한 점에서 한국인 지주보다 훨씬 유리했음은 말할 필요가 없지만 한국인 지주들 역시 수리조합의 설립 과정에서 일제 식민지 권력 기관과 연결되지 않을 수 없었던 것이다.

결국 이 시기의 수리조합의 성격은 전통적 수리 체계의 운영과 관리를 식민지 권력의 통제 아래 지주층에게로 이양시키는 제도적인 기구였다는 점에서 찾아질 수 있다. 이러한 제도적 이양이 이루어진 후 1917년에는 본격적인 지주 중심의 농정을 위한 제도적 조치의 하나로 '조선수리령'이 제정되었고 1920년대의 산미 증식 계획이 수리조합을 통해 강력하게 전개될 수 있었다.

III. 일본 농사 도구의 도입 및 시비 개량

일본 농업의 이식과 관련하여 중요하게 검토할 것의 하나가 바로 농사 기구이다. 1906년 이래 통감부는 권업모범장과 기타 기관들을 동원하여 조사를 하고 1908년부터 일본제 농구를 개량 농구로서 배부하기 시작하였다.[32] 그러나 처음부터 보급된 농구는 농업 생산과 관련된 것보다 주로 수확·제조·저장 등과 관련된 것들이 주축을 이루었다. 이것은 일제가 한국 농업 가운데 쟁기의 효율성을 인정하였던 측면도 있겠지만 보다 중요한 것은 일제의 관심이 농산물의 상품화·수탈화에 있었기 때문이었던 것으로 보인다.

주로 보급된 농구로는 벼훑이·풍구·자리틀 등이었다. 그 가운데서도 특히 벼훑이가 가장 널리 보급되었다. 1910년대 이전의 벼훑이 보급은 주로 전북 지방에서부터 시작되었다. 1907년과 1908년 개량 벼훑이가 보급된 상황을 보면 전북이 총 275대, 전남 45대로 그외의 지역에는 전무한 실정이었다.[33] 전북 지역에서는 이 시기에 익산·만경·옥구·임피·김제 등지에서 벼훑이 전습회가 계속 개최되고 보급되었다. 일제가 식민지 농정의 말단 수행자로 선정하였던 권업위원들도 각군을 순회하면서 벼훑이 및 자리틀 전습회를 개최하였다.[34] 옥구군에서는 새끼 제조를 장려하여 모범 장려 리동을 선정하기까지 했다.

이러한 벼훑이의 보급에 앞장선 자들은 일본인 지주들이었다.[35] 특히 벼훑이의 보급이 활발했던 것은 전통적인 타작법에 비해 효율성이 높았던 데다가[36] 지주의 이익이 그만큼 커지기 때문이었다.[37] 쌀

---

32) 小早川九郎, 앞의 책, p. 307.
33) 『한국중앙농회보』 2-12, p. 17.
34) 『조선농회보』 6-1, p. 48.
35) 『한국중앙농회보』 3-5, p. 12.
36) 당시 전북 옥구 경장리와 익산 대장촌에서 실험한 결과로는 전통적인 타작법에 비해 효율성이 두 배 가까이 증대하였다고 한다. 『한국중앙농회보』 3-5, p. 13.

의 정제 정도가 상품화에 매우 중요하였고 지주의 이익은 시장에서의 상품성에 의해 상당 부분 좌우되었던 것이다. 또 당시의 일본인 지주들이 주로 추진하였던 농구 개량 사업을 보면 일부 농장에서는 양수차·벼훑이·자리틀·풍구·만석 등 농구를 대부하고 소작 계약 문서에 쌀 조제시 일본 농구 사용을 규정하였다.[38] 일본인 지주들이 주로 보급한 농구는 탈곡·조제 및 보관에 필요한 것들로 생산성의 증대보다는 주로 쌀의 상품화를 위한 것들이었다. 또 천기(川崎)농장에서 보는 바와 같이 개량 농구의 사용이 의무화되어 있어서 소작농의 농사 경영에 대한 통제의 한 형식이 되기도 했다. 따라서 이들 개량 농구의 보급이 직접 생산자들에게 커다란 도움이 되는 것은 아니었다. 오히려 벼훑이의 보급은 소작인들의 불만을 샀고 새끼와 가마니의 제조와 사용이 소작인들의 노동력을 더욱 수탈하는 결과를 가져오기도 했다.[39] 총독부는 이러한 일본인 대지주들의 소작농에 대한 통제와 관리를 뒷받침하기 위해 물산 품평회를 개최하고 탈곡과 조제, 저장의 방법을 일본식으로 바꾸는 것을 정책적으로 확산시키려 노력하였다. 1915년 2월에는 쌀 검사 규칙이 공포됨으로써 행정적으로 보다 철저하게 한국 쌀의 상품화에 개입하게 되었다.

한국의 전통적 농법에서도 시비의 중요성은 인식되었고 시비 체계도 어느 정도 발달해 있었던 것으로 알려지고 있지만 주로 자급 비료에 의존하고 있었다. 화학 비료는 물론이고 1890년대 일본에서 널리 쓰이던 콩깻묵이나 어비(魚肥)도 사용되지 않았으며 주로 인분·두엄·볏짚·재 등이 쓰였다. 일제는 품종 개량과 함께 시비 개량을 강

---

37) 정연태, 앞의 글, p. 465.

38) 川崎農場小作組合規定,『조선 산업 지침』상, 1915, p. 22.

39) 벼훑이는 탈곡을 완전하게 하기 때문에 소작인이 남길 수 있는 양이 그만큼 없어지게 되었다고 한다. 정연태, 앞의 글, p. 465. 또 자리나 새끼, 또는 가마니의 사용을 강조하게 되면 결국 소작농의 잉여 노동력이 착취되는 결과가 될 것은 당연하다.

조하였는데 그것은 증산을 위해서이기도 했지만 일본 개량종의 경우
는 특히 시비량이 많이 요구되기 때문이었다. 일제는 여기서도 재정
부담이 거의 없는 퇴비·녹비·두엄 등의 자급 비료의 증산·사용을
장려하는 방향으로 시비 개량을 꾀하였다. 그러나 평야 지대에서는
퇴비 생산에 필요한 원료를 구하기 어렵게 됨에 따라 점차 풋거름(綠
肥)의 이용을 강조하였다.

시비 개량도 일본인 지주들의 관심이 크게 작용하였다. 그러나 일
본인 농장을 중심으로 보급되기 시작한 자운영 등 풋거름 재배는
1910년대에 계속 강조되었음에도 불구하고 그다지 큰 효과를 가져오
지 못한 것으로 보인다. 풋거름 재배는 1912년 이후 급격히 확대되었
으나 산간 지역 및 비옥한 지역을 제외하고는 자라지 않아 실패하고
말았다고 한다.[40)]

결국 일본식 농구의 도입과 시비 개량이라는 것도 개량이라는 말
에서 연상되는 기술적 진전과 농업 생산성의 증대를 통한 농민 경제
의 성장을 추구한 것이 아니었다. 그것은 식민지 지주제를 통해 한국
에서 생산되는 쌀을 보다 일본 시장에 알맞는 상품으로 전환시키기
위해 필요한 것에 국한되었다. 총독부의 무단 통치가 철저하게 한국
인의 자율성을 부정하는 위에 추진되었던 것과 같이 한국 농민의 전
통적인 농법 체계를 무시한 채 일본 시장을 향한 한국 농업의 재편이
강요되었던 것이다.

---

40) 이하 전북 지방의 풋거름에 관한 내용은 『조선농회보』 21-8, p. 34 이하에 실려 있
는 「전북에 있어서 녹비의 상황」이란 글에 주로 의존하였다.

4. 1910년대 식민지 농업 정책의 결과

I. 식민지 무단 지배 체제의 구축

1910년대의 농업 정책은 총독부의 적극적인 무단 통치의 도움하에 추진된 것이었지만 역으로 이 농업 정책이 식민지 무단 지배 체제를 구축하는 데도 크게 기여하였다. 식민지 농업 정책이 농민의 생산 활동 전반에 대한 것이었던 까닭에 결과적으로는 농민 사회 내에 식민지 권력의 지배력을 강화시키는 데 매우 큰 역할을 하였던 것이다. 1912년 사내정의(寺內正毅) 총독이 각도 장관 및 권업모범장에게 내린 훈시를 보면 "미작, 면작, 양잠, 축우의 개량, 증식에 관한" 내용이 중점을 이루고 있었는데 농업 생산에 대한 통제가 식민지적 질서의 확보에 중요한 관건이 된다는 것을 보여주는 것이었다.[41] 따라서 도장관 지휘하에 부윤·군수는 자기 지역 내의 농업·잠업·임업의 지도·강연 등을 관장하는 데 열심이었고 이 일을 담당하는 자들을 감독함으로써 식민지 체제를 구축하는 데 앞장섰다.[42] 군수·부윤은 지방비를 보조하여 각 군면에 채종전을 설치하는 책임자를 선정하여 농민에 대한 통제를 강화하였다.[43] 면작에 있어서도 상황은 마찬가지였는데 1912년에는 농민에 대한 효율적인 통제를 위하여 면화재배협회를 해산하고 육지면 재배에 관한 일체의 사무를 각 도청으로 이관하였다.[44] 총독부가 육지면 파종 면적을 예정, 각 도에 할당하면 각 도에서는 다시 이를 관내 군도에 할당하는 방식이었다. 이 모든 것이 농정과 무단 정치의 밀접한 관련성을 보여주는 것이다.

---

41) 小早川九郎, 앞의 책, pp. 183, 232.
42) 『조선농회보』 6-4, p. 10.
43) 『조선농회보』 6-11, p. 55.
44) 권태억, 앞의 책, pp. 104~05.

식민지하에서의 지방관이란 식민지 권력을 지방 수준에서 실현하는 폭력적 기구의 하나였다. 식민지 관료들에게서는 조선 사회에서 보이던 목민관적 성격이 거의 전무하였고 총독부의 정책을 일방적으로 집행하고 처리하는 상명 하복식의 군사적 기구에 가까웠는데 식민지 권력에 대한 한국인의 저항이 극심했던 1910년대는 무단 통치라는 식민지 정책의 뒷받침 속에서 더욱 그러한 성격이 강하게 나타났다. 도장관·군수 등의 지방관은 이제 식민지 권력 체계의 말단 집행 기구로서 식민지 농정을 강압적으로 추진하는 말단 기구가 되었다. 이들은 각 지역에 농업 기술관·권농위원 등을 두고 이들을 통해 식민지 농업 정책을 농민들에게 강요하였다. 농업 기술관 회의를 개최하거나 농잠업 개량, 축산 개량, 경농 조직 개량 등을 자문하고 여기서 병충해 구제법, 잠업 보급, 수리조합 설치 장려, 쌀 개량 등을 결의토록 하였다.[45] 또한 종묘장 설치를 위해 각 도 서기관 및 지방의 지주들을 초치하고 농사 개량을 강조하였고[46] 각 지역에서 물산 품평회를 개최하여 쌀의 상품성을 높이도록 독려하였다.[47] 식민지 관료들이 강조한 내용이 농업 생산과 관련된 것이고 가끔 기술적인 언사로 표명되었다 하더라도 그 본질이 농민 및 농업 생산에 대한 식민지 권력의 체계적인 지배를 확립하려는 것이었음은 명백한 사실이었다.

뿐만 아니라 농업에 종사하고 있는 중견층을 선발하여 이들을 통해 일본 농업을 이식시키려는 노력도 강력하게 추진되었다. 총독부는 각 지방의 농민들 가운데 권업위원·독농자·농사 순회 교사 등을 선정하여 식민지 농정의 말단 추진체로 삼고자 하였다. 1910년 조사에서 보면 전북 지방에서만 권업위원의 수는 149명에 달하였는바 이들 권업위원은 각 군에 벼훑이 및 자리틀 전습회를 개최할 계획을

---

45) 『한국중앙농회보』 2-12, p. 36.
46) 『한국중앙농회보』 2-5, p. 4.
47) 『한국중앙농회보』 4-4, p. 49.

세우고 먼저 제1회는 도청의 주관 아래 각 군에서 권업위원 1명씩 출석, 전주종묘장의 지도를 받고 다음 2회는 각 군청에서 지방 독농자 10명 이상을 모아서 제1회 수업자를 교사로 삼아 강습하였다.[48] 이러한 다양한 조직이나 기관·인물 들을 통한 농정은 1917년 6월 '조선 면제'가 공포되고 면이 총독부 정책 수행의 말단 단위로 편제된 후 보다 분명하게 행정 체계에 의해 관할되게 되었다.[49] 또한 농산물의 판매·유통망에까지 직접적으로 개입하였는데 예컨대 견의 경우 관이 주도하여 경매하는 방식으로 통제를 강화하였다.[50] 이런 과정에서 무단 정치의 폭압성이 그대로 활용되었음은 물론이다. 일례로 무단 정치의 가장 잔혹한 법적 도구로 지적되던 조선태형령은 식민지 농정의 추진 과정에 그대로 활용되었는데 다음의 기사는 이 점을 잘 보여준다.

　　전남 진도는 옛날부터 다스리기 어려운 지방이기도 하지만 육지면 재배 등을 따르지 않기 때문에 〔……〕 군수는 이에 태형을 명하고 처음에는 가볍게 때리게 했지만, 여전히 승낙하지 않는 까닭에 점차 심하게 20회 둔부를 때려 국부 전체가 빨갛게 부풀어오르자 고집을 버리고 파종할 것을 승낙하였다.[51]

이처럼 면작 개량 사업의 추진에서도 헌병이 동원되었고 재래면의

---

48)『조선농회보』6-1, p. 48. 한편 전북 지역에서 실제 권업위원은 각 군당 2명씩 선정되었던 것으로 보인다.『조선농회보』6-4, p. 28.

49) "면사업을 감독·지도할 때 종래 조합·계·협의회 등을 설치하여 경영한 각종 사업 중 그 성질상 면의 경영으로 옮기는 것이 적당한 것은 면에 통일, 정리하는 것이 급선무이다"라고 일제는 파악하고 이를 위해 면제를 시행하였던 것이다. 정연태, 앞의 글, p. 431에서 재인용.

50)『조선농회보』8-7, p. 73; 9-7, p. 36.

51)『조선농회보』(농사 회고 좌담회 호), 9-11; 박경식, 앞의 책, p. 51에서 재인용.

종자를 빼앗고 재래면을 경작할 경우는 강제로 망가뜨렸다.[52] 애당초 식민지 농민의 사회 경제적 지위 향상을 위해 추진된 정책이 아니었던 만큼 농민에 대한 적극적인 배려는 보이지 않았다. 일제의 농업 개량 사업은 일반 행정 기구뿐 아니라 헌병·경찰과 같은 폭력 기구까지도 총동원된 것으로 한국 농민에 대한 식민지적 통치와 뗄 수 없게 결합되어 있는 것이었다.

이러한 강권적인 부분과 함께 비록 일부분이기는 하지만 식민지 농정이 일본을 우월하게 여기는 이데올로기적 효과를 가져다주기도 하였다. 총독부 스스로 말하고 있듯이 "통감 정치 이래 조선 농업의 발달을 촉진하는 최첩경으로 채택되어진 신출발점이 실질적으로는 내지 농업의 조선 이식이었"[53]던 까닭에 일본 농업 체계의 이식은 일본 농업 및 일본 정책을 발전된 것, 긍정적인 것, 바람직한 것으로 인식하고 한국 농업과 조선 왕조에 대하여 낙후되고 수탈적이고 비과학적인 것으로 인식하게 만드는 이데올로기적 효과를 갖는 것이었다. 일제는 각종 농업 관계 조사 자료에서 한국의 농업은 극히 비과학적이고 낙후되어 있으며 농구는 조잡하고 볼 만한 것이 없어 '약탈 농법'이라 할 만한 것이라고 주장하고 있다.[54] 또 조선 왕조의 농정도 농업을 중시한다는 말뿐이며 실질적인 농업 생산력 증대를 위한 아무런 조치도 취하지 못한 채 오히려 수탈을 강화함으로써 농민들의 생산 의욕을 떨어뜨렸다고 주장하였다. 이러한 지적들이 당시 상대적으로 발달한 농업 생산 단계에 도달한 일본 농업의 관점에서 볼 때 일면 타당한 부분이 없지 않으나 본질적으로는 식민지 침탈과 지배의 논리와 뗄 수 없이 결합되어 있는 것이었다.

---

52) 권태억, 앞의 책, p. 106.

53) 小早川九郎, 앞의 책, p. 9.

54) 이러한 견해는 조선농회가 식민지 농업 개발의 전모를 정리한 小早川九郎, 앞의 책, 발달 편과 정책 편 곳곳에서 확인할 수 있다.

II. 식민지 지배의 인적 기반 형성

1910년대 농업 개발은 식량 문제의 해결이라는 경제적 목적 이외에 식민지 지배의 인적 기반을 확보하려는 정치적 목적도 지니고 있었다. 이 점과 관련하여 중요한 점은 농업 개발과 뗄 수 없이 결합되어 있는 일본인 농업 경영자의 이주이다. 일제는 일본인 농업 경영자들을 한국에 이주시킴으로써 이들이 지역 사회에서 식민지 통치의 기반이 되기를 기대하였는데 일본 농업 기술의 이식이 이들의 이주 명분이었다. 일제는 한국 농업의 발달은 결국 일본인이 도래하여 저들을 지도하거나 혹은 스스로 농업을 경영하여 모범을 보이는 것에 기대할 수밖에 없다고 주장하였다.[55]

일제는 통감부 설치 이후부터 일본 농민의 이민 사업을 적극적으로 추진한 바 있었다. 한국 농업의 개량을 내세워, 농업 경영의 목적으로 한국에 이주하는 일본인이 보다 많아지기를 기대하였고 이를 위해 행정적인 뒷받침을 아끼지 않았다.[56] 일본 정부의 명에 의해 한국의 경제 사정, 특히 "이민 상태를 조사하러" 한국 지방을 여행하였던 한 인물은 특히 독립 농업 이민이 중요하다는 것을 역설하고 그 이유로 농업 개발상의 중요성과 함께 국방상의 중요성을 말하였다. 그에 의하면 "이들(일본인 농업 이민)이 가진 한 벌의 고군복(古軍服)으로써 조선인을 위협하기 족하다. 농업 이민은 군사상의 가치가 있다"는 것인데[57] 그는 한국에 올 농업 이민자의 자격으로서 군대 생활의 경험을 들고 있고 이들의 이민을 도와줄 이민 기관의 설립을 강조하였다.

실제로 이 시기에 한국으로의 일본 농업 이민을 보조하기 위하여

55) 小早川九郎, 앞의 책, p. 99.
56) 통감부 농상공무부 농림과 편, 『韓國にねける農業の經營』, 1907, 재판 서문.
57) 神戶正雄, 『朝鮮農業移民論』, 有斐閣, 1910, p. 168.

일본 내에 각종 조합이나 회사가 설립되었다. 또 국책 회사로 설립되었던 동척도 설립 당시 이민 사업을 가장 중시하였다. 그러나 일제가 기대했던 자작농 이민은 그들이 경작할 토지 확보의 어려움 때문에 실패로 돌아가고 말았다. 한국 농민들의 강력한 저항과 개간할 수 있는 황무지·미간지의 부족 등이 그 이유였다. 그 대신 한국 농업의 낙후성을 강조하고 농업 개발의 필요성을 앞세움으로써 일제는 한국 내의 지주 및 부농층을 식민지 지배 체제의 틀 속으로 편입시키려 하였고 이들을 통해 식민지의 친일적 세력을 구축하려 했다. 지주 중심의 농업 개발이 조화를 이룰 수 있으리라고 보았던 것이다.[58]

일제는 일본에서 그러했던 것과 같이 지주층의 경제적인 이익을 옹호하는 방향에서 식민지 농정의 추진 주체로 이들과 결합하고자 했다. 일본에서 메이지 농정의 추진 과정에 적극적인 역할을 수행한 것은 지주들이었다. 지주층은 1890년대에 지주회를 통해 농회 조직의 주도권을 장악하고 권력의 뒷받침을 받아 농업 개량 사업을 적극적으로 추진하였다. 특히 품종 개량이나 증산을 위한 노력에 있어서 지주층의 관심과 주도가 두드러졌다. 지주층은 토지 개량 사업의 주도권을 장악하였다.[59] 1899년 제정된 경지정리법은 토지 개량 사업에 있어서 지주층의 입장을 보다 강화시켜준 것이었다. 또 지주층은 자신의 주도하에 산미 개량 운동을 전개하였다.[60] 러일전쟁 이후 쌀의 상품화가 확대되는 속에서 보다 적극적으로 시장 상황에 대처해나가기 위해서였는데 쌀의 상품 가치를 높이기 위해 품종·품질·용량·포장 등의 개선을 주도하였다. 지주층은 지역적으로 지주회를 결성하고 소작미의 품종, 비료 사용, 조제와 건조 상태, 포장 등 농업 생산의 전과정에 적극적으로 개입하였다. 또한 소작농을 통제하기 위

---

58) 권태억, 앞의 책, p. 187.
59) 권태억, 앞의 책, pp. 102~07.
60) 권태억, 앞의 책, pp. 157~60.

하여 소작미 품평회, 우량 소작인 표창, 기준 소작료의 설정, 소작미 검사를 통한 상벌 제도 등을 행하였다. 특히 비료의 많은 투여를 위해 소작농에게 비료 자금을 대여하기도 하고 비료 자금을 위해 소작농에게 강제 저축을 강요하기도 했다. 전체적으로 볼 때 1890년대말에서 1910년대에 걸쳐 행해진 일본의 농사 개량 사업은 지주층이 그 주도권을 장악하고 소작농을 통제하는 방식으로 행해졌다.

  일제의 식민지 농정은 한국인 지주들에 대한 회유와 포섭의 의도를 지니고 있었다. 일제는 통감부 시절부터 농업 개량은 반드시 지방 유지들의 참여가 있어야 효율적이라고 생각하였다. 그리하여 종묘장 설치를 위해 농상공부에서 전북의 대지주를 초치하였고 잠업 개량을 위해서 지방 유지로 하여금 잠업 전습소를 경영토록 하였다.[61] 통감부에서는 잠업의 발달을 위해 새로운 상묘를 공급하는데 그 대상자로 지방 유생을 선정하기도 했다.[62] 일제는 일본 농업을 적극적으로 수용하는 농민들을 독농가로 선정하여 농업 생산에서 주도적인 역할을 하도록 유도하였다. 이들 독농가는 행정 기관이 뒷받침하고 권업위원들이 강사로 참여하는 각종 '농사 강습회'를 통해 '개량 농업'에 대한 교육을 받고 식민지 농업 개발의 주된 담당자로 변신하였다.[63] 일제는 동척을 통해 일본 농업 체계를 적극적으로 수용하는 독농가 중 일부를 선정하여 일본 사찰을 시켜주기도 했다.[64] 식민지 지주제가 가장 발달하였던 전북 지방에서 "지방 농업의 개선을 도모하는 데는 대지주의 노력에 의존하는 것이 심히 많음"을 인식한 식민지 행정 관서는 현지 거주 대지주 23명을 모아 협조를 요청하였는데 이 자리에서는 품종 개량·녹비 재배·간이 저축·양잠 장려 등이 논의되었

---

61) 『한국중앙농회보』 4-8, p. 4.
62) 『조선농회보』 6-5, p. 41.
63) 『조선농회보』 6-3, p. 19.
64) 『한국중앙농회보』 4-4, p. 25.

고 품종 개량을 보다 효율적으로 실시하기 위하여 식민지 권력과의 유기적인 협조가 강조되었다.[65] 강압적인 식민지 농정이 실시되는 과정에서 일본인 대지주는 물론이고 한국인 지주들도 점차 자신의 이익을 위해 식민지 권력과 결탁하게 되었음을 볼 수 있다. 이는 무단통치라는 폭압성과 함께 식민지 체제를 뒷받침한 중요한 사회적 기초가 되었다.

당연한 결과이지만 일본 농업 체계를 가장 빨리 또 확실하게 실시하고 있던 일본인 농업 경영자들과 한국인 대지주가 지역 사회 내에서 농업 생산과 관련한 주도권을 장악하게 되자 일본인들은 각종 농정과 농사 개량 과정에서 자신들의 우월성을 과시하였다. 권업모범장을 비롯하여 식민지 농업 개발을 담당한 행정 기관은 언제나 일본인 농업 경영자들과 긴밀히 결합되어 있었다. 전북도장관은 곡물의 저곡 방법으로 대농장 소재지 부근에서는 장주(場主)에게 협조를 구하도록 지시하였고[66] 전북 물산 품평회의 경우는 심사위원 11명 가운데 10명이 일본인이었다.[67] 이처럼 일본 농업 체계의 이식은 지역 사회에서 일본인·일본 농업의 이데올로기적 우월성을 뒷받침하는 결과를 가져왔다. 이 모든 결과는 농촌 사회에 식민지 권력의 지배력을 더욱 강고하게 하는 것이었다.

III. 식민지 지주제의 강화

1910년대 총독부와 일본인 지주에 의해 추진된 식민지 농정은 결과적으로 지주의 사회적·경제적 지위를 강화하고 소작농의 지위를 보다 열악한 것으로 만들었고 지주제가 식민지 체제 속에 기능적으로 통합되는 결과를 가져왔다. 대부분의 일본인 농업 경영자들은 고

---

65) 『조선농회보』 5-1, p. 56.
66) 『조선농회보』 6-10, p. 23.
67) 『한국중앙농회보』 4-4, p. 49.

율 소작료에 기초한 지주 경영을 통해 식민지 초과 이윤을 극대화하려던 자들이었고 식민지 농정을 적극적으로 대행하였다. 그 결과는 식민지 지주제의 강화로 나타났다.

농업 개발을 내세운 일본인 지주 및 식민지 권력 당국은 소작농의 생산 과정에 깊이 개입하였는데 그것은 곧 농민의 자율성이 축소·약화됨을 의미한다. 총독부는 스스로 최대의 지주로서 국유지 소작인에 대하여 소작인 조합의 설립, 일본 농업 기술의 수용 등을 강요하고 직접적으로 한국 농민을 지배·통제하였다. 특히 역둔토 소작료가 식민지 재정의 주요한 재원으로 등장하면서 일본 농업 체계의 이식을 강요하였다. 일제는 국유지를 경작하는 소작농에 대한 통제책의 하나로 국유소작인조합을 설립하였다. 조합 설립의 목적은 "농사 개량의 필요 사항을 지시하고 기타 자본의 융통을 도와주는 등 소작인의 보호를 위한 것"이라고 하였으나[68] 실제로는 일본 농업의 이식과 이를 통한 국유지 소작인의 통제를 위한 것이었다. 그 주된 사업은 집합 묘판을 설치하는 것, 개량 품종을 재배하는 것, 종자 선정을 과학적으로 하는 것 등이었다.[69] 동시에 이 국유 소작인 조합을 통해 소작인들에게 강조한 것은 "정부 권농의 취지를 체득하고 성실히 농사에 정려"하는 것과 소작료를 기한 내에 반드시 납부하는 일이었다.[70]

한편 일본인 지주들의 농업 경영에서는 소작농에 대한 통제가 보다 명료했다. 1910년대 일본인 지주들은 농업 생산의 전과정에 깊이 간섭하였고 주로 농업의 개량화가 간섭의 명분이었다. 개량 농업의 실시라는 명분은 소작농의 선정 시기부터 가장 중요한 조건이 되었고 이후 소작농의 농업 생산 전과정에 지주층(농장)이 개입할 수 있는 근거가 되었다. 종자의 선택이 이미 농장에 의해 이루어지고 파종

---

68) 『한국중앙농회보』 4-2, p. 55.
69) 『조선농회보』 7-1, p. 1.
70) 「국유지 소작인 心得」, 『조선농회보』 7-12, p. 58.

방식, 못자리 설치, 심경, 시비 등 전생산 과정에 대한 세세한 통제와 규제가 각종 규약의 형태로 명시되어 있었다. 탈곡과 조제, 그리고 포장의 방법도 상품성을 확대시키려는 방식에서 벗어날 수 없었다. 불이흥업(不二興業)주식회사 농장의 규정에는 소작료로 납부할 벼 가마니를 새끼줄로 몇 번, 어떻게 감아야 하는지에 대해서까지 정해져 있었다. 가마니 제조도 강요되었는데 기계를 배포받은 소작인은 벼의 건조·보관 등을 농장의 지휘하에 수행해야 하며 매년 가마니나 자리 25매를 납부하게 되어 있었다. 또한 매년 3월 도작입모 품평회를 개최하여 소작인으로 하여금 "자동적 농사 개량에 노력하여 품종·경운·시비의 개량과 증수를 기도"하고 있다. 이 모임에는 소작인이 반드시 참여해야 하며 출품할 품종은 반드시 개량종이어야 하도록 되어 있었다. 그 결과 1912년에 30%였던 개량종의 보급률이 1913년에 77%, 1914년에 90%에 달하는 급격한 성장을 보이게 되었다.[71] 이것은 농업 기술의 이식이 지주제 강화에 기여하는 단면을 가장 잘 보여주는 측면이라 할 수 있다.

지주의 권한이 강화되는 다른 한편은 소작농의 부담 증대였다. 일본 품종으로 교체되는 정도에 따라 소작료의 부담 역시 늘어났다. 대표적인 일본인 농장의 하나였던 天崎농장의 사례를 통해 보면 다음과 같다.

다음의 표에서 보년 1910년대에 들어와 소작료율이 급격히 증대되기 시작하였음을 볼 수 있다. 1910년대 이전만 하더라도 생산액의 증감이 심하고 자연 재해의 영향을 많이 받아 소작료율은 대체로 30% 선을 넘어서지 않았다. 그러나 1910년대 품종을 모두 개량종으로 바꾸고 임익수리조합이 완성됨으로써 토지 생산성 자체가 다소 증대하였는데 이때부터 소작료는 절대액은 물론이거니와 소작료율 자체가

---

71) 『조선 산업 지침』 상, pp. 201~03.

〈표-2〉　　　　　川崎농장 답 1단보당 수확량 및 소작료

연도	평균 수확량(두)	소작료(두)	백분율(%)	비　고
1905	17,000	5,040	30	
1906	11,000	3,190	29	한발
1907	9,500	2,647	28	한발
1908	13,000	4,571	35	지주 납세가 시작
1909	5,500	1,451	26	대한발
1910	14,500	5,105	35	대홍수, 모두 개량종으로 바꿈
1911	11,000	3,600	33	대홍수
1912	17,000	6,028	35	임익수리조합 완성, 수세를 징수
1913	18,000	6,900	39	
1914	24,000	11,800	49	

＊『조선 산업 지침』 상, p. 21.

급격히 증대하였다. 그리하여 1913년에는 39%, 1914년에는 49%에 달하였고 이후 50%를 훨씬 상회하는 식민지 고율 소작료가 자리잡게 되었다.

　개량 농업을 앞세운 지주들의 적극적인 개입은 소작농의 권리를 크게 약화시켰는데 소작농의 경작권이 인정되지 않게 된 것이 매우 큰 변화였다. 대부분의 일본인 지주들은 소작 계약을 문서로써 하였는데 그 문서에는 규정된 제반 조건들을 지키지 못할 때는 언제라도 경작권을 빼앗을 수 있다는 조항이 명시되어 있었다. 일본인 지주들은 이 규정을 한국인 소작농을 통제하는 데 적절히 이용하였다. 개량 농업에 적응하지 못한다는 것을 이유로 소작권을 박탈한 것은 기술적 측면을 앞세운 새로운 통제 방식이었다고 할 수 있다. 더구나 이러한 방식이 조선인 지주에게도 그대로 수용되면서 식민지 지주제와

식민지 농업 정책이 결합될 수 있었다. 예컨대 1913년 10월에는 전북 지방에서 10결 이상의 토지를 소유한 한인 지주들이 김제·익산·전주의 3군청에 모여 다음과 같은 사항을 협정하였는데 이 지주회에서 협의된 사항은 다음과 같았다.[72]

 1) 개량 종자의 보급에 관한 건: 보급 계획, 보급 표준, 계획 수행 방법.
 2) 건조·조제의 개량에 관한 건: 벼훑이·당기 등 기구의 대여, 공동 사용 방법, 새끼 및 가마니 제조.
 3) 시비 장려의 건: 녹비 제재, 퇴비 장려, 실행 방법, 비료 및 자금의 저리 무이자 대부.
 4) 소작인 장려의 건: 소작인 청구 자금, 묘종 농구 및 비료 공동 구입, 우량 소작인 표창, 병충해 규제, 소작미 품평회와 농업 지식의 보급, 개량미 1석 이상 납부한 소작인 표창.

 식민지 지주제의 진전에 따라 한국의 농업 전반이 일본의 경제에 종속되는 구조가 심화되었다. 한국의 농업은 쌀의 상품화를 목표로 단작화되었고 그 시장은 주로 일본의 도시였는데 일본에서의 시장 가격과 한국에서의 생산 가격, 군산에서의 이출 가격이 각각 상당한 차이를 보이는 데다가 쌀의 가격이 계절적으로 달라지고 작황에 따라 달라지는 것이어서 투기적인 매점 매석이 적지 않게 이루어졌다. 호남 지방의 쌀은 일본, 특히 대판의 쌀 시장의 변동에 의해 크게 좌우되면서 가격이 등락하였고 그 가격의 변동에 따라 농민의 경제 상황이 크게 흔들리게 되었다. 일례로 1918년부터 군산 지역의 경제 상황을 월별로 살펴보면 이 지역의 농업이 일본의 경제 변동에 얼마나

---

72) 『조선농회보』 9-1, p. 118.

밀접하게 종속되어 있는지를 확인할 수 있다.

<표-3>　　　　　　군산 지방의 경제 상황 변동

시 기	군산의 경제 상황 변동
1918. 11.	일본 미가가 안정됨에 따라 큰 주문이 없었다. 이달 후반에 일본 미작 감수 발표 등으로 상세 일변, 점차 매매 왕성.
12.	일본의 호황으로 출하 날로 증가.
1919. 2.	일본의 폭락 소식을 듣고 상담 침체, 수요 감퇴로 인한 재고미 급증.
3.	지난달 일본 미가의 하락에 영향을 받아 급전 직하의 폭락세.
5.	일본 기미의 등귀로 미곡 이출 호황.
6.	일본 미가의 앙등에 수반하여 대판 · 동경 방면에서 주문 쇄도.
11.	일본 주문이 쇄도하여 미곡 이출 호황.
1920 5.	일본 재계의 동요는 제반 구제 시설에도 불구, 전혀 효력 없이 이 달 중순 74은행 휴업. 미곡 시장은 위축되어 이출 상담도 없이 휴업 상태.
6.	일본 주문 두절.
1920 12.	미는 일본의 불매 동맹 문제와 일본 지주의 투매 방지 결의도 있어서 하순 이래 크게 반발의 기미.
2.	일본의 불매 동맹이 실패하고 미곡 법안이 의회에 제출됨, 주문 쇠퇴.
3.	월말 미곡 법안의 통과, 앞길을 염려하여 매점매석의 분위기.

* 『조선농회보』 14-2부터 계속된 월별 '조선 경제 상황'에 기초하여 작성.

한국에서 이출되는 쌀의 상품성은 일본 대판에서의 쌀값에 의해 매우 큰 영향을 받았고 다시 그 과정은 일본 자본주의의 발전 과정에서 나타나는 일본 내의 사회 문제들에 영향을 받았다. 식민지 모국의 상황이 식민지의 경제 상황을 철저하게 규정하는 식민지적 예속성이 구조적으로 자리잡게 되었다고 할 것이다. 이 종속성은 법적으로도 뒷받침되었는데 1921년 통과된 쌀 법안은 "내지에 있어서 공급 과잉이 되어 외미가 내지에서의 미 생산을 위협하는 것과 같을 경우에는 그 수입세를 인상 또는 제한을 가하고 또 내지에 공급 부족이면 내지미의 수출 방지 또는 외미의 수입 촉진 등의 정책을 수행"하고자 한 것이었는데 일본 내의 경제적 변동 상황에 따라 식민지의 상품화 정도를 정책적으로 조절하고자 한 것이었다.[73] 이처럼 1910년대를 지나면서 한국의 농업은 일본의 시장에 예속되는 종속적인 구조를 지니게 되었고 그것은 다시 '제국의 식량 문제 해결'이라는 제국주의적 목표에 의해 좌우되었다.[74]

5. 맺음말

일제는 한국을 식민지로 만든 직후부터 식민지 농업 개발에 관심을 기울였다. 이는 일본 자본주의의 구조적 문제들을 해결하기 위한 것이었다. 식민지 농업 개발은 주로 식민지 권력 기구와 일본인 지주가 함께 주도하였다.

1910년대에 이들에 의해 추진된 농업 정책은 통감부 설치 이래 추진해오던 정책, 즉 식민지 한국을 값싼 쌀의 공급지로 바꾸고 자본제 상품을 판매하는 시장으로 개편하는 정책을 보다 강압적인 방식으로 추구하는 것이었다. 따라서 일본이 요구하는 상품성을 높이기 위하

---

73) 『조선농회보』 16-7, p. 37.
74) 『조선농회보』 17-4, p. 4.

여 일본 품종으로의 교체와 통일이 가장 강조되었다. 총독부는 일본 품종의 보급을 위해 경찰과 헌병까지 동원하였고 일본인 지주들은 상품성이 높은 소작미를 확보하기 위하여 소작농들에게 일본 품종의 재배를 강요하였다.

일본 품종의 이식과 더불어 수리 시설에 있어서의 개량이 또한 요구되었다. 일본인 지주들과 총독부는 수리조합 제도를 도입하여 지주 주도하의 수리 체계를 확립하고자 하였다. 물론 이 시기의 수리 사업은 내용적으로 볼 때 재래 수리 시설의 보완과 개축 수준에 머물러 있는 것이 많았고 따라서 1920년대에 본격화한 수리조합 사업과는 그 기술 수준이나 자금 투자 규모 등에 있어서 차이가 많았다. 1910년대에는 일본식 농구도 도입되었다. 주로 쌀의 탈곡 · 보관 · 조제 등에 관계되는 것으로 비교적 간단한 것들이었는데 벼훑이와 자리틀이 가장 많이 보급되었다. 자급 비료로서 자운영의 재배가 시도되었으나 그 실질적인 효과는 그다지 크지 못하였다.

총독부는 이러한 농업 정책을 무단 통치의 원리와 짝하여 일방적이고 강압적인 통제에 의존하여 강제하였다. 또 지주제를 강화하여 지주층으로 하여금 식민지적 통제를 철저하게 구축하도록 하였다. 따라서 일본 농업의 도입을 내세운 이 시기의 농업 정책은 농민들의 생산성 증대와 사회적 성장으로 귀결되었다기보다는 오히려 한국인 지주의 예속화와 농민의 경제적 몰락을 가속화시켰다. 또한 한국의 농업 전체가 일본의 시장 상황에 깊숙이 예속되는 구조를 강화시켰다. 식민지 권력 기구가 농업 생산 과정에 깊숙하게 개입해들어오게 되었고 일본이 한국에 비해 우월하다는 이데올로기적 효과를 창출하는 데도 일조하였다. 또한 지주들은 식민지 농정 당국과 깊이 결합하였고 각종 농업 시책의 실질적 집행자로 자임하기도 했고 농업 개량을 내세워 소작농에 대한 각종 통제와 규제를 강화함으로써 식민지 지주제의 진전에 중요한 계기가 되었다.

전체적으로 보아 1910년대 농업 정책은 당시 일본의 농업 기술이 본격적으로 이식된 것도 아니고 주로 상품화를 통한 일본으로의 쌀 유출을 원활히 하기 위한 측면에서만 선택적으로 이루어졌다고 말할 수 있다. 품종에 있어서 일본 품종이 반강제적으로 이식되었다는 것, 탈곡과 조제, 포장 및 보관 등에 관한 규제와 표준화가 강조되면서 이를 위한 농구들이 적극적으로 보급되었다는 것 등에서 상품화를 위한 부분만 주로 강조되었음을 확인할 수 있다. 농업 기술이라 할 만한 것은 크게 없는 가운데 일본 자본주의가 요구하는 쌀의 상품화를 증대시키기 위한 주변적 기술과 기구들만이 과대하게 도입되었던 1910년대 농업 정책의 특징은 이 시기의 무단 통치라는 정책과 함께 식민지 시대 초기 한국의 농업 개발이 쌀상 및 정미업자들에 의해 주도되는 특이한 구조를 띠게 된 것과 표리의 관계에 있는 것이었다.[75]

---

75) 小早川九郎, 앞의 책, pp. 31~38.

제9장
수리 체계의 변화와 지주,
농민, 식민지 권력

1. 머리말

물을 효율적으로 관리하는 일은 쌀을 주품목으로 하는 농업 사회에서 가장 중요한 사회적 과제의 하나이다. 쌀의 생산과 물의 관리는 동전의 앞뒷면처럼 연결되어 있는 일이어서 벼농사 방식과 수리 체계간에는 매우 밀접하게 연관될 수밖에 없다.

쌀농사에 적절한 수리 체계를 형성하는 것은 개인적 차원에서 해결될 성질의 과제가 아니라 사회적인 차원에서 제도적이고도 지속적인 노력이 투입되어야 비로소 가능한 것이다. 따라서 물에 대한 공동체적인 관리, 즉 수리 체계를 제도화하는 방식은 경제적 행위이기 이전에 사회적이며 정치적인 행위인 셈이다. 물에 대한 공동체적 관리가 어떤 방식으로 이루어지고 그에 대한 권리와 책임이 어떻게 배분되느냐 하는 내용 자체가 사회적으로 결정되어야 하는 것이기 때문이다. 수리 체계의 공동체적 관리라는 과제를 해결하는 과정에서 중앙 집권적인 전제 체제가 형성되었다고 보았던 비트포겔의 견해는 쌀농사를 위한 수리의 중요성과 정치 체제를 무매개적으로 연결시켰다는 점에서 그대로 받아들이기는 어렵지만 두 측면의 뗄 수 없는 상관성에 주목한 것은 매우 적절한 것이었다.[1] 이런 점에서 특정한 수

346

리 체계가 형성되었다는 것은 물의 집합적 이용을 둘러싸고 지배 계층과 직접 경작자인 농민, 그리고 정치 공동체간에 제도화된 방식과 관행의 틀이 갖추어졌다는 것을 의미한다. 같은 의미에서 수리 체계의 변화는 물을 매개로 한 여러 주체들간의 권력적 관계가 변하였음을 반영하는 것으로 볼 수 있다.

이 글은 식민지 초기 수리 체계의 변화 과정을 검토함으로써 전통 국가로부터 식민지 권력 체제로 이행하는 과정의 성격을 밝혀보려는 것이다. 쌀 생산을 위해 수리 시설에 깊은 관심을 가졌던 것은 조선 왕조의 전통 국가에서나 식민지 체제에서나 큰 차이가 없었다. 전통 국가의 물적 기반 자체가 농업 생산에 근거하였던 만큼 지방관들이 일차적으로 수행해야 하는 일은 농민들의 농업 생산이 차질 없이 진행되도록 하는 것이었고 따라서 각종 수리 시설에 대한 관의 관심과 통제도 오랜 역사를 지닌 것이었다. 일제는 식민지로부터 값싼 쌀을 풍부하게 공급받기를 원하였고 그런 만큼 수리 체계에 대한 정책적인 개입을 시도하였다. 그런데 양자의 개입 방식은 여러모로 달랐다. 그 차이는 개입의 형태나 정도, 매개하는 조직이나 계층 등 모든 점에서 매우 크게 나타났다. 바로 이 차이와 변화 속에서 전통 국가의 지배 원리와 식민지 권력의 작동 원리의 차이를 확인해낼 수 있을 것이다.

이를 위해서는 실제 각 시기의 수리 체계가 어떤 방식으로 이루어지고 관리되었는지에 대한 실증적인 검토가 필요하다. 이 글에서는 수리조합의 설립 과정을 통해 이 부분을 검토해보려 한다. 수리조합은 수리 체계에 대한 기술 합리성의 제고를 위해 설립된 근대적 형식의 조직이면서 일제의 식민지 지배를 효율적으로 달성하기 위해 도입되었던 조직의 하나였다. 전통적인 수리 체계가 수리조합 체제로

---

1) K. A. Wittfogel, *Oriental Despotism*, New Haven : Yale University Press, 1957.

바뀌어가는 과정은 곧 물의 관리와 관련하여 지주와 농민, 한인 지주와 일본인 지주, 식민지 권력간의 주도권 대립과 갈등의 성격을 보여줄 수 있을 것이다. 또 농업 생산 과정에 전통 국가와 식민지 권력이 어떻게 다른 방식으로 개입하였는지를 보여줄 수 있을 것으로 생각된다. 분석의 대상은 주로 수리 문제가 오랫동안 집합적 관심을 끌었을 뿐 아니라 수리조합이 가장 일찍부터 발달하였던 전북 지방이다.

2. 전통 국가의 수리 체계와 수리조합 제도의 이식

I. 전통적 수리 체계와 공동체적 관리

조선 왕조는 농업 생산, 그 중에서도 쌀의 생산을 가장 중요한 산업으로 삼던 사회였기 때문에 수리의 중요성이 매우 일찍부터 강조되었고 제언 및 洑의 관리가 지방 행정의 주요한 과제 가운데 하나로 설정되어 있었다. 17세기 이래로는 직접 경작자들을 중심으로 비교적 노동력이나 자금의 규모가 적고 수축하기 편리한 보나 천방(川防)의 수축이 광범위하게 확대되었고[2] 사적 지주제의 발전과 더불어 개별 지주들이 제언을 수축하거나 보를 쌓는 주체가 되기도 했다.[3] 전통적으로 주요한 수리 시설은 국가의 지배하에 있으면서 그 운영은 지방의 농민들이 공동체적으로 관리하는 공공적인 것이었다. 사적 지주제의 발달과 함께 개별 지주 중심의 수리 시설이 나타나기도 하고 공공의 수리 시설이 봉건적인 착취의 메커니즘으로 화하는 경우가 없지 않았지만 전반적으로 수리 시설의 공공적 성격은 강고하게

---

2) 李泰鎭,「16세기의 川防(洑)灌漑의 발달」,『한우근 박사 정년 기념 사학 논총』, 1981.

3) 예컨대, 1849년경부터 전주평야 삼례 부근에 犢走項이라는 私的 用水路를 설치하고 用水料로 매두락당 벼 1말씩을 수취하였던 竹洞宮 민영익의 사례를 들 수 있다.

유지되었다. 일제는 통감부 설치 이후 한국의 전통적 수리 시설 및 수리 관행에 대한 조사를 행하였는데 그 결론은 대부분의 수리 시설이 국유 내지 공유라는 것이었다.[4] 19세기말에 전국적으로 편찬된 각 지방의 읍지류에는 물론이고 중앙에서도 수리 시설은 중요한 공공의 시설로서 관리되었다.

그러나 전통 국가의 행정적 통제력이 약화되고 농업 생산에 대한 체계적인 관리가 제대로 이루어지지 못하면서 전통적인 수리 체계는 제대로 기능하지 못하거나 파손된 경우가 많았다. 재래의 제언이 관리 소홀과 보수 부족으로 훼파되었고 일부 지역에서는 수리 시설이 사유화되기도 했다. 전통적 수리 시설의 상당 부분을 점하였던 제언이 많은 경우 파괴되고 저수지로 되어 있어야 할 곳이 개간되어 논밭으로 된 경우가 적지 않았다. 개항 이후 농업 생산의 중요성을 느낀 조정과 왕실이 전통적인 제언의 복구를 시도하였지만 제언답을 사적 소유지로 지배하던 권세가들의 이해 관계로 인해 무산되고 말았다.[5] 조선 시대 제언의 발달과 변천을 실증적으로 검토한 미야지마 히로시의 연구에 따르면 대체로 1800년대까지 늘어나던 제언의 수가 그 이후에는 오히려 감소하는 경향을 보이고 있다. 이 글의 대상 지역인 전라도의 경우만 보더라도 1800년을 전후한 시기에 913개소의 제언이 있었는데 1908년에는 745개소에 그치고 있다.[6] 그는 제언의 개발에 전통 국가의 통치력이 매우 중요한 작용을 하였음을 지적하고 바로 이 국가의 통치력이 약화되기 시작한 19세기 중엽 이후 전국적으

---

4) 橫山正夫, 『韓國に於ける農業水利視察復命書』, 1905.

5) 대한제국기 농상공부에서는 농업 생산의 안정을 위하여 제언답을 毁破하고 몽리를 꾀할 것을 지령한 바 있으나 당시 제언답의 屬公과 도조 수취에 커다란 이해를 지니고 있었던 왕실(內藏院)의 반발과 저항으로 아무런 효과를 가져오지 못하였다. 박명규, 「식민지 지주제의 형성 배경」, 『한국 근대농촌사회와 일본제국주의』, 한국사회사학회 논문집 제2집 1985, p. 31.

6) 宮嶋博史, 「李朝後期の農業水利」, 『東洋史硏究』 제41권 제4호, 1983, pp. 44~45.

로 제언의 황폐화가 진전되었다고 파악하였다.[7]

제언의 개발에는 이처럼 전통 국가의 개입이 매우 중요하지만 통상 수리 시설은 공공적인 성격 때문에 그 소유권보다는 공동의 이용권이 더욱 중요했던 것으로 보인다.[8] 바로 이 공동의 이용권을 통해 지역 공동체 농민들의 권리와 의무 체계가 관행으로 자리잡았던 것이다. 전북 지역 내 여러 마을들을 답사해 노인들로부터 들은 과거의 수리 방식을 정리해보면 다음과 같다.[9]

1) 김제 부량면 신두리 서이마을: 마을에 큰 방죽(제지 방죽)이 있어 이를 이용하여 농사를 지었다. 방죽의 물 관리는 마을이 공동으로 하였다. 1920년대 수리 시설이 설립되었는데 수확량은 증대되었으나 소작료가 많아져 소작농에게는 별도움이 되지 못하였다. 소작료를 지불하고 나면 남는 게 없었다.

2) 김제군 감곡면 삼평리 하평마을: 부역으로 보를 막아 수리 시설로 이용했다. 1925년께 수리조합이 설립되었는데 몽리 구역의 대부분이 일본인 소유답이었다. 수확은 크게 늘어났으나 땅값은 조합 설립 전후에 큰 변화가 없었다. 소작료는 50% 정도였다.

3) 정읍군 신태인 화호리: 용산보라는 보를 이용하여 농사를 지었다. 마을의 좌상 어른이 두레를 이끌어 수리를 관할하고 농사를 지었다. 일본인들이 주변의 토지를 매입한 후 수리조합을 설립하려 했는데

---

7) 宮嶋博史, 앞의 글, p. 49.
8) 수리조합이 설립되기 이전에는 대부분 마을 단위의 경작자들이 매년 보의 수축·보완, 보의 관리자 선정, 경비 거출 등에 관한 결정권을 지니고 있었다. 지금도 수리조합 방식의 수리 체계에 편입되지 않은 마을에서는 이러한 공동체적 수리 조직의 운영이 유지되고 있다. 崔在錫,『韓國農村社會研究』, 일지사, 1975.
9) 이들 마을은 필자가 1987년 여름 기간에 전북 일원의 마을들을 답사하면서 촌로들에게 일제 시대 수리조합이 설립되기 전후의 수리 체계의 변화에 대하여 면담한 내용들이다. 모두 13개 마을을 답사하였으나 대부분 비슷한 내용이어서 다섯 사례만 소개한다.

소작농은 영향력이 없었고 소규모 토지를 소유한 자들이 반대하였다. 조합 설치 후 수확량과 소작료가 같이 늘어났는데 소작료는 벼 3가마 생산에 2가마였다.

4) 부안군 백산면 용계리: 영산보·만석보의 수리를 이용했다. 본래 보의 관리자는 고부군수였지만 실제로는 마을 단위에서 관리하였다. 보소임이라 부르는 관리인이 있어서 보를 관리하는 대가로 물고기를 잡아 팔았다. 일본인 지주들에 의해 수리조합이 설립되었는데 그 후 소작료는 6가마 수확에 4가마 정도였다.

5) 김제군 부량면 화전리: 마을 사람의 부역으로 보를 막아서 농사를 지었다. 보를 개축·관리하는 데는 경작 면적당 얼마씩 할당하여 비용을 충당하였다(보추렴이라 함). 보의 관리 조직으로 보장·수문지기 등이 있었고 규약은 없었으나 매년 이른봄에 회의를 열어 모든 일을 결정하였다.

이상의 사례에서 볼 수 있는 것은 대부분 보나 방죽(제언)을 막아 농사에 이용하였고 물의 관리는 마을 단위로 경작자들이 직접 참여하였다는 것이다. 토지의 소유권과는 무관하게 직접 농사를 짓는 경작자들 중심으로 물에 대한 관리와 통제가 공동체적으로 이루어졌다는 것을 의미한다. 이 공동체적 운영의 배후에 전통 국가의 권력적인 관리와 개입이 존재하였던 것은 두말할 필요가 없다. 지방관을 통한 전통 국가의 권력은 제언의 수축·개선·관리 등에 매우 큰 영향력을 행사하였다.

한국 사회를 식민지로 만드는 목표를 구체화해가던 일본은 농업 및 농민에 대한 지배력의 확보를 위해 전통적인 수리 체계의 복구와 개선에 관심을 쏟았다. 1909년부터 통감부를 통해 제언 복구 사업에 보조금을 지급하였고 1910년 이후에는 총독부의 각종 훈령과 지시를 통해 기존 수리 시설의 복구와 수축을 촉구하였다. 수축된 제언·보는 지주와 소작인이 계나 조합을 조직하여 공동으로 관리하도록 하면서도 그 규약이나 간부의 선임, 공작물의 신설, 개축에 관한 사항은 반드시 군수의 인가를 받도록 하였다.[10] 이는 기존 수리 시설의 관행적 관리를 인정하면서도 식민지 권력 기관의 통제와 감독을 제도화하기 위한 조치였다. 그리하여 1910년대 전반기에는 주로 일본인 지주들이 모여 있는 곳, 논농사 지대를 중심으로 전통적 수리 시설의 보완·정비가 이루어졌다. 그렇지만 실제로 수행된 사업은 보잘것없었다. 다만 보나 제언의 수축이 식민지 권력 기구의 철저한 감독하에 농민의 노력 동원으로 이루어지고 있었다는 사실은 이미 이 시기부터 수리 체계를 통한 식민지 권력의 작용이 예사롭지 않았음을 말해 준다.

II. 일본 수리조합과 식민지적 이식

수리조합은 전통적인 지방 단위의 공동체적 수리 관리 조직과는 매우 다른 제도로서 메이지 일본의 수리 체계의 한 방식이었다. 일본에서의 수리조합은 일본 지주제의 성립·발전과 궤를 같이하면서 지주제의 성장을 제도적으로 뒷받침하고자 했던 메이지 정부의 농업 정책의 하나로 이루어진 것이었다.[11] 일본의 경우 1890년 제정된 '수리조합조례'가 바로 수리조합의 법적 근거로 작용한 것이었는데 이 조례는 물의 관리와 이용을 관할하는 조직이 일반 행정 조직과는 별도로 설립될 수 있음을 보장하는 것이었다. 다시 말하여, 물의 관리와 관련하여 직접적인 이해 관계를 지니는 자(토지 소유자)들로 하여금 보통 수리조합 또는 수해 예방 조합을 조직하여 수리의 관리를 일

---

10) 이애숙, 「일제하 수리조합의 설립과 운영」, 『한국사 연구』 50/51 합집, 1985, p. 324.
11) 이하 일본의 수리조합에 관하여는 馬場昭, 『水利事業の展開と地主制』, 御茶の水書房, 1978, p. 49 이하를 참조하였다.

반 행정의 관할로부터 독립시킬 수 있는 법적 근거가 마련된 것이었다. 이 수리조합은 당연히 토지의 소유자들만 구성할 수 있는 것이었고 따라서 수리조합은 지주로서 구성되어 그들의 이해를 대변하고 실현하는 조직으로 출현할 수 있게 되었던 것이다.

이후 메이지 일본에서는 1896년 주요 하천의 국가 관리와 치수 공사의 법제화를 목적으로 한 '하천법'이 제정되었고 경지 정리나 수리 조합의 강력한 추진을 위하여 1899년 '경지정리법'이 제정되었다. 이 법에 의하면, 정리 예정지 구역 내 토지 소유자 3분의 2 이상의 동의가 있고, 이들 동의자의 소유지 및 지가가 예정지 구토지의 총면적과 총지가의 3분의 2를 넘을 경우 경지 정리를 공동 사업으로서 강제적으로 추진할 수 있게 하였다. 1908년에 제정된 '수리조합법'은 수리조합에 법인으로서의 자격을 부여하고 치수는 국가가 관할하는 대신 수리 시설은 지주에게 그 관리권을 부여하는 것을 더욱 확고히 제도화하였다. 이 법에 의해 수리 조직은 행정 조직으로부터 분리되었고 수리에 관한 지주의 지배권이 확립되었다. 이것은 지주층이 물에 대한 통제를 통해 직접 경작자들을 간접적으로 지배할 수 있는 근거가 되었던 것이기도 하다. 뿐만 아니라, 이 법은 수리조합을 내무성의 관할하에 두고 강한 행정적 규제를 가할 수 있게 함으로써 지주의 이익을 보장하면서 행정적인 통제가 강화될 수 있도록 하였다. 이처럼 메이지 정부하에서 이루어졌던 수리조합 제도는 기생 지주제 발전과 궤를 같이하면서 지주층의 주도하에 토지 개량 사업을 추진하려는 것이었다.

그러나 일본의 수리 체계에서 수리조합이 차지하는 비중은 매우 적었다.[12] 일본의 전통적 수리 체계는 그 대부분이 한 부락 또는 몇

---

12) 일본의 경우 수리 조직은 내무성의 관할하에 있는 普通水利組合, 농림성의 관할하에 있는 耕地整理組合, 한 개 또는 몇 개 부락 단위로 운영되는 소규모 用水 관리 조직으로서의 申合반組合, 그리고 지방 자치 행정에서 수리를 관리하는 市町

부락 단위로 공동의 수리 관리를 담당하는 일종의 공동 조직에 의해 이루어지고 있으며 수리조합에 의한 물의 관리는 그 비중이 극히 적었다. 이 공동 수리 조직은 부락의 행정 기구 속에 그 기능이 편입되어 있는 경우도 있고 부락과는 별도의 용수 관리 단체를 이루고 있는 경우도 있다. 이것은 촌락 자치의 한 형태로 물 관리의 관행이 부락의 전통적인 생활·생산의 기구들과 표리 일체를 이루고 있는 것으로서, 물 관리의 실권은 기생 지주가 아닌 경작 지주나 자영농에게 주어지게 되는 것이었다. 따라서 메이지 정부가 추진하는 수리조합 제도가 일본 농촌에 제대로 수용되기는 어려웠다.

일제는 바로 이 수리조합 제도를 한국 사회에 이식하고자 했다. 대한제국 정부가 1906년 공포한 '수리조합조례'는 대체로 1890년에 일본에서 제정되었던 '수리조합조례'에 준한 것으로 보이는데 조합원은 사업 구역 내에 토지를 지니고 있는 토지 소유자로서 한정되어 있었고 이들은 탁지부 대신의 지휘·감독을 받아 관리하도록 규정되어 있었다. 이어서 1908년에는 '수리조합설치요항' 및 '모범조례'를 발포하여 수리조합의 조직을 실질적으로 장려했다.

1917년 수리조합조례가 상세한 세부 규정을 담은 '조선수리조합령'으로 바뀌었는데 조선수리조합령은 그 목적을 "관개·배수·수해 예방 및 조선토지개량령 제1조에 따른 토지 개량을 할 필요가 있을 때 수리조합을 설립할 수 있다"고 하고 "수리조합은 법인이다"라 함으로써 법인격의 성격을 부여하였다.[13] 곧 이어 조선수리조합령 시행 세칙이 발표되었다. 한편, 1919년 4월에는 '수리조합보조규정'이 제

村 형태 등 4가지가 있다. 이 중 처음의 두 수리 조직안이 토지 소유자를 중심으로 한 지주 중심적 수리 조직인 셈인데, 일본 농업에서 이들 조직이 차지하는 비중은 극히 적다. 일본의 수리 관리는 주로 근세 촌락의 자치 기구적 성격의 연장으로서의 소규모 용수 관리 조직인 申合社組合에 의해 이루어지고 있다. 馬場昭, 앞의 책, p. 49.

13) 조선총독부, 『조선법령집람』 상권 2, 1940, p. 103.

정되어 조합 구역 확장시 답사 및 조사에 대한 절차가 만들어졌고 1927년에는 '조선하천령'이 제정되어 모든 하천 및 그 부속 제방의 국유화와 국가 관리가 법제화되었다. '조선수리조합령'과 '조선하천령' 등은 1920년대에 일제의 강력한 식량 확보책으로 진행되었던 산미 증식 계획의 실질적인 근거 법령으로 작용했던 것이다. 이처럼 한국에서 제정·공포된 수리 관계 법령들은 대부분 메이지 정부하에서 기생 지주제의 성장과 궤를 같이하면서 제정되었던 법령들을 일정한 시차를 두고 식민지 조선에 이식된 형태들이었다.

3. 1910년대 수리조합의 설립과 특성

1910년 이전부터 수리조합의 설립을 추진하는 움직임이 나타난 지역은 전북 지방이었다. 이곳에서 수리조합의 설립이 가장 일찍부터 활발하게 추진된 데는 그럴 만한 이유가 있었다. 먼저 군산 지역을 중심으로 일본인 대지주들이 가장 많이 진출해 있었고 이들이 자신의 사적 이익 차원에서 수리조합의 설립을 희망하였다. 이들 지주 가운데는 수리 관개의 확보가 이 지역의 지배와 수탈에 있어서 가장 급선무라는 생각을 지닌 자들이 있었는데 등정관태랑이 대표적인 인물이었다. 그는 러일전쟁 이후 한국에 건너와 소위 산업을 통한 제국주의의 팽창을 지지하던 자였고 당시 통감부 재정 고문이었던 목하전태랑(目賀田太郎)과도 관계를 맺고 있던 자로 헐값에 사거나 고리대로 수탈한 많은 땅들을 보다 비싼 농지로 바꾸기 위해 수리 체계의 개편을 본격적으로 추진하였다.[14] 여기에 당시 군산에 설치되어 있던

---

14) 藤井寬太郎은 大阪의 미곡 상회였던 藤本合資會社의 사원으로 1904년 渡韓한 이
    래 곧 전북 지방의 대규모 토지를 매입, 농업 경영에 참여하고 농사 회사로서 不
    二興業株式會社를 설립하였다. 그는 자신의 토지가 주로 수리가 불안정한 하등답

권업모범장의 식민지 개발 의욕이 결합되면서 만경강 유역을 중심으로 하는 수리조합의 설립이 추진되었던 것이다. 1910년대 전북 지방에 설립되었던 수리조합은 총 6개였는데 이들 사례를 통해 수리조합의 설립 과정과 그 특징을 간략하게 살펴보기로 하겠다.

I. 수리조합의 설립 주체

수리조합이 메이지 일본의 제도였다는 데서도 미루어 알 수 있듯이 초창기 이 제도의 이식을 주도한 층은 군산 개항 이후 이 지역에 진출하기 시작한 일본인 농업 경영자, 특히 대지주층이었다. 이들은 이 지역의 광대하고도 값싼 토지를 급속히 집적해나가기 시작하였으나 그들의 농업 경영은 수리 문제로 매우 불안정하였고 따라서 이들의 입장에서 수리 관개 사업은 절실하였다. 1907년에 군산의 일본인 대지주들은 이 지역의 수리 문제를 해결하기 위하여 식민지 농업 기술자의 도움을 빌려 세 가지 형태의 수리 계획안을 작성한 바 있었는데 그 중의 하나가 바로 수리조합의 설립이었다.[15] 전북 최초의 수리조합은 현재의 옥구·군산의 서남부 지대를 중심으로 설립되었던 옥구서부수리조합이다.[16] 이 조합은 1908년 지방 유력자 김상희의 주도

이었던 관계로 식민지 농정의 기본 방향이 농사 개량보다는 수리 사업을 중심으로 하는 토지 개량에 주어져야 한다는 신념을 가지고 있었으며 일제 통감부 권력과의 결탁 속에서 전북 지방 수리 사업의 추진자로서 활동하였다. 淺田喬二, 「舊植民地朝鮮に於ける日本人大地主階級變貌過程」, 『農業綜合硏究』 19권 4호, 1965; 藤井寬太郎, 『朝鮮土地談』, 大阪, 1911 등 참조.

15) 옥구·임피·익산 지방의 일본인 농업 경영자들은 이미 임익수리조합의 설립 이전에 군산 근무 권업모범장의 기사를 통해 전주 평야 서반부에 대한 수리 관개의 계획을 세 가지로 세운 바 있었다. 즉 만경강 상류에서 약 2,540정보는 자연 유입에 의해, 하류의 약 1,900정보는 만경강에서 끌어온 물을 腰橋堰堤에 저장했다가 급수하며 나머지 하류 약 5,500여 정보에 대하여는 양수기를 사용하여 금강에서 물을 끌어올 계획을 세웠던 것이다. 임익수리조합은 바로 이 두번째 계획이 실현된 것이다. 「전주 평야의 수리 사업」, 『조선농회보』 제4권 3호.

16) 옥구서부수리조합을 위시하여 임익남부수리조합, 전익수리조합, 임옥수리조합,

로 이루어진 것이라 하지만 실제로는 통감부의 영향을 강하게 받고 있던 군산 재무서의 권유에 의해 일본인 지주들이 중심이 되어 그 설립이 추진되었다고 한다.[17] 설립 당시의 조합원의 구성 내용을 확인할 수는 없으나 군산을 중심으로 성장하고 있던 일본인 지주들이 깊이 관여하였음은 분명하다. 역시 같은 해에 설립된 임옥수리조합 역시 거의 전적으로 일본인 지주들의 주도로 이루어진 것이었다.

임익남부수리조합은 1909년 만경강의 하류, 즉 임피·옥구 지방의 관개를 위한 것으로 역시 이 지방의 대지주들에 의해 설립이 추진되었다.[18] 1909년 탁지부에 올린 본 조합의 설립 청원서에 의하면, 옥구·군산 일대에 광대한 토지를 소유하고 있던 대창희팔랑(大倉喜八郎), 등정관태랑(藤井寬太郎) 등 일본인 12명과 조성희 등 한국인 3명 등 총 15명이 주도적으로 참여하였다. 1911년 7월 조합비 부과 방법을 위해 열렸던 평의회에 참석한 임원 명단을 보면 조합장 대창미길(大倉米吉)을 위시하여 상당수의 인물이 청원자들과 일치하고 있음을 알 수 있는데 이는 곧 조합의 설립을 추진한 자들이 결국 그 운영도 장악하고 있었음을 보여주는 것이라 할 것이다.

전익수리조합의 경우도 마찬가지인데 1909년 11월 흑전이평(黑田二平)·박기순·백남신 등의 지주들이 대한제국 탁지부에 수리조합 설치 허가서를 제출하게 되었고 1910년 1월 27일 탁지부령으로 이 수리조합의 설립이 허가되었다. 설립 당시의 조합원은 총 75명이었던

그리고 익옥수리조합 등에 관하여는 전북농지개량조합에서 간행한 전북농지개량조합 편, 『전북농조 70년사』, 1978에 비교적 상세한 내용이 실려 있다. 이 책은 구한말 이래 이 지방의 수리조합들의 설립·변천·합병 등과 관련한 당시의 자료를 충실하게 옮겨놓고 있기 때문에 초기 수리조합에 관한 연구에 있어서 주요한 참고 문헌이 된다. 이 밖에도 『조선농회보』 20권 11호에 이들 수리조합에 관한 소개와 기초 자료가 소개되어 있다.

17) 『朝鮮産業指針』, 1915, p. 717.
18) 『조선 산업 지침』, pp. 141~76.

것으로 되어 있으나 조합 설립 위원들은 일본인 대지주를 중심으로 하는 16명의 지주를 조합원 총대로 인정해줄 것을 전주재무감독국에 요청하였고 그 승인에 따라 이들 16명으로 조합 규약을 통과시키고 전익수리조합을 운영해나갔다. 1910년 설립된 임옥수리조합 역시 이 하등지를 대규모로 소유하고 있던 궁기가태랑(宮崎佳太郎) 등 24명의 지주들이 이 일대의 수리 확보를 목적으로 1910년 임옥수리조합을 결성하였다.[19] 이 지주들이 수리조합을 결성하는 데 있어서는 통감부 당국에서의 기술 측량이 커다란 배경으로 작용하였다.

위의 다섯 수리조합이 모두 만경강 유역을 중심으로 설립된 것이고 따라서 그들의 수원이 거의 같은 것이었음에 반하여 고부수리조합은 동진강 유역의 수리를 위하여 설립된 것으로 1913년부터 조합의 설립이 추진되었다.[20] 흥미 있는 사실은 이 조합의 경우 군수가 직접 관내 지주들을 불러 수리조합의 설립을 추동했다는 사실이다. 1913년 고부 군수는 고부 평야에 관계하고 있던 지주들을 소집하여 지주 총회를 개최하고 수리조합 설립의 건을 가결함으로써 그 설립이 추진되었고 이후 동척으로부터의 기채 및 설계 문제를 협정하기 위한 위원으로 일본인 지주 북미영태랑(北尾榮太郎)과 대삼오랑길(大森五郎吉)을 상경케 하였고 그 타협의 결과 수리조합이 설립되었던 것이다.

이상의 내용을 통해 보면 초기의 수리조합은 모두가 일본인 대지주들이 주도하여 설립된 것이었고 고부수리조합의 경우 군수의 적극적인 개입이 작용하여 설립되었다.

II. 수리 체계의 특성

이들 수리조합의 주된 수리 체계 구상은 한마디로 요약하여 기존의 전통적 수리 시설을 적극적으로 보수·보완한다는 것이었다. 먼

---

19) 『조선 산업 지침』, p. 233.

20) 동진농지개량조합 자료실 소장 자료철, 「組合合倂關係書類綴」 참조.

저 옥구서부수리조합의 사업 계획은 이 지역에 조선조 이래로 존재해왔던 14개의 저수지 가운데 가장 규모가 크고 효과가 클 것으로 판단된 미제(米堤)와 선제(船堤)를 복구하고 수로를 보수함으로써 이 일대의 277정보에 관개하고자 하는 것이었다. 이들 저수지와 수로들은 이미 오래 전부터 존재해오던 것들이어서 수리 시설의 새로운 설치라기보다는 기존 수리 시설의 보완의 의미가 강한 사업이었다. 따라서 자금의 소요도 크지 않았고 성격상 전통적인 수리 체계로부터 크게 달라진 것이 없는 것이었다.

임익수리조합의 경우도 비슷하였는데 오래 전부터 이 일대의 수리 시설로 존재하였다가 파괴되어 수리 시설로서의 역할을 제대로 하지 못하던 요교제를 새롭게 복구·수축하고자 하는 것이었다. 임익남부 수리조합의 경우 주로 만경강 상류에서 하류까지의 도수로를 신설하거나 보수하고 그에 필요한 제방을 쌓아 자연적인 수로를 보다 효과적으로 이용하려는 데 목적이 있었다. 이것은 본질적으로는 만경강의 자연 수로를 보완하는 정도를 벗어나지 못하는 것이었다. 따라서 이 수리조합은 결국 지주들에 의한 만경강의 일정 하계(河係)에 대한 운영권과 통제권을 확보해주는 것이었고 결과적으로 이 일대의 농민들에 대한 지주층의 직·간접적 지배권을 보장해준다는 점에서 큰 변화를 가져왔던 것이다.

흥미 있는 사례는 전익수리조합의 경우이다. 전주와 익산을 잇는 만경강 연안의 평야 지대에는 이미 오래 전부터 사적인 수리 시설이 갖추어져 있었고 1849년경부터는 당시의 왕실의 외척인 민병익이 이 지대에 독주항(犢走項)이라는 용수로를 설치하여 이 일대의 토지를 관개하고 그 대가로 두락당 벼 1두씩의 용수료를 농민들로부터 거두었다.[21] 그러나 한말의 사회 경제적 변화 과정에서 민영익이 상해로

---

21) 『조선 산업 지침』, pp. 194~95.

망명하게 되자 이 일대의 대지주들은 바로 이 독주항을 매수하여 일대의 관개 수로를 다시 정비·확장하고자 하였다. 이런 점에서 이 전익수리조합 역시 한말의 기존 수리 시설을 그 운영 주체만 바꾼 채유지·보수하는 성격이 강하였다.

고부수리조합의 구체적인 사업 계획은 역시 전통적으로 존재하던 보를 이용하여 그 상류에 600정보에 달하는 저수지를 만들고 그 밑으로 수로를 설치하는 것이었다. 고부수리조합도 앞의 다른 수리조합과 마찬가지로 전통적인 수리 시설을 일정하게 이용하려는 계획을 지니고 있었지만 실제로는 약 600정보에 달하는 새로운 저수지를 신설하고자 하는 계획이었기 때문에 규모나 자금 동원에 있어서 단순한 기존 시설의 보완과는 달랐다. 고부수리조합이 이처럼 규모가 큰 계획을 추진할 수 있었던 배경에는 동척의 거대한 토지와 자금이 있었다.

이상에서 볼 때 이 시기의 수리조합은 이전의 전통적 수리 시설과 크게 다른 수리 체계를 창출하려는 노력보다는 그것을 보완하고 이용하는 차원에 그치는 소극적인 것이었다. 다만 전통적 수리 체계가 공동체적인 방식으로 관리되었던 것에 반하여 수리조합의 경우는 관내 지주들의 주도권이 제도적으로 강화되는 것이었다. 제언의 관리는 전통적으로 지방관의 주된 행정 사항이었고 그 수리 시설의 운영권 역시 지역 사회의 공동적인 관심사였던 데 반하여 수리조합의 설립과 함께 그 운영권과 관리권이 조합원들에게로 이양되었던 것이다. 실제로 이 시기의 수리조합은 수리 체계 자체보다는 수리에 대한 관리 방식의 변화에 더욱 초점이 맞추어진 것이었다고 볼 수 있다. 수리조합이 운영 주체의 변경을 위한 제도적인 장치였다는 사실은 조합 설립 이후 보여준 조합비 징수 방식에서도 분명하게 드러나고 있다. 전익수리조합의 경우를 예로 들어보면, 조합비 징수와 관련하여 1910년 9월 4일의 '조합비 부과 결의서'에는 다음과 같이 기록되어 있다.

　　본 조합 구역 내에 있는 畓은 元 竹洞宮 소유의 犢走項 飛飛亭으로
부터 流水되는 물을 가지고 관개해서 이에 充하였으므로 其報償으로
매년 畓 1斗落에서 前韓國升 1斗씩을 水稅로 죽동궁에 하여왔었음.
今番 본 조합이 죽동궁으로부터 其 소유의 水路, 洑全部를 매수하고
조합을 조직함에 當하여 一朝에 百余年來의 관습을 개정함은 民情에
適치 못함에 其慣習을 習用하여 매년 답 각 1두락에 대하여 前韓國升
1斗와 거의 同量인 日本升 5升씩의 初을 수세로 부과 징수하여 이로
써 조합 비용에 충당하는 것으로 함.[22]

　　위와 같은 내용을 통해 우리는 이 조합이 결국 기존의 수리 시설을
지주층들의 자본 투자 대상으로 만들면서 그 대가로 지주층에게 모
든 수리 시설의 운영과 관리를 넘겨주는 장치로 작용하고 있음을 분
명하게 확인할 수 있는 것이다. 이 점에서 1910년대의 수리조합은 농
업 생산과 관련한 수리 기술적인 의미보다 오히려 수리의 관리권을
둘러싼 주도권의 전환이라는 의미가 더욱 컸다. 이 전환의 과정에서
식민지 권력의 도움을 받은 일본인 대지주가 주도적인 역할을 수행
하였음은 앞의 예에서 뚜렷하게 확인할 수 있다.

4. 산미 증식 계획과 수리조합의 거대화

　　쌀 소동을 거치면서 일본 자본주의가 값싼 쌀의 확보를 구조적으
로 강력하게 요구하기 시작하면서 일제는 식민지 조선을 그들의 식

---

22) 『조선 산업 지침』, p. 198.

량 기지화하기 위하여 산미 증식 계획을 실시하게 되었다. 이 산미 증식 계획은 1920년부터 시작하여 거대한 규모의 토지 개량 사업과 농사 개량 사업을 통해 한국에서의 쌀 생산을 증대시키려는 것이었다.[23] 이 가운데서 토지 개량 사업은 주로 수리조합을 통하여 간척, 지목 변환, 수리 안전답화 등의 사업을 시행하고자 한 것이다. 이를 위해 일제는 이미 1917년 '조선수리령'을 제정하여 수리조합의 법인적 성격과 토지 개량 사업의 주체로서의 지위를 제도화하였고 이어 1920년 6월 종래 내무국 소관이던 '관개에 관한 사항'을 식산국에 이관시키고 새로이 '농업 수리에 관한 사항'을 설치, 분장케 하는 한편, 식산국에 토지 개량과를 신설하였다. 또한 12월에는 토지개량보조규칙을 발포하여 개간 간척에 대하여는 면적 10정보 이상, 논의 관개 개선 및 밭을 논으로 바꾸는 지목 변경에 있어서는 보조비를 지급하는 조처를 취하였다.

일제는 이 시기에 주로 대규모의 토지 개량 사업은 수리조합을 통해 수행하기로 계획을 세웠고 실제로도 토지 개량 사업 실적의 80% 이상이 수리조합에 의해 달성되었다. 따라서 1920년대의 수리조합은 토지 개량 사업과 관련하여 식민지 권력 기관으로부터 많은 지원을 받았다.

1920년대의 수리조합은 지금까지 기존 수리 시설의 보수와 유지라는 소규모의 사업에 머무르던 데서 대규모 자금의 투자에 의한 수리 사업을 수반하였다. 또 그 과정에서 같은 수계에 속한 군소 수리조합의 합병·통합과 새로운 대규모 수리조합의 설립이 추진되었다. 기존 수리조합의 통합을 통해서나 새로운 수리조합의 신설을 통해서나 이 시기의 수리조합은 조직상 대규모화, 자금면에서의 대규모화를 지향하고 있었다. 전자의 사례로 익옥수리조합, 후자의 사례로 동진

---

23) 산미 증식 계획에 관하여는 河合和男, 「산미 증식 계획과 식민지 농업의 전개」, 『한국 근대 경제사 연구』, 사계절, 1983 참조.

수리조합을 들 수 있다. 이 두 수리조합의 사례를 통해 이 시기 수리조합 대규모화의 모습을 검토해보고자 한다.

I. 익옥수리조합

전북의 군산 · 옥구 · 익산 지방의 평야 지대는 일찍부터 일본인 대지주들의 토지 소유가 진행된 지역이었고 그로 인해 1910년경에 이미 여러 개의 수리조합이 설립되었던 곳이었다. 그러나 이 일대의 기존 수리 시설은 대체로 충분한 수량을 확보할 수 없었을 뿐만 아니라 대부분의 지역이 수량이 풍부하지 못한 만경강에 수원을 의지할 수밖에 없었기 때문에 1910년대의 수리조합의 설립에도 불구하고 수리의 안정은 얻기 어려웠다. 수리 체계를 좀더 효율적이고 완전하게 만들고자 하는 대지주들의 노력은 이 지역을 전반적으로 관개할 수 있는 방대한 수리 시설의 설립을 요구하게 되었던 것이며, 이를 위하여 기존의 소규모 수리조합은 동일 수계로 합병되지 않을 수 없었다. 실제로 만경강 유역의 모든 수리조합이 하나의 수리조합으로 합병되는 것은 1940년에 이르러서이지만 1919년에 이미 임익남부수리조합과 임옥수리조합의 합병이 논의되기 시작하였고 1920년에는 이들의 합병으로 새로운 익옥수리조합이 설립되었던 것이다.[24]

1920년대에 이르러 이들 수리조합의 합병과 수리조합의 대규모화가 진행될 수 있었던 배경에는 다음과 같은 몇 가지 요인이 작용했던 것으로 보인다.

첫째는, 무엇보다도 1910년대를 거치면서 식민지적 유통 구조의 확립과 식민지 지주제의 발전에 따라 지주층의 경제적 · 사회적 지위가 강화되었다는 점을 들 수 있다. 이제 지주층은 점점 더 많은 소작료와 경제적 이익을 추구하기 시작하였고 그럴수록 자신의 소유지의

---

24) 『전북농조 70년사』.

수리 불안정은 커다란 장애 요인이 아닐 수 없었다. 특히 한인 지주에 비해 열등한 하등답을 주로 소유하고 있던 일본인 대지주들의 경우 이러한 불만은 더욱 강해질 수밖에 없었을 것이다. 실제로 익옥수리조합의 설립에 중심이 되었던 일본인 대지주 등정관태랑은 바로 자신의 경제적 이익과 관련하여 수리조합의 대규모화를 적극적으로 추진했던 것으로 보인다.[25] 한편, 이 지역에 대규모 토지를 소유한 대지주 가운데는 두 수리조합에 모두 관여하고 있는 자들이 적지 않았다. 이들은 지금까지는 기존의 수리 시설을 중심으로 하는 수리조합에 각각 운영 주체로서 참여하고 있었지만 이제는 한 지역의 수리를 근본적으로 해결하기 위하여 대규모의 수리 사업을 추진하고자 했던 것이고 이것이 수리조합의 대규모화를 가능케 했던 첫 요인이라 할 수 있다.

둘째로는, 1920년대부터 일제의 산미 증식 계획이 추진되기 시작하면서 수리조합을 통한 토지 개량 사업을 본격적으로 추진하기 시작하였다는 사실이다. 당시의 토지 개량 사업은 주로 밭을 논으로 변경시키는 지목 변환과 간석지와 황무지의 개간 · 간척을 통한 논경지의 확대의 형태가 있었는데 전북의 경우 주로 후자의 사업이 주된 관심 대상이었다. 1920년대에 들어와 옥구 지방에 불이흥업주식회사에 의한 대규모 간척 사업이 진행되고 있었고 그 불이흥업주식회사의 대표가 역시 임옥수리조합의 조합장이었던 등정관태랑이었다. 그는 대규모 수리 사업에 의한 수리 시설의 충분한 보완 없이는 이 지역의 간석지나 간척지의 경작지화는 기대하기 어렵다고 보았고 바로 이러한 자신의 이해 관계가 일제의 식민지 농업 개발 정책과 결합하면서 대규모 수리조합으로의 전개를 보게 되었던 것이다. 당시의 합병 계

---

25) 藤井寬太郎이 수리 사업과 관련하여 얻을 수 있었던 개인적 이익으로는 방대한 미간지의 경지화, 하등답의 良畓化, 그에 기초한 농장 경영 수익의 증대 등 경제적인 이익과 수리 사업을 통해 자신이 지역 사회에서 발휘할 수 있었던 정치적 권한 등을 들 수 있다.

획안을 보면 이 합병으로 옥구·익산 지역의 미간지와 간석지 약 2,400정보가 새로이 경지화할 수 있다는 점, 그리고 이 간석지의 상당 부분을 등정관태랑이 소유하고 있다는 점이 밝혀져 있다.[26]

셋째로는, 이 시기에 들어와 일본으로부터 대규모 자금이 식민지 농업 개발을 위한 자금으로 유입되기 시작하였다는 점과 관련되어 있다. 동척, 식산은행을 비롯하여 금융 조합 등을 통해 한국의 농촌에 투입되기 시작한 식민지 자금은 1920년대에 급격히 증대하였다.[27] 익옥수리조합의 경우도 주요한 수리 사업인 대아리댐의 건설에 총 230만원의 거액이 요구되었는데, 이러한 거액의 자금이 정부 알선에 의해 조달될 수 있었기 때문에 가능했던 것이다. 이러한 사정에 의하여 1919년에 임익남부수리조합과 임옥수리조합의 합병이 등정관태랑의 주도하에 추진되기 시작하였고 1920년에 새로운 수리조합으로 바뀌게 되었는데 이것이 바로 익옥수리조합이었다.

II. 동진수리조합

옛부터 동진강 일대, 특히 김제평야는 한국의 대표적인 평야 지대로 손꼽혀왔으나 동진강의 수원 부족과 수리 관개 시설의 훼손으로 인해 이 일대의 미곡 산출이 불안정하였다. 그리하여 이 일대의 수리조합 설치의 논의가 일찍부터 있었으나 지주층의 이해 관계로 인해 이루어지지 못하였다가 한발의 피해를 겪으면서 이들의 이해가 식민지 농업 정책과 맞아떨어지게 되었고 그 결과 거대한 자금을 동원하여 섬진강을 역류시켜 동진강 일대의 평야를 관개한다는 계획하에 동진수리조합이 설립되게 되었다.[28] 1920년 당시 이 동진강 일대에는

---

26) 「益沃水利組合과 不二農村」, 『조선농회보』 20권 11호; 『전북농조 70년사』에 실린 익옥수리조합 설립 계획안 참조.
27) 堀和生, 「일제하 조선에 있어서 식민지 농업 정책」, 『한국 근대 경제사 연구』, 사계절, 1983.
28) 『동진농지개량조합 50년사』.

1,000정보 이상의 토지를 소유한 대지주가 동척을 비롯하여 동진농업주식회사, 응본농장(態本農場), 다목농장(多木農場), 석천현(石川縣)농업주식회사 등 5명이었고 그외 중소 지주가 3,500여 명이었다. 이 동진평야에 광대한 토지를 소유하고 있던 일본인 대지주들은 1920년 아부농장(阿部農場) 주인 흥촌죽삼랑(興村竹三郎), 대구보도지(大久保到之)를 수리조합 창설위원장으로 세우고 이 일대의 지주를 모아 수리조합의 설립을 꾀하였다. 이 과정에서 동척의 기술자들이 측량과 설계를 담당하였다.

그러나 설립 과정에 있어서 한국인 지주 일부의 완강한 반대와 저항, 그리고 지주들간의 이해 관계의 대립으로 진전을 보지 못하다가 수차의 대지주회를 통해 이해를 조정하고 1925년 전북도청에서 수리조합창립위원회를 개최하였다. 이 당시 창립실행위원으로 활동한 자들의 명단을 보면 모두 이 일대에 거대한 토지를 소유하고 있던 일본인 대지주들이었다.[29] 이들은 대부분 조합이 설립된 후 상설위원과 평의원으로 참여함으로써 조합 운영의 실질적인 주체로 작용하고 있었다. 당시의 계획서를 보면 동진수리조합은 김제 · 정읍 · 부안의 3군 19개면 90개 리를 몽리 구역으로 하고 죽산 · 진봉 · 만경 등지의 간석지를 역시 몽리 지역으로 포함하는 15,182정보에 대한 관개를 담당하도록 계획되어 있었고 이에 필요한 사업비 역시 700만 원으로 예정되어 있는 거대한 규모였다. 이 소요 경비의 대부분은 조합의 기채로 충당하도록 되었기 때문에 처음부터 조합원의 부담이 크지 않을 수 없었다.

동진수리조합의 사업 계획서에 나타나 있는 수리 사업의 내용을 살펴보면 가장 큰 목적이 간석지나 임야를 논으로 지목 변경하는 것이었음을 알 수 있다. 다른 말로 표현하면 간석지를 소유한 지주층에게

---

29) 이하, 동진수리조합의 설립 과정과 계획에 관하여는 현재 동진농지개량조합 자료실소장 자료철,「조합 합병 관계 서류철」참조.

가장 유리한 사업으로 구상되어 있었다는 사실이다. 〈표-1〉을 보면 조합 설립으로 총 2,000여 정보에 달하는 간석지가 논으로 지목 전환하도록 되어 있었다. 또한, 〈표-2〉를 통해 조합 설립으로 가장 큰 이익을 보는 층이 바로 간석지를 소유한 층임을 알 수 있다. 동진수리조합 구역 내에 가장 많은 간석지를 소유한 자들이 일본인 대지주였음은 두말할 나위가 없으려니와, 특히 아부농장은 동진수리조합 구역 내의 간석지 경영을 담당하게 됨으로써 막대한 수익을 올릴 수 있게 되었다. 동진수리조합은 당시의 상황에서 최대의 자금 동원, 강압적인 사업 추진, 일본인 대지주 중심의 조합 운영 계획 등 일제하 수리조합의 전형적인 성격을 가장 잘 드러내주는 조합이었고, 또 그만큼 수리조합으로 인한 조합 구역 내의 모순과 갈등도 심각했던 조합이었던 것이다.

〈표-1〉 　　　　　　조합 설립 전후의 지목별 면적 비교 (예상 · 동진수조)

	설립 전		설립 후	
	지목	면적(町)	지목	면적
	논	12,661.5822	논	12,319.0722
	–		潰地	342.5100
	밭	11.9516	논	11.9516
	잡종지	477..6419	논	464.9419
	–		潰地	12.7000
	임야	1.6020	논	1.6020
	池沼	.5624	논	.5624
	간석지	2,028.9503	논	1,761.8419
	–		潰地	267.1014
計	논	–	논	14,560.0000
	–	–	潰地	622.3114

자료: 「동진수리조합 사업 계획서」, 동진농지개량조합 자료실 소장 자료.

〈표-2〉조합 설립 전후에 있어서 수익과 조합비 부담 대조표 (단위: 원)

등급	수익(反당)	조합비(反당)
특	1.10	1.30
1	2.50	1.88
2	3.20	2.65
3	4.00	3.41
4	4.70	4.18
5	5.10	4.56
6	5.80	5.33
7	6.40	6.10
7(밭)	6.60	6.10
8(임야, 잡종지)	6.00	6.50
8(간석지)	9.00	6.50

자료: 「동진수리조합 사업 계획서」.

이처럼 1920년대의 수리조합은 수리 체계의 효율성을 위하여 동일 수계에 속한 수리조합의 합병, 대규모 수리 시설의 수축 등을 통해 거대화하였고 이에 따라 조합의 운영은 더욱 대지주 중심의 관료적 · 행정적 형태로 바뀌어갈 수밖에 없었다. 실제로 익옥수리조합의 경우 합병과 동시에 새로운 조합 직원의 복무 규정이 제정되는 등 조합의 관료화가 강화되고 있었다.[30] 또 그만큼 수리조합의 설립과 관련한 조합원 내부의 이해 갈등이 격화될 수밖에 없었다. 특히 소규모 토지를 소유한 한국인 지주나 자작농층은 수리조합의 대규모화에 따른 조합비의 부담 때문에 경제적으로 몰락할 수밖에 없었고 그러한

---

30) 『전북농조 70년사』, pp. 308~10.

사실을 예견할 수 있었던 경우에는 조합의 설립 그 자체가 지주층들로부터도 동의를 얻기 어려웠던 것이다. 그 가장 전형적인 모습은 동진수리조합의 결성 과정에서 나타난 한국인 지주 및 농민층의 조합설립 반대 운동이었다. 조합의 설립 과정에서 갈등이 심화되자 일제의 강압적인 농정 간여도 더욱 강화되었다. 일제는 식민지 농업 개발을 위해 농민층 내부에서 야기되는 불만과 저항을 강력하게 억제하는 기능을 수행하였고 그러한 보호막 속에서 일본인 대지주와 한국인 지주들이 수리조합의 결성 작업을 추진할 수 있었던 것이다. 그러나 일제의 강압적인 식민지 개발 정책에 의한 수리사업의 추진도 직접 생산자인 농민층의 경제적 지위를 극도로 악화시킴으로써 한국농업과 농민층의 심각한 파탄을 초래하였고 1930년대의 공황을 맞으면서 결국 일제의 식민지 농업 정책은 일정한 변화를 택하지 않을 수없었던 것이다.

5. 수리조합의 사회 경제적 결과

I. 수리조합과 토지 생산성

일제는 수리조합의 설립을 추진하면서 수리조합이 한국의 토지 생산성을 크게 증대시킬 것으로 판단하였다. 일례로 1920년부터 실시한 산미 증식 계획 제1차 계획의 내용에 의하면 농사 개량 및 수리조합의 설립에 기초한 토지 개량 사업의 촉진에 의해 총 900만 석에 달하는 쌀의 증산을 목표로 하고 있었다.[31] 개별 조합의 경우도 이러한 판단이 작용하였는데 임익수리조합의 설립 계획에 의하면 설립 직후에는 반당 최고 3석, 설립 후 8년부터는 반당 5석의 수확이 가능할 것

---

31) 河合和男, 앞의 글.

으로 보았고 하등답에서의 최저 생산이 반당 3석일 것으로 판단하고 있었다. 그러나 일제의 이러한 구상은 비현실적인 것이었음이 곧 드러나고 말았고 일제는 1926년 산미 증식 계획을 근본적으로 수정하지 않을 수 없었다.

수리조합의 설치로 인한 토지 생산성의 증가폭은 예상한 만큼 크지 않았고 쌀의 가격이 점차 불안정해지면서 지주층의 수익 구조가 매우 유동적으로 되었다. 1923년도 미곡 수확량을 보면 가장 생산성이 높은 옥구군 임피면 성산리가 반당 3.245석을 나타내고 있을 뿐 대부분의 지역이 2.5석에도 미치지 못한 상태임을 보여주고 있다.[32] 이와 같은 현상은 다른 수리조합에서도 동일한 형태로 나타나고 있었다. 물론 수리조합이 수리의 안정, 지목 변경, 간석지 개간 등을 통해 토지 생산성을 증대시키는 결과를 가져왔던 것은 부인할 수 없다. 〈표-3〉에서 볼 수 있듯이 대부분의 수리조합 지역에서는 토지 생산성이 증대하였다. 특히 임익수리조합이나 익옥수리조합, 그리고 고부수리조합과 같이 비교적 많은 자금을 투입했던 수리조합일수록 생산성의 증대가 두드러지게 나타나고 있고 전익수리조합이나 옥구서부수리조합과 같이 전통적인 수리 시설의 보존·유지에 그치는 조합의 경우 그 증대량은 미미한 수준에 그치고 있음을 알 수 있다. 그러나 전체적으로 볼 때 수리조합의 생산성 증대 효과는 일제나 수리조합 설립 주체인 지주층의 입장에서나 기대에 미치지 못했던 것은 사실이었던 것으로 보인다.

결국 수리조합의 설립 과정에서 그 토지 생산성의 증대 효과가 지나치게 확대 평가되고 있었고 이러한 과대 확신이 쌀값의 급격한 하락과 함께 1920년대 후반 이후의 수리조합의 몰락, 경영 악화의 주요한 요인이 되었다. 그렇다면 수리조합에 의한 생산성의 증대가 예상

---

32) 『전북농조 70년사』, p. 134.

<표-3>　　　　　　수리조합 구역 내에서의 수확률 변화　　　(반당 평균)

	옥구서부	임익	전익	고부	익옥
조합 설립 당시	1.6(석)	0.8	1.85	0.787	0.524
최근 5년 평균	2.67	2.589	1.951	1.896	2.009
증가수량	1.07	1.789	0.101	1.109	1.485
증가율(%)	66.8	223.6	5.4	140.0	283.39

자료: 靑木戒三, 「전라북도 토지 개량 사업」, 『조선농회보』 20권 11호, p. 37.

밖으로 부진했던 이유는 무엇이었을까? 그 이유는 단순한 농업 생산
기술의 문제나 수리 조건의 문제에서 찾아질 수 없다. 농업 생산성의
증대를 가져오기 위하여 무엇보다도 선행되어야 하는 것은 직접 경
작자의 생산 의욕 고취와 그들의 경제적 지위 향상인데 지주제의 강
화와 직접 경작자에 대한 식민지적 수탈이 더욱 강화되는 가운데서
수리 시설의 확충이라는 농업 기술적 요인만으로 얻어질 수 있는 생
산성 증대에 한계가 있을 수밖에 없었던 것이다. 결국 농업 생산에
있어서의 생산 관계를 반봉건적 · 식민지적 지주제에 묶어둔 채 정책
적으로 발전시킨 수리 시설의 효과는 일본의 식량 문제 해결을 위한
절대 생산액의 증대를 가져오기는 했지만 결과적으로는 농업 생산의
담당자들을 몰락시키고 그럼으로써 농업 생산의 기반을 붕괴시키는
자기 모순을 안고 있었던 것이었다. 1930년대의 농업 위기는 이러한
측면과 밀접하게 관련되어 있었다.

II. 수리조합과 지주제의 강화

　모든 수리조합은 설립 계획상 수리조합을 통해 토지 생산성의 증
대가 조합 운영에 필요한 제반 경비를 제하고도 상당한 정도의 이익
을 지주에게뿐만 아니라 소작농에게도 가져다줄 것을 전제하고 있었
다. 그러나 당시의 계획서를 유심히 살펴보면 소작농의 이익보다는

주로 지주층의 이익이 훨씬 중요하게 검토되고 있었음을 알 수 있다. 이는 거의 모든 조합의 설립 계획서에 지주의 예상 수익은 포함되어 있으나 소작농의 수익 예상에 대하여는 상세한 검토가 없는 것에서도 확인이 된다. 이러한 사실은 곧 수리조합이 절대적 토지 생산성의 증대만을 목표로 삼았을 뿐 구역 내의 생산 관계에 대한 검토는 처음부터 소홀했음을 말해주는 것이라 할 것이다.[33] 그 결과 수리조합의 설립과 함께 지주층의 경제적·정치적 권한이 일방적으로 강화되었던 것도 계획 당시부터 예상될 수 있었던 것이다.

수리조합의 주요한 사회 경제적 결과의 하나는 이를 통해 지주층, 특히 대지주층이 농촌 사회 내에 실질적인 지배 집단으로 자리하게 되었다는 점이다. 이러한 지주층의 이익 증대는 크게 경제적인 측면과 정치적인 측면으로 나누어볼 수가 있다. 수리조합의 설치와 지주의 수익은 어떤 관계에 있었던 것인가? 지주 수익의 기본 형태가 소작료라는 점에서 본다면 토지 생산성의 증대, 수리 안정에 의한 풍흉의 기복 약화 등으로 소작료 수익의 절대액은 크게 증대하였다. 대부분의 수리조합의 설립 계획에서 전제하고 있었던 지주 수익의 기본 형태도 바로 이 소작료액의 증대에 기초한 것이었다. 그러나 지주 수익은 바로 이러한 생산성 증대에 기초한 상대적 이윤만으로 이루어지는 것이 아니었다. 지주층은 생산성 증대를 빌미로 하여 소작료율 그 자체를 증대시키고 있었던 것이다. 예컨대 일제하에서 전북 지방은 다른 지방에 비해 소작료 형식인 타조의 비율이 대단히 높았는데 이는 수리조합의 발흥과 깊은 관계가 있는 것이었다.[34] 정조는 타조

---

33) 실제로 당시 모든 수리조합 설립 관계 서류에 지주 수익 예상조는 첨부되어 있었지만 소작농 및 자작농의 수익에 대하여는 별다른 언급이 없다. 이것은 물론 조합비의 부담이 지주에게 있기 때문이기도 하지만 수리조합의 지주 중심적 성격이 반영된 것에 다름아니다.

34) 전북 지방의 定租 관행의 연혁에 대하여 일제의 조사 보고서는 다음과 같이 말하고 있다. "1906년경 동양척식주식회사 및 기타 대농장과 더불어, 그리고 1912년경

에 비하여 소작료율은 다소 낮았으나 풍흉에 관계없이 거두어들이는 정액 소작제로서 당시의 농업 생산 기술 수준에서는 특히 지주에게 유리한 제도였을 뿐 소작농에게는 불안정성만 증대시켰다. 또한 다목농장에서는 수리조합의 설립으로 수확량이 증대하자 '가정조(假定租)'라는 제도를 도입, 계약 기간 내에서도 매년 수확고를 예상하여 정조액을 변경하는 방식으로 소작료를 증대시키기도 하였다.[35]

뿐만 아니라, 지주층은 토지 소유자들이 부담해야 하는 조합비를 소작인에게 전가함으로써 자신들의 이익을 증대시키고 소작인의 부담을 가중시켰다. 고부수리조합의 경우에는 수리조합비의 부담을 지주와 소작인간에 7 : 3의 비율로 분담하도록 계획되어 있어서 소작료가 인상되지 않을 수 없었다.[36] 그러나 실제로는 지주층이 소작농에게 수리조합비를 전가시키는 것이 보편적인 현상이었던 것으로 보인다. 1931년에 조사된 전북의 소작 관행 조사서에 의하면 당시 전북 관내 지주의 56%가 자신이 부담해야 하는 수리조합비를 전액 소작농에게 전가시켰다.[37] 이들은 납입 고지서를 받으면 마름을 통해 소작농에게 통지함으로써 강제적으로 그 부담을 소작농에게 지웠던 것이다. 또한 지주층은 수리조합의 설립과 더불어 각종의 농사 개량을 소작인들에게 강요하였다. 예컨대 우량 품종의 선택, 화학 비료의 사용, 소작미의 품질 개선 등 지주의 미곡 상품화를 위한 제반 농업 생산상의 간여를 확대시켰고 이를 통해 소작인에 대한 지주의 권한은 더욱 강화되었다.[38]

역둔토 등의 소작료를 정조로 설정함에 의해 증가하고 다시 최근 수리조합의 발흥에 따라 그 몽리 지역은 전부 정조로 바뀌게 되어……"『소작 관행 조사서: 전북 편』, 1932. p. 76.

35) 『소작 관행 조사서: 전북 편』, p. 227.
36) 동진농지개량조합 자료실 소장 자료철, 「조합 합병 관계 서류철」 참조.
37) 『소작 관행 조사서: 전북 편』, p. 171.
38) 『소작농 관행 조사서: 전북 편』, p. 220.

그러나 실제로 지주층의 수익은 예상 증수량의 과대 평가, 쌀값의 변동, 조합비의 과중한 부담 등으로 인해 계획대로 실현될 수가 없었다. 그와 함께 지주층 내부에도 이해 관계가 일치되지 않고 대립되는 갈등이 점차 강하게 노정되기 시작하였다. 특히 쌀값이 지속적으로 상승하던 1910년대와는 달리 대규모 수리 사업이 정책적으로 추진되고 그에 따르는 조합의 재정적 부담이 크게 증대해가던 1920년대에는 지주들 사이에도 그 이해 관계가 대립되기 시작하였다. 자금의 동원력이 없던 중소 지주, 그것도 특히 한국인 중소 지주의 경우에는 과도한 조합비의 부담으로 경제적으로 큰 위기에 부딪히고 있었던 반면 일본인 대지주를 비롯한 대지주층은 이 과정에서 식민지 금융과의 유착을 통해 금융 지원의 혜택을 받아 더욱 토지를 확대할 수 있었다.[39]

　한편 수리조합은 대지주층이 지역 사회의 지배 집단으로 성장하는 주요한 발판이기도 했다. 수리조합은 농업 생산과 관련한 수리의 통제와 관리의 권한을 독자적으로 소유한 독립 기관이었다. 수리조합은, 토지의 지목 변경, 수리 체계의 변경, 관개 시설 등 수리를 필요로 하는 모든 농업 생산에 관하여 전적인 영향력을 행사할 수 있는 기관이었다. 수리조합조례에 의하면 수리조합은 예정 몽리 지역 내의 토지 소유자들이 조합을 결성할 수 있도록 함으로써 토지를 소유하지 않는 경작자들은 처음부터 이 수리조합의 운영이나 결정 과정에 참여할 수 없도록 하였다. 또 토지 소유자 가운데서도 대규모 토지를 소유한 자들이 이 조합을 좌우할 수 있도록 하였다. 수리조합조례에 의하면 모든 조합원은 그들의 의사를 총대를 통해 전하게

---

39) 이러한 사실은 전북 수리조합 설립의 대표적인 인물인 藤井寬太郎에 의해서도 이미 지적되고 있었다. 그러나 그는 중소 토지 소유자의 경제적 어려움을 소위 '제국 식량 문제의 해결'이라는 전형적인 제국주의적 사고에 입각하여 묵살하고 있었다. 藤井寬太郎, 「水利組合に於はる世評の眞相」, 조선총독부, 『朝鮮總覽』, 1943.

되어 있는데 총대가 될 수 있는 자격은 대체로 일정한 액수의 지세를 납부한 자에 한하게 되어 있었다.[40] 이것은 총대의 자격이 이미 일정 규모 이상의 토지를 가진 자들에게 한정되어 있었던 것임을 보여주는 것이다. 또한 조합 운영과 관련한 주요 사항에 대한 심의권을 지닌 평의원의 선출 역시 이들 총대들의 모임에서 이루어지게 되어 있어서 평의원은 절대적으로 대지주 가운데서 선출되지 않을 수 없었다.

평의원이나 조합장의 선출에는 식민지 권력도 상당한 영향을 행사하였다. 수리조합의 임원 선출은 모두 식민지 권력 기관으로부터의 승인이 있어야 할 뿐 아니라 다수의 임원이 식민지 권력 기관의 추천으로 충원되었다.[41] 수리조합의 설립과 운영에 깊이 참여하고 있던 대지주들은 일인이든 한국인이든 모두 식민지적 체제의 유지와 연루되지 않을 수 없게 되었다. 그리고 이러한 성격은 수리조합의 성격 그 자체에서 불가피하게 파생되는 것이기도 했다.

III. 농민층의 몰락과 농민층 분해의 가속화

수리조합은 특히 중농 이하의 농민에게 심각한 타격을 입혔다. 조합 구역 내에 있던 한국인 중소 지주나 자작농의 몰락을 가중시켰고 소작농의 탈농을 심화시킴으로써 수리조합이 설립된 지역에서의 농민층 분해가 급속도로 진행되는 결과를 가져왔던 것이다. 먼저 익옥 수리조합의 사례를 중심으로 조합원의 토지 소유 상황의 변화를 살펴봄으로써 이 문제를 확인해보고자 한다. 다음의 〈표-4〉를 보자.

---

40) 『전북농조 70년사』나 동진농조 자료실에 소장된 당시의 각 수리조합 정관 참조.
41) 예컨대, 동진수리조합의 경우 초대 조합장은 전북지사를 역임했던 亥角仲藏이었고 초대 이사는 전북도 지방과장이었던 明石翁助, 초대 경리 담당 직원은 東拓 대전지점 서무주임이었던 高田政雄으로서 식민지 관료와 수리조합 운영 책임자와의 밀접한 관계를 분명히 보여주고 있다. 『동진농지개량조합 50년사』.

〈표-4〉　　　익옥수리조합의 소유 규모별 조합원 수 변동 상황

면적 규모	1920		1930	
	한국인	일본인	한국인	일본인
0.5 미만	784	45	668	101
0.5~1	387	30	366	75
1~3	352	45	–	–
3~5	36	19	295	202
5~10	13	18	–	–
10~50	10	23	11	33
50~100	–	6	1	3
100 이상	–	13	–	8

자료: 1920년도는 「益沃水利組合合倂同意書」와 「合倂同意未調印者名簿」에서 작성.
　　　 1930년도는 「조선 토지 개량 사업 연감」, 1931, p. 104에서 인용.

〈표-4〉에서도 한국인 토지 소유자수는 전반적으로 감소하고 있고 일본인 토지 소유자는 확대되고 있음이 드러나고 있다. 특히 그 중에서도 1정보에서 10정보에 이르는 중소 규모의 한국인 토지 소유자층의 몰락이 두드러지고 있다. 물론 이들의 몰락이 곧바로 탈농을 의미한다고 볼 수는 없으나 이들이 보다 낮은 규모의 소유자로 하강했을 것으로 미루어볼 때 1정보 미만의 토지 소유자의 절대수가 감소하고 있다는 것은 이 범주에 있어서도 그 이상의 몰락과 감소가 일어나고 있었음을 뜻하는 것이다.

일제하 수리조합 구역 내에서의 토지 매매의 구체적 현황을 보여주는 자료는 찾기 힘들다. 필자가 동진수리조합 구역 내의 '수세부과대장'을 통해 1910년대에서 1930년대에 이르는 시기의 토지 이동 상황을 확인한 자료에 따르면 전시기에 걸쳐 한국인 중소 지주의 토지 방매가 일어나고 있으며 그들의 토지를 사들이는 층은 예외 없이 일

본인이었다는 사실이 드러나고 있다.[42] 거산면 태성리의 경우를 통해 당시의 토지 변동 상황을 살펴보면 거의 전시기에 걸쳐 한국인의 일본인에 대한 토지 방매가 일어나고 있음을 확인하게 된다(〈표-5〉와 〈표-6〉참조). 한편, 바로 이 지역의 민족별 토지 소유 상황 변동을 살펴보면 〈표-6〉과 같다.

〈표-5〉〈표-6〉을 통해 확인할 수 있는 사실은 이미 전북 지역에 있어서 중소 규모의 토지 소유자들의 일본인 지주에 대한 토지 방매가 수리조합이 설립되기 이전부터 꾸준히 진행되어왔었다는 점이다. 특히 토지 조사 사업 기간인 1914~1917년 기간과 동진수리조합의 설립이 논의 · 추진되던 1920~1926년 기간에 한국인의 토지 방매가 급속하게 전개되었음을 알 수 있다. 그러나 한국인의 토지 방매와 일본인의 토지 집적의 규모상에서 볼 때는 1920년대 중반이 가장 급격한 변화의 시기였음을 또한 확인할 수 있다. 이것은 동진수리조합의 설립 과정과 결코 무관하지 않다.

그리고, 적어도 〈표-5〉에서 확인되는 바에 의하면 이 시기 토지 매입자는 전부 예외 없이 일본인이었다는 사실이다. 이 점은 조사된 지역이 동진수리조합 구역이었다는 사실과 관련된 것으로 보인다. 수리조합은 기본적으로 일본인들의 토지를 우선적인 몽리 대상 지구로 삼으면서 한인들의 토지를 포섭하고 있었기 때문에 대체로 수리조합 구역 내에서의 토지 변동 상황은 일본인들의 토지 집적 상황을 전형적으로 보여주게 되는 것이다. 이러한 상황은 전반적으로 볼 때 동진수리조합 내에서의 특수한 현상이 아니었다. 이것은 전북 지방에 설립된 수리조합 구역에서 전반적으로 나타나고 있던 보편적

---

42) 이 자료는 동진농사개량조합 창고에 보관되어 있는 문서이다. 일제 시대의 수세 부과 및 징수 대장이 상당수 보관되어 있는데 이 대장에는 1914년 토지 조사 사업 이후 소유자의 변동 상황이 적혀 있어서 토지 소유권의 변동 상황을 확인할 수 있다.

인 현상이었다.[43]

〈표-5〉　　　　　　　거산면 태성리 토지 매매 상황

연도	판매자	구입자	판매 토지 규모	연도	판매자	구입자	판매 토지 규모
1916	유경숙	增永政治	5,040	1924	장태섭	藏田春次	1,277
	송철봉	前代重佐	1,133	1925	김덕명	本以山長夫	5,321
	최영대	增永政治	16,036		송기용	監山長夫	1,157
	유인숙	〃	2,669		조병용	小林寅助	9,075
	송원상	〃	5,029		송윤권	本以山長夫	6,127
	김경술	前代重佐	1,065		송영석	本以山喜右	2,978
	송종진	增永政治	18,499		송관용	藏田春次	11,964
	시재창	〃	3,892	1929	유명칠	赤木峰太郎	8,569
	김대곤	前代重佐	10,516		김기곤	小林寅助	28,092
1917	조병국	增永政治	333		송원규	赤木峰太郎	2,927
	조성갑	〃	6,615		장현중	〃	3,437
	최판식	〃	1,267		김 온	〃	1,267
	최상숙	〃	912	1932	김용곤	片山淸佐	38,597
	강성만	〃	995		조학태	池田要治	5,083
	유재수	高富正七	3,667		유치도	泰仁금융조합	1,748
	유흥렬	〃	1,944		최명칠	赤木峰太郎	2,862

---

43) 전북의 주요한 수리조합 구역 내의 토지 변동 상황은 일반적으로 이러한 경향을 나타내고 있었다. 예컨대, 전익수리조합과 고부수리조합에 관한 다음의 통계자료도 이와 동일한 경향을 보여주고 있다

(단위: 名, 町)

연도\조합명	한국인 조합원 수 1920	조합원 수 1931	한국인 소유 면적 1920	소유 면적 1931	일본인 조합원 수 1920	조합원 수 1931	일본인 소유 면적 1920	소유 면적 1931
고부	1,164	817	1,324	919	83	143	2,761	3,402
익산	152	138	416	318	41	58	890	1,016

자료: 近藤康男, 「農業經濟論」 및 「土地改良事業要覽」.

1920	송도식	增永政治	7,201		유경칠	〃	4,385
	오석양	岩本政喜	4,862		조동봉	池田要治	1,056
1921	시재국	臟田春次	9,839	1933	김진호	赤木峰太郎	5,079
1922	송신정	岩本倉藏	4,606	1936	김빈호	田植太郎	751
	유재동	菊池實治	948		전양권	〃	6,484
	김성천	明田	1,745		김수곤	〃	5,353
1923	오석희	森山喜右	1,923		고영운		1,085
	신금석	平澤仁之	6,370		김영서	〃	618
	신규석	〃	1,200		정인국	大 林之助	18,397
	김동현	本以山喜	49,582		이복선	田植太郎	1,772
	송용섭	增永健治	1,157		이금한	〃	6,682
1924	송진국	弓掛虎松 外	18,065				

자료:「동진수리조합 조합비 부과 대장」 거산 태성에서 작성. 단, 1914년 토지 조사 사업으로 인해 지번과 지목이 확정된 토지에 한하여 조사하였기 때문에 수리조 합 설치로 인해 새로이 개량된 간석지나 개간지에 대하여는 조사되지 못함.

이상 자료 분석을 통해 확인할 수 있는 사실은 수리조합 구역 내에 서 한국인 중농층의 몰락이 급격하게 진행되고 있었다는 점이다. 대 지주에게 토지가 겸병되는 현상은 한편으로 농촌 내부의 중간층이 급격하게 몰락하는 문제와 연결되어 있는 것이다. 또한 이 농민층의 분해는 단순한 경지 소유 규모상의 분해만으로 이해될 수 없는 민족 별 경제 상태의 분해라는 성격을 지니고 있다. 당시의 중소 지주들은 대부분 한국인 지주들로서 이들이 조합비의 과중한 부담으로 인해 토지를 상실해가고 있었던 것이다. 위의 동진수리조합 구역 내에서 의 변동 상황에서도 명백히 확인된 사실이지만 한국인 소토지 소유 자들은 수리조합으로 인해 상당한 정도로 몰락하였고 이것이 1920년 대 자작농 몰락의 가장 주요한 원인이 되었다.[44]

---

44) 한인 중소 토지 소유자의 토지 상실은 당시 일본인에 의해서도 중요한 문제로 인

〈표-6〉　　거산면 태성리 민족별 토지 소유 상황의 연도별 변화

연도	한국인 지주 수	한국인 소유 토지(평)	일본인 지주 수	일본인 소유 토지(평)
1914	235	355,428	60	155,866
1915	235	355,428	62	158,583
1916	235	355,428	62	158,583
1917	215	323,837	82	190,156
1918	200	308,729	97	205,264
1919	202	322,170	95	191,823
1920	203	330,590	94	183,403
1921	201	328,425	96	185,568
1922	199	324,555	98	189,438
1923	192	318,927	105	195,006
1924	182	305,010	115	208,983
1925	178	289,926	119	224,067
1926	163	274,810	134	238,553
1927	163	274,810	134	238,553
1928	162	267,710	133	241,634
1929	165	274,817	131	237,389
1930	158	270,330	138	241,876
1931	159	270,146	137	242,060
1932	168	278,314	127	232,598
1933	157	258,019	138	252,893
1934	156	257,184	139	253,728
1935	157	258,499	138	252,413
1936	166	282,489	130	228,423

자료: 「동진수리조합 수세 부과 대장」, 거산면 태성리 편에서 작성.
비고: 水路 신설 등으로 인해 토지 총 면적에 약간의 변동이 있음.

IV. 수리조합과 농민 운동

일제하의 수리조합의 성격이 위와 같았기 때문에 수리조합에 대한 한국인 농민의 반발과 저항이 지속적으로 나타나는 것은 당연한 일이었다. 수리조합에 대한 한국인의 저항은 토지 소유자의 경우나 소작농의 경우 모두에게서 나타났다.

토지 소유자들에 의한 수리조합 반대 운동은 대체로 수리 시설의 신설에 따라 자신의 토지가 수몰되거나 수용되는 데에 대한 반대의 형태로 나타났다. 특히 상대적으로 비옥한 토지를 지녔던 지주들이 조합 설립에 반대하였다. 1909년 설립된 임익수리조합이 요교제의 복구를 위해 토지를 매수하고자 "지주들에게〔……〕전주에서 도장관·참여관·내무부장 등이 참석하에 설유하였으나 매도에 응치 안"으려는 경향이 강하였다.[45] 당시 이 지역에 토지를 소유하고 있던 심의갑은 식민지 권력 기관에 임익수리조합 설립으로 인한 자신의 피해를 진정하면서 조합이 공공의 이익이라는 명분으로 개인에게 큰 피해를 입히고 있다고 주장하였다.[46] 그의 주장은 결국 제언 안의 소

식될 정도로 심각한 것이었다. 예컨대, 식민지 관료였던 青木戒三은 "조합 지역에 있어서 소지주, 특히 조선인 소유 토지로서 은행 회사, 기타 법인의 소유로 넘어가는 것은 많은 주의를 요하는 사실로서 그 원인은 대부분 부담의 과중에 의한 토지 유지난에 다름아니다"라고 말하고 있다. 『조선농회보』제20권 11호, p. 40.
한편, 동아일보 1926년 10월 27일자의 기사는 '수리조합은 토지 겸병을 촉진-소지주 부담 과중으로 전매'라는 題下에 전북 지방의 토지 겸병 현상을 보도하고 있다. 또한, 일찍부터 전북 지방의 수리조합 설립에 앞장섰던 藤井寬太郞도 "일반적으로 지식이 없거나 資力이 부족한 지주는 수확이 많지 않은 3~5년 간의 유지에 곤란을 당한다.〔……〕자금이 부족한 지주는 이 때문에 고통을 당하고 그나마 갖고 있던 토지까지 팔게 되는 현상이 있다.〔……〕수리조합이 생기면 자연히 자금이 풍부한 대지주의 손에 토지가 집중되는 일은 결코 사실 무근이 아니다"라고 말할 정도였던 것이다. 동아일보 1926년 10월 27일자; 藤井寬太郞, 앞의 글.
45)『전북농조 70년사』에 실린 임익수리조합 설립 경위 참조.
46)『전북농조 70년사』에 실린 심의갑의 진정서 참조.

유 경지에 대하여 조부 이래 80년 간을 경작하여온 민유지라는 것이
었고 조합은 제언 내의 토지는 엄밀한 의미에서 국유이므로 창경답
(昌耕畓)에 지나지 않는다는 것이었다. 심의갑은 끝까지 자신의 토지
를 정당한 민유지로서 보상받기를 원하였으나 결국 토지수용령으로
강제 수용되고 말았다. 제언답의 민유 여부는 이미 대한제국 시기 이
래 농민의 중요한 쟁점이었지만 수리조합의 설립 과정에서, 특히 초
기 수리조합이 전통적인 수리 시설의 확충과 보수를 주요 사업으로
추진하는 과정에서도 문제가 되었다.[47]

한편, 수리조합의 설립을 반대하는 소토지 소유자들의 저항은 동
진수리조합의 설립 과정에서 가장 전형적으로 나타났다. 1919년 동
진수리조합의 설립을 위한 측량이 실시될 때 임실군 운암면의 최대
지주였던 홍순원이 중심이 된 수리조합 반대 운동자들은 식민지 권
력 기관에 진정서를 제출하는 한편으로 측량에 참여하는 자들에 대
하여는 폭력적으로 저항하였다.[48] 결국 식민지 권력 기관은 반대자
홍종술·오상홍 등 10여 명을 구속하기에 이르렀고 경찰 병력을 대
량 동원하여 수리 시설의 설치에 대한 주민의 반대를 강압적으로 진
압하였다.

한국인 토지 소유자들이 수리조합의 설립이나 운영에 반대하게 된
데는 위와 같은 이유 이외에도 조합 설립 후 조합비의 부과가 불공평
하게 된 데에 대한 불만과 저항이 큰 비중을 차지하고 있다. 즉 같은

---

47) 제언답의 민유·昌耕 여부에 관하여는 이미 한말 이래로 지역 사회에 있어서 지
주 권한의 확대에 따라 중요한 문제로 제기되고 있었다. 한말 일제하의 제언답과
관련하여 나타났던 토지 수요권 분쟁에 관하여는 裵英淳, 「한말 역둔토 조사에 있
어서의 소유권 분쟁」, 『한국사 연구』 25, 1979; 朴贊勝, 「1895~1907년 驛土·屯
土에서의 지주 경영의 강화와 抗租」, 서울대학교 대학원 석사학위 논문, 1982; 박
명규, 「식민지 지주제의 형성 배경」, 『한국 근대농촌사회와 일본제국주의』, 한국
사회사연구회 논문집 제2집, 문학과지성사, 1986 참조.

48) 『동진농지개량조합 50년사』.

수리조합의 몽리 구역에 속한 토지라 하더라도 토지의 기존 수리 상황이나 생산성에 커다란 차이가 있던 당시의 상황에서 상등답 소유자들과 하등답 소유자들간의 조합 운영상 갈등이 있을 수밖에 없었다.[49] 하등답을 주로 소유하고 있던 일본인 대지주들이 수리조합의 설립과 운영을 주도하고 있었던 상황에서 상등답의 소유자인 한국인 중소 토지 소유자들이 손해를 입게 된 측면도 있었다. 당시의 동아일보의 한 논설이 이 점과 관련하여 "금일 조선 민중 속에서 수리조합 반대의 소리가 일어나는 주요한 이유는 〔……〕 오직 몽리 구역에 넣을 필요가 없는 기성답을 몽리 구역에 편입하여 수세를 징수하는 까닭이다"라고 기술하고 있는 것도 바로 이 점을 지적하는 것이다.[50] 상등답과 하등답에 대한 조합비 부과 비율을 둘러싼 대립도 컸다. 동진수리조합의 경우 "수리조합의 실익은 거의 이들 하류 구역의 대지주에게 돌아가고 말게 되는 것이며 그 상류 구역에 있어서는 별로 그 혜택을 입는 것이 없을 뿐만 아니라 도리어 하류 구역을 위하여 기다(其多)의 옥토가 그 수로굴개(水路堀開)의 희생이 되고 말 것이다. 〔……〕 이것은 아무리 하여도 하류 평야 구역의 소수 대지주가 당연히 가져야 할 부담을 할감하여 그것을 상류 비평야 구역의 다수의 소지주와 농민에게 배과한 것이라 아니할 수 없다"는 조사 보고서가 말해주는 바와 같이 수리조합의 운영이 중소 토지 소유자들의 저항과 반발을 불러일으키지 않을 수 없었던 것이다.[51]

한편, 수리조합이 농민들을 속여 토지를 수매했던 것에 대한 소토

---

49) 이 경우 상등답이나 하등답이나를 막론하고 동일한 조합비가 부과되었던 임옥수리조합의 경우는 더 말할 나위가 없거니와 토지의 비옥도에 따른 차등 부과제가 실시되었던 대부분의 조합에서도 하등답에 비해 상등답의 소유지들은 불공평을 호소하는 경우가 많았다. 『전북농조 70년사』에 실린 임익수리조합 관계 자료 참조.

50) 동아일보, 1931년 8월 12일.

51) 一野農生, 「수리조합론」, 동아일보 1929년 5월 14일자.

지 소유자들의 저항이 있었다. 1924년 고창군 공음면 두암리의 농민 700여 명이 전남 법성포의 천기농장에 대항하여 집단적인 싸움을 하게 된 것이 그 대표적인 사례이다.[52] 사태의 발단은 농장측이 두암리에 장래 수리조합이 설립될 것이라 하면서 소작권은 영구히 보존해 준다는 것을 빌미로 두암리 농민들의 토지를 매수한 후 그곳에 저수지 공사를 착수함에 따라 700여 농민들이 농장과 일대 싸움을 벌였던 것이다.

수리조합의 설립 과정에서 피해를 입게 된 소작 농민들도 반대 운동을 전개하였다. 1921년 9월에는 익산군 농민 상당수가 농지를 침해하는 수리조합의 수로를 매몰할 것을 요구하면서 도청을 포위, 시위를 벌인 사실이 있고[53] 1924년 7월에는 익산군 동산리 농민 수백 명이 가뭄에도 불구하고 농민에게 물을 주지 않는 조합에 반발하여 수리조합 제방을 파괴한 사실이 있다.[54] 또한 같은 해 10월에는 익산의 농민 600여 명이 익옥수리조합이 삼례 부근에 만든 갑문 때문에 일부 지역의 식수가 부족하다고 시위를 벌였다.[55] 또 1926년 동진수리조합의 설립으로 관개수의 자연 유입이 끊기게 된 임실군 회문리 소작인 150여 명이 2월에 소작인 총회를 갖고 다음의 사항을 결의하였다. "첫째, 진정위원 4인을 수리조합·도·군, 당국에 진정할 것. 둘째, 진정하여 성사치 못할 시는 회문리 남녀 일동 1, 600여 명이 일제히 최후까지 진정가기로 함. 셋째, 비용은 매두락에 10원씩 부담키로 함."[56] 전반적으로 볼 때 소작농은 수리조합의 설립과 더불어 그 사회적·경제적 지위가 약화되었기 때문에 1920년대에 들어와서는 조직적인 농민 운동

---

52) 동아일보, 1924년 8월 31일.
53) 西條荒, 「1920년대 한국에서의 수리조합 반대 운동」, 淺田喬二 외, 『항일 농민 운동 연구』, 풀빛, 1984, p. 176.
54) 동아일보, 1924년 7월 8일.
55) 동아일보, 1924년 10월 25일.
56) 동아일보, 1926년 2월 15일.

이 전개되기 시작하였는바 수리조합 반대 운동은 주로 지주의 소작료 증수에 대한 거부 운동으로 연결되어 나타났다. 수리조합의 설립이 지주권의 강화와 소작료의 증대를 가져오는 상황에서 소작농의 수리조합 반대 운동은 대지주 투쟁의 농민 운동과 연결되지 않을 수 없었던 것이다.

6. 맺음말

일제하의 수리조합은 제도적으로 일본의 메이지 말기 기생 지주제의 성장 과정에서 제도화되었던 지주 중심적 수리 체계가 식민지적인 정책의 하나로 이식됨으로써 출현한 것이었다. 일제는 일본 내부에서는 그 비중이 약했던 수리조합 방식의 수리 체계를 정책적으로 뒷받침함으로써 식민지 경영에 있어서 지주 중심적 성격을 명확히하였던 것이다.

1910년대를 전후하여 설립되었던 한국의 수리조합은 주로 하등답을 소유하고 있던 일본인 대지주들의 주도하에서 이루어졌던 것이고 그 사업 규모나 자금의 동원에 있어서 1920년대의 그것과 비교할 수 없을 정도로 소규모였다. 이 시기의 수리조합은 주로 전북 지방을 중심으로 설립되었는데 그 이유는 군산·옥구·익산 지역의 하등답을 일본인 대지주들이 광범위하게 소유하고 있었다는 사실과 깊이 관련되어 있다.

1920년대에 들어와 일제의 산미 증식 계획이 정책적으로 추진되고 그에 따라 식민지 농업 개발을 위한 자금이 유입됨에 따라 토지 개량 사업과 함께 수리조합이 적극적으로 추진되었다. 이 시기의 수리조합은 이전에 비해 대규모화·거대 조직화의 특징을 보인다. 기존 수리조합을 합병하는 방식으로 익옥수리조합이 설립되었고 한국 최대의 수리조합으로서 동진수리조합이 새롭게 설립되었다. 그러나 이 시기에 설립된 수리조합은 자금의 대규모, 조직의 대규모화에 따른 관료화, 조합원 부담의 과중, 쌀값의 하락 등으로 인해 조합원에게 큰 피해를 주었다.

수리조합의 설립이 가져온 사회 경제적 결과에 관하여는 다음과 같은 측면들을 지적할 수 있다. 우선 수리조합은 한국의 농업 생산에 있어서 중요한 생산성의 증대 효과를 가져왔다. 비록 수리조합 설립자들이나 일제 식민지 관료들이 계획했던 것과는 차이가 있을 수밖에 없었지만 전체적으로 수리 시설의 안정화로 몽리 구역 내 토지 생산성이 증대한 것은 부인할 수 없다. 적어도 기술 합리성의 측면에서 볼 때 이것은 근대적인 농업 변동의 한 단면이지만 그것이 실현되어지는 사회 경제적 관계의 맥락에서 볼 때는 식민지적 수탈의 성격을 본질로 하고 있는 것이었다.

둘째로, 수리조합은 지주층의 사회 경제적 권한을 강화시키는 결과를 가져왔다. 수리조합의 설립으로 가장 큰 경제적 이익을 얻은 층은 대지주층, 그것도 하등지를 방대하게 소유하고 있던 일본인 대지주들이었으며 이들의 경제적 이익이 20년대 후반에 들어서면서 다소 후퇴하였음에도 불구하고 소작농과 중소 지주들에게 자신의 부담을 전가함으로써 여전히 자신들의 경제적 이익을 지켜나갔다. 또 수리조합의 운영이 철저히 대지주들에게 장악됨으로써 수리조합은 대지주들의 지역 사회 내에서의 사회적·행정적 지위와 권한을 강화시켰고 지주와 식민지 권력과의 강고한 유착이 가능하게 하는 기반이 되었다.

셋째, 수리조합 구역 내에서는 중소 토지 소유자들의 토지 상실이 급격히 이루어짐으로써 일본인 대지주와 한국인 소작농을 양극으로 하는 식민지적인 농민층 분해가 전형적으로 전개되었다. 동진수리조합 구역 내의 토지 매매 상황을 통해서도 확인되었던 것처럼 수리조합비의 과중으로 인해 한국인 중소 토지 소유자들은 일본인들에게 토지를 판매하지 않을 수 없었던 것이다. 수리조합은 농업 생산성을 증대시킨다는 기술 합리적 측면에서의 기능보다도 오히려 농업 생산 양식에 있어서 지주층, 특히 대지주층을 중심으로 하는 식민지 지주제의 확립이라는 생산 양식상의 결과라는 측면에서 이해되어야 할 것이다.

마지막으로, 일제하의 수리조합 설립은 그것이 지니는 식민지 농업 개발적 성격 때문에 많은 한국인 농민들로부터 반발과 저항을 불러일으켰다. 특히 한국인 중소 토지 소유자들은 수리조합의 설립과 운영이 자신들의 이익과는 상반되게 이루어짐에 따라, 일본인 대지주들이 중심이 된 조합의 설립을 방해하는 경우가 많았다. 소작농의 경우에도 수리조합과 더불어 소작인에 대한 지주층의 농사 간여와 통제가 더욱 강화됨으로써 전반적인 농민 운동·소작 운동의 격화를 가져왔던 것이다.

결국 일제하의 수리조합은 일제가 대지주층과 더불어 한국 농업과 농민층을 식민지적으로 지배하고 수탈하기 위하여 근대적 기술과 조직을 식민지적 방식으로 이식·추진시킨 것이었다고 말할 수 있다. 우리가 이러한 수리 체계를 일단 식민지적 수리 체계로 부를 수 있다면 그 특징은 형식상의 근대성·효율성과 실질적인 농민 수탈, 식민지 지배 원리의 결합에서 찾을 수 있다. 통계적인 측면에서의 농업 생산성의 증대, 기술 합리성의 증대에도 불구하고 바로 그것이 한국 농민의 몰락, 민족 경제의 파괴, 식민지 경제 구조의 확대로 귀결되는 구조가 식민지적 수리 체계의 근본적인 성격이었던 것이다.

제10장
일제하 사회 운동과 중농층

1. 머리말

서구의 근대화 과정을 다룬 연구자들은 대체로 근대로의 이행은 도시 중심 사회의 형성이자 공업 중심 경제 구조의 수립 과정이었고 이 변화를 추동한 세력은 도시 상공업자층을 중심으로 한 부르주아지였다는데 의견을 같이하고 있다. 새로운 경제 행위, 철저한 현세적 윤리, 합리주의적 사고와 과학적 지식, 전통적 속박에 구속되지 않는 진취적 활동성 등을 소유한 이들 부르주아지는 과학의 발전을 생산 과정에 도입시킴으로써 산업 혁명을 수행하였고 신분제에 근거한 전근대적 정치 체제를 붕괴시킴으로써 시민 혁명의 담당자가 되었다. 부르주아지에 의한 이러한 이중 혁명의 수행이야말로 서구 유럽이 보여준 전형적인 근대화 과정이었던 것이다.[1]

그러나 이러한 근대 사회적 성격은 다른 한편으로 농촌 인구의 감소, 농업의 상대적 비중 약화, 농촌 가내 수공업의 몰락에 따른 자급 자족적 경제 활동의 붕괴 등 전통적인 농민 사회의 해체와 짝하여 나타난 것이었다. 농민 사회가 해체되는 과정은 단순히 수동적이고 부

---

1) 에릭 홉스봄, 박현채 · 차명수 역, 『革命의 時代』, 한길사, 1984, pp. 26~90.

차적인 현상이 아니라 그 자체가 근대로의 이행에 독자적인 변수로 작용한 역사적 변동이었다. 도시 부문의 성장과 농촌 부문의 해체는 밀접히 연관되어 있지만 전자가 후자를 일방적으로 결정하는 방식으로 관련되어 있지는 않다. 부르주아지의 출현이 가장 분명했고 또 그 세력이 강했던 영국과 프랑스의 경우에 있어서조차도 지방의 농민이 어떠한 반응을 보였는지에 의해 사회적인 결과가 크게 달라졌던 것이다. 베링턴 무어의 말을 빌리면 "도시가 제아무리 과격해진다 하더라도 농민층의 도움 없이는 아무것도 이루어질 수 없었다."[2]

서구 유럽의 발전 과정과는 상이한 길을 걸어온 많은 비서구, 제3세계 국가들의 경우는 근대로의 이행 과정에서 겪게 된 식민지 경험으로 인해 서구의 경우와는 매우 다른 모습을 보인다. 식민지하에서는 자생적인 민족 경제의 성장을 주도하는 부르주아지의 발전이 제약될 뿐 아니라 일부 성장이 허용된 부르주아지들도 식민 모국과의 정치적 결탁으로 근대적 사회 변혁의 주체로 성장할 수 없었기 때문이다. 도시 부문 역시 농촌과의 유기적 연계 속에서 전체 사회에 근대적인 요소를 확대시키는 곳으로 성장하지 못하고 식민지 모국과의 식민지적 분업 체계 속에서 기형적으로 성장하는 경우가 많았다. 따라서 이들 국가에서는 농업 부문과 농민이 오랫동안 강하게 존속하였고 그것이 식민지적인 구조와 접합되어 독특한 성격을 드러내게 된다. 뿐만 아니라 근대 민족으로서의 뚜렷한 자의식을 갖고 근대 국가를 형성하려는 운동을 추구하는 역할을 이들 농민이 담당하는 경우가 많았다. 제3세계의 경우 농민은 서구의 부르주아지들이 수행하였던 정치적 역할을 요구받았다고 볼 수 있는데 실제로 농민 운동이 제3세계 민족 해방 운동에 결정적인 공헌을 한 사례는 적지 않다.

한국의 경우도 크게 보면 서구적 발전의 길보다는 제3세계 일반이

---

2) B. Moore, jr., *Social Origins of Dictatorship and Democracy*, Penguin Books, 1973, p. 92.

경험한 길을 걸어온 것으로 생각된다. 내재적인 발전 과정에서 성장한 부르주아지 또는 새로운 사회 세력에 의한 근대로의 이행에 성공하지 못한 채 제국주의 외세에 의해 식민지로 전락하여 식민지 체제 하에서 20세기 전반을 보내야 했기 때문이다. 세계사적으로 볼 때 자본주의 세계 체제가 본격적으로 성숙하고 엄청난 물질적 성장과 사회 정치적 각성이 추구되던 20세기 전반기를 한국 사회는 세계 체제 내에서 독자적인 단위로 활동할 수 없는 식민지로 지낼 수밖에 없었다. 경제적인 힘과 사회 정치적인 자율성을 그 기본 성격으로 하는 부르주아지가 이런 상황 속에서 성장할 수 없었음은 두말할 필요도 없다. 일제의 식민지 지배는 한국인의 발전을 통해 관리하는 간접적인 통치 방식이 아니라 식민지 권력이 직접적이고 폭력적으로 작용하는 무단적인 것이었기 때문에 더욱 그러했다.

식민지하의 한국은 농업 부문이 매우 강고하게 온존된 사회였다. 1930년대 후반부터 일제의 군수 산업화 정책에 따라 식민지 내에 일부 공업화가 진전되고 그에 따라 근대적인 산업 부문들이 나타난 것도 사실이었지만 그것의 양적인 규모나 질적인 내적 연관성 모두 충분한 것이 못 되었다. 해방이 되는 시점까지 전인구의 80% 이상이 농업 부문에 종사하였고 토지를 생존의 유일한 수단으로 삼는 농민이 일반적인 사회 구성원의 전형적인 모습이었다. 한국의 농업은 일본의 식민지 지배 정책이 가장 먼저 관심을 가진 부문이었고 농민에 대한 식민지적 통제가 식민지 지배의 핵심을 이루고 있었다. 식민지하의 한국 사회는 일부 도시화나 산업화 현상에도 불구하고 기본적으로 농업이 중심을 이루는 사회였으며 따라서 농민의 사회 경제적 상황 및 이들의 지향이 결정적인 의미를 지니는 것이었다. 일제하의 사회 운동에서 농민의 정치적 역할을 중시하게 되는 이유도 바로 여기에 있다.

2. 농업 구조와 농민의 정치적 동원

농민은 성격상 자신의 일상적 활동이 이루어지는 농촌 및 농업의 범위를 넘어서서 전체 사회의 문제와 결합한 사회 운동에 적극적으로 참여하지 않는다. 그러나 자신의 생활 영역에 작용하는 외부의 세력에 대하여는 매우 끈질기게 저항한다. 농민은 추상적인 이념이나 정치적 목표를 향한 운동에는 적극적이지 않으나 자신들의 삶이 위협을 받는 구체적인 상황에 대하여는 매우 적극적인 반응을 드러내는 것이다. 따라서 농민이 전체 사회의 차원에서 전개되는 사회 운동에 참여하는 것은 바로 전체 사회의 어떤 변화가 자신들의 구체적인 삶을 파괴하거나 위태롭게 한다는 뚜렷한 인식을 가질 경우이다. 농민의 정치적 동원화에 영향을 미치는 요인은 크게 두 측면이 있는데 하나는 농민의 농업 생산이 이루어지는 구체적인 농업 구조의 특성이며 다른 하나는 농촌 사회 외부로부터 가해지는 정치 경제적 변화의 특성이다.

I. 농업 생산 구조와 농민의 정치적 성향

스틴치콤은 농민의 정치적 성향은 농업 생산이 이루어지는 방식, 즉 농업 구조와 밀접히 관련된다고 주장하였다. 그는 전세계의 농업 구조를 5가지로 유형화하고 그 각각을 특정한 정치적 성향과 연결시켰다.[3] 그에 의하면, 농업 구조는 장원식 대농장 *manorial, hacienda*, 가족 단위 소토지 보유 *family small holding*, 가족 규모 소작제 *family-sized tenancy*, 기업식 대농장 *plantation* 및 자본제적 조방 농업 *capitalist extensive agriculture*으로 유형화되는데 각 유형에서 나타나는 농

---

3) A. Stinchcombe, "Agricultural Enterprise and Rural Class Relations," *ASR*, Vol. 67, 1961.

민의 정치적 태도가 다르다. 그의 분석에 따르면, 장원식 농장에서 일하는 농민은 정치적인 문제에 무관심하며, 가족 단위 소토지 보유와 같은 보편적인 농업 구조하에서는 농민이 꽤 높은 정치적 감각이나 조직을 갖추고는 있으나 개별 가족이 갖는 고립성으로 인해 장기적인 정치 행위가 불가능하다. 한편 기업식 대농장에 고용된 농민도 정치적으로는 무관심한 성격을 지닌다. 반면 가족 규모의 소작제 농업 구조하에 있는 농민, 즉 소작농층은 심한 계급 갈등을 겪고 정치적으로도 강한 성향을 보여준다는 것이다. 스틴치콤의 논의는 농민 계층별로 정치적 태도가 다르다는 점을 보여준 것이면서 동시에 그것은 계층 자체의 특성이기보다 농업 생산의 구조적 특성에 의한 것임을 강조한 것이었다. 그의 주장은 소작제가 발달하여 가족 규모의 영세한 소작농이 농민의 대부분을 점하는 시기와 장소에서 가장 강한 정치적 성향, 혁명적 운동이 야기된다는 것으로 설명될 수 있을 것이다.

페이지 역시 농업 생산 방식의 유형에 따라 정치적 태도가 다르게 나타나는 점을 설명하고자 했다. 그는 농민 계층별 수입의 원천이 토지인가 아니면 현금인가에 따라 4가지 유형으로 구분하였는데 상층의 수입원이 토지 자체에 있고 하층 경작자 역시 토지의 경작이 경제적 이익의 근원일 경우 가장 심각한 정치적 갈등이 나타난다고 보았다. 상층이나 하층의 주된 소득원이 농업 생산에서 얻어지는 직접 생산물 이외에 있을 경우는 그렇지 않은 경우보다 농민이 덜 정치화된다는 것이다. 그에 의하면 소작제에 기반한 영세한 소농층이 가장 계급적 갈등을 심하게 경험하게 된다는 것이다.[4]

스튜어드J. H. Steward는 푸에르토리코의 수출 농업 지역을 연구하면서 농업 생산 구조에 따라 3지역으로 분류하고 그 각 지역 내에서의 정치적 성향을 비교 고찰하였다.[5] 그에 의하면 커피 재배 지역은

---

4) J. M. Paige, *Agrarian Revolution*, New York : The Free Press, 1975, p. 11.

5) J. M. Paige, *ibid.*, pp. 4~6.

392

장원주와 소규모 토지 경작권을 가진 노동자로 농업 생산이 이루어
지는데 경제 외적 강제가 많이 작용하는 장원식 농장으로 구성되어
있다. 반면 담배 재배 지역은 가족 중심의 자영농들로서 그들은 모두
생존을 위한 자급자족적 영농과 더불어 소규모 현금 작물로서 담배
를 재배하고 있었다. 또 사탕수수 재배 지역은 대규모 기업 농장으로
거주지 임노동자에 의해 경작되었다. 각 지역에서의 정치적 성향을
보면 장원식 농장 지역에서는 정치적 갈등이 거의 없고 가족 중심의
자영농 지역에서도 정치적으로는 보수적인 데 반해 대규모 기업 농
장에서는 경영자층과 농업 노동자층과의 대립·갈등이 극심하였다는
것이다. 그는 가족 중심 자영농이나 장원식의 예속 농민에게서는 정
치적인 성격이 크게 나타나지 않으며 기업적인 영농에 참여하는 농
업 노동자층에게서 강한 정치적 성향을 찾을 수 있다고 주장하였다.

　이상의 견해들이 농업 부문의 하층으로부터 혁명적 잠재력을 발견
할 수 있다고 보는 데 비해 중농의 혁명성을 강조하는 시각도 있다.
알라비에 의하면 러시아의 1905년 혁명에서 가난한 빈농은 비록 지
주로부터 빌린 토지에 생존을 의존하고 있지만 그 의존도가 너무 심
해 중농층만큼 지주에게 저항할 힘을 갖지 못하였다는 것이다. 오히
려 혁명적 자원을 제공해주었던 층은 중농이었다고 주장하였다.[6] 또
제3세계의 농민 사회에 대한 방대한 비교 연구를 수행한 울프 역시
중농이 갖는 특성으로부터 정치적 저항의 잠재력을 찾았다. 그는 20
세기에 나타난 6개 국가의 농민 전쟁을 비교 연구한 후 각 농민의 정
치적 성향을 다음과 같이 설명하였다.[7]

　생계의 대부분 또는 전체를 지주에게 의존하는 빈농이나 토지가 없

---

6) Hamsa Alavi, "Peasant and Revolution," in *The Socialist Register*, Monthly Review, 1965, pp. 246~47.

7) 에릭 울프, 곽은수 역, 『20세기 농민전쟁』, 형성사, 1984, pp. 283~84.

는 농민들은 결코 전술적 힘을 갖지 못한다. 즉 그들은 권력 투쟁에 쓸 수 있는 자원을 충분히 갖지 못한 채 고용주의 권력 영역 속에 완전히 매몰되는 것이다. [……] 한편 부농들은 반란에 가담하지 않으려 했다. 타인의 노동을 고용하는 고용주로서, 채권자로서, 국가 기구에 의해 임명된 지명 인사로서 부농은 외부의 세력자와 결탁하여 지방의 권력을 행사했다. [……]

단 한 가지 자기 내부에 세력을 갖고 있던 농민 구성원은 토지를 소유한 '중농'이거나 지주 통제권 밖의 외곽 지대에 살고 있던 농민들이었다. 중농이라 함은 확실하게 자기 자신의 토지를 갖고 있으면서 가족의 노동으로 그것을 경작하는 농민을 말한다.

결론적으로 울프는 "전통을 고수하려는 중농과 자유농의 노력, 바로 그것이 그들을 혁명적으로 만드는 것"이라고 주장하였다. 중국의 농민 혁명을 연구한 미그달도 혁명 세력이 제공하고자 하는 자원 *resources*과 농민의 현실적 욕구 *needs*간의 상호 작용을 중심으로 하여 이해해야 한다고 주장하고 그러한 경우 가장 혁명적인 계층은 바로 중농층이었다고 주장하였다.[8]

이상의 논의들은 농민의 정치적인 성격이 농업 구조 및 그에 관련된 계층적인 특성과 더불어 이해되어야 함을 말해준다. 농민을 농업 구조와 연관시키지 않은 채 그 자체로 분리시켜 검토하는 것도 적절치 못하며 하층 농민일수록 정치적일 것이라는 전제를 무조건적으로 수용하는 것도 곤란하다. 결국 농민의 정치적 행위 자체가 그 사회의 농업 구조, 다시 말해 농업과 농민이 사회 전체 속에서 위치하고 있는 틀과 사회 변동의 맥락 속에서 이해되어야 한다는 것을 말해준다.

이 주제는 한국의 농민 운동을 설명하는 데도 여전히 중요한 쟁점

---

8) J. S. Migdal, *Peasants, Politics and Revolution*, New Jersey: Princeton University Press, 1974, pp. 237~52.

이 되고 있다. 일제하의 농민 운동의 성격을 어떻게 이해할 것인가는 이 운동을 주도한 세력의 성격, 그들의 지향을 파악하는 일이 선행되어야 해결되는 문제이기 때문이다. 지금까지의 연구는 주로 식민지 농업 정책과의 연관 속에서 농민 운동이 어떻게 변모해왔는지에 초점을 맞추어왔다고 볼 수 있는데[9] 이와 함께 계층적인 기반에 대한 검토도 좀더 적극적으로 시도될 필요가 있다.

II. 외부 압력으로서의 식민지 상황

농민이 정치적으로 외부 세력에 매우 민감하게 저항하는 경우는 외부의 압력이 농민의 일상 생활을 심각하게 파괴할 경우이다. 역사적으로 이러한 파괴력을 가졌던 외부의 변화로는 두 가지가 지적된다. 하나는 국지적인 수준을 넘어선 상품 시장 경제이고 다른 하나는 강력한 중앙 권력 기구의 출현이었다. 시장 경제는 자급적인 생산을 주로 하는 농민 사회에 불안정과 불확실성을 심화시키고 농민 사회 내부의 동질성을 파괴하는 힘으로 작용하였다. 시장은 생산과 교환의 성격을 화폐와 이윤 개념으로 윤색시켰고 궁극적으로 농업과 농민을 도시 산업과 도시 상인들의 손에 맡겨놓는 결과를 가져왔다. 중앙 집권화된 국가 권력은 강력한 행정력과 경찰력 등을 통해 농민으로부터 조세의 수탈, 노동력의 수탈을 강화했고 종종 국가의 이름으로 농민 공동체의 질서를 파괴하였다.

실제로 이 양자의 영향은 모든 전근대 농업 사회가 근대 산업 사회로 이행하는 과정에서 겪게 마련인 것이기도 하다. 국지적인 시장권이 확대되어 농산물의 상품화가 진전되면서 농민층 내부의 계층적 분화가 진전되고 그 상업화에 적극적인 상층이 시장을 목표로 한 상품 생산 방식으로 전환하였던 것이 농업 부문에서 나타나는 전형적

---

9) 대표적인 연구로는 조동걸, 『일제하 한국 농민 운동사』, 한길사, 1979.

인 근대화의 과정이었다. 이 과정이 성공적으로 진행된 곳에서는 자본주의적 근대화가 진행되었지만 시장 생산 체계가 농민층을 내부적으로 약화시키지 못하면서 외부로부터의 수탈성과 억압성만을 강화시킨 곳에서는 농민 혁명을 통해 비자본주의적인 길이 추구되었다. 두 유형 모두 도시 중심의 산업화가 강조되는데 이 과정에서 농민은 토지로부터 방출되기도 하고 농업 노동자로 전화하기도 하였다. 또한 근대적인 중앙 집권적 국가 기구의 발전과 국가의 권력적인 개입도 근대로의 이행에서 농민에게 매우 큰 변화를 초래한 주요 원인이었다. 국가 권력은 농민 사회의 생활 공간을 훨씬 뛰어넘는 수준에서 새로운 구조를 만들어내는 주체가 되었다. 농업 부문의 상품화를 주도하는 층과 정치적인 권력을 장악하는 지배층 사이의 상호 관계의 성격이 근대로의 이행 과정에서 야기되는 정치적인 체제의 성격에 결정적인 영향을 미쳤던 것이다.

서구의 경우 이 두 과정은 역사적으로 동시에 진행하면서 자생적인 근대로의 이행을 주도하였다. 그 결과, 민주적인 자본주의로 귀결된 경우도 있었고 억압적인 파시즘 체제로 연결된 경우도 있었지만 세계 체제상 독자적인 국민 국가로서 근대 사회를 만들어내는 동력이 되었다. 그러나 비서구 사회, 특히 발전된 제국주의 국가에 의해 식민지로 전락했던 사회의 경우는 상황이 달랐다. 식민지 체제도 형태상으로는 시장의 원리와 강력한 행정 기구라는 권력적 원리를 기초로 한 것으로 근대적인 성격을 띠고 있었다. 그러나 식민지 체제하에서 강요된 시장은 내적인 국민 경제권의 확대와 연관되는 것이 아니라 식민 모국의 성장을 위한 원료의 공급지로, 또 상품의 판매 시장으로의 재편을 강요받았던 것에 불과하였다. 시장의 확대가 농업 부문 상층의 부르주아적 전화를 뒷받침하지도 못하였을 뿐 아니라 그들의 정치적 성격을 외세 추종적인 것으로 만들었다. 또 식민지 지배 권력은 사회 구성원으로부터의 최소한의 정당성을 획득함도 없이, 무력과 행정력을 효율적으로 동원하여 식민지 민중들을 억압하고 수탈하였다. 권력의 존재 이유, 또 권력이 행사될 수 있는 사회 정치적 근거가 식민지 자체보다는 모국에 있었으므로 사회 전체적인 차원에서 새로운 체제를 구축함이 없이 농민 사회를 해체시키는 결과를 가져왔다. 한마디로 말해 식민지적 상황은 형태상 유사한 사회 변화를 초래하면서도 그 사회에 미친 정치적 · 경제적 · 사회적 결과는 매우 달랐던 것이다.

식민지하에서의 압력도 분석적으로는 두 가지로 나누어 설명될 수 있다. 첫째는 식민지 교역의 발달로 인한 시장의 압력이다. 식민지 모국의 경제 발전 단계와 내부의 생산 구조에도 영향을 받는 식민지 교역 구조는 식민지 농업 생산을 자급적인 생존 경제의 틀을 파괴하고 상품화를 지향하는 환금 작물 중심으로 단작화시키는 경향을 띤다. 종종 식민지 농정은 이러한 단작화를 강압적으로 추진하였고 이에 의해 농민의 사회 경제적 불안정을 높이는 경우가 많았다. 이때 식민지 모국이 요구하는 상품이 농민의 일상 생활에 필수적인 품목인가 아니면 부차적인 환금용 작물인가에 따라 그 갈등의 정도나 상황도 크게 달라질 수 있다. 일제하 한국의 쌀처럼 식민지 농민의 생존에 직결되는 작물이 주된 상품으로 될 경우 가장 갈등이 심화될 것은 분명하다.

두번째의 압력은 식민지 권력의 강압성으로부터 오는 것인데 주로 조세 수탈과 각종 농업 정책을 통하여 나타난다. 식민지 조세는 농업의 자연적 조건을 감안하지 않는 고정적인 조세 부과와 철저한 징수, 그리고 여러 형태의 세목 확대를 통해 전통적인 조세 제도의 느슨함과는 전혀 다른 모습을 띤다. 더구나 식민지에서의 조세는 권력의 정당성이 전무한 상황에서 가해지는 것이므로 근대 조세가 갖는 국민적 동의와 복지적 성격을 전혀 지니지 못한 것으로 한 국가의 다른 국가에 대한 일방적인 수탈을 제도화한 것에 지나지 않는 것이었다.

또 식민지 조세는 일반적으로 식민지를 강압적으로 통치하고 유지하는 비용으로 상당 부분 이용되었다.

3. 일제하의 농업 구조와 농민 계층

스틴치콤의 분류에 따르면 일제하 한국의 농업 구조는 가족 단위 소토지 보유 및 가족 단위 소작제 유형에 속한다. 토지가 비좁고 많은 인구가 밀집된 한국의 농업은 전통적으로 가족 노동을 주로 하는 소농적 경영에 기초한 것이었다. 예속된 농민들을 집합적으로 활용하는 대규모 장원제나 농업 노동자들의 대량 고용을 통해 자본주의적인 영농을 수행하는 기업가적 농업은 존재하지 않았다. 일본인 대지주들이 일부 농장의 형태를 갖추었다고는 하지만 이름뿐인 것이었고 실제 농업 경영은 모두 가족 단위 농민들에게 소작을 주는, 전형적인 가족 단위 소작제였다.

다음 〈표-1〉은 1918년 현재 각 지역별 자작지 및 소작지의 비율을 나타낸 것이다. 지역별 차이가 적지 않지만 대부분의 경지가 자작지 아니면 소작지의 형태로 분산 경작되었다. 자작이나 소작 모두 농업 경영의 형태로는 가족 단위의 자영이었기 때문에 지주의 토지 소유가 비교적 많은 비중을 점하였다 하더라도 가족 단위 자영농이 중심을 이루는 구조였다.

지역별 차이에 대하여 좀더 자세히 살펴보면, 대체로 논농사가 중심인 남부 지역일수록 소작지의 규모와 소작농의 비중이 높아지고 있고 밭농사가 중심인 북부 지역은 자작지와 자작농이 중심을 이루는 특징을 보인다. 남부와 북부의 이러한 차이는 생태학적인 조건에 크게 영향을 받은 것이지만 그에 못지않게 식민지 시기 일제의 정책적 관심이 차별적으로 작용한 결과도 크다. 일제는 식민지 한국을 값

<표-1>　　　　　　일제하의 자작 · 소작의 지역적 비율　　　　（1918년）

	자작지 (%)	소작지 (%)	자작 관계 농가(%)	소작 관계 농가(%)	순자작 농가(%)	자작 규모 (정)
전남	58.4	41.6	66.8	80.5	17.9	1.12
전북	25.9	74.1	41.6	92.2	6.7	0.74
경남	40.7	59.3	60.6	86.4	11.6	0.71
경북	46.9	53.1	66.9	83.7	13.9	0.87
충남	37.4	62.6	48.0	89.2	8.7	1.06
충북	44.5	55.5	60.0	84.5	13.5	0.91
경기	28.5	71.5	50.9	86.2	10.0	0.88
황해	41.2	58.8	57.7	77.5	18.8	1.73
강원	62.0	38.0	66.1	65.9	31.6	1.69
평남	52.0	48.0	70.7	71.5	14.1	1.75
평북	47.8	52.2	64.3	66.8	26.5	1.63
함남	75.6	24.4	83.6	46.6	51.7	2.02
함북	88.4	11.6	87.9	34.4	62.5	3.09

자료: 『조선총독부 통계 연보』, 대정 7년, p. 125; 조선총독부 농림국, 『조선 소작 연보』 제1집, pp. 149~65; 馬淵貞利, 앞의 글, pp. 83, 85.

쌀 쌀의 공급 기지로 만들고자 했던 까닭에 주로 논농사 지대인 남부 지역에 많은 일본인 농업 이민을 정착시켰고 식민지 농정의 강력한 시행 대상지가 되었다. 이러한 식민지 농업 정책의 차별적 관심이 지역별 농업 구조의 차이로 나타났다.

　주된 작물은 북부가 밭농사 중심인 데 비해 남부는 논농사 중심이라는 지역적 편차가 있지만 쌀이 가장 핵심적인 작물이었다. 쌀은 한국인의 주곡일 뿐 아니라 전통 국가에서 조세 납부의 수단이었고 부의 축적과 환금성에서 가장 중요한 작물이었다. 동시에 쌀은 식민지 모국인 일본이 한국으로부터 수탈하려는 품목 가운데 제일로 손꼽히는 생산물이었고 따라서 식민지 농민과 일본의 도시 거주민 사이에서 첨예한 이해 대립이 나타난 작물이었다. 동시에 쌀의 유출 과정에서 치부하던 일본인 상인과 한국 농민 사이에서도 적지 않은 갈등을 야기한 작물이기도 했다.

농업 부문의 계층별 형태를 살펴보면, 일제하에서 농업 부문의 상층은 전형적으로 지주였다. 지주는 많은 토지를 소유하고 있다는 점에서 대토지 소유자로 불릴 수 있지만 경영 방식은 장원제나 자본가적 기업농과 전혀 달랐다. 한국인 지주는 말할 것도 없고 근대적인 농장제를 도입하였던 일본인 대지주의 경우도 실질적으로는 소유지를 많은 소작농에게 분할 경작시키고 그들로부터 고율의 소작료를 거두어들이는 방식에 의존했다. 개별 소작농이 경작하는 경지의 규모도 크지 않았고 대부분 기본적인 생존에도 미치지 못하는 영세한 토지를 경작하는 형편이었다. 지주가 농업 생산 과정에 일부 간섭하는 측면도 있었지만 그것은 품종이나 소작료 납부 방식에 관련된 것에 국한되었고 실제 농업 생산의 전과정은 여전히 개별 농가에게 맡겨져 있었다. 또한 지주의 토지는 일정한 지역에 집중되어 있었다기보다는 여러 곳에 분산적으로 흩어져 있는 경우가 적지 않았다. 따라서 소작농과의 관계도 소작조합 등으로 조직적인 통제를 가하는 노력을 하기도 했지만 기본적으로는 개별 농가와의 개별적 · 분산적인 관계를 크게 벗어나지 않는 것이었다.

농업 부문의 하층은 영세 소작농이 주를 이루었다. 지주 경영이 중심이 되는 농업 생산 구조에서 농업 노동자는 별로 확대되지 못하였고 산업화가 제한적이었던 상황에서 도시 노동자층 역시 형성되기 어려웠다. 소작농은 개별 가족 단위의 자영농으로서 지주로부터 일정한 토지를 빌려 자신의 책임하에 농사를 짓는 자였다. 이들은 임금의 형태로 정액 소득을 얻는 자가 아니었고 일 년에 걸쳐 생산되는 농업 생산물 자체가 가족 생계의 원천이었다. 지주의 소득 역시 이 농업 생산물로부터 거두어들이는 현물 소작료였기 때문에 소작료의 양을 둘러싸고 이들간에는 영합 게임에 가까운 이해의 대립이 작용할 수밖에 없었다. 현금의 지출이 점차 많아지면서 생산물을 판매해야 하는 경우도 적지 않았지만 여전히 이들의 경제 활동은 자급자족적인 성격을 강하게 지닌 것이었다. 왜냐하면 시장에서의 교환 대신 농업 생산에서의 효율적인 관리를 통해 자신의 생존을 지켜나가야 했기 때문이었다. 소작농은 자기 소유 토지는 전혀 없는 완전 소작농도 많았지만 소유 토지만으로는 생계를 보장할 수 없어 가계 보충적인 차원에서 소작을 하는 경우도 적지 않았다.

한편으로 지주 및 소작의 중간에서 자신의 생계를 최소한 유지할 수 있는 자작농이 있었다. 자작농의 비율은 그다지 높지 않았지만 그렇다고 무시할 수준은 아니었다. 또 일부 소작을 통해 생계를 보충하는 자소작농의 경우도 그 성격상 자작농적인 측면을 지니고 있었다. 고율의 소작료가 소작농의 잉여를 거의 남겨놓지 않을 정도로 가혹한 실정에서 지주제에 포섭되지 않는 이들은 경제적으로는 물론이고 사회적으로도 더 안정될 수 있었던 것으로 보인다. 전통적으로 토지는 경제적 생계 수단이기 이전에 농민의 사회적 지위를 결정하는 문화적인 품목이기도 했고 가족의 전승을 가능케 하는 조상 전래의 가보와도 같은 것이었기 때문에 토지 소유자로서의 자작농은 그 어느 층보다도 독립성과 자율성, 그리고 자신의 노동을 통해 보다 나은 상황을 이루어가려는 적극성이 두드러진 층이었다고 생각된다.

다음 〈표-2〉는 일제하에서 이들 계층별 비중이 어떻게 변화하였는지를 보여주는 것이다. 일제 시기 전반을 통해 지주는 매우 적은 비중이었고 소작농의 비율이 가장 많았다. 소작농은 식민지 초기의 40% 수준에서 후반에는 50%를 넘어섰고 자소작농까지를 포함하면 전농민의 80%가 넘는 수준에 이르렀다. 이러한 소작농의 증대 현상은 일제하의 농업 생산 구조가 지주제를 근간으로 이루어졌고 그것

지주 · 자작 · 소작별 농가 호수　　(단위 1천 호)

연도	지주 (甲)	지주 (乙)	자작 (%)	소작 (%)	소작 (%)	피용자	지주 (%)	자작 (%)	자소작 (%)	소작 (%)	피용자 (%)
1913	81	81	586	834	1,072	—	3.1	22.8	32.4	41.7	—
14	47	47	570	911	1,063	—	1.8	22.0	35.2	41.0	—
15	39	39	570	1,074	945	—	1.5	21.7	40.8	36.0	—
16	16	50	530	1,073	971	—	2.5	20.1	40.6	36.8	—
17	15	58	518	1,061	989	—	2.8	19.6	40.2	37.4	—
18	16	66	523	1,044	1,004	—	3.1	19.7	39.4	37.8	—
19	16	74	526	1,046	1,003	—	3.4	19.7	39.2	37.6	—
20	16	75	529	1,018	1,083	—	3.3	19.5	37.4	39.8	—
21	17	80	533	995	1,092	—	3.6	19.6	36.6	40.2	—
22	17	82	535	972	1,107	—	3.7	19.7	35.8	40.8	—
23	18	82	527	952	1,123	—	3.7	19.5	35.2	41.6	—
24	19	84	526	934	1,142	—	3.8	19.4	34.6	42.2	—
25	20	84	545	910	1,184	—	3.8	19.9	33.2	43.2	—
26	21	84	526	896	1,193	—	3.8	19.1	32.5	43.3	—
27	21	84	519	910	1,218	—	3.8	18.7	32.7	43.8	—
28	21	84	511	894	1,256	—	3.7	18.3	32.0	44.9	—
29	21	83	507	886	1,283	—	3.7	18.0	31.5	45.6	—
30	21	83	504	890	1,334	—	3.6	17.6	31.0	46.5	—
31	23	82	489	854	1,393	—	3.6	17.0	29.6	47.4	—
32	23	72	476	743	1,546	—	3.6	16.3	25.3	52.8	—
33	—	—	546	725	1,563	94	—	17.1	24.7	51.9	3.1
34	—	—	543	722	1,564	103	—	17.0	24.0	51.9	3.4
35	—	—	548	739	1,591	112	—	17.9	24.1	51.9	3.6
36	—	—	546	738	1,584	117	—	17.9	24.1	51.8	3.8
⋮			⋮	⋮	⋮	⋮		⋮	⋮	⋮	⋮
43								17.6	27.8	48.6	6.0
⋮			⋮	⋮	⋮	⋮		⋮	⋮	⋮	⋮
45								13.7	34.6	48.9	2.7

* 1913~36년 통계는 小早川九郎 編, 『朝鮮農業發達史』(發達 編), 朝鮮農會(1944) 부록에 의거. 1943년, 1945년 통계는 朝鮮銀行 調査部, 『朝鮮經濟年報』(1945).

이 계속 강화되었음을 말해주는 것이며 동시에 농민의 사회 경제적 지위가 전반적으로 하락하였음을 말하는 것이다. 그리고 자작농이 20% 선에서 점차 줄어들면서 약 17% 선을 유지하였는데 이 층의 감소는 소작농의 증대 현상과 짝하는 것이다. 자작농의 감소는 농민층 전반의 경제적 몰락을 뜻하는 것이면서 사회적인 불안이 증대하는 결과를 낳는 것이기도 했다. 1930년대 일제가 형식상으로나마 자작농을 창정하려는 계획을 세웠던 까닭도 이들의 몰락이 사회적 불안으로 귀결되는 것을 막고자 했기 때문이었다. 자소작농 역시 전반적으로는 감소하고 있는데 이는 자작농의 감소와 그 성격을 같이하는 것이 아닐까 생각된다. 즉 영세한 토지를 소유하였던 자작농 또는 자소작농이 점차 토지를 잃게 됨으로써 순소작농으로 전락하였던 것이다.

4. 일제하 변동의 양상과 농민의 위기

일제하 농업 및 농민은 식민지적 조건에 의해 큰 변화를 겪었다. 당시 식민지 농정에 참여하였던 한 일본인은 식민지 농업의 바탕을 이루는 요소를 자본제적인 것, 권력적인 것, 그리고 봉건적인 것으로 나누어 설명한 바 있다.[10] 이 설명은 한국의 전통적 농업을 봉건적인 것으로, 일본으로부터 이식된 것은 자본제적인 것으로 대비하고 있다는 점에서 일제 식민지 관학의 이데올로기를 내포한 것이다. 그렇지만 이 지적은 식민지하에서의 변화가 크게 상품 시장의 확대라는 측면과 식민지 권력의 강압적인 측면 양자를 주된 축으로 하여 일어난 것임을 말해준다. 그리고 그가 봉건적이라고 부르던 전통적

---

10) 久間健一, 『朝鮮農政の課題』, 成美堂, 1943, pp. 3~20.

인 요소들 역시 식민지 권력이 강압적으로 옹호한 것으로서 이 세 가지의 복합적인 접합으로 식민지적 상황이 형성되었다.

I. 식민지 농업 정책과 계층별 위기의 성격

일제의 식민지 농업 정책은 일본 자본주의의 변화와 관련하여 시기별로 다르게 전개되었다. 1910년대는 식민지 지배의 토대를 건설하는 것에 초점을 두고 토지 조사 사업을 전개하는 한편으로 동양척식회사를 중심으로 한 농업 이민을 추진하였고 한국의 쌀을 일본 시장에서 판매하기 위한 상품으로 전환시키려는 각종 노력들이 추진되었다. 토지 조사 사업은 근대적 등기 제도의 강권적 도입을 통하여 일본 자본의 한국 토지 장악을 가능케 하는 한편 전통적으로 내려오던 국·공유지의 점탈과 그 불하를 통해 농업에 있어서의 식민지 지배 구조를 확립하려는 정책이었다.[11] 1920년대는 1차 대전의 호황을 딛고 일본 자본주의가 비약적으로 발전하자 그로 인해 야기된 일본 내의 쌀 부족 현상을 타파하기 위해 소위 산미 증식 계획을 수립·실시한 때이다. 일본 자본주의의 발전에 필수적인 값싸고 풍부한 농산물의 공급지로 한국 사회를 개편하려던 이 계획의 주된 내용은 토지 개량 사업과 농법·종자의 개량을 통해 농업 생산성을 높이고 그 생산물을 일본으로 이출시키는 것이었다. 한국 농촌을 일본의 식량 기지로만 인식하고 농민의 생존 상황은 전혀 도외시했던 일제는 1930년대초 세계 공황과 더불어 몰아닥친 한국 농민의 비참한 몰락과 그에 따른 사회 불안을 목격하고 농촌 진흥 운동을 새로운 정책으로 내세웠다. 농촌 진흥 운동은 농민의 빈곤과 어려움을 근원적으로 개혁하려는 정책은 아니었고 사회를 위기로 몰아넣을지도 모를 농업 위기와 농민의 빈곤을 최소한으로 줄여보려는 미봉책에 지나지 않았

---

11) 신용하, 『朝鮮土地調査事業硏究』, 韓國硏究院, 1979.

다. 1930년대말 만주로의 침공을 단행하고 마침내 태평양 전쟁을 벌인 1940년대에는 한국 농민들로부터 매우 강제적이고 직접적인 공출과 노동력 수탈을 강요하였다.

이들 식민지 농업 정책들이 각 시기별 상황과 관련하여 표방한 목적이 다소 달랐다 할지라도 본질적으로는 일본의 정치 경제적 팽창을 뒷받침하는 식민지 농업 체제의 구축이라는 목적에서는 동일한 것이었다. 그러나 이러한 식민지 농업 정책이 농민에게 가하는 위기의 내용이나 강도는 계층별로 사뭇 달랐다.

일제하의 농민은 소수의 지주, 20% 미만의 자작농, 30% 전후의 자소작농과 50% 내외의 소작농으로 나누어져 있었다. 그러나 자작농과 자소작농의 비중은 점차 줄어들었고 소작농의 비율은 꾸준히 늘어났다. 이 변화와 식민지 농정의 변모를 함께 고려하여 계층별 위기 상황의 편차를 생각해보면, 전체적으로 식민지 농업 정책은 지주에게는 상대적으로 유리한 것인 데 반해 자작농 및 소작농에게는 매우 불리한 것이었다. 일제의 토지 조사 사업은 소규모 자작농 및 영세 소작농에게 매우 부정적인 결과를 낳았는데 국유지를 강제 창출하는 과정에서 수많은 소유권 분쟁을 야기시키고 적지 않은 농민이 소유권을 상실하게 되었다. 일제가 토지의 수탈과 일본인의 이민을 추진하기 위해 설립한 동척은 광범한 국유지를 불하받음으로써 1920년에는 90,700여 정보의 토지를 소유한 거대 지주가 되었다. 대규모 국유 소작지의 형성과 동척의 막대한 토지 집적은 한국 농민의 토지 상실을 전제로 하지 않을 수 없었기 때문에 특히 영세한 자작농에게 위협이 되었다. 또한 토지 조사 사업으로 인해 이전에 관습적으로나마 보장되었던 경작권이 근대법적인 형식을 빈 소유권의 법인 과정에서 철저히 부정되고 지주의 배타적인 지배력이 강화되었다. 토지 조사 사업은 농민의 삶의 근거이자 전부인 토지를 식민지 권력에 의해 시장에서 교환되는 상품으로 바꿈으로써 외부 자본의 토지 및 농민에 대한 지배력을 보장해준 것이었다.

1920년대의 산미 증식 계획은 많은 자금을 투입하여 토지 개량과 농사 개량을 추진하려 했던 사업이었는데 수리조합 사업에서 전형적으로 보이는 바와 같이 대지주의 이해를 일정하게 반영하였던 사업이었다. 산미 증식 계획은 토지 생산성을 일정하게 높이는 데는 효과를 가져왔지만 직접 생산자인 농민의 경제적 지위는 더욱 낮아졌고 새로이 늘어난 금융 부담과 부채로 큰 고통을 받게 되었다. 산미 증식 계획 기간 동안 자작농의 몰락이 가장 급격하게 진행되었던 것도 한 특징이었는데 특히 수리조합 사업이 큰 영향을 미쳤다. 애당초 수리 시설 개선으로 토지 생산성을 높이려던 정책이었던 수리조합 사업은 그 집행 방식의 강제성에 있어서뿐 아니라 토지 생산성의 증대분을 웃돌 만큼 높은 수리조합비 때문에 소규모 토지 소유자들에게 큰 타격을 입혔다. '현저하게 많은 수세 부담과 조합측의 계획적 압박·간계로 인해' 조선인 소토지 소유자들이 토지를 잃고 일인 지주에 의한 토지 겸병이 강화되었다. 당시의 한 조사는 수리조합 지역 내에서 자작농층이 가장 큰 피해를 입고 있었음을 보여준다. 즉 수리조합이 설립된 곳에서는 반당 지주가 9원, 자작농이 15원, 소작농이 5원의 손해를 보고 있었다는 것이다.[12] 수세 부담이 기본적으로 토지 소유자에게 주어졌다는 점에서 자작농은 산미 증식 계획에서의 거대한 금융 비용과 각종 부담으로 더욱 어려워졌고 또 그에 대한 위기의식을 가장 많이 느낀 층이었다.

한편 식민지 권력에 의해 부과되고 징수되는 조세 역시 농민에게 큰 부담으로 작용하였다. 식민지 권력 기구에 의해 강압적으로 부과되던 정액 조세는 농민에게 식민지 권력의 수탈성을 매우 뚜렷하게 인식시키는 계기가 되었다. 다음 〈표-3〉은 식민지 조세의 부담이 각

---

12) 장현칠, 「朝鮮水利組合과 中農階級」, 『新東亞』 제5권 2호, 1935, p. 26.

406

계층별로 어떻게 작용하였는지를 보여주는 한 자료이다. 조세는 1914
년 지세령에 의해 토지 가진 자를 대상으로 조세액이 새롭게 책정되
었고 동시에 식민지 행정 기관의 발달로 엄격한 징수 방법이 사용되
었으며 또 풍흉과 관계없이 일정한 정액 화폐 지출이었다는 점에서
자작농층에는 대단히 무거운 압력으로 작용하였다.

〈표-3〉　　　　　　　　　농민 계층별 조세와 기타 부담　　　　　(단위: 원)

		자작	자소작	소작	평균
국세	지세	10,220	3,660	—	7,960
도세	호세	20,566	4,000	0.680	15,082
	지세부가세	6,067	1,107	—	2,391
면세	지세割	7,880	1,427	—	3,102
	호별割	7,114	2,666	0.466	3,416
소계		51,847	12,860	1,146	21,951
기타 부담		14,416	4,430	1,110	6,619
총계		66,263	17,290	2,156	28,570

　　자료: 印貞植, 『조선 농업 기구 분석』, 백양사, 1937, pp. 135~36.

　　1930년대 이후의 농촌 진흥 정책은 자작농의 급속한 몰락과 농민
의 경제적 위기가 사회적으로도 불안을 야기시키는 요인이 된다는
점에서 소작농의 경제적 안정을 제일의 목표로 삼았다. 그러나 소작
농 문제의 핵심인 지주·소작 제도 그 자체는 문제삼지 않고 주로 소
작농의 근검 절약 및 생활 개선을 통해 최소한의 생존을 자급자족적
으로 해결하려는 것이었다. 즉 각 농가의 노동력의 완전한 활용, 자
급자족 원칙, 부업 증대를 통한 부채 근절, 현금 수지 균형 도모 등이
주된 목표였다. 또 정책적으로 자작농을 창설하는 운동도 벌였지만
그것이 농민의 몰락과 빈궁을 해소하는 방법일 수는 없었다. 1930년

대 후반 이후 일제의 군국주의적 침략이 만주와 동남아시아 일대로
확대되면서 일제의 농업 정책은 생산 과정에 대한 별다른 대책 없이
직접적이고 강압적인 수탈 정책으로 일관하였다. 이것은 거의 모든
농민에게 똑같은 저항 의식을 불러일으켰지만 특히 소농층의 경우
그 위기가 심하였다고 생각된다.

전반적으로 식민지 농정은 지주를 제외한 농민 일반에게 큰 위기
를 가져다주었지만 특히 자작농 및 자소작농에게 상대적으로 많은
부담과 위기 의식을 불러일으켰던 것으로 생각된다. 이들은 소규모
토지 소유자로서 토지 소유에 근거하여 부과되는 각종 식민지 조세
의 부담과 중농층으로서의 사회 문화적 성격 때문에 강압적 수탈에
대한 저항 의식과 위기 의식을 더욱 뚜렷하게 느끼던 층이 아니었을
까 여겨진다.

II. 상품 화폐 경제의 영향

식민지 지배하에서 농산물의 상품화는 더욱 진전되었다. 일제가
값싼 쌀의 확보를 위해 농산물의 상품화를 적극적으로 추진하였기
때문이었다. 그런데 일제하에서의 농산물 상품화는 크게 계층별로
두 가지 상반된 성격으로 나누어 이해될 필요가 있다. 하나는 지주들
을 중심으로 고율 소작료의 판매로 경제적인 부를 확대하는 경우이
고 다른 하나는 하층 빈농들이 생존을 위해 불가피하게 판매하는 궁
박 판매이다. 두 경우 모두 상품 시장과의 연계가 확대되고 시장 상
황으로부터 영향을 받게 되는 것이지만 전자가 상대적으로 적극적인
차원에서 관련을 맺었던 것에 비해 후자는 소극적이고 부정적인 형
태로 시장과의 연결을 맺고 있었던 점에서 차이가 뚜렷하다.

지주 이외의 농민으로서 농산물의 상품화는 부를 확대하기 위한 경
제 행위가 아니었다. 이들에게 유통 과정을 통해 부를 축적할 만큼의
농산물의 잉여분이 남아 있지 않았기 때문이다. 이들의 농업 경영은 어

디까지나 최소한의 생존을 보장하는 '위험 회피적 생존 경제' 방식으로부터 크게 벗어날 수 없었다. 이들이 시장과 관계를 맺게 되는 것은 식민지 권력에 의해 강요된 쌀 단작화의 결과 최소한의 생존에 필요한 화폐를 얻기 위한 소극적인 활동에 지나지 않는 것이었다. 농민들의 시장 판매는 필요한 소비를 충당하기 위하여 행해지는 것이었다.

이렇게 볼 때 중요한 것은 식민지하에서 농민이 그들의 생산 수준과는 무관하게 감당하지 않으면 안 되었던 소비 지출의 구체적 내용이었다. 소비 지출의 양과 성격이 영세한 농민들을 불가피하게 시장에 연결되게 하였고 그것은 다시 이들의 경제적 지위를 불안정하게 만드는 계기로 작용하였다. 1910년대 후반부터 각 농가는 조세 납부, 의복 구입 등을 위한 현금 압력을 강하게 받았고 또 그만큼 농산물의 판매에 관심을 쏟게 되었다. 다음은 계층별 지출 상황에 대한 한 사례이다.

〈표-4〉　　　　　지역별 · 계층별 영농비 지출 상황

		비료	종묘	가공 원료	노임	사료	조세 부담
전	자작농	88.4(45.1)	15.6(13.5)	10.5(0.0)	84.8(44.5)	27.5(6.9)	28.6(100.0)
	자소작농	94.3(38.1)	21.3(22.1)	14.2(7.0)	94.4(56.0)	65.2(4.3)	10.3(100.0)
남	소작농	95.5(34.6)	17.3(22.0)	13.1(13.7)	94.1(49.3)	68.1(5.0)	1.6(100.0)
경	자작농	76.4(25.3)	26.5(3.4)	7.6(0.0)	83.3(48.9)	40.7(0.0)	51.8(100.0)
	자소작농	58.1(16.5)	22.9(2.2)	5.0(0.0)	98.1(27.6)	25.6(0.0)	12.9(100.0)
기	소작농	37.5(5.6)	23.2(2.6)	5.1(0.0)	45.7(15.8)	16.3(0.0)	1.1(100.0)
경	자작농	139.2(60.7)	10.7(15.0)	16.4(25.0)	111.9(49.1)	42.1(3.3)	74.7(100.0)
	자소작농	110.0(39.5)	13.6(8.8)	11.8(6.8)	58.6(38.9)	19.9(11.1)	35.4(100.0)
남	소작농	77.1(29.8)	10.0(9.0)	5.9(0.0)	32.8(40.9)	11.9(16.8)	2.9(100.0)
평	자작농	23.8(15.6)	7.1(12.7)	7.7(15.6)	18.5(30.8)	23.3(0.1)	12.5(100.0)
	자소작농	24.7(24.7)	8.1(7.4)	12.5(24.0)	8.4(35.7)	27.0(3.7)	11.0(100.0)
남	소작농	26.7(13.5)	7.9(10.1)	4.4(20.5)	13.6(22.1)	12.8(2.3)	0.6(100.0)

자료: 朝鮮農會, 『農業經濟調査』, 전남 · 경기 · 경남 · 평남분에서 작성.
주: 괄호는 현금 수입 비율.

이를 보면 영농비 지출에 있어서 남부 지방 일수록 조세 부담, 비료 대금 및 노임의 압력이 높았다. 특히 조세는 100% 현금 지출이었고 비료와 노임 역시 현금 지출 비율이 높았다. 또 자작농은 소작농에 비해 각 부문에서 보다 많은 지출 압력을 받고 있었다. 이 부분의 현금을 확보하기 위하여는 생산물의 상품화가 불가피했던 것이다.

　이들의 수입이 어떻게 이루어진 것인가를 살펴보면 대부분 쌀을 비롯한 곡물류 생산이 수입의 대다수를 점하고 있다. 양잠·농가공·임야 등에서의 수입도 일부 있고 영세한 소작농에게서 노임 수입의 비중도 무시하기 어렵지만 전체적으로 곡물의 비중이 절대적임을 알 수 있다. 한 가지 흥미 있는 것은 현금 수입의 비중이 노동 임금이 가장 높고 다음으로 양잠인 데 비해 곡물 수입에서의 현금화는

〈표-5〉　　　　　　　　　지역별·계층별 수입 상황

		경종 수입	양잠	양축	농가공	임야	노동	재산
전	자작농	627.8(20.5)	29.4(68.6)	14.6(27.3)	12.7(0.0)	21.8(0.0)	1.7(100.0)	—
	자소작농	701.2(14.4)	59.8(75.0)	15.8(43.1)	32.3(34.1)	75.1(0.0)	28.0(95.3)	1.4(100.0)
남	소작농	692.8(12.2)	59.3(84.2)	17.9(34.8)	14.5(0.0)	47.2(0.0)	14.7(95.7)	1.2(100.0)
경	자작농	818.1(29.9)	3.9(58.1)	13.6(21.5)	17.6(20.9)	29.7(0.0)	9.8(62.4)	81.7(84.3)
	자소작농	568.6	5.1	5.1	13.5	32.7	82.9	2.7
기	소작농	444.1	1.9	4.6	11.1	12.0	38.4	39.2
경	자작농	936.0(18.2)	74.9(91.0)	19.3(13.1)	21.0(28.5)	23.3(0.0)	1.0(100.0)	—
	자소작농	781.4(18.7)	17.3(90.3)	23.6(13.6)	5.4(0.0)	39.0(0.0)	5.9(100.0)	0.17(100.0)
남	소작농	628.1(6.9)	31.6(88.4)	37.3(16.4)	14.9(20.5)	41.8(4.6)	14.4(81.0)	—
평	자작농	195.9(26.9)	5.9(87.1)	28.0(32.0)	10.7(28.6)	8.1(0.0)	-	—
	자소작농	293.3(24.8)	10.6(0.0)	11.3(50.6)	21.6(57.3)	20.1(2.5)	3.6(54.2)	—
남	소작농	224.4(12.5)	3.8(0.0)	11.3(33.2)	2.7(0.0)	10.5(0.0)	23.3(97.7)	1.94(0.0)

　자료: 〈표-4〉와 동일. 괄호 속의 숫자는 현금 지출 비율.

410

상대적으로 높지 않게 나타나고 있다. 그렇지만 절대액에 있어서 곡물 수입 이외의 부분은 매우 미미하다고 할 수 있을 정도이고 주된 수입원은 곡물이며 필요한 현금 역시 곡물의 판매를 통해 얻고 있었다고 보아 틀림이 없다.

그런 만큼 곡물의 시장 가격 변동은 농민의 경제 상황에 매우 중요한 영향을 미쳤다. 그러나 쌀의 시장 가격은 고정되어 있지 않았고 좁게는 개항장의 상황, 넓게는 일본 자본주의 및 일본 농업의 조건에 따라 변화하는 것이었다. 시장 가격의 변화는 유연한 판매를 감당할

〈표-6〉 쌀 · 콩 · 면화의 수량 변화

	쌀 (수량)	콩 (수량)	면화 (수량)	총수 · 이출 (가격)	쌀1석당 가격
1911	31	70	14	25	75
1913	50	69	36	46	97
1915	146	93	51	50	58
1917	100	100	100	100	100
1919	165	119	116	300	232
1921	203	162	41	274	154
1923	233	118	158	321	164
1925	272	93	179	447	221
1927	370	134	131	460	171
1929	331	126	155	392	154
1931	518	148	110	319	89
1933	457	134	185	402	114
1935	514	92	288	582	158

자료: 『조선 농업 발달사』(발달 편), 1943, 부록 〈표-21〉 〈표-26〉에서 작성.
주: 1917년을 100으로 한 지수.

수 없었던 자작농 및 영세 소작농에게는 매우 불리한 것이었다. 다음 표에서 나타나듯이 쌀의 수·이출량은 20년대 후반에서 1930년대초에 걸쳐 가격이 급락함으로써 농민에 커다란 타격을 주었던 것이다. 농산물의 상품화가 진전된다는 것은 농민이 농업 외부의 경제 여건 변화에 의해 심각한 영향을 받게 됨을 뜻하며 그만큼 농민의 불만이 구조화됨을 뜻한다.

지출의 압력이 증대하고 현금화를 위한 궁박 판매가 많아지며 쌀 값의 불안정성이 증대한 결과는 농민의 경제 상황 악화였다. 1930년 이훈구의 조사에 의하면 호당 농가 수지가 지주 62.81원, 자작농 30.12원, 자소작농 26.29원, 소작농 -5.57원으로 나타난다.[13] 경지 규모나 총수지 상태로 보아 자작농은 소작농보다는 훨씬 유리하지만 자소작농과는 별다른 차이가 없었다.

〈표-7〉　　　　　　　　농가 계층별 부채 상황　　　　　　(1932)

	농가 수		가구당 부채액	개인당 부채액
	부채 농가	비부채 농가		
자 작 농	63	73	283.50	42.02
자소작농	61	21	175.59	27.11
소 작 농	116	20	96.70	16.53
비 농 업	14	–	85.35	23.90
계	254	120	161.36	26.52

자료: Lee Hoon Koo, *Land Utilization and Rural Economy in Korea*, Kelly and Walsh, 1936, p. 236.

위의 표에서 보면 부채 농가의 비율은 소작농일수록 많고 개인당

---

13) Lee Hoon Koo, *Land Utilization and Rural Economy in Korea*, Shanghai: Kelley and Walsh Ltd, 1986, p. 272.

부채액은 자작농일수록 많다. 소작농의 경제적 상황이 매우 열악하다는 것은 이 표에서도 알 수 있다. 그런데 자작농의 경우 부채를 진 비율과 지지 않은 비율이 비슷하면서도 부채의 절대액이 높다는 것은 자작농들 내부에서 훨씬 다양한 변화의 가능성, 유동적인 상태를 반영하는 것이라고 해석된다. 이들은 이미 경제적으로 몰락해버린 소작농과는 달리 자작농으로서의 지위를 유지하고 있지만 상황의 변화에 따라 소작농으로 몰락할 '위기'를 누구보다도 예민하게 느낄 수밖에 없는 층으로서 실제 내부적으로도 많은 부채에 시달리고 있었던 것이다. 소작농이 경제적 어려움으로 인해 현실에 대한 비판적인 의식을 갖게 될 것은 부인할 수 없으나 위기 상황을 가장 잘 감지하면서 상황의 변화에 적극적으로 대응하는 것은 자작농이 더욱 예민할 수 있다. 일제하에서도 이러한 자작농의 성격은 있었을 것으로 생각된다. 이미 몰락해버린 층이 아니라 상황에 따라 몰락할 가능성이 큰, 불안정한 존재로서의 이들 자작농층은 쌀값의 변동이나 조세, 농업 경영에의 지나친 통제 등에 가장 예민한 반응을 나타낸 층이었고 따라서 식민지 농정과 시장 관계의 확산이란 새로운 변화에 대해 가장 부정적인 태도를 나타냈을 가능성을 보게 되는 것이다.

5. 일제하 사회 운동과 중농층

I. 방법으로서의 지역별 비교

일제하의 농민 운동, 농민의 정치적 동원이 주로 어떤 계층을 중심으로 전개되었을까 하는 문제는 그다지 많이 논의된 바는 아니다. 그 이유는 일제하의 농민 운동은 소작 쟁의를 중심으로 한 소작농·영세 빈농의 운동으로 일반적으로 받아들여지고 있기 때문이라고 생각된다. 식민지 지배 구조의 불가결한 토대로서 지주제가 옹호되고 있었음을 생각할 때 그 지주제에 대한 반발, 지주층에 대한 도전이 중요하게 취급되어지는 것은 당연한 일이다.

그러나 이러한 설명은 소작농의 경제적 빈곤성과 지주제의 열악성만을 지적하고 있을 뿐 실제 어떠한 농업 구조적 조건이 작용하였는지에 대한 전체 사회적 차원에서의 설명을 결하고 있다. 일제하의 사회 운동은 지주제라는 조건 이외에도 식민지 지배라는 권력적 차원의 문제를 염두에 두어야 하며 이 점에서 볼 때 대지주 투쟁을 본령으로 하는 소작 쟁의 중심의 이해는 한계가 있다. 지주에 저항하는 소작농의 투쟁은 오히려 사회적 상황에 대한 농민의 저항성을 증대시키지 않는 경우가 있으며 때로는 지주에 대한 경제적 예속으로부터 벗어나 있는 중농층이 사회적인 쟁점들에 대하여 보다 강력한 비판성을 소유할 수도 있는 것이다.

그런데 실제 이 부분을 정확히 확인하기란 방법론상 매우 어렵다. 각 계층에 속한 개별 농민들의 사회 운동과의 관계를 구체적으로 확인할 수 없기 때문이다. 또한 각 계층을 대변하는 어떤 조직이나 그에 의한 운동 강령이 명확히 존재하지도 않는다. 가능한 방법 중 하나는 지역간 비교를 통해 유추하는 것이다. 실제로 농업 구조에 따른 계층별 정치적 성향의 차이를 연구한 여러 연구들도 모두 비교의 방법을 원용하고 있다. 다행히 식민지하의 한국 농민은 지역별로 자작농 및 소작농의 존재 비율이 상당히 다르기 때문에 지역간의 비교가 어떤 경향성을 확인하는 데는 도움을 줄 수 있다. 즉 지역간 농민 운동의 격렬성이나 빈도의 차이가 농민 계층의 존재 비율 차이와 대조됨으로써 농민 계층과 농민 운동간의 일정한 관계를 간접적으로 확인해볼 수 있기 때문이다.

이미 이러한 지역간 비교는 몇몇 연구자들에 의해 시도된 바 있다. 일제하의 자작지 비율과 자작농 비율은 지역별로 상당한 차이들을 나타내고 있다. 전반적으로 북부 지방이 남부 지방에 비해 자작농 비율이 높고 경남·경북과 전남이 높은 비율을 나타낸다. 전북을 위시하여 충남·충북·경기 등지는 자작농 비율이 상대적으로 낮은, 다시 말해 소작농 비율이 높은 지역이다. 이러한 차이는 물론 그 지역의 생태학적 배경과 사회 경제적 여건에 기인한 것이겠지만 쉽사리 바뀌지 않는 농업 생산에서의 구조적 특성으로 이해할 수도 있다. 다른 한편으로는 주요한 사회 운동에 대한 지역별 참여의 정도를 정리해보고자 한다. 이 작업도 구체적인 차원에서는 쉽지 않으나 비교를 가능케 할 정도의 수준에서 기존의 연구 결과를 활용하면 불가능하지는 않으리라 생각한다. 이 글에서는 특히 3·1 운동에 있어서의 도별 상황, 신간회 지회의 결성과 그 활동, 적색농민조합 결성과 급진적 농민 운동의 강도 등에 관한 지역별 연구들을 참고하려 한다.

II. 지역별 사회 운동

1) 3·1 운동

일제하 한국 독립 운동의 최고봉이자 이후 운동의 분수령이 되었던 3·1 운동은 그 규모에 있어서나 참가층에 있어서 명실상부한 거족적 운동이었다. 초기에 서울을 중심으로 학생과 종교인·지식인이 앞장서서 일어났던 이 운동은 후기로 갈수록 지방으로 확산되고 참가층도 농민을 주축으로 한 대중적인 시위로 발전하였다. 또한 이들의 참가와 더불어 시위의 양상도 점차 과격화·폭력화되어갔다.[14]

그런데 우리의 관심을 끄는 것은 3·1 운동의 격렬성이나 지속성이 전국적으로 동일하지 않고 지역에 따라 큰 차이를 나타내고 있었다는 사실이다. 박성수의 연구에 의하면 초기에는 경기도·황해도가 중심이었으나 후기로 갈수록 충청도·경상도 등 중·남부 지방으로 그 중심지가 이동하였다. 이것은 결국 중·남부 지방에서의 운동이

---

14) 박성수, 「3·1 운동에 있어서의 폭력과 비폭력」, 尹炳奭·愼鏞廈·安秉直 編, 『韓國近代史論』 II, 知識産業社, 1979, pp. 123~39.

훨씬 농민 중심적이며 동시에 자발적·폭력적인 것이었다는 말이 된다. 특정 농민 계층과 3·1 운동간에 어떤 관련이 있으리라는 가설을 세워볼 때 지역간 격렬성의 차이는 흥미 있는 비교의 대상이 된다.

〈표-8〉   3·1 운동시 폭력·비폭력 운동의 도별 통계

	폭력 운동		비폭력 운동		합계	
	회수	인원	회수	인원	회수	인원
전남	1	다수	16	3,548	17	3,538
전북	3	1,800	7	1,240	10	3,040
경남	31	49,820	50	31,000	81	80,820
경북	20	14,460	27	2,545	47	19,015
충남	32	23,330	33	13,977	65	37,307
충북	19	19,600	8	3,450	27	23,050
경기	74	83,420	135	55,893	209	139,293
황해	30	19,761	72	23,297	102	43,058
강원	16	8,620	30	7,440	46	16,050
평남	14	7,220	37	25,297	51	32,527
평북	32	55,810	24	12,800	56	68,670
함남	10	6,100	26	11,400	36	17,510
함북	8	9,750	21	6,282	29	15,032

자료: 박성수(1969)에서 인용.

위의 〈표-8〉에서 보듯이 3·1 운동은 지역에 따라 다소 다르게 전개되었다. 소작제의 발달 정도 및 소작농 비율과 농민 운동간의 관계에 관심을 갖는 이 글의 입장에서 볼 때 주목되는 것은 전북과 전남 지역에서의 상황이다. 이 지역은 식민지적 상품 화폐 경제의 영향을 강하게 받았으면서 지주제가 가장 강력하게 발전한 곳이었고 소작농의 비율 역시 전국에서 최상위에 속한 지역이었다. 그런데 중·남부의

다른 지역에서는 농민의 폭력적 소요 행위가 빈발하였음에 반하여 이들 지역에서는 상대적으로 운동의 격렬성이 약했다. 당시의 헌병대 보고에 의하면 전북의 경우 "몇 군데에서 폭행 사태가 일어나거나 교량을 방화하는 일이 있은 외에는 대체로 평온"하며 전남의 경우는 "한 곳에서 면사무소를 습격한 것 외에는 다만 시위 운동에 그쳐 특기할 만한 소요는 없다"라는 것이었다.[15] 〈표-8〉에서 보듯 타지역에 비해 전남·전북 지역에서의 폭력적 운동은 미미했고 동원 인원의 규모도 매우 적었다. 이 통계의 부정확성을 감안한다 하더라도 지역별 비교의 차원에서 이 지역이 갖는 상대적인 특성을 확인하는 데는 무리가 없다고 생각된다.

그런데 앞서 본 바와 같이 전북은 일제하에서 지주제가 가장 발전하였고 소작농의 비율도 가장 높은 지역이었다. 일본인 대지주의 토지도 주로 김제를 중심으로 한 전북 지역에 몰려 있어서 일찍부터 한국 농민의 토지 상실이 진행되었던 곳이었고 일본인 지주들의 소작농에 대한 각종 통제가 심한 곳이었다. 1918년대에 이미 자작지의 비율이 전국 최하위에 속하였고 1932년에도 자작농의 비율이 타지역과는 비교되기 어려울 만큼 낮은 상태였다.

3·1 운동에 참여한 농민이 주로 소작농층이었다면 전북은 가장 격렬하고도 대규모적인 운동이 일어날 요건을 갖춘 지역이었다. 동시에 경남·경북은 상대적으로 소작농층이 적은 지역이었으므로 운동의 정도도 상대적으로 약했으리라는 추론이 가능하다. 그러나 실제의 결과는 그와 거의 정반대의 현상으로 나타났다. 경남·경북이 격렬한 운동을 보인 데 비해 전북은 무척 조용한 상태를 유지했던 것이다. 이러한 경향은 호프하인츠가 중국 광동성의 농민 운동을 고찰하면서 얻은 다음과 같은 보고와 거의 일치한다.[16]

---

15) 『현대사 자료』 25; 馬淵貞利, 「제1차 대전기 한국 농업의 특질과 3·1 운동」, 『抗日農民運動硏究』, 동녘, 1984, pp. 77~78에서 재인용.

소작율이 높으면 농민들의 소요가 빈번히 일어나리라는 일반의 예상과는 달리 사실에 있어서는 반대의 현상을 보여주었다. 농민 운동의 가장 커다란 어려움을 겪었던 곳은 광주 바로 밑에 있는 삼각주 지역으로 소작세가 가장 높았던 지역이었다.

이와 같은 사실은 적어도 3·1 운동에 주도적으로 참여한 농민이 소작농이었고 그 이유는 가혹한 지주·소작제 때문이었다는 설명이 받아들여지기 어렵다는 점을 말해준다. 3·1 운동의 경우에서만 본다면 자작농 비율이 높은 지역이 오히려 운동의 중심지였다고 말할 수 있다. 자작농 비율이 압도적으로 높은 북부 지역에서 운동의 격렬성이 낮았던 것은 아마도 1910년대 그 지역에 대한 일본 자본주의의 영향이 남부보다는 훨씬 약했다는 사실에 기인하지 않나 여겨진다. 다시 말하면 시장 경제의 침투로 인해 농촌 사회가 격변하는 상황 아래서 위기를 심하게 겪던 자작농이 많았던 지역에서 3·1 운동은 더욱 폭력화·대중화·민족 운동화 할 수 있었던 것이다. 이러한 판단은 당시 농민 시위의 구체적 대상에서도 엿보인다. 즉 소작농층이 중심이 된 폭력적 시위라면 그 대상은 우선 지주나 일본인 농사 경영자였을 것이다. 그러나 실제로 농민의 공격 대상이 된 것은 세무서·경찰관서 등 식민지 권력 기관과 관리였다. 이는 3·1 운동의 농민 시위가 지주제에 대한 것이기보다는 일제 식민지 권력에 대한 것임을 보여주는 것이고 고율 소작료 등으로 인한 빈곤보다는 무거운 세금, 각종 행정규제 등에 의한 시달림이 운동의 일차적 요인이었음을 나타내는 것이다.[17] 3·1 운동에 참가한 농민 계층의 특성을 고찰한 마연정리(馬淵貞利)는 주된 참가층이 자작농 중·상층과 자소작농 상층이었다고

---

16) 에릭 울프, 앞의 책, pp. 139~40.
17) 馬淵貞利, 앞의 글, pp. 112~18.

주장하였다. 그는 3·1 운동을 중농층의 상품 생산 발전을 억압하려던 일제와 그에 대항하는 '부르주아적' 농민과의 싸움으로 바라보았다.[18] 그러나 3·1 운동의 패배와 함께 '부르주아적' 항거는 끝이 났고 이후는 주로 소작농을 중심으로 한 빈농층의 운동이 중심이 되었다고 주장하였다.

위와 같은 관찰에 근거하여 우리는 3·1 운동의 확산과 폭력화를 담당한 농민을 소작농만으로 보기는 어렵지 않은가 생각하게 된다. 오히려 세금이나 행정 규제에 의한 불이익을 가장 많이 받게 되는 층, 자작농을 비롯한 중농층이 농민 운동의 중요한 한 지지층을 이루었던 것으로 볼 수 있는 것이다. 물론 소작농과 빈농층이 3·1 운동의 전개 과정에 관련되지 않았다는 이분법적 논리는 성립되지 않는다. 다만 자작농층의 중요성이 3·1 운동에서는 새롭게 인식되어져야 할 것이 아닌가 여겨지는 것이다.

2) 신간회 지회의 활동

국내의 사회주의자와 민족주의자가 결합하여 공동의 민족 독립 운동 단체로 결성했던 신간회는 아쉽게 오래지 않아 해체되고 말았지만 3·1 운동 이후 가장 강력한 민족 운동 단체의 하나였다. 신간회는 중앙의 지식인만의 단체가 아니라 각 지회를 통해 다양한 계층의 사람들이 회원으로 활동하였고 그만큼 대중적인 기반을 지닌 조직이었다. 신간회의 각 지회 활동은 아직 구체적으로 연구되어 있지 않지만 한 자료에 의하면 회원의 53.9퍼센트가 농민이었다고 한다.[19] 이 비율은 신간회 회원 전체를 대상으로 한 것이므로 지회의 경우 농민의 비율이 더욱 클 것은 분명하다. 따라서 신간회의 활동에도 농민의 비

---

18) 馬淵貞利, 앞의 글, pp. 118~19.
19) 水野直樹, 「新幹會運動に關する苦干の問題」, 『朝鮮史研究會論文集』 제14집, 1977, p. 100.

중은 가장 큰 것으로 평가될 수 있다.

그런데 다음 〈표-9〉에서 나타나는 각 도별 지회 수를 보면 경북·경남·전남·함북·함남 등에서 지회 활동이 활발했음을 알 수 있다. 이들 지역은 모두 자작농 비율이 상대적으로 높은 지역들이다. 자작농 비율이 낮고 소작농 비율이 높은 전북·충북·충남 등지에서는 지회 설립이 활발하지 못하였다. 특히 지회 활동 가운데서도 대표적이었던 함북 단천 지방은 자작농 비율이 47.1퍼센트, 소작농 비율이 16.4퍼센트인 지역이었다. 이러한 사실은 신간회 운동을 뒷받침한 농민이 자작농을 중심으로 한 중농층이었음을 보여준다.

이것 역시 각 지회의 활동 내용을 통해 재확인할 수가 있다. 한 사료에 나타나는 단천 지회의 활동 상황은 1) 누에고치 공동 판매 반대, 2) 누에 종자 자유 구입 주장, 3) 뽕나무 묘목 배부 반대, 4) 군농회 반대, 5) 수리조합 설치 반대, 6) 농촌 야학 취체 항의, 7) 화전민 정리 반대, 8) 산림조합 반대 등이다.[20] 이 활동 상황은 대체로 일제 식민지 행정 기관이나 관료의 강압적 농정 등에 대해 반대하고 농민의 자유로운 경제 활동을 옹호하는 것들이 중심을 이루고 있다. 지주에 대한 요구나 소작 제도의 개선 등 소작농에게 절실한 문제들이 전면에 부각되어 있지 않은 것이다. 이와 같이 볼 때 지방에 따른 사회 경제적 여건이 고려되어야 하겠지만 신간회 운동과 농민과의 관련에 있어서 자작농층을 위시한 중농층의 중요성을 새롭게 인식할 필요가 있다고 본다.

3) 급진적 농민 운동

1930년대에 들어 신간회가 해체된 이후에는 농민 운동이 점차 급진적·폭력적 성격을 나타내게 되었다. 특히 이 시기는 세계 공황의

---

20) 水野直樹, 앞의 글, pp. 109~10.

〈표-9〉　　　　　　　　신간회 지회의 도별 숫자

	1927[1]	1931[2]
전남	14	14(9)
전북	8	8(7)
경남	15	19(4)
경북	16	18(6)
충남	5	6(8)
충북	3	5(5)
경기	6	9(14)
황해	5	6(8)
강원	4	7(14)
평남	3	3(13)
평북	3	7(14)
함남	9	10(8)
함북	10	10(2)
일본	3	4
계	104	126(111)

자료: 1) 『東亞』, 1927년 12월 23일자.
　　　2) 『朝鮮之光』 96호, 1931; 水野直樹(1977: 100)에서 재인용.
　주: 1) 1931년의 총 숫자는 원래 129이나 계산에 의해 정정.
　　　2) 괄호 속의 숫자는 미설립 군·도 수.

여파로 한국의 전농민이 심한 타격을 받고 있었을 뿐만 아니라 사회
주의자들의 전략이 투쟁적인 노선으로 바뀌었던 영향으로 농민 운동
역시 급진적인 성향을 띠게 되었다.

　이러한 급진적 농민 운동은 적색농민조합의 결성에 의해 더욱 촉
진되었고 주로 이들에 의해 주도되었다. 적색농민조합은 빈농층이
중심이 되었을 것으로 생각하기 쉽지만 지역별로 그 결성 상황을 살
펴보면 여전히 신간회 지회의 분포 상태와 유사함을 보게 된다. 즉

남부 지방에서는 경북·경남·전남 등지에서 활발하였고 북부 지방
에서는 함남·함북 등지에서 활발하였는데 이들 지역은 모두 상대적
으로 자작농 비율이 높은 지역이었다. 소작농과 빈농의 비율이 높은
지역인 전북·충남·충북 등지에서는 적색농민조합의 결성이나 활동
이 극히 미미하였다.

〈표-10〉　　적색농조 수 및 공산주의에의 반응의 도별 비교

	지주·소작 관계	적색농조 수	공산주의에의 반응
전남	매우 나쁨	9	강함
전북	매우 나쁨	3	약간 강함
경남	나쁨	11	강함
경북	나쁨	8	약간 강함
충남	매우 나쁨	0	매우 약함
충북	나쁨	1	매우 약함
경기	나쁨	3	약간 강함
황해	나쁨	1	매우 약함
강원	좋음	5	약간 강함
평남	나쁨	4	매우 약함
평북	나쁨	2	약함
함남	좋음	15	매우 강함
함북	좋음	7	매우 강함

자료: Yoo Se Hee, "The Korean Communist Movement and the Peasantry under
　　　Japanese Rule," Ph. D. Dissertation, Columbia University, 1974, pp. 144, 200에서
　　　작성.

유세희는 적색농민조합의 결성 정도와 지주 소작 관계의 정도, 그

리고 공산주의에의 반응도를 각기 비교하여 이들간의 연관성을 밝혀보려 했다. 이 연구에 의하면, 농민의 공산주의에 대한 반응도 지역별로 큰 차이를 나타낸다. 아래 표를 보면 소작제가 가혹하게 진전된 지역일수록 공산주의에의 반응이 더욱 적극적이라는 가설이 맞지 않다는 것을 알 수 있다. 오히려 결과는 그 반대에 가까운데 특히 전북·경남·함남 등지의 경우는 소작율과 공산주의에의 반응간에 역관계를 나타내는 사례로 볼 수 있다.

또한 해방 직후 정치적 공백기에 나타난 지방 정치 상황, 특히 농민의 정치적 동원화 현상을 면밀하게 분석한 커밍스도 이와 유사한 방법을 사용하여 소작율과 농민의 급진성간의 상관 관계를 확인하고자 했다. 그에 의하면, 일제하에서부터 해방 직후에 이르는 기간 동안 가장 급진적인 농민의 정치적 동원화가 이루어진 지역은 소작농 비율이 높은 지방이 아니라 오히려 자작농 비율이 높은 곳이었다. 즉 각 도를 비교 단위로 삼아 고찰해보면 자작농층 비율과 급진성 지수 간에 정(正)의 상관 관계가 확인된다는 것이다. 다음 〈표-11〉에서 보듯 경북·경남·전남 등의 상황과 전북·충남 등지의 상황은 이러한 점을 잘 보여준다. 이러한 지역별 비교를 통해 그는 다음과 같이 말하였다.

중농은 빈농과 연합하기도 하고 부농·지주가 되기 위해 좀더 많은 토지와 부를 축적하려 노력하기도 한다. 이것이 중농으로 하여금 사회 경제적 변화의 시기에 그토록 적극성을 띠게 하고 〔……〕 (그들을) 농민 운동에 참여토록 만드는 요인이다.

지금까지의 논의를 종합하여 만든 다음 〈표-12〉를 보면 전체적으로 자작율과 사회 운동간에 정의 상관 관계가 있다는 가설을 지지할 수 있다.

〈표-11〉　　　　　　　　자작율과 급진성의 도별 비교

	소작율	자작율	급진성 지수
전남	72.2	27.8	9.3
전북	81.7	18.3	5.6
경남	62.1	37.9	10.3
경북	57.9	42.1	11.9
충북	68.2	31.8	3.9
충남	73.4	26.6	7.3
경기	76.7	23.3	3.1
강원	55.8	44.2	5.9
제주	35.0	65.0	20.0
	73.4		

자료: B. Cummings, *The Origins of Korean War*, 1981, 부록에서 작성.

　　이상의 지역별 비교를 통해 일제하의 농민 운동이 소작농을 중심으로 한 빈농층에 의해서만 이루어진 것이 아니라 자작농을 중심으로 하는 중농의 존재와 밀접한 관련이 되어져 있었다는 가설을 세워볼 수 있다. 비록 운동의 추진력이나 때때로의 폭력적 성격을 빈농층이 제공하였다 하더라도 운동의 지속과 기회의 제공에는 중농층의 존재가 중요했던 것이 아닌가 생각해보게 되는 것이다. 물론 이러한 생각이 타당성을 얻기 위하여는 더욱 세밀한 경험적 뒷받침과 함께 그렇게 될 수 있는 이론적 설명이 뒤따라야 한다. 다음에서 이러한 부분을 시론적으로 시도해보고자 한다.

III. 중농의 사회적 성격과 잠재적 기능

　　중농이 사회 운동에 보다 적극적일 수 있는 조건은 중농층 자체의 특성과 함께 그가 속한 농업 구조의 특성을 고려할 때 보다 잘 이해

〈표-12〉 자작농층 비율과 농민 운동의 도별 비교

	자작지 비율 (1918)[1]	자작농 비율 (1932)[2]	3·1 운동시 폭력 운동 회수·인원		신간회 지회 수	적색 농조 수[3]	공산주의에 대한 반응[4]	급진성 지수
전남	58.4	18.9	(1)	다수	14	9	강함	9.0
전북	25.9	4.5	(3)	1,800	8	3	약간 강함	5.7
경남	40.7	13.4	(31)	49,820	19	11	강함	10.3
경북	46.9	17.3	(20)	14,460	18	8	매우 강함	11.9
충남	37.4	7.2	(32)	23,330	6	0	매우 약함	7.3
충북	44.5	10.7	(19)	19,600	5	1	매우 약함	3.9
경기	28.5	6.2	(74)	83,420	9	3	매우 강함	3.1
황해	41.2	13.5	(30)	19,761	6	1	매우 약함	–
강원	62.0	20.7	(16)	8,620	7	5	매우 강함	5.9
평남	52.0	18.8	(14)	7,220	3	4	매우 약함	–
평북	47.8	18.7	(32)	55,810	7	2	약함	–
함남	75.6	32.0	(10)	6,100	10	15	가장 강함	–
함북	88.4	52.1	(8)	9,750	10	7	가장 강함	–

자료: 1), 2) 『조선총독부 통계 연보』, 大正 7年 및 昭和 7年度에서 작성.
3), 4) Yoo Se Hee, 앞의 글, p. 144.

된다. 지주 소작제가 보편적인 상황에서 중농의 독특한 사회적 특성이 식민지적인 상황에 의해 매우 불안정해짐으로써 사회 운동에 보다 적극적이 된다고 볼 수 있다. 이렇게 본다면 농민 운동을 농민층 자체의 내적 의지나 경제적인 상태로부터 직접 설명하려는 방식은 수정이 필요하다. 이 점에서 농민의 행위에 대한 경제주의적 해석을 벗어나 인간 행위의 복잡하고도 복합적인 측면에 관한 사회학적 해석을 깊이 음미해볼 필요가 있다. 또 농민의 독특한 문화적·사회적 성격에 관한 인류학적 연구에 대하여도 보다 많은 도움을 받아야 할 것이다.

중농이 농민 운동과 관련되어 있음을 여러 나라의 사례 연구에서 지적하였던 울프는 그럴 수 있는 이유로서 중농은 토지 수탈, 시장 변동, 고리대 등 세계 시장 경제의 변동에 가장 민감하고 따라서 새로운 정치 질서, 경제적 안정을 약속하는 정치 운동에 민감하다는 점을 지적하고 있다. 또한 그는 중농이 오랫동안 지속되는 정치 운동을 뒷받침할 만한 경제적 자원을 소유하고 있다는 점도 중요한 요인의 하나로 지적하고 있다.[21] 한국과 관련하여 유사한 주장을 폈던 커밍스와 마연정리도 이와 유사한 측면에서 중농의 성격을 규정하고 있다. 이들은 모두 중농이 사회 경제적 변화에 민감할 수밖에 없는 특성을 지니고 있음을 주목하였던 것이다.

그러나 더욱 중요한 것은 중농이 일정 비율 존재하는 지역과 그렇지 못한 지역간에 나타나는 구조적인 효과이다. 첫째로 중농의 비율과 농촌 공동체의 결속력과의 관련성에 관한 것이다. 폐쇄적 계층 구조보다는 어느 정도 이동이 허용되는 구조에서 농민의 활성화가 보다 용이하다. 따라서 중농이 일정 비율 이상 존재할 경우 계층 구조의 상하 분절성이 보다 완화되고 농민의 행동이 보다 자유롭고 적극적일 수 있는 구조적 환경이 마련된다는 점이다. 지주와 소작농으로 양극화된 지역일수록 촌락 내 농민들의 결속력도 강화되기 어렵고 소작농이 지주에게 예속되는 정도도 심하였다. 실제로 당시 소작농 비율이 가장 높았던 전북 지방에서는 소작농끼리 서로 대립하고 그를 이용하여 지주의 통제가 더욱 강화되는 경우조차 있었다.[22] 반면, 야학, 청년 운동 등의 농촌 계몽 활동이 활발하게 이루어진 서북 지방의 경우 물론 기독교를 위시한 근대 문물의 영향도 컸겠지만 이와 함께 촌락 내에 중간적인 중농의 비율이 높았다는 계층 구조상의 특성이 영향을 미쳤을 것이라고 생각된다.[23]

---

21) 에릭 울프, 앞의 책, pp. 283~85.
22) 조선총독부, 『朝鮮の小作慣行』下卷, 1932, p. 285.
23) 조동걸, 앞의 책, p. 220.

둘째로는 중농의 중간적 성격이 농민 계층간의 수평적 연대를 가능케 함으로써 촌락 단위의 공동체적 결속을 강화시키고 나아가 일정한 상황하에서 집합적 행동을 가능케 해준다는 점이다. 촌락의 공동체적 결속은 주로 상징적·의례적 상호 작용으로 유지·강화된다. 따라서 공동체적 결속에는 촌락 단위의 축제, 제사, 의례적 관행, 공동 노동이나 오락의 전통 등이 무척 중요한 것이다. 일제하 농촌을 생각한다면 동제(洞祭)·두레·관혼상제의 의례 등이 중요시된다. 그런데 이 모든 것들이 중농의 비율과 일정한 관계가 있다. 동제의 경우 일제하에는 지역에 따라 그 시행 정도가 크게 달라졌는데 다음 〈표-13〉에서 보듯이 자작농 비율이 높은 지역과 동제의 실시 지역이 거의 일치하고 있다.

〈표-13〉   지역별 동제 시행 비율

	전남	전북	경남	경북	충남	충북	경기	황해	강원	평남	평북	함남	함북
자작농 비율	18.9	4.5	13.4	17.3	7.2	10.7	6.2	13.5	20.7	18.8	18.7	32.0	52.1
동제 시행 비율	35	17	65	75	20	70	38	51	81	63	72	81	90

자료: 김경일, 「朝鮮末에서 日帝下의 農村社會의 '洞契'에 관한 研究」, 『한국학보』, 1985, p. 285.

두레의 필요성과 자작농층의 존재간에도 뚜렷한 친화성을 발견할 수 있다. 즉 두레는 일종의 공동 노동 조직이며 촌락 단위로 구성되는 것이기 때문에 촌락 내부의 농가들간에 경제적 차이가 커지면 이루어지기가 어렵게 된다. 촌락 내의 경제적 격차가 심화되지 않은 지역에서 두레와 같은 공동체적 노동 조직이 보다 활발할 가능성이 높다.

또 촌락 공동체의 유지에 중요한 의례적 상호 작용은 주로 각 농가의 관혼상제 때의 협력·대접·부조 등으로 이루어진다. 그리고 이 의례적 관계에는 필수적으로 물질적 거래 관계가 내포된다. 이러한

의례적 행위에 수반되는 비용의 규모는 물론 각 농가의 경제 상태에
따라 다르지만 중요한 것은 그러한 비용 지출이 촌락 내부에서 강력
히 기대되고 있다는 사실이다. 흔히 위신 경제 또는 도덕 경제라는
말로도 표현되는 이 문화적 규범은 공동체적 결속을 위해 중요한 기
능을 담당하는 것으로 지적되어왔다.

　일제하의 어려운 농가 경제하에서도 중농의 지출 내역을 보면 이
러한 문화적 압력에 의한 의례비의 지출이 적지 않은 비중을 차지하
였음을 알 수 있다. 다음 〈표-14〉에서 볼 수 있듯이 자작농층의 지출
중 이러한 의례적 비용이라 할 수 있는 부분이 제법 크다. 또 농가 계
층별 부채 원인의 조사에서도 자작농층의 경우 의례비 지출을 위해
부채를 진 경우가 많음을 보게 된다.[24] 일제는 이러한 의례비 지출을
농가의 낭비라고 보고 그 지출을 줄임으로써 농가 경제를 회복시키
려는 시책을 실시했지만 자작농층에게 있어서 이 비용은 반드시 낭
비라고만 볼 수 없는 촌락의 한 구성원으로서 수행해야 할 의례적 지
출의 일종이었다. 자작농이 상당한 정도 존재하는 농촌의 경우 지주
의 직접적이고도 일방적인 지배력이 이들에 의해 완화될 뿐 아니라
촌락 성원들이 보다 공동체적으로 결집될 수 있는 구조적 조건이 마
련될 수 있는 것이다.

　물론 이러한 공동체적 결속은 그 자체로는 결코 급진적이거나 운
동 지향적일 수 없고 오히려 보수적인 태도를 강화시킨다. 그렇지만
외부의 상황이 보수적인 농민의 생존 방식을 근본적으로 위협하고
일방적인 수탈의 강도를 높일 때 촌락 단위를 단일하게 결합시켜주
는 이러한 구조의 존재 여부가 농민 운동에서는 절대적으로 중요한
것이다. 농민은 개인이나 가족 단위로 정치적 행동을 취하는 경우가
적고 일정한 지역 공동체의 일원으로서 정치적인 행동을 하는 경우

---

24) 鷄山, 「농가의 부채와 그의 원인」, 『조선농회보』 6권, 1932, p. 90.

<表-14>　　　　　　　　　계층별 생활비 지출 상황

		음식비	피복비	광열비	교제비	기호비	관혼상제비
전	자작농	312.8(8.7)	37.7(86.2)	46.0(26.3)	32.8(49.4)	15.9(100.0)	19.4(50.5)
	자소작농	305.4(10.5)	30.3(79.5)	54.4(13.6)	28.8(64.9)	13.8(100.0)	2.6(15.4)
남	소작농	312.5(9.4)	14.7(78.9)	33.9(26.6)	15.4(43.5)	13.4(100.0)	8.1(61.7)
경	자작농	394.9(7.2)	30.5(98.7)	73.3(8.1)	31.9(91.5)	9.3(99.0)	101.8(64.9)
	자소작농	288.0(5.4)	28.2(98.6)	49.5(6.7)	13.1(56.5)	6.7(85.1)	2.3(52.1)
기	소작농	206.1(16.2)	18.4(97.3)	43.5(7.1)	4.5(80.8)	4.5(100.0)	35.0(63.7)
경	자작농	373.2(19.7)	72.5(57.8)	55.1(28.0)	47.5(79.8)	15.6(100.0)	69.3(83.8)
	자소작농	366.0(13.7)	36.0(97.5)	41.8(21.3)	47.6(74.8)	9.0(100.0)	0.1(100.0)
남	소작농	283.0(13.3)	15.0(94.7)	34.6(22.5)	11.5(67.8)	5.6(100.0)	28.0(89.6)
평	자작농	89.3(12.5)	8.2(40.2)	14.3(10.5)	0.6(83.3)	1.1(100.0)	0.8(25.0)
	자소작농	112.2(21.9)	14.6(37.7)	17.1(13.5)	4.3(60.5)	1.8(100.0)	2.3(47.8)
남	소작농	91.8(25.3)	5.8(25.9)	12.9(8.5)	2.8(17.9)	7.7(100.0)	1.0(38.7)

자료: <표-4>와 동일. 괄호 안은 현금 지출 비율.

가 대부분임을 고려할 필요가 있다.

　여기에 일제하의 식민지적 상황이 특히 이들 중농에게 가한 사회 경제적 위기가 또 하나의 중요한 요인으로 덧붙여질 수 있다. 먼저 이들은 식민지 상황에서 가장 큰 현금 압력에 시달린 계층이었다. 그 들은 무엇보다도 무거운 각종 세금의 부담자였고 수리조합비를 위시 한 잡부금의 부담자였다. 동시에 자기 토지에 대한 애착에서 오는 비 료의 필요성 증대도 상대적으로 더 많은 현금을 필요로 하였다. 현금 지출의 압력, 특히 조세와 수리조합비의 압력은 중농에게 일제 식민 지 기관의 수탈성을 인식시키는 계기가 되었으며 동시에 이들의 전 통 지향적이고 보수적인 성격과 결합하여 일제의 통치 구조에 대항 하는 배경을 이룰 수 있었다.

　셋째, 위의 두번째 요인 때문에 자작농층은 어느 계층보다도 시장과의 관련성, 특히 곡물 가격의 변동에 민감한 계층이었다. 현금의 필요성에 의해 불가피하게, 때로는 상승 이동을 향한 나름대로의 노력으로 그들은 시장에 깊이 관여하게 되었다. 그리고 이 시장 경제의 급격한 변화는 자작농층으로 하여금 농촌 사회의 외부에 존재하는 경제적 세력을 인식하게 만들었다고 볼 수 있다. 최소한의 자원을 가진 층, 농촌 사회를 내부적으로 결집시켜 주는 층, 스스로 독립적인 활동이 가능한 층, 그러면서도 자신이 가진 모든 것을 잃을 수도 있다는 위험 앞에 노출된 층, 그 위험을 피하기 위해 여러 가지 방법들을 동원하려는 의지와 자원을 갖추고 있는 층이 바로 이들이었고 이들은 폭넓은 사회적 쟁점들에 대해 관심을 표명할 수 있었던 것이다.

5. 맺음말

이 글에서는 일제하의 사회 운동과 중농층과의 관련성을 찾아보고자 했다. 그를 통해 흔히 소작농에 의한 소작 쟁의만에 초점을 두는 시각에서 벗어나 중농에 의해서도 일제에 대한 투쟁이 강하게 일어났음을 확인하고자 했다. 이 글의 논의는 일제하에서 사회 경제적 변화에 가장 민감하게 반응하지 않을 수 없었던 층이 자작농층이었다는 점, 그들은 주로 과중한 조세 부담과 행정 규제로 인해 식민지 권력을 수탈 기관으로 인식하게 되었으리라는 점, 그리고 자작농층의 존재가 농촌 사회의 내부적 결속과 수평적 연대를 가능케 함으로써 간접적으로 그 지역의 농민 운동을 뒷받침하게 되었으리라는 점 등에 집중되었다. 이러한 논의는 한국 근대사에 있어서 농민 운동의 성격을 이해하는 데에도 중요할 뿐 아니라 이론적으로도 의미 있는 작업임에 틀림 없다.

방법론상 이 글은 아직도 많은 보완과 검토가 필요하다. 지방별,

그것도 도 단위의 단순 비교 방식을 통해 자작농층과 농민 운동과의 관련성을 확인해내려는 방식은 다른 많은 사례나 좀더 세밀한 군 단위 비교 등으로 보완되지 않으면 안 되는, 극히 초보적인 수준이라 할 것이다. 또한 소작농에 의한 소작 쟁의가 중요한 농민 운동의 한 형태인데 이것과 자작농층과의 관련성을 추적해보지도 못하였다. 자작농층과 농촌 사회의 공동체적 결속과의 관련성에 대하여도 일반론적인 설명과 극히 초보적이고 제한적인 자료의 제시밖에 하지 못하였다. 이 모든 약점들은 앞으로 더욱 보완·발전시켜나가야 할 것이다.

이러한 약점에도 불구하고 이 글은 일제하 농민의 정치적 행동이 결코 소작농과 빈농에 의한, 경제적 투쟁만은 아니었음을 보여주는 데 다소나마 기여하였다고 생각된다. 자작농이 농민 운동에 적극적으로 참여했을 가능성, 또 그것이 지니는 이론적 의미 등을 단편적으로나마 보여줌으로써 농민 운동에 대한 이론적 검토의 유용성도 확인하였다. 또한 그 과정에서 인류학자나 사회학자들이 제공해준 여러 개념이나 이론틀이 한국 사회의 농민 운동을 설명하는 데에 유용하게 사용될 수 있으리라는 점을 확인한 것도 조그만 또 하나의 결실이라 할 것이다.